KB272903

# 정책과 제도의 구조적 경쟁력

## -게임산업, 정책 그리고 국가혁신시스템-

# 정책과 제도의 구조적 경쟁력

## -게임산업, 정책 그리고 국가혁신시스템-

김 미 나 著

한국학술정보[주]

# 머리말 Preface

폴 케네디(Paul Kennedy)는 〈강대국의 흥망성쇠〉라는 저서에서 강대국 간의 세력판도는 역사속에서 결코 일정하게 지속되지는 않는다고 단언하면서 그 이유를 기술혁신의 속도가 강대국들 간에 동등하게 유지될 수 없다는 점에서 그 해답을 찾고 있다.[1] 즉, 기술혁신이 신속하게 이루어지지 않는 강대국은 오래지 않아 최강의 권좌를 내 줄 수밖에 없으며, 기술혁신이 국가경쟁력을 결정하는 주요 변수가 된다는 것이다.

지금[2] 한국경제를 살리기 위한 최우선의 과제로 수출확대가 손꼽힌다. 그런데 무엇을 수출할 것인가? 우리나라의 수출중심 산업은 원자재 수입을 바탕으로 하고 있다. 1998년 1월 중 무역수지가 10년 만에 흑자를 기록하고 있는데, 원자재의 수입부진이 흑자의 원인으로 작용하였다는 점을 인정하지 않을 수 없다. 자원이 부족하고 좁은 국토를 가진 우리에게 다른 무엇보다도 필요한 것은 고도의 기술경쟁력이라 할 수 있을 것이며, 고도의 경쟁력을 가지는 기술이란 동시에 높은 부가가치를 내포하는 것이라고 볼 때, 지금 우리에게 주어진 과제는 그러한 기술이 무엇인가를 판단하고 지원하여 육성하는 것이라 할 것이다.

그렇다면 과연 우리에게 고도의 기술경쟁력을 발휘하여 수출을 확대할 수 있는 기술잠재력 내지는 경쟁력 확보의 가능성이 있는가? 어떻게 하면 기술혁신을 활성화할 수 있을 것인가? 특히 21세기 미래산업, 지식기반산업이라고 할 수 있는 문화컨텐트산업의 기술혁신은 어떤 식으로 이루어 질 것인가? 경제가 성장함에 따라 소비 행태는 획일화, 대량화에서 개성화, 다양화 그리고 고급화 추세를 보이고 있다. 이러한 변화는 인간의 감성적 측

---

1) P. Kennedy(1993), 이일수 외 2인 역, 〈강대국의 흥망〉, 한국경제신문사.
2) 본 연구는 IMF 이후 본격적인 게임산업정책이 형성되기 시작했던 1990년대 말부터 2000년 초반까지의 국가혁신시스템을 연구의 시간적 범위로 하고 있다. 따라서 최근의 현황과 다소 차이를 보이는 내용이 있을 수 있음을 밝혀둔다.

면을 중요시하는 소위 산업의 감성화를 촉진시키고 있다.[3] 예를 들면, '쥬라기 공원' 영화한 편으로 미국이 벌어들인 수입은 같은 해 한국이 자동차 1백만 대를 수출해서 벌어들인 수입보다 많았다는 사실은 문화상품의 부가가치를 충분히 짐작할 수 있게 한다. 또 다른 예로, 반도체 호황이 절정에 달했던 지난 1995년 한국 반도체 업체들의 수익금은 약 3조 원이었다. 일본의 경우 같은 해 이와 비슷한 수익을 컴퓨터게임산업으로 벌어들였다고 한다.[4]

기본적으로 문화산업은 현대사회에서 문화와 경제 및 기술이 서로 융합되어 가는 과정에서 생성된 새로운 문화현상이라고 이해하는 것이 옳을 것이다. 산업화가 경제와 과학 기술이 융합되어 일어난 현상이었던 것처럼, 문화의 산업화는 경제와 과학, 그리고 문화가 융합(convergence)되어 일어나는 현상이라고 볼 수 있기 때문이다. 현대의 문화산업에서 '보편적 가치의 창조'라고 하는 '문화적 논리'와 '경제적 이윤추구'라고 하는 자본의 논리가 어떻게 조화와 균형을 이룰 수 있는가 하는 문제는 여전히 해결해야 할 중요한 과제로 남아있다.[5]

현재 한국의 게임산업은 여러 도전에 직면해 있다. 특히 온라인게임 분야는 중국 등 후발 주자들의 추격이 더욱 빠르게 진행되고 있으며, 미국과 유럽의 선진시장은 비디오게임이 선점하고 있는 시장구조를 공고히 하고 있다. 또한 DMB, Wibro, IP-TV 등의 새로운 플랫폼이 끊임없이 출현하는 기술환경에서 게임컨텐츠를 비롯한 컨버전스 서비스의 양적, 질적 혁신이 시급한 상황이다.

이것은 곧 초기 산업화과정에서 보여주었던 정책적 개입 효과가 급변하

---

3) http://cc.kangwon.ac.kr/~kimoon/papers/
4) 서울신문, 1998. 2. 4.
　　전 세계 TV애니메이션 시장의 70%, 전자오락산업의 90% 정도를 지배하고 있는 일본의 문화적 영향력은 막대하다. 일본의 문화산업에 종사하는 인구는 1,600만 명으로 일본 국내 산업 고용인구의 30%에 해당한다. 우리나라의 반도체산업이 10만 명에 이르는 종업원을 필요로 하는 데 비해, 일본의 게임산업은 3천여 명의 종업원으로 움직인다.
5) http://www.kcaf.or.kr/zine/artspaper98-03/19.htm

는 시장 및 기술환경에서 대응력 혹은 경쟁력을 확보하기 위해서 구조적으로 허약한 국가혁신시스템의 개선이 무엇보다 필요한 시점임을 의미하는 것이다.

## 1. 게임산업에 대한 정부 개입, 그리고 "성공의 실패"

정부의 게임산업정책은 과거의 게임확산 제한 및 규제지향적 성격에서 점차 게임문화조성 및 게임산업 지원으로 성격이 변하고 있다. 그러나 문제는 이러한 게임산업정책(처방)이 산업의 특성과 급변하는 게임기술과 시장환경, 국내 게임산업의 경쟁력 등을 거시적이고 종합적으로 분석해서 접근하고 있는가 하는 것이다.

만약 나눠주기식의 예산지원이나 임시방편적인 정책수단을 사용하고 있다면 문제는 매우 심각해질 것이다. 무엇보다 일단 형성된 정책은 일정 기간 변하지 않고 유지되는 제도적 지체 혹은 경로의존적인 성격을 가진다는 점을 고려할 때, 이러한 문제는 장기간에 걸쳐서 더욱 심각하게 나타날 것이다. 또한 제도의 경로의존성과 제도적 지체현상은 비록 다른 산업 분야라 할지라도, 어떤 제도가 과거에 성공적이었을 경우 더욱 심하게 나타난다. 예를 들어, 반도체산업을 육성하기 위한 제도적 시스템으로서 국가혁신체제(NIS)가 커다란 성공을 이루었기 때문에, 동일한 NIS하에서 유사한 방식으로 게임산업 육성정책을 추진하는 것이 반드시 유사한 성공을 가져올 것이라 기대하기 어렵다는 것이다. 즉, 산업환경이나 제반 특성이 다르고, 민간 주도적인가 혹은 정부 주도적인가에 따라서 정책의 방향이 달라져야 함에도 불구하고 과거에 성공적이었다고 평가되는 정책이 현재까지 시행되고 지속되는 경향을 강하게 보이고 있다.

이와 관련된 몇 가지 질문을 한다면, 게임산업 지원을 위한 제도적 시스템으로서 국가혁신체제(NIS)가 정부의 게임산업 지원을 성공적으로 이끌 수 있을 것인가? 게임산업 육성 및 지원정책이 과연 정부가 의도한 대로 성공할 수 있을 것인가? 전통적이거나 일반적인 제조업 중심의 지원시스템으로서 NIS의 특성이 게임산업을 지원하는 데 적합한가? 기존의 NIS가 새로운 산업의 특성을 고려하여 변화되어야 함에도 불구하고 변하지 않고, 과거의 성공에 도취되어 기존의 정책과 시스템을 고수함으로써 환경과 산업특성의 변화에 대응하지 못하고 실패를 자초하고 있지는 않는가? 즉, 산업이 고도화되고, 급변하는 정치·경제·기술 환경에 대응하기 위해서는 정부의 산업 지원정책의 기저가 되는 NIS도 같이 변해야[6] 하는데, 변하지 못하거나 게임산업의 변화속도를 따라 잡지 못해서, 게임산업과 NIS 간의 격차 또는 부조화(mismatch) 현상이 발생하게 된다. 다시 말해서, 제도는 근본적으로 경직성을 가지고 있으며, 제도의 변화는 기술의 변화를 뒤따르는 경우가 많아 종종 제도의 지체현상(또는 관성)이 발생하게 되고, 이것이 정책실패의 원인으로 작용하게 된다는 것이다.

한국 NIS의 진화과정을 간략하게 살펴보면 다음과 같다. 1980년대 이상적인 NIS에 의하면, 기업의 신기술 개발 및 흡수 능력이 취약하였으므로 정부 주도형의 기술혁신체제가 형성될 수밖에 없었다. 따라서 기술혁신체제는 집중형을 띠고 경직성을 특징으로 하고 있다. 1990년대 지방화의 추세에 따라 지역의 능동적 역할이 출현하였고 각종 정보가 디지털화됨에 따라 혁신체제의 구성요소들 간의 네트워크가 강화되고 네트워크의 외부성을 추구하게 되었다. 따라서 혁신체제는 네트워크화로 진화되고 각 혁신 주체들 간의 협력과 경쟁의 규칙이 형성되고 있다. 이러한 혁신체제의 변화는 한국의 공업화단계와 자연스럽게 연결되면서 새로운 환경 변화에 새로운 기능이 첨가되면서 진화되어 왔다고 할 수 있다. 이러한 NIS의 진화과정을 '공진화의 원리'라고 부르기도 한다.

그러나 게임산업은 일반산업과는 다른 특이한 산업환경을 필요로 하는데, 이러한 게임환경 변화와 혁신체제가 공진화하지 못하고 있다. 일반 제

---

6) 제도의 '진화과정' 또는 '공진화의 원리'라고 명한다.

조업이나 전통적 산업과 달리 예외적 산업 분야로서 게임산업은 혁신체제가 환경변화에 대응하지 못하고, 정부 주도적 발전이 아닌 민간 주도적 발전을 이룬 대표적 사례가 된다. 따라서 기술혁신을 통해 산업의 경쟁력을 확보하려는 목적에서 구축되고 있는 NIS가 산업의 제반 특성을 고려하고 있는가, 정부는 게임산업정책을 추진함에 있어서 게임산업의 특수한 특성에 대한 고려를 전제하고 있는가는 중요한 문제가 된다.

과거 산업화시대에는 철강과 기계의 발전이 국가경쟁력의 기준이 되었다면, 이제는 문화와 문화산업이 국가경쟁력의 기준이 될 수 있다.[7] 그렇다면 과연 과거에 그랬던 것처럼 특정 산업을 집중적으로 육성하는 정책[8]이 문화산업의 경우에도 그대로 적용될 수 있을 것인가? 영국의 경우 영화, 음반, 게임 등이 국내 총생산(GDP)의 8-16%를 차지하고 있으며 아울러 고용창출효과도 가져와 실업문제를 해결하는 대안으로 제시되고 있다. 미국 역시 전체 산업에서 영화 등 문화산업이 기계공업 부문을 누르고 제1의 산업으로 부상한지 오래 되었다.

그렇다면 우리나라는 어떠한가? 정부는 문화산업을 국가 전략산업으로

---

7) 몇 년 전 미국 영화, 쥬라기공원의 흥행수입 8억 5000만 달러를 두고 우리나라가 자동차 150만 대를 수출한 수익과 같다는 점은 영상문화산업의 엄청난 부가가치와 수익성을 말해준다. 7500만 달러를 투입한 애니메이션 토이 스토리는 15억 달러를 벌어 들였다.

8) http://www. kcaf.or.kr/zine
일단 문화산업을 위해 무엇보다도 시급한 과제는 '재원의 확보'이다. 문화산업국의 '98년 예산은 157억 원으로 문화체육부 전체 예산의 2%에 불과하다. 문화산업에 대한 전략적 육성이 가능하려면 무엇보다도 예산의 확보 및 집중적인 투자가 이루어져야 할 것이다.
http://www.mct.go.kr(문화관광부 기획예산담당관실, 보도자료, 1998. 12. 12.)
'99년도 문화관광부 세출예산안은 총 7,869억 원으로 98년도 7,574억 원보다 295억 원 증액되어 3.9%의 증가율을 보이고 있다. IMF에도 불구하고 문화부문 예산은 5,953억 원으로 전년도보다 22.8%가 증액되었으며, 정부 전체 예산에서 차지하는 점유율도 전년대비 0.10%가 늘어나 처음으로 0.70%를 달성하게 되었다. 문화부문예산 중에서도 특히 고부가가치를 창출하는 지식 및 문화산업은 21세기 국가기간산업으로 육성, 국가경쟁력을 제고하기 위해 전년도보다 획기적으로 201%를 증액 반영하였다.

육성하기 위해 집중적으로 지원할 것이라는 의지를 표명하고 있다. 그런데 문화산업육성정책9)이 산업적 논리만으로 접근할 수 있을 것인가? 70-80년 대식 중화학공업육성정책과 같은 특정 산업의 육성정책이 과연 문화산업에서도 가능할 것인가? 또 문화산업의 문화적 특성과 타 분야와의 높은 연관효과 등의 산업 자체적 특성요인은 기존의 산업 정책적 접근을 어렵게 하는 것은 아닐까?

넓게는 정보통신산업 중 소프트웨어 산업에 속하며 보다 좁게는 컨텐트웨어에 포함된다고 할 수 있는 문화컨텐트산업,10) 특히 게임산업의 경우 어떤 시스템하에서 정책이 움직이고 있으며 향후 어떤 방향으로 나아가야 하는가? 게임산업에 대한 정부의 접근법의 전반적인 변화가 혁신시스템에

---

9) 문화산업정책은 '문화'와 '산업'이라는 두 가지 측면에서 볼 때, 산업적 측면보다는 문화적 측면에 초점을 두어왔다. 그래서 규제의 대상으로 오랫동안 정권의 체제유지와 대중홍보의 수단의 성격이 강하게 작용하였고, 정부의 일방적인 기준에 따라 매우 광범위하고 강력하며 장기적으로 규제의 대상이 되어 왔다. 즉, 표현방식이나 소재 및 내용 면에서 상당히 많은 제약을 받아왔던 것이다.

10) 이러한 산업영역의 확장으로 '컨텐트산업'과 함께 '정보산업, 문화산업, 멀티미디어산업, 영상소프트웨어산업' 등의 용어들이 창출되었다. 각각의 용어 정의는 학자들의 관점에 따라 다양하지만 일반적으로 다음과 같이 정의할 수 있다. 우선 정보산업은 정보의 생산, 유통, 소비와 관련된 산업을 의미한다. 문화산업은 기존 문화예술영역의 프로그램을 상품화하여 대량생산, 소비, 유통하는 산업으로 문화관광부에서는 영화, 출판, 만화, 음반, 비디오, 컴퓨터게임, 저작권을 하부영역으로 설정하고 있다.
한편, 멀티미디어산업은 멀티미디어라는 용어가 보편적으로 쓰이고 있음에도 불구하고 여러 용어와 혼용되어 개념상의 혼란을 초래하고 있다. 기존의 미디어와 멀티미디어의 차이점은 디지털화, 매체합성, 쌍방향성 등이 가장 두드러진 특성이라 할 수 있으며, 이 조건을 만족하는 신미디어 매체는 모두 멀티미디어라고 할 수 있다. 그런데 멀티미디어를 이해할 때 쉽게 게임을 연상하게 되고 대중화된 게임기를 멀티미디어의 전부로 보는 시각도 있으나 게임기는 멀티미디어의 일부이며 멀티미디어의 발달은 게임환경 방식을 바꾸는 계기가 되어 게임의 발전과 직결된다. 따라서 멀티미디어산업이란 문자, 소리, 화상, 영상이라는 기존 정보형태가 디지털로 처리되어 저장, 전송되는 산업으로 사운드카드, 비디오카드, CD롬 타이틀, 게임기, 각종 미디어프로그램 등을 포함하고 있다. 영상소프트웨어산업은 주로 영화, 비디오, 케이블 TV, 위성방송, 지상파 방송 등 영상을 담고 있는 프로그램에 관련된 산업으로 정보의 제작 측면에 주로 관련되어 있다.

도 영향을 미치고 있는가? 게임산업의 성공을 위해서 정부는 어떤 역할을 해야 하는가?

예를 들어보면, 미국은 실리콘밸리를 기점으로 한 혁신시스템이 벤처기업들이 자유롭게 경쟁하도록 하고, 그들이 필요로 하는 하부시스템을 얻기에 용이한 구조 및 제도가 구축되어 있으며, 정부의 직접적인 개입이 적기 때문에 벤처기업의 성공가능성이 크다. 미국의 벤처기업이 기술혁신을 왕성하게 추진하고 그것을 경제성장과 성공적으로 연계시킬 수 있었던 것은, 기술혁신을 원활하게 추진할 수 있도록 관련 제도를 먼저 혁신했기 때문이며 이들이 움직일 수 있는 시스템이 제대로 작동했기 때문이다. 이러한 시스템이 바로 혁신시스템인 것이다. 따라서 이러한 미국의 사례는 벤처기업 특히 문화산업의 성패를 좌우하는 원인변수로 혁신시스템에 대한 분석이 필요하다는 것을 뒷받침해 준다.

본 연구는 첫째, 어떤 산업은 정부의 지원이나 육성을 위한 개입이 성공적인 데 비해, 어떤 산업의 경우는 그렇지 못한 원인은 특정산업의 특성과 NIS 간의 격차 또는 부조화에 있다. 둘째, 반도체산업을 비롯한 과거의 몇몇 성공적인 사례가 NIS의 제도적 지체 또는 경직성의 원인으로 작용하고, 정부지원정책의 실패와 연결된다. 현재 한국의 게임산업정책도 이러한 제도적 지체와 경직성의 양상을 띠고 있다. 셋째, 게임산업정책 영역에서 볼 수 있는 독특한 제도적 변화와 특성을 발견할 수 있을 것이라는 질문을 중심으로 연구를 진행하고 있다.

그러므로 본 연구는 게임산업에 대한 정부지원정책의 변화과정을 제도의 경로 의존적 변화의 관점에서 분석하고, 게임산업의 특성과 기술변화의 속도에 비해 상대적인 경직성을 가진 게임산업정책의 경로의존성이 게임산업정책의 성공적인 성과를 기대하기 어렵게 하는 원인으로 작용하고 있다는 점을 지적하고, 이것을 해결할 필요성을 제기하는 것을 목적으로 한다. 그리고 게임산업정책의 형성 및 시기별 변화과정(제도의 경로 의존적 변화)을 비교 연구하는 방법을 채택하고 있으며, 연구에 필요한 자료의 수집방법은 선행연구를 비롯한 문헌연구를 주로 하였다.

## 2. 시스템이론과 네트워크 이론에 기반한 총체적 접근법 모색

20세기는 하드웨어의 발전으로 인하여 소프트웨어상품의 발전이 부수적인 발전에 그쳤다면, 21세기는 소프트웨어의 시대가 될 것으로 전망되며 소프트웨어 시대의 핵심은 '문화'라 할 것이다. 따라서 궁극적으로는 문화의 개념이 정적인 개념에서 동적인 개념으로 변화될 것임을 전제하고 있다. 정적인 문화란 문화 엘리트들의 창의력에 기반한 문화물의 창조와 일반 대중의 감상을 공유하는 형태로 정부는 규제와 관리라는 가부장적인 태도를 취할 수 있었다. 그에 비해 동적인 문화는 일반 대중이 직접 참여하고 문화가 산업으로 인식되면서 정부는 문화산업의 자율적이고 능동적인 발전을 위하여 지원하는 태도가 필요하다는 것이다. 즉, 경제가 문화에 대한 수요를 창출하는 시대에서 문화가 국부를 창출하는 시대로 전환하게 될 것이라는 주장이다.

세계적으로 문화선진국의 경우 다음 세기에도 문화산업 독점권을 연장하기 위해 다양한 방안을 강구하고 있는데, 미국은 압도적인 우위를 점하고 있는 영상산업을 비롯한 콘텐츠산업에서의 독점권을 지속시키기 위해 첨단기술을 접목하는 등의 노력을 하고 있다. 유럽의 경우는 미국의 독점을 저지하고 세계시장을 공략하기 위해 연합전선을 구축하고 세계적인 상품 개발에 주력하고 있으며, 일본은 독자적인 경쟁력을 확보하고 있는 애니메이션과 게임산업에서의 입지를 기반으로 기타 분야에서의 한계를 극복하고자 노력하고 있다. 이들 선진국들은 각국 문화산업체들의 전략적 제휴를 통해 세계적인 입지를 선점하려는 의도를 분명히 하고 있다.

그렇다면 문화산업이 주목받고 있는 이유는 무엇인가? 문화상품은 일반 제조업과는 달리 창의성을 바탕으로 고부가가치를 창출하며, 제조상품이 단선적인 유통경로를 가지고 있는 것과는 달리 다양한 윈도우 기능이 접목되어 무한한 수요 창출을 기대할 수 있기 때문이다. 또한 문화산업은 그 특성상 벤처산업이며 전형적인 오너(owner)형 산업으로 최종 결정권자의 확고한 비전(vision)에 입각하여 추진되어야만 고수익을 보장할 수 있게 되는 것이다.11)

본서는 접근방법에 있어 시스템이론과 네트워크이론의 총체적 접근법(holistic approach)에 근거하여 국가혁신시스템을 모색하고자 한다. 즉 연구의 분석대상이 되는 벤처기업으로서의 문화산업의 성장과정을 네트워크이론에 비추어 살펴보고 전체적인 네트워크 시스템의 틀을 구축하고자 하는 것이다. 본 연구의 사례로 게임컨텐트산업을 선정한 이유는, 인터넷 라운드에 대한 종합적인 대응방안의 일환으로 컨텐트산업이 국가 주력산업으로 육성정책의 대상이 되었다는 점 등이 이유로 작용하였다. 그 배경에는 인터넷 라운드 즉, 인터넷 자유무역 지대론의 핵심대상인 소프트웨어, 영화, 음악 등은 디스켓이나 필름 상태로 수입될 경우 관세를 부과하고 있는데 앞으로 무관세화가 추진될 것으로 예상되며 이에 대한 대비를 할 필요가 있기 때문이다. 물론 소프트웨어나 영화 등을 인터넷을 통해 전송 받을 경우 관세가 부과되지 않기 때문에, 기존의 국제 무역 메커니즘이나 관세의 틀로는 설명할 수 없는 전혀 다른 상거래 구도가 형성할 것으로 예상되어 더 이상 방치할 수 없는 분야이기 때문이다.

또한 문화컨텐트12)를 산업으로 볼 것인가 아니면 문화로 볼 것인가에 대한 논쟁13)도 많이 있으나 이에 대한 논쟁은 본 연구에서 제외하도록 한

---

11) 김휴종(1998. 10. 20), "국가경제 견인자로서의 문화", '98 문화의 날 기념 학술 심포지움 자료집, 〈제2의 건국을 위한 한국 문화정책의 새로운 방향 모색〉, pp.19-21.
12) 1999년 1월 〈문화산업진흥기본법〉이 제정되면서 그동안 분명하지 않았던 문화 컨텐트산업의 개념이 "영화, 음반, 비디오물, 게임 물, 출판, 인쇄물, 정기간행물, 방송프로그램, 광고, 공연, 미술품, 캐릭터, 애니메이션, 디자인, 전통공예품, 멀티미디어컨텐트 등과 관련된 산업"으로 정의되고 있다.
13) http://www.daum.co.kr/cartoon/sicaf95/hcartindl.html
현재 영세성과 취약한 시장경쟁력을 특징으로 하는 우리나라의 게임산업은 다음의 몇 가지 기본 전제들에 대한 이해를 필요로 한다. 첫째, 현재 국내에서의 게임에 대한 패러다임은 사회의식 구조 내에 저급한 것으로 설정되어 있다. 그로 인해 현재 본격적인 연구대상으로의 이론화 작업조차 미비한 상태이다. 둘째, 게

다. 이 문제는 더 이상 이분법적으로 논의하기 어려운 환경적·산업적 변화가 나타나고 있으며 이러한 환경 변화는 문화에 대한 경제적·문화적 시각을 구분하기 어렵게 하기 때문이다.

본서는 문헌연구를 기초로 하고 있으며, 1차 문헌분석(bibliometrics)을 위해 문화산업 관련 예산의 변화정도 추이, 특허 등록건수, 심의통계, 수익률(비용/편익 분석), 정부의 지원 및 규제정책, 지적 재산권에 대한 체계 정비 정도 등의 통계 지표를 이용하였다. 그리고 게임개발업체의 개별 사례와 게임업체 및 정부 관련기관의 관계자를 대상으로 실시한 인터뷰 내용을 중심으로 분석하였다.

---

임산업의 생산조직은 그 생산체계가 미비하고 유통구조의 비공식성이 일반화되어 있어 모든 경제적 통계처리가 이루어지지 않고 있다. 일본과 미국의 게임물에 대한 불법복제 및 유통구조와 공급과잉의 이상 구조와 시장실패 메커니즘에 대한 이해가 필요하다. 셋째, 정책 결정자나 기업체도 개별적으로 관련된 분야의 미시적 구조만을 인식하고 있으며, 거시적인 전체 메커니즘에 대해서는 전반적으로 인지하지 못하는 상태이다. 넷째, 게임 생산자 자체가 연관산업으로의 유기적인 연결 가능성과 확장개념에 대해 수동적인 입장을 견지하여 게임산업 내의 자본의 유입을 저해하고 있으며 산업의 단절현상이 발생된다.

[제3부 산업과 국가혁신시스템]

## [제4부 정책과 제도의 진화]

# 표 목차

# 그림 목차

# 제1부

## 산업과 기술혁신, 그리고 정부개입의 이슈

# 제1장 기술혁신활동과 정부개입의 이슈: 전통적 · 미시적 관점

## 1. 기술혁신의 유형: 전통적 · 미시적 관점

### 1) 기술공급이론(Technology Push Theory)

기술공급이론[1]에 의하면, 아이디어의 원천은 기술혁신을 담당하는 과학기술자의 창조적 사고과정과 개인적 동기에 의하여 나타난다고 본다. 따라서 기술혁신의 중추적 역할을 담당하는 것은 기초과학의 발달이며 기업의 기술혁신은 기초과학을 연구진이 응용하여 상업화한 결과로서 이루어진다고 보고 있다. 기술공급이론은 기술혁신의 부진 원인을 과학자와 연구원에 있다고 보기 때문에 과학기술정책은 과학자의 연구능력 배양에 초점을 두고 기술혁신의 추진력과 공급 측면의 역할을 강조한다. 즉, 기술혁신의 추진력과 공급 측면에서 기업조직의 기술개발활동에 대한 정부의 정책적 지원을 의미한다.[2]

---

1) 기술공급이론은 학자에 따라 기술주도이론, 기술촉진이론, 기술추진이론, 기술창출이론 등으로 다양하게 사용된다.
2) Rothwell Roy & Zegveld Walter(1988), "An Assessment of Government Innovation Policies", in Roessner, David J. ed., *Government Innovation Policy*, Hampshire: The Macmillan Press, pp.22-25. Rothwell Roy & Zegveld Walter 는 정부의 혁신정책을 다음과 같이 기술공급 측면과 기술수요 측면, 그리고 간접적 환경조성 측면으로 나누어 제시한다. 첫 번째, 기술공급 측면에서 과학기술 관련 하부구조의 설립을 포함하는 자금공급과 기술지원정책이 있다. 국가마다 정도의 차이는 있지만 연구개발지원금의 대부분은 항공, 원자력, 전자산업과 같은 첨단산업부문에 집중되어 대부분의 자금이 대기업에 편중된다. 둘째, 기술수요 측면에서는 시장의 유인력을 높이려는 혁신상품에 대한 정부의 구매와 계약

　따라서 기초과학의 발달이 급속도로 이루어지고 있는 산업 분야에서는 신제품의 개발과 새로운 기술혁신이 활발하게 이루어지는 반면 기초과학의 발달이 정체되어 있는 산업에서는 기술개발 속도도 늦어질 수밖에 없다고 본다.[3]

　기술공급이론에 따르면 정부의 기술혁신정책은 정부 주도의 연구개발체제의 설립과 금융지원, 세제혜택을 통한 지원 등으로 나타난다. 이것은 기술혁신에 대한 직접적인 정책수단이어서 정부의 의도를 단기간에 효과적으로 반영시킬 수 있는 장점이 있다. 그러나 연구개발대상 선정에 따른 문제와 민간부문의 정부의존에 따른 타성의 부정적인 측면이 있다.[4]

　이러한 문제점에도 불구하고 상기 정책들은 시장실패와 연결시켜서 이해할 때 상당한 정당성을 인정받는다. 곧 과소 공급되기 쉬운 과학적 지식의 공공재적 성격과 급격한 기술혁신의 불확실성, 그리고 기술혁신의 규모의 경제와 연관되는 것이다. Krugman(1997)은 아시아의 경제성장을 경제 시스템의 효율성 제고에 기인하기보다는 투입요소의 양적 증대의 결과라고 주장하였다.[5]

---

이 있다. 이러한 정부구매제도는 미국 반도체산업 발달의 초기단계에서 볼 수 있다. 대부분의 발명과 혁신이 사기업 부문에서 이루어진 데 반해 미국의 군수물자에 대한 정부구매는 이 분야에 있어 기업의 투자를 촉진하는 데 큰 도움이 되었다. 셋째, 간접적 환경여건 조성으로 금융, 세제정책, 특허 및 독점에 대한 규제가 있다. 그러나 이러한 정책적 수단은 국가마다 상이하고 각 정책수단의 배합도 국가의 지배적인 정치철학에 따라 다를 수 있다고 한다.

3) 이가종(1988), "기술혁신과 정치경제체제", 〈국민대 사회과학연구〉, pp.27-28.
4) 염재호(1991), "과학기술발전에 있어서 행정의 역할에 관한 연구", 〈한국사회개발연구〉, 고려대학교 아세아문제연구소, pp.40-41.
5) Krugman, P.(1997), "First: What ever happened to the Asian Miracle?", *Fortune*, August, 임윤철(1998), "정부의 역할과 정책 - 기술공급정책", 이공래 외, 〈한국의 국가혁신체제〉, p.73.에서 재인용.

## 2) 기술수요이론(Demand Pull Theory)

기술수요이론[6])에 의하면, 아이디어의 워천이 소비자의 욕구로부터 나온다고 본다. 곧 기술혁신을 촉진하는 요인이 소비자의 욕구에 따른 수요의 창출과 기업의 이윤기회(profit opportunity)에서 비롯된다고 파악하고 있다. 즉, 소비자와 직접 접촉하는 판매 팀이 새로운 제품과 기술에 대한 소비자의 욕구를 연구개발 팀에게 제공하는 것이 연구개발의 1차적인 과정이며, 각 기업에게 이윤의 기회가 주어질 때에만 비로소 기술혁신이 이루어진다는 것이다. 기술혁신은 시장에 존재하는 고객의 어떤 요구를 충족시키기 위하여 기업이나 개인이 이러한 시장수요에 따라 혁신을 이루도록 개발을 자극시키고 이어서 수요에 따른 개발의 성공이 기업의 생산라인에서 제조과정에 투입되고 이것이 시장판매에 연결됨으로써 달성된다는 주장이다. 따라서 이 이론에서는 연구진의 역할보다는 판매진의 역할이 기술혁신의 과정에서 중요시된다.[7])

기술수요이론에 따르면, 정부의 기술혁신정책은 기술개발을 통해 생산된 제품의 정부구매, 특허제도나 포상제도를 통한 보상체계의 확립, 정부의 대형공공사업이나 국방 분야에 있어서 적극적인 참여로 인한 과학기술개발연구의 유도 및 촉진을 들 수 있다. 기술수요정책은 민간부문의 기술개발을 유도한다는 측면에서 효과적이지만 정책의 효과가 나타나는 데 장기적이고 간접적이라는 한계가 있다.[8]) 그러므로 기술수요정책이 효과가 있으려면 정부의 물품구매력과 독점적 지위가 유지되어야 한다. 그러나 정부의 물품구매력과 독점적 지위가 순기능으로 작용하지 않을 경우가 있다. 정부조달시장의 물품공급자 간에 경쟁이 부족할 경우 또는 정부가 그 과정에서 지대를 추구하는 경우 오히려 비효율이 양산된다. 그리고 정부가 기술에

---

6) 기술수요이론은 학자에 따라 수요유인이론, 수요주도이론, 수요유발이론, 수요측면이론 등으로 다양하게 사용된다.
7) 이가종(1990), 〈기술혁신전략〉, 나남출판사.
8) 염재호(1991), 앞의 글, p.41.

대한 정보나 지식을 많이 지니고 민간부문과 계약을 체결해야 한다. 그럼에도 불구하고 기술수요정책은 기술혁신의 시장적 불확실성을 감소시킨다는 측면에서 그 정당성을 인정받고 있다. 특히 문화산업의 경우 아무리 뛰어난 첨단기술이 존재한다하더라도 시장의 구매력과 소비자의 게임에 대한 요구가 전제되지 않는다면, 발전된 제품이나 기술혁신이 이루어지기 어렵다는 것이다.[9] 힐(Christopher T. Hill)은 "어떠한 경우에도 수요자의 필요와 기술적 수단이 잘 조화되어야만 성공적인 기술혁신이 가능하다"고 주장하고 있다.[10]

## 2. 기술혁신활동과 정부의 개입

기술혁신활동에 정부가 개입해야 하는가, 개입하지 말아야 하는가의 문제[11]를 놓고 상반된 두 가지 입장이 존재한다. 그 하나가 '기술결정론적 시

---

9) 1998년 하반기에 수입된 미국 블리자드의 게임, "스타크래프트"는 국내 게임시장의 확대를 가져왔고 게임에 대한 사회적 인식에 변화를 초래할 것으로 평가되고 있다.
10) Christopher T. Hill(1979), "Technological Innovation: Agent of Growth and Change", *Technological Innovation for a Dynamic Economy*, Christopher T. Hill & James M. Utterback, ed., New York, Pergamon Press, pp.1-14, 김종범(1993), 〈과학기술정책론〉, 대영문화사, p.165에서 재인용.
11) 기술혁신활동에 정부가 개입할 수밖에 없는 정당성 근거로 가장 많이 제시되는 것이 '시장실패'의 논리이다. 먼저 기술혁신을 통한 과학적 지식은 공공재적 성격을 갖는다. 공공재적 성격을 갖는다는 것은 공공재가 비경합성(nonrivalry: 타인의 소비가 나의 소비에 영향을 미치지 않는다)과 비배제성(nonexclusion: 재화를 소비함에 있어 무임승차자의 소비를 막을 수 없다)의 특성을 갖고 있음을 의미한다. 둘째, 과학지식은 외부효과(externality)를 갖는다. 외부효과는 다른 사람에게 의도하지 않는 혜택을 입히면서도 이에 대한 보상을 받지 못하는 외부경제(external economy)와 다른 사람에게 의도하지 않은 손해를 입히고도 이에 대한 대가를 지불하지 않는 외부불경제(external diseconomy)의 두 가지 경우로 구성된다. 셋째, 기술혁신의 기술적 불확실성과 시장적 불확실성으로 인해 기업의 투자를 어렵게 한다. 넷째, 기술혁신은 일반적으로 규모의

각'이며 다른 하나가 '사회결정론적 시각'이다. 기술결정론적 시각이란 사회에 영향을 미치고 사회를 결정하는 것은 기술이라는 기술 주도적 접근법이다. 즉, 과학기술은 창조적 천재에 의해서 우연히 출현하고 그것이 사회의 변화를 결정한다고 보는 입장이다. 이에 따라 기술변화도 기술의 내재적인 논리가 발전하여 새로운 기술적 논리를 낳게 된다고 본다.[12] 기술변화의 기본동력을 기술 내부에서 찾는다는 것이다. 이러한 입장에서는 모든 것을 기술 자체에 의해서 변화가 이루어진다고 보기 때문에 과학기술육성을 위한 정부의 법과 제도를 통한 지원은 의미가 없다.

경제가 작용한다. 즉, 기술혁신활동에는 많은 인력과 자본이 필요하게 되어 기업의 자발적 참여를 꺼리게 한다.

그러나 정부가 개입해서는 안 된다는 주장의 정당성 근거로 '정부실패'의 위험성을 제시하는 입장이 있다. 첫째, 정부의 기술혁신정책은 특정산업 내지 특정기업을 편파적으로 보호할 수 있다. 따라서 잠재적 수혜자인 기업들은 이익을 향유하기 위해 지대추구행위(rent seeking behavior)를 하게 되고 이로 인해 사회적 손실이 발생하게 된다. 둘째, 정부는 상징적인 행우를 하게 되는 경우가 많은데 기술혁신과 관련해서 전시행정이 이루어질 가능성이 높다. 특히 정권유지의 수단으로 가시적인 거대과학 등에 집중적으로 투자할 가능성이 있다. 셋째, 많은 경우 기술혁신정책은 연구과제의 선정과 보조금 지급의 형태로 나타나는데, 연구과제의 선정이나 지원기술의 선정에 있어서 진정한 사회의 공동 목적과 이해를 정확하게 판단하는 데 필요한 지식을 보유하는 데 정부관료의 자질은 상당히 한정되어 있다. 넷째, 정부 관련부처 간의 갈등이 발생하여 집행상 조정의 어려움이 있다. 정부부처 간의 예산확보를 위한 관할권 다툼이 발생하여 정보의 흐름을 왜곡하고 결과적으로 정책의 효율적인 수행에 어려움을 준다. 다섯째, 시장에서 재화와 서비스를 얻고자 할 때 그에 대한 대가를 지불해야 하는 것과는 달리 공공부문에서는 이와 같은 교환관계가 엄격히 적용 않는다. 그래서 기술혁신의 지원이 특정인에게 집중되는 경향이 발생한다.

이상의 시장실패에 입각한 기술혁신정책의 정당성은 주로 전통적인 경제이론에 근거를 둔 것이다. 그러나 최근 들어 급격한 경제현실 및 상황의 변화로 새로운 당위성이 대두되고 있다. 지난 20여 년 이래 과학기술을 둘러싼 주변상황은 대단히 변화되어 오고 있다. 종래의 국제무역은 "상품"의 단순이동이라는 형태가 주종을 이루었으나 최근에는 고도기술 분야를 중심으로 "자본"과 "인력"이 동시에 이동하는 양상으로 바뀌고 있고, 경쟁의 영역이 "시장"만이 아닌 그 이전 단계인 기업환경과 관련된 "국가정책체제"까지 확장되어 오고 있다.

12) G. Dosi(1982), "Technological Paradigms and Technological Trajectories: A Suggested Interpretation of the Determinants and Directions of Technical Change", *Research Policy*, Vol.11, p.25.

이에 비해 사회 결정론적 시각은 사회의 환경적인 요소가 과학기술의 발전을 유도한다는 입장에서 출발한다. 기술의 사회적 형성(Social Shaping of Technology)론은 기술변화의 과정을 사회적 요인을 통해서 설명하려고 한다.[13] 사회의 환경적 요소가 기술개발을 가능하게 하도록 충족이 되면 기술이 생성·발전한다는 논리이다. 이와 같은 사회 결정론적 입장은 과학기술을 육성하기 위한 정부의 기술공급정책과 기술수요정책, 기술유인정책, 기술확산정책 등의 그 정책적 근거가 된다고 할 수 있다.

정부가 기술혁신[14]이나 기술개발활동에 참여하는 것은 이러한 인식적 바탕 아래에서 구체적으로 기술혁신의 과정에서 나타나는 불확실성, 복잡성, 자원의존성 및 기술혁신이 가지는 공공재적인 성격 때문이라고 볼 수 있다. 여기서 구체적인 정책적 접근의 방향은 기술혁신의 출발점이 되는 아이디어의 원천이 누구냐에 의해 상이하게 나타난다.[15] 기술공급정책이 기술혁신을 담당하는 과학자나 기술자의 창조적인 사고과정과 그들의 개인적인 동기에서 기술혁신이 이루어진다고 보고 이러한 측면에서 정부의 지원이 이루어져야 한다는 입장이라면, 기술수요정책은 기술혁신을 시장기구를 통한 소비자의 활동의 결과로 보아서 수요를 지원해 주어야 한다는 입장이 강하게 작용한다고 볼 수 있다. 그리고 기술유인정책은 기술혁신이 기술혁

---

13) Mackenzie, Donald and Judy Wajcman(1985), "Introductory Essay: The Social Shappng of Technology", in Donald Mackenzie and Judy Wajcman, eds., *The Social Shapping of Technology*, Philadelphia, PA: Open University Press, pp.2-25.

14) J. A. Schumpeter(1943), "Capitalism, Socialism, and Democracy", New York: Harper & Row. 슘페터는 기술혁신(technological innovation)을 "새로운 도구나 기술의 집행"으로 정의하며 "초기의 사건으로 새로운 도구나 기술의 발견인 발명"과 구분하여 설명한다.
C. Freeman(1982), "The Economics of Industrial Innovation", London: Frances Pinter. 프리만은 경제적 관점에서 기술혁신을 "신제품, 공정, 시스템 또는 장치들의 최초의 상업적 이용과 관련된 일련의 과정"으로 정의하고 있다.

15) 안문석(1988), "기술혁신과 바람직한 행정체제", 〈기술혁신과 바람직한 행정체제에 관한 연구〉, 고려대학교 행정문제연구소, 서울: 과학기술정책연구평가센터, 연구보고 88-15, p.129.

신의 주체에게 주어지는 유인에 의해 영향을 받을 수 있다고 보아 이러한 차원에서 지원이 이루어져야 한다는 입장이라고 할 수 있겠다.16)

이상에서 살펴본 바와 같이, 기술혁신의 근본적인 원인을 어떻게 이해하는가에 따라 기술혁신에 있어서의 정부의 역할17)이 달라질 수 있다. 앞으로 상대적으로 불확실성이 낮은 모방전략에서 불확실성이 매우 높은 자체개발을 중심으로 기술혁신전략을 실행하기 위해서는 과거와는 다른 형태의 정책이 필요하다. 높은 불확실성에 대응하기 위해서는 다양한 기술혁신의 원천을 개발하고 그 곳에서 창출된 기술지식을 효과적으로 확산시킬 수 있는 방법이 모색되어야 하기 때문이다. 과거의 공급 위주의 정책에서 공급되는 자원과 기술을 효과적으로 활용하여 기술혁신활동이 활성화되도록 하는 데 정부의 역할이 강조되고 있다. 또한 기존에는 중소기업, 대학, 그리고 지역의 기술혁신에 대한 자원배분과 성과가 매우 취약한 상태18)이어서

---

16) 기술공급정책과 기술수요정책에서 technology push와 demand pull은 그 용어가 다양하게 번역되어 사용되고 있다. technology push는 기술추진 또는 기술주도적 이론으로 번역되고 demand pull은 수요견인, 수요유발 또는 수요주도적 이론 등으로 사용되기도 한다. 그리고 technology incentive policy는 기술유인정책 또는 간접적 환경조성정책 등으로 번역되어 사용된다.

17) 매일경제신문, 1999. 3. 23. '지식경영'의 입장에서 정부의 역할은 '지식 정부'의 역할이다. OECD(경제협력개발기구)에 의하면, '지식정부란 기업이 국내 자원과 능력을 최대한 활용해 세계시장에서 경쟁력을 향상시키도록 지원하는 협력자'로 정의하며, 지식경제에서 국가경쟁력의 핵심은 그 국가가 갖고 있는 지식자산을 어떻게 활용하는가에 좌우된다고 한다. 지식정부는 기업과 개인이 가장 쉽게, 또 빨리 활용할 수 있는 지식을 접할 수 있도록 해야 한다. 이 과정에서 정부는 스스로의 가치를 창조하며 기업과 개인의 가치 창조 환경을 제공할 수 있다. 정부가 이러한 역할을 얼마나 충실하게 하고 있는가는 그 나라 경제의 생산성 향상과 성장속도에 직결된다. 이것은 산업 경제에서 후기 산업화를 거쳐 지식경제로의 움직임을 계속하고 있는 선진국의 모습에서 확인할 수 있다. 세계은행은 '발전을 위한 지식(Knowledge for Development)' 보고서(1998년도)에서 생산성과 성장은 지식축적에 의해서 결정되며 특히 중요한 것은 지식과 정보를 효율적으로 분배할 수 있는 네트워크 혹은 시스템이라고 강조한다. 세계은행은 지식경제로의 이행에 있어서 특히 정부의 기능을 강조한다. 지금까지 한국의 공무원은 '정보의 통제자'였다. 그들은 정보를 독점하고 배분했다. 그들에게 정보는 '권력'이었기 때문이다. 하지만 지식정부의 공무원은 지식의 '공급자'여야 한다.

혁신체제의 불균형 발전이 지배적이었다면 앞으로는 혁신체제의 균형발전 방향으로 정부의 혁신시스템이 운영되어야 할 것이다.


## 3. 시스템 실패와 정부개입의 정당성


시스템(System)이란 일반적으로 "공통의 목적을 달성하기 위하여 일정한 관계하에 상호 작용하는 요소(parts)들의 집합"이라고 정의할 수 있다.[19] 시스템이 달성하려고 하는 목적은 여러 가지가 있을 수 있으나, 궁극적으로는 시스템 자체의 생존이라고 할 수 있으며 이를 위하여 각종 하위 목적들이 존재한다고 볼 수 있다. 하나의 시스템은 여러 개의 하위시스템(subsystem)으로 이루어져 있으며, 하위시스템들은 각기 할당된 특정한 기능들을 수행함으로써 전체시스템의 생존에 기여한다.

한편 시스템을 둘러싸고 있는 환경은 각종 물질 및 정보를 시스템에 투입하며 시스템으로부터의 산출물을 흡수한다. 이와 같이 환경과 교류하는 시스템을 개방시스템이라고 하는데 이 개방시스템은 환경과의 끊임없는 상호작용을 통하여 생존하고 활동한다. 시스템의 활동에 없어서는 안 될 중

---

18) 매일경제신문, 1999. 12. 1. 문제는 정부는 이 부문에 대한 지원정책이나 중간 역할이 중요함에도 불구하고, 별다른 움직임을 보이고 있지 않으며 제 기능을 하지 못하고 있는 실정이다. 이러한 산학협력 및 기업체 간의 협력체제 구축에 관련된 사례는 많지는 않으나 점차 증가하고 있는 실정이다. 국내 대표적인 게임관련 4개사와 벤처기업의 기술협력을 지원하는 벤처마트가 게임 기획과 판매를 전담하는 마케팅 사를 설립한다. 이러한 사례는 기업체 간의 기술력을 결합하여 시장확대 및 기술 개발을 꾀하는 기술확산의 대표적인 사례가 된다. 민간부문이 자발적으로 협력관계를 구축하여 부족한 부분을 해결하려는 움직임은 긍정적인 기대를 갖게 한다.

19) Ludwig Von Bertalanffy(1968), *Gerneral System Theory: Foundation, Development, Application*, New York: George Braziller, 김정수(1991. 8), "병렬처리시스템으로서의 국가와 정책연계: 행정학과 국가론의 접목을 위한 일 시론", 고려대학교 행정문제연구소, p.5에서 재인용.

요한 개념으로 환류(feedback)가 있다. 환류란 시점 t에서의 환경으로부터
의 투입이 시스템 내에서 처리되어, 환경으로 배출된 후 시점 t+1에 다시
새로운 투입요소의 일부로서 시스템에 되돌아가는 과정을 말한다. 다시 말
해서 시스템에서 나온 산출의 일부가 다음 시기에 그 시스템으로 다시 투
입된다는 것이다. 이러한 환류의 개념이 의미하는 것은 어떤 시점에서건
간에 시스템의 활동이란 결코 시간적으로 고립된 사건(isolated event)이
아니라는 사실이다. 즉, 어떤 시스템이 과거에 무엇을 어떻게 하였느냐가
현재 그 시스템이 무엇을 어떻게 하고 있느냐에 큰 영향을 미치며, 이는
다시 미래에 그 시스템이 무엇을 어떻게 할 것인가에 대해 중대한 영향력
을 행사한다는 것이다. 따라서 시스템 이론에서 환류라는 개념을 통해 시
스템의 활동을 동적으로 이해할 수 있게 된다.

　시스템 관점에서 볼 때, 조직은 서로 상호 작용하는 하위기관들로 구성
되어 있다. 조직의 하위시스템으로서의 하위기관들은 일반적으로 계층화
(hierarchization)와 부문화(compartmentalization)라는 2가지 원칙에 의해
배열된다. 즉, 조직은 계층적으로 지휘통제 계통을 따르는 수직적 구조와
부문적으로 업무분화에 의한 수평적 구조를 가지고 있는 것이다. 조직시스
템을 구성하는 하위기관들은 각기 정해진 업무분야 내에서 준 독립적으로
활동하되 순전히 임의로 활동하는 것이 아니고 어떤 공동의 규범, 규율 및
원칙에 의하여 일정한 제재를 받게 된다.[20] 만약 하위기관들이 서로 아무

---

[20] Victor Thompson(1976), *Bureaucracy and the Modern World*, Morristown:
General Learning Press, 김정수(1991. 8), 앞의 글, p.6. 참고.
조직을 시스템으로 이해한다고 해서 조직을 마치 기계와 같이 미리 정해진 대
로 질서 정연하게 움직이는 것으로 가정하는 것은 물론 아니다. Victor Thomp-
son(1976)이 지적하는 바와 같이 조직에서는 인공적인 측면뿐 아니라 자연적
인 측면이 공존하는 것이다. 즉, 아무리 조직의 구조 및 활동에 대하여 잘 설
계해 놓았다 하더라도 조직을 구성하는 실체는 인간이기 때문에 원래 의도와
는 다른 여러 가지 현상들이 나타나는 것이 당연하다. 시스템 접근법은 그 자
체로서 어떤 시스템이 실제로 왜, 어떻게 움직이는가에 관해 인과적으로 설명
해주는 것은 아니며 다만 복잡한 현실을 단순화시켜서 파악하는 데 도움을 주
는 하나의 탐구법(heuristic lens)에 불과한 것이다. 조직을 시스템의 입장에서
볼 때 강조하고자 하는 점은 군중과는 달리 조직의 경우 공동의 목적 및 규칙

런 관련 없이 완전히 독립적으로 움직인다면 더 이상 조직으로서 존재하지 않게 될 것이다.

국가도 일종의 조직이기 때문에 국가 역시 하나의 시스템으로 이해될 수 있다. 시스템적 관점에서 볼 때 국가란 "국가시스템의 부분으로서 상호 작용하는 기관들의 집합"이라고 정의할 수 있다.[21] 특히 기능적인 면에서 보면 국가란 정책처리시스템(political processing system)이라고 할 수 있다. 즉, 국가는 국내외 환경으로부터 정책요구(policy demand)와 함께 각종 자원을 투입으로 받아들여 그 내부에서 정책결정이 이루어지며 만들어진 정책을 환경으로 산출하는 기능을 하는 것이다. 그런데 실질적으로 정책처리는 국가라는 추상적인 존재에 의해서 총체적으로 이루어지는 것이 아니라 국가의 실체를 이루는 각 하위기관들에 의해서 이루어지게 된다. 이러한 하위기관들의 배열 및 기능은 임의로 결정되는 것이 아니며 어떤 기본적인 원칙에 의해 정하여진다. 현실적으로 이들 하위기관들이 국가의 하위시스템으로서 어떤 구조로 조직되어 있고 어떠한 관계하에 상호 작용하는가 하는 것은 결국 그 사회의 지배적인 정치이념에 의하여 좌우될 것이다.

국가혁신체제에서는 과학기술혁신을 단순히 연구비나 연구인력 투입의 함수로 파악하는 것이 아니라 혁신을 지지, 지원하는 사회제도와 밀접한 관련성이 있음을 강조하고 있다. 즉, 과학기술혁신을 단순히 경제적 과정으로서가 아니라 사회적 과정으로, 그리고 요소들로서가 아니라 하나의 시스템으로 접근하고 있는 것이다.[22] 시스템이란 상호 연관된 요소들의 결합체

---

하에 계층적이고 분화된 구조가 지속적으로 유지된다는 점이다.

21) David Easton(1981), "The Political System Besieged by the State", *Political Theory*, Vol.9, No.3, August 1981, pp.303-326.

22) Porter, M. E.(1990a), "The Competitive Advantage of Nations", *Havard Business Review*, No.2. 국가의 경쟁우위에 관한 포터의 연구는 경영관리와 적절한 기업 전략의 중요성에도 불구하고 "국가적 환경은 기업의 경쟁적 성공에 중심적 역할을 수행하는 것 같다. 놀랄 만큼 뚜렷한 규칙성을 가지고 한 두 국가의 기업들이 특정산업에서 세계적 규모로 예외적인 성공을 거둔다. 어떤 국가적 환경은 다른 국가의 경우보다 발전과 진보에 더 많은 자극을 제공하는 것 같다."는 것을 연구의 출발점으로 하고 있다. 포터의 연구는 산업 및 산업 군집(clusters)

이다. 즉, 이론적 시스템이란 실재하는 사실들과 이러한 사실들의 속성, 그리고 이러한 사실들과 속성들 간의 관계에 대한 개념들의 결합체이고, 사회적 시스템이란 일련의 상호 연관된 실행들, 제도들, 그리고 역할들의 결합체를 말한다.[23]

앞서 살펴본 바와 같이, 산업화 시대에 정부의 산업정책의 논리적 근거는 시장실패(Market failure)의 조정이었다. 시장실패란 경제활동에 따른 개인적인 비용(수익)과 사회적 비용(수익)의 차이가 발생하여 시장에 맡길 경우 사회가 원하는 결과를 가져오지 못하는 현상을 말한다. 기술개발은 시장실패의 대표적인 경우이다. 불법복제 등의 누출요인으로 개발자에게 충분한 수익이 보장되지 않는 점과 기술개발의 불확실성으로 위험을 기피하는 투자가들이 기술개발을 위한 투자기피로 기술개발을 위한 투자가 사회적으로 필요한 만큼 이루어지지 않아 정부의 개입이 요구되었다.

그런데 지식기반경제가 확산되면서 지식의 파급과 활용의 중요성이 강조되고 더불어 국가혁신시스템[24]의 개념이 등장하고 있다. 국가혁신시스템은 지식의 창출, 파급, 활용을 담당하는 주체 간의 상호작용 관계와 이를 둘러싼 환경의 관계를 총체적으로 포함하고 있다. 국가혁신시스템이 얼마나 효율적으로 작동하는가가 기술개발은 물론 기술개발이 경제 전반에 효과적으로 파급되어 생산성, 성장, 고용 등에 어떠한 영향을 주는가를 결정한다. 결국 국가혁신체제의 분석의 초점은 지식의 창출과 활용에 이르는 흐름에서 존재하는 장애 요인은 무엇이고 국가혁신시스템이 어떠한 영향을 주는가를 분석하고 어떻게 극복하는가를 제시하는 것이다. 즉, 경제가 지식기반경제로 전환하면서 정책의 관점은 시장실패의 조정에서 시스템 실패

---

의 수준에서 경쟁우위와 성공에 유리한 환경분석에 초점을 두고 있다. "국가들은 고립된 산업에서 성공하는 것이 아니라 수직적·수평적 관계를 통해 연결된 산업군집에서 성공한다."는 기본 입장에서 연구를 전개하고 있다.

23) 이상희(1995. 8), "국가과학기술혁신체제의 전개와 발전 방향", 〈과학기술정책동향〉.

24) Porter, M. E.(1990b), *The Competitive Advantage of Nations*, Macmillan, London.

(system failure)의 조정으로 발전하고 있다.[25] 즉, 기존의 산업화 시대에
는 정부의 개입 및 역할의 근거가 시장실패에 있었다면, 앞으로의 지식 집
약적 지식기반 경제하에서 정부 개입의 근거는 시스템 실패에서 찾을 수
있으며 정부의 역할은 시스템 실패의 조정자 역할로 관점이 변화되어야 할
것이다.

---

25) 홍동표(1999), "지식기반경제와 정부의 역할", 〈정보통신정책〉, 제11권 3호, 통
    권 226호, pp.1-2.

# 제2장 기술혁신활동과 정부개입의 이슈:
# 종합적 · 거시적 관점

## 1. 시스템 실패를 보정하기 위한 시도

앞에서 설명한 기술공급이론과 수요견인이론 등 미시적인 차원에서 발전하였던 전통적인 기술혁신이론을 국가단위로 끌어올림으로써 국가수준에서 일어나는 기술혁신의 메커니즘과 특성을 이해하고, 관련요소를 규명하고자 하는 목적에서 국가혁신체제[26]에 의한 접근을 시도하려는 것이다. 단순히 시장실패 상황만을 다루는 것에서 더 나아가 시스템 자체의 실패를 보정하려는 의도에서 종합 거시적인 연구를 하려는 것이다.

혁신 관련 연계와 네트워크의 확립 및 강화를 지원하기 위한 조치들은 예전부터 항상 암묵적으로나마 국가 과학기술정책의 상당히 중요한 요소가 되어왔다. 특히, 이들 정책들은 기초적 정보의 발전을 촉진하고 취약점을 보강함으로써 기존 네트워크를 강화시키며, 네트워크가 결여된 영역에서는 새로운 네트워크의 형성을 지원하고, 네트워크의 발전을 촉진할 수 있는 외부효과를 제공하는 역할을 한다. 국가혁신체제를 보다 명확하게 규정하고 그 작동방식을 이해할 필요성 때문에, 측정 지표와 도구들에 대한 연구개발활동이 OECD의 지원으로 현재 진행되고 있다. 국가혁신체제는 국가들마다 상이한 결합양상을 보이고 있으며 국가혁신체제의 하위 구성요소들조차 다음 두 가지의 주요 요인들 때문에 모두 시스템적 성격을 가진다고 할 수 있다. 첫째, 기업 투자와 공공자금 조달 메커니즘에서 연유하는 금융

---

26) OECD편, 이근 외 기술과 진화의 경제학연구회 역(1995), 〈과학과 기술의 경제학〉, p.119. '국가혁신체제'라는 용어는 일본에 관한 프리만의 연구(1987a)에서 처음으로 사용되었으며, 이후 도시 등(Dosi et. al., 1988)의 연구에서도 사용되었다.

적 순환인데, 이것은 시스템의 안정성과 성장능력을 보장해 준다. 둘째, 이 들 요소들을 한데 묶어주는 연계와 제도들 간의 관계를 의미한다. 이상의 두 가지 특징은 국가혁신체제(National Innovation System: NIS)가 시스템 으로서 작동하고 있음을 말해준다.

1980년대 이후 신슘페터주의자(Neo-Schumpheterian)들을 중심으로 제기 되고 있는 일련의 지적 작업들은 기술결정론적 편향에서 벗어나 사회결정 론적 시각과의 이론적 통합을 시도하려는 노력으로 보여지고 있다. 여기에 는 점진적인 소규모의 기술혁신을 강조하는 진화론적 기술혁신론, 발전도 상국의 동태적 기술발전 과정을 설명하는 기술학습이론, 기술과 제도의 공 진화(coevolution)를 강조하는 장기파동론, 기술혁신 주체들의 네트워크화 와 제도의 역할을 혁신능력의 주요 요인으로 보는 국가혁신체제론 등이 있 으며, 이러한 논의들은 서로 긴밀한 논리적 연계성과 이론적 토대를 공유 하고 있다.[27]

국가혁신체제 이론의 경우 혁신 주체들은 불확실한 상황에서 결정을 하는 제한된 합리성(bounded rationality)을 지닌 주체라고 파악하고 있다. 이로 인해 혁신 주체들은 신고전파 경제학이 설정하는 '실체적 합리성'(subs-tantive rationality)보다는 '절차적 합리성'(procedural rationality)에 따라 선 택을 하게 된다.[28] 즉, 혁신 주체들은 대안들을 검토하여 효용을 극대화하는 대안을 선택하고 행태를 보이기보다는 합당하다고 인정되는 절차를 따라 선 택하는 행태를 보인다는 것이다.

현재 우리 경제는 고비용·저효율이라는 구조적인 취약성을 안고 있기 때문에 이를 근본적으로 파악하고 치유방안을 모색하기 위해 과거와는 다

---

27) 신슘페터주의적 접근방법의 주요 연구는 Dosi, G., Freeman. F., Nelson. R., Silverberg. G. & Soete. L.(eds.)(1988), *Technical Change and Economic Theory*, New York: Pinter Publishers; Haunsch, H.(ed.)(1988), *Evolutionary Economics: Application of Schumpeter's Ideas*, Cambridge: Cambridge University Press를 주로 참고함.

28) Simon, H.(1976), "From Substantive to Procedural Rationality", in Latis, S.(ed.), *Method and Appraisal in Economics*, Cambridge: Cambridge University Press, pp.129-148.

른 새로운 접근방식, 즉 국가혁신체제의 개념과 틀을 적용할 수 있다. 국가혁신체제의 개념이 기술혁신을 유발하게 하는 다양한 혁신 주체 간의 상호작용적 학습과 이것과 관련된 문화와 제도를 내포하기 때문에 경제의 고비용, 저효율 구조를 이해하는 데 유용한 도구가 된다.[29] 국가혁신체제의 개념을 제시한 학자들은[30] 지식이 현대 경제의 가장 근본적인 자원이며, 이러한 지식을 학습하고 확산하는 과정이 경제사회의 제도와 문화에 밀접하게 연관되어 있다는 가정으로부터 설명을 시작한다. 따라서 차별적으로 일어나는 국가별 기술혁신의 차이가 각 국가의 특수한 제도와 문화적인 차이 및 기술혁신에 참여하는 주체들 간의 학습강도에 따라 달라진다고 주장하였다.[31]

혁신체제라는 용어는 이미 미시적인 수준에서 폭 넓게 사용되어 왔다. 기술 자체가 갖는 복잡성은 기본적으로 체제라는 개념을 도입하지 않고서는 설명하기 어려운 특성을 지니기 때문에, 일찍이 기술체제(technological system)이라는 용어가 사용되어 왔다. 미시단위의 기술체제 개념을 일반적인 기술혁신에 적용시킨 것이 기술혁신체제이다.[32] 어떤 기술을 혁신하는 데는 기술지식을 공급하는 연구자, 그 기술을 활용해서 만드는 제작자, 제품의 사용자 등 다양한 주체가 개입되게 되는데, 이들을 모두 포함하여 기술혁신의 형태를 관찰할 경우 기술혁신체제라는 용어를 사용하게 된다. 이 개념을 기업 수준에 적용할 경우 기업혁신체제(cooperative innovation system), 산업 수준에 적용할 경우 산업부문별 혁신체제(sectoral innovation system), 지역 수준에 적용할 경우 지역혁신체제(regional innovation system), 국가 단위에 적용할 경우 국가혁신체제(national innovation system)가 된다. 국가

---

29) 이공래(1996. 10), "국가혁신체제 연구의 현황과 과제", 〈과학기술정책동향〉, p.36.
30) 대표적인 학자로는 Christoper Freeman, Bengt-Ake Lundvall, Richard Nelson, Esben Sloth Anderson 등이 있다.
31) 이공래(1996. 7), "국가혁신체제의 구성요소", 〈과학기술정책동향〉, p.54.
32) OECD편, 이근 외 기술과 진화의 경제학회 역(1995), 〈과학과 기술의 경제학〉, 경문사, pp.397-399.

혁신체제에 대한 연구는 거시적 연구를 통해, 현실의 복잡한 문제를 해결하는 데 큰 도움을 얻을 수 있다는 장점을 갖고 있다. 기존의 많은 이론이 현실의 복잡한 문제들을 해결하는 데 큰 도움을 주지 못하고 있다는 점에서 국가혁신체제의 이론적 의의를 찾을 수 있겠다.

## 2. 국가혁신시스템(NIS)에 관한 다양한 연구들

국가혁신체제의 개념을 처음으로 제시한 학자는 영국의 기술경제학자인 프리만(Freeman, C.)[33]은 한 국가의 모든 문화, 제도를 포함하여 혁신체제를 관찰할 경우 광의의 혁신체제가 되며, 기술에 관련된 제도와 문화만을 고려할 경우 협의의 국가혁신체제라고 정의하였다. 프리만은 그의 연구에서 "활동과 상호작용을 통해 새로운 기술을 창안하고 도입하며 수정·확산시키는 공공 및 민간부문에 존재하는 다양한 제도들의 연결망(network of institutions)을 국가적 혁신체제라 할 수 있다."[34]고 하였다. 프리만의 정의에 따르면 국가혁신체제의 가장 중요한 내용은 바로 제도들의 연결망이므로 기술혁신은 그 사회의 제도적 형태가 어떠한가에 따라 달라질 수 있다는 것이다. 국가혁신체제에 대한 정의를 통해서 그동안 기술혁신 과정에서 별로 주목하지 않았던 제도적 요인의 중요성을 강조하고 있다. "일국의 기술변화의 속도나 세계적 경쟁에서 기업의 효율성은 단순히 R&D나 기타 기술적 활동의 규모에 의존하는 것은 아니다. 그것은 이용 가능한 자원들이 기업이나 국가 수준에서 관리되고 조직되는 방식에 의존한다. 효율적인 혁신체제는 제한된 자원을 가진 국가로 하여금 기술도입과 국내의 적응,

---

33) Freeman, C.(1987a), *Technology Policy and Economic Performznce: Lesson from Japan*, Pinter Publishers, London, pp.1-3.

34) Freeman, C.(1992), "Formal Scientific and Technical Institutions in the National System of Innovation", in Lundvall, B.(ed.), National System of Innovation, Pinter Pub. pp.169-187.

발전 능력을 적절히 결합시킴으로써 급속한 진보를 이룩하게 할 수도 있다.” 예를 들어 독일과 일본이 기술혁신을 왕성하게 추진하고 그것을 경제성장과 성공적으로 연계시킬 수 있었던 것은 기술혁신을 원활하게 추진할 수 있도록 관련 제도를 먼저 혁신했기 때문이라는 것이다.

다음으로 덴마크의 기술경제학자인 룬드발(Lundvall, A.)[35]은 프리만이 정의한 개념을 좀 더 구체적으로 적용하여 발전시키는 과정에서 국가혁신체제를 정의함에 있어 협의의 개념과 광의의 개념을 사용하고 있다. 먼저 협의의 개념으로 “탐구활동(searching and exploring)에 관련되는 모든 조직과 제도”를 의미하는데, 여기에는 연구개발 부서, 기술연구소, 대학 등 연구기관이 포함되고 있다. 다음으로 탐구활동뿐 아니라 학습에 영향을 미치는 국가의 모든 조직 및 제도들을 포함하는 광의의 개념으로 국가혁신체제를 정의하면서, 한 국가의 생산체제, 마케팅체제, 재정체제 등 경제체제 전반과 그 하부체제를 논의에 포함하고 있다. 또한 그는 생산자-사용자 기업 간의 특수한 지식 교류 관계를 강조하고 이들 간의 상호작용의 강도가 기술혁신에 중요한 결정요인으로 작용한다는 점을 중요하게 지적하고 있다. 룬드발의 주장에 있어서 특이한 점은 생산자-사용자 기업 간의 상호작용을 신뢰관계로 설명한다는 점이다. 예를 들어 일본의 경우는 기업 간의 신뢰관계가 형성되어 있어 원활한 정보소통과 정보공유가 가능하기 때문에 거래비용을 줄일 수 있다는 것이다. 이와는 반대로 미국의 경우는 기업 간의 신뢰관계가 취약하여 기업의 수직 또는 수평적 통합(합병)을 통해서 거래비용을 감소시키려는 행위가 발생하게 된다는 것이다.

국가혁신체제의 개념을 활용하여 최초로 국가 간 비교 분석을 수행한 넬슨과 로젠버그(Nelson, R. & Rosenberg, N.)는 국가혁신체제의 개념을 “기술혁신의 성과에 영향을 미치면서 주된 역할을 수행하는 조직체들의 집합”으로 정의하였다. 실제 분석과정에서는 기업, 기업부설연구소, 대학 및 공공 연구소를 국가혁신체제의 중심이 되는 주체로 보고 과학과 기술 간의

---

[35] Bent-Ake Lundvall(1992), *National Systems of Innovation-Toward a Theory of Innovation and Interactive Learning*, London: Pinter Pub.

42

연관관계, 과학의 한계, 시행학습, 누적적이고 점진적인 혁신, 산업 간 혁신의 차별성 등에 관한 논의도 아울러 시행하고 있다. 특히 넬슨은 혁신체제의 구성요소를 다음과 같이 언급하고 있다. "현대의 국가혁신체제는 제도적으로 매우 복잡하다. 국가혁신체제는 한편으로는 제도적 행위자들과 민간기업들을 포함하지만, 다른 한편으로는 공공적 기술 지식을 창출하는 대학이나 정부기금 및 정부 연구프로그램과 같은 제도들도 포함한다. 그러나 민간기업들이 이 모든 시스템의 핵심에 있다." 즉, 대부분의 기술혁신은 민간기업의 내부에서 일어나지만, 대학이나 정부연구소, 국가기업, 그리고 정부조정기관 및 정부자금 역시 신기술혁신 과정에서 핵심적인 역할을 수행한다는 것이다. 결국 국가혁신시스템이란 한 국가 내에서 과학기술의 생산을 목표로 하는 민간기업과 공공기업, 대학 그리고 정부기관 사이의 상호작용 시스템으로 정의할 수 있다.

영국의 기술경제학자인 파비트와 파텔(Pavitt, K. & Patel, P.)[36]은 국가혁신체제를 역동적 체제(dynamic system)와 정체적 체제(myopic system)라는 두 가지 유형으로 나누고 독일-영국, 일본-미국, 스웨덴-영국으로 세 개의 짝을 만든 다음, 전자를 역동적인 체제로, 후자를 정체적인 체제로 가정하고 있다. 이들 국가의 다양한 요소를 비교·분석한 결과 역동적인 체제를 갖는 국가와 정체적인 체제를 갖는 국가가 특징적으로 갖고 있는 특성을 발견하고 이를 정리하였다. 파비트와 파텔은 이들 국가의 다양한 요소를 비교, 분석한 결과 역동적인 체제가 갖는 공통적인 특징을 다음과 같이 도출하고 있다. 첫째, 금융기관이 금융지원을 할 때 단기적인 융자 이익만이 아닌 장기적인 관점에서 이루어진다. 둘째, 과학기술자들이 조직의 중견 경영층이나 기업의 임직원으로 비교적 많은 비중을 차지하고 있다. 셋째, 근로자들의 교육수준이 비교적 높게 나타났다. 넷째, 민간기업의 연구개발 투자액 비중과 지적소유권 비중이 더 높게 나타났으며 기업들이 자국경제의 유인환

---

36) Pavitt, K. and Patel, P.(1988), "The International Distribution and Determinants of Technological Activities", *Oxford Review of Economic Policy*, Vol.4, no.4, pp.35-55.

경에 적합한 특정기술의 전문화에 머물지 않고 이미 축적한 비교우위 기술을 활발하게 응용하고 있음을 발견할 수 있었다. 이들이 활용한 국가혁신체제의 이분법에 의한 비교 분석은 국가혁신체제의 이론 모형을 구성하는 데 많은 시사점을 제공한다. 이들의 연구 결과를 바탕으로 1990년에 출판된 Dosi, Pavitt & Soete(1990)의 저서 〈기술변화와 국제 무역의 경제학〉에서 "국가 간 기술 변화와 속도의 차이는 일반교육의 내용과 환경, 과학기술의 경영 능력, 근로자의 숙련도, 금융지원 제도의 질적 특성, 그리고 대기업의 기술혁신 특성에 의하여 결정된다."라고 결론짓고 있다.

## 3. 기술혁신과정의 제도화: 국가혁신시스템(NIS)

### 1) 구조적 경쟁력(structural competitiveness)

국가혁신시스템이란 과학기술혁신에 대한 부분적인 분석을 지양하고 국가를 분석 단위로 하여 국내외의 환경 제약 속에서 기업, 산업, 그리고 국가혁신을 총체적으로 파악하기 위한 것이다. 이러한 국가혁신체제의 기본 관점은 한 나라의 기술혁신과 관련된 제도들의 구조적 성격이 기술혁신과 확산에 영향을 미치게 되어 결국에는 그 국가의 경쟁력을 결정하게 된다는 발상에 근거하고 있다. 여기서 제도라 함은 조세제도, 지원제도와 같은 가시적인 것만이 아니라, 개별 혁신 주체들 간의 상호작용을 원활하게 하는 동시에 제약할 수도 있는 명시적 혹은 암묵적인 사회적 규칙들의 집합이라는 보다 넓은 의미로 파악될 수 있다. 즉 현재의 국가혁신체제가 지식의 창출, 확산, 사용 과정에서 어떻게 기능하고 있는가를 규명하고 효과적인 국가혁신체제를 구축하기 위해서는 어떠한 제도적 틀이 필요한가를 탐색하는 논의라고 할 수 있다. 이렇게 지식의 창출, 확산, 사용에 초점을 맞추기 때문에 국가혁신체제이론은 지식을 증진시키는 학습이론과 밀접한 관계를 맺고 있다. 조직학습론[37]에서는 환경의 변화에 따라 조직의 반응이 달라지면서 조직 내의 반응 옵션이 증대하게 되고 이로 인해 조직 내의 지식이 증가하는 과정을 학습이라고 파악하고 있다.

다음으로 국가혁신체제이론에서는 기술혁신 또는 기술지식의 창출·확산·사용이 이루어지는 과정이 패턴화, 제도화되어 있다고 파악한다. 즉, 기업 내에서 기술혁신이 이루어지는 과정, 기업 간 또는 기업과 대학, 연구소 간의 상호작용을 통해 지식의 창출이 이루어지는 과정은 그 국가에 독특하게 제도화된 패턴에 따라 이루어진다는 것이다. 따라서 기술혁신의 과정은 매 순간마다 혁신 주체들의 합리적인 선택에 따라 행동이 이루어지는 과정이라기보다는 기술혁신에 참여하는 혁신 주체들이 당연히 따라야 한다고 여기는 규범이나 규칙에 따라 기술혁신 관련 행동을 하는 과정이라고 파악한다.

여러 제도들이 합쳐서 구성된 시스템인 국가혁신체제는 각 국가마다 상이한 내용을 담게 된다. 국가혁신체제를 구성하는 각 제도들의 내용이 다를 뿐 아니라 각 제도들이 전체 시스템에서 차지하는 비중도 상당한 차이를 나타내게 된다. 예를 들면 일본은 산업협회나 기업 간 상호작용과 관련된 제도들이 기술지식의 창출·확산·사용에 매우 중요한 역할을 미치는

---

37) 조직학습(Organizational Learning)이란 연구 주제는 미국 하버드대학의 크리스 아지리스(Chris Argyris), 스탠포드대학의 제임스 마치(James March) 등 조직이론가들이 오랫동안 다루어왔다. 그러나 1980년대 들어 미국 MIT 대학의 피터 셍게(Peter Senge) 교수 이후 학습조직이란 용어가 확산되었다. 그는 〈The Fifth Discipline〉이란 책을 출간하면서 세계적으로 유명하게 되었고 학습이론을 기업현장에 접목시키기 위해 '조직학습센터(Organizational Learning Center)'를 설립하였다. 학습이론에서 말하는 학습, 지식, 창조와 같은 중심단어는 조직의 목표가 지식창출인 대학이나 연구소 등의 조직에 있어 가장 중요한 문제이다.
문화컨텐트산업체도 이러한 관점에서 비추어 본다면, 학습이 아주 잘 일어날 수 있는 소규모의 평평한 조직이기에 학습조직이론에 적용하기 적합한 사례라고 본다. 그리고 요즘 들어 유행처럼 번지고 있는 지식기반경제, 지식기반국가의 개념들과도 일맥상통한다고 할 수 있을 것이다.

반면 미국의 경우에는 그렇지 못하다. 이에 반해 대학과 기업의 상호작용과 관련된 산학협동 패턴은 미국의 경우 기술혁신에 상당한 역할을 담당하고 있지만 일본에서는 그렇지 못하다.[38]

이와 같은 기술혁신 관련 제도들의 구성의 차이 즉, 국가혁신체제의 차이는 그 국가에서 이루어지는 기술혁신의 방향과 속도에 영향을 미치게 되며 이는 결국 그 국가의 경쟁력에 영향을 미치게 된다. 이러한 맥락에서 국가혁신체제에 대한 논의는 '구조적 경쟁력(structural competitive-ness)'이라는 개념과 연결되게 된다. 기술혁신 관련 제도들의 내용과 그들의 결합구조가 경쟁력의 원천이 되기 때문이다.[39]

한편 국가혁신체제를 구성하는 제도들은 제도화가 되면 안정성을 지니면서 유지되게 된다. 혁신 주체들은 그 제도를 따라 행동을 하게 되며 또 행동을 통해 그 제도들은 재생산되게 된다. 이 제도들은 관성을 가지고 있기 때문에 쉽사리 변하지 않는다. 이 때문에 제도들은 경로 의존성(path dependence)을 갖게 된다. 이러한 제도들의 경로 의존성은 국가혁신체제의 지속적인 발전과 관련하여 의미 있는 시사점을 제공한다. 경로 의존성이 존재하는 상황 속에서는 특정의 내용을 갖는 형태로 제도들이 한번 형성되면 환경의 변화에 맞추어 그것을 새로운 내용을 갖는 것으로 변화시키는 것은 매우 어려운 일이다.

특히, 형성된 제도들이 상당기간 동안 성공적인 결과를 가져왔을 경우 그것은 더욱 어렵다고 할 수 있다. 과거에 성공적인 결과를 가져왔기 때문에 혁신 주체들은 과거의 패턴에 따라 기술혁신을 수행하게 되며 당연히 그 활동은 앞으로도 성공적인 결과를 가져올 것으로 생각하기 때문이다.[40] 이러한 이유로 해서 과거에 성공적인 결과를 가져왔던 국가들은 종종 기존의 국가혁신체제를 고수함으로써 환경의 변화에 대응하지 못하게 되어 실

---

38) 〈과학기술정책〉, 1998. 3, pp.8-9.
39) OECD(1992), *TEP: The Technology and The Economy*, Paris.
40) 송위진·이공래(1998), "국가혁신체제론의 기본 관점", 이공래 외 다수, 〈한국의 국가혁신체제〉, 과학기술정책연구소, p.45.

패한 보습을 보여주게 된다. 현재 우리나라의 국가혁신체제도 이러한 양상을 나타내고 있다고 볼 수 있다. 대기업을 중심으로 한 재벌 위주로 형성된 국가혁신체제는 커다란 성공을 가져왔지만, 기존의 성공을 가져왔던 제도를 계속 고착함으로써 변화하는 환경에 대응하지 못하였다. 과거의 성공이 곧 현재의 실패의 원인이 되었던 것이다.

국가혁신시스템의 개념을 이론적인 측면에서 파악하면 혁신(innovation)과 제도(institution)와의 관계와 이로부터 나타나는 학습의 문제[41]에서 출발한다. 혁신을 둘러싸고 있는 제반 구성요소들의 학습이 혁신의 원천이라 여기며 이와 같은 학습의 효과를 창출하여 이를 혁신으로 이르게 하는 제도적인 구성의 중요성을 강조한다. 혁신창출을 위한 제도의 효율적인 구성을 강조하며 이 같은 제도적 구성의 효율적인 단위로서 혁신을 둘러싼 국가 차원의 제도적 구성, 즉 국가혁신체제의 중요성을 강조하고 있다. 혁신과 제도 사이에는 일종의 긴장관계가 형성되며 이는 학습에 대한 욕구로 이어지게 된다. 이에 따라 이미 구성되어 있는 제도가 혁신을 창출하기 위해 발생되는 학습을 기술적인 학습(technological learning) 이라고 한다. 이 같은 학습은 기술변화 및 기술혁신으로 이어지게 된다. 그러나 이와 같은 학습이 반대의 방향으로 진행될 수도 있다. 그리고 이러한 상황은 제도의

---

41) 대부분의 공식조직이 조직의 기본틀로 가지는 관료제조직을 학습조직과 비교해 보면 다음과 같은 차이를 보인다.

| 관료제 조직 | 학습 조직 |
|---|---|
| −일상 업무의 맹목적 반복으로 아래로부터의 개선이 미미함 | −성찰을 통한 학습으로 자발적 혁신활동 |
| −동일한 실패를 반복함 | −모든 노하우를 전체 조직이 활용 |
| −외부의 충격이 없으면 휴먼조직화 상태 | −개인과 조직이 지혜를 축적, 공유함 |
| −개인과 부문의 이기주의로 최선의 성과를 낼 수 없는 조직 | −환경과 무관하게 자생적 혁신이 일상화된 조직 |
| −개개 조직원이 소모품화되어있는 조직 | −모방을 넘어 창조에 의한 환경변화를 주도하며 선구자가 되는 조직 |
| −문제가 발생할 때에만 단편적인 개선을 계속하는 조직 환경변화에 신속하게 대응하지 못하는 조직 | −시스템적 사고를 바탕으로 '공동의 꿈'을 창출하는 조직업무와 자기계발의 일체화로 조직원이 개혁에 적극적 |
| −수직적 의사결정, 부문 간의 장벽 | −자기변신의 체질화로 지속적인 성과향상을 다루는 조직 수평적 가상조직 |

변화를 요구하게 되며 이러한 학습을 제도적인 학습(institutional learning) 또는 진화라고 한다.[42]

급변하는 기술, 경제 환경 속에서 이 같은 변화 및 혁신의 물결에 대응하기 위해 어떠한 제도적 구성을 가지고 있어야 하는가? 하는 문제를 국가 수준에서 파악하는 것을 국가혁신시스템의 개념을 구축하는 출발점으로 보아도 무방할 것이다.[43]

## 2) 국가혁신시스템의 정책목표

국가혁신체제는 새로운 기술의 창출, 확산, 활용과 관련되어 있는 민간 및 공공조직과 제도들의 네트워크로 정의된다. 이러한 정의가 의미하는 바는 기술혁신 또는 기술지식의 창출, 확산, 사용이 이루어지는 과정이 패턴화·제도화되어 있다는 것이다. 즉 기업 내에서 기술혁신이 이루어지는 과정, 기업 간 또는 기업과 대학 연구소 간의 상호작용을 통하여 지식창출이 이루어지는 과정은 그 국가에 독특하게 제도화된 패턴에 따라 이루어진다는 것이다. 따라서 기술혁신과정은 매 순간마다 혁신 주체들의 합리적인 선택에 따라 행동이 이루어지는 과정이라기보다는 기술혁신에 참여하는 혁신 주체들이 당연히 따라야 한다고 생각하는 규범이나 규칙에 따라 기술혁신 관련 행동을 하는 과정인 것이다.[44]

---

42) 박광량(1994), "학습조직: 변화에 적응하고 변신할 수 있는 조직", 〈인사관리〉, 한국인사협회, pp.34-37.

43) Johnson, B.(1992), "Institutional Learning", in Lundvall, B. A.(ed.), *National System of Innovation: Towards a Theory of Innovation and Interactive Learning*, Pinter Pub., London, pp.24-44.

44) 〈과학기술정책동향〉, 1996. 10, p.36.
국가혁신체제란 기술혁신을 유발하게 하는 다양한 혁신 주체 간의 상호작용적 학습과 관련 문화와 제도를 포괄하는 개념이다. 학습조직은 국내외 환경 및 조직환경의 급격한 변화와 더불어 창조력 증대의 필요성으로 인해 그 정당성이 인정받고 있다. 학습조직이 필요한 이유와 기존의 조직혁신이론과의 차이점을 간단하게 살펴보면 다음과 같다.

그러므로 기업 내에서 기술혁신이 이루어지는 패턴, 기업 간 상호작용을 통해 기술혁신이 이루어지는 패턴, 기업과 대학, 공공연구소의 상호작용을 통해 기술혁신이 이루어지는 패턴, 금융기관으로부터 기업들에게 기술혁신 관련 금융이 공급되는 패턴, 대학이나 교육훈련기구를 통해 기술 관련 인력들이 공급되는 패턴, 산업협회나 업계 모임들을 통해 기술지식이 창출되고 공유되는 패턴들이 국가혁신체제의 중요한 구성요소가 되는 것이다. 이러한 국가혁신체제를 구성하기 위해서는 몇 가지 기본 전제가 요구된다. 먼저 한 국가 내에서 기술혁신이 일어나기 위해서는 재화나 용역을 생산하고 판매하여 이윤을 남기려는 기업이라는 기술혁신의 주체가 존재해야 한다. 기술의 혁신은 개인이나 어느 유형의 조직에서도 이루어질 수 있지만 국가혁신체제에서 특히 강조되는 주체는 이윤을 창출하기 위하여 생산활동을 능동적으로 영위하는 기업 조직이다.

다음으로 한 국가 내에서 얼마나 강력한 인센티브와 자극이 존재하느냐의 여부가 기술혁신이 얼마나 왕성하게 일어나는가의 여부를 결정하게 된다. 즉, 기업이 기술혁신을 통해서 이윤을 확보할 수 있고 또 이를 자극하는 여건이 되어 있는가의 요소이다. 다시 말해서 기업이 생산하고 판매할 수 있는 시장이 존재하고, 기업 간에 유효한 경쟁이 존재한다면 기술혁신이 일어날 수 있는 필요조건이 충족된다. 시장은 존재하는데 기술혁신이 이윤이나 인센티브로 연결되지 않는다면 기술혁신은 무의미한 일이 되며, 또한 인센티브가 존재해도 시장경쟁과 같은 자극이 없다면 기술혁신은 늦어지게 될 것이다.

| 조직의 요구사항 | 기존의 혁신기법 | 학습조직 |
|---|---|---|
| 신속한 환경적응력과 지식, 정보수용력, 미래대응력<br>창조적 문제발견, 환경주도<br>조직원 자아성장욕구<br>항시적 혁신을 위한 기초체력<br>혁신의 주체는 전 조직원 | 단기적 지식은 창출하지만 지적자산은 축적이 안 됨<br>당면과제 해결<br>기존문제 해결 중심적 조직<br>상위계층중심의 혁신 | 지식과 지혜를 공유, 축적하여 변화대응력 향상, 초과지식축적<br>창조를 통한 환경주도력 배양<br>조직만족, 고객만족, 조직원 보강<br>기초체력보강<br>현장중심의 학습주도로 혁신세력 배양 |

　마지막으로 기술혁신의 주체로서의 기업과 기업의 기술혁신활동을 유발하게 하는 인센티브 및 자극 그리고 기술학습 및 탐구 등에 직·간접으로 영향을 미치는 환경적 요인들이 여기에 포함된다. 프리만, 룬드발 등 국가혁신체제 개념을 발전시킨 기술경제학자들은 대부분 이 제도적 요소를 중시하고 있다.

　이상의 국가혁신체제이론으로부터 도출되는 정책목표는 효과적인 기술지식의 창출·확산·사용을 통해 국가의 경쟁력을 제고하고 생산성을 증대시킬 수 있는 국가혁신체제의 설계라고 할 수 있다. 즉, 기업 내부에서, 기업 간 관계에서, 기업·대학·공공연구소의 관계에서, 기업과 금융시스템 및 교육훈련시스템의 관계에서, 그리고 이들 전체의 결합구조에서 기술혁신과 그것의 사용을 촉진시킬 수 있는 제도들을 형성해 나가는 것이 기술혁신정책의 목표가 되는 것이다. 이러한 관점은 인력과 자본을 기술혁신에 투입하기만 하면 기술혁신이 촉진된다는 투입 중심의 사고와는 근본적으로 다른 접근법이 요구된다. 국가혁신체제는 정부가 지원해야 할 기술 분야를 선택하고 거기에 자원을 투여하면 목표한 기술 분야의 수준이 향상된다는 기존의 단선적인 과학기술정책의 관점에서 더 나아가고 있다. 즉, 국가혁신체제는 정책적 지원이 필요한 분야를 제대로 선택할 수 있는 기획관련 제도를 어떻게 형성할 것인가, 또 정책을 효과적으로 추진하기 위하여 혁신 주체들과 그들 간의 기술지식의 창출·확산·사용을 촉진하는 제도적 틀을 어떻게 구축할 것인가 하는 점이 관심의 핵심이 된다. 또한 정책의 평가에서도 단순히 목표로 한 기술의 개발 및 사용에만 초점을 맞추는 것이 아니라 정책을 통해 혁신 주체들 간에 기술혁신에 효과적인 제도가 형성되었는가에도 초점을 두게 된다. 이러한 점에서 국가혁신체제는 시장실패를 보정하는 것이기보다는 시스템 실패를 보정하는 것이라고 할 수 있다.

## 4. 국가혁신시스템의 구성 요소와 유형

그렇다면 국가혁신체제를 구성하는 요소들은 무엇인가? 국가혁신체제론
에서는 과학기술혁신을 단순히 연구비나 연구인력 투입의 함수로 파악하는
것이 아니라, 혁신을 지지하고 지원하는 사회제도와 밀접한 관련성이 있음
을 강조하고 있다. 즉, 과학기술혁신을 단순히 경제적 과정으로서가 아니라
사회적 과정으로, 그리고 요소들로서가 아니라 하나의 시스템으로 접근하
고 있는 것이다. 시스템이란 상호 연관된 요소들의 결합체이다. 즉, 이론적
시스템이란 실재하는 사실들과 이러한 사실들의 속성, 그리고 이러한 사실
들과 속성들 간의 관계에 대한 개념들의 결합체이고, 사회시스템이란 일련
의 상호 관련된 실행들, 제도들, 그리고 역할들의 결합체를 말한다.

이들 요소들은 서로 상호작용을 하면서 혁신체제를 구성하고 기술혁신을
주도해 간다. 이때 개별 구성요소들을 시스템으로 통합시키면서 발전의 추
동력을 제공하는 메커니즘은 기본적으로는 기업들 간의 '경쟁과 협력'이다.
경쟁의 메커니즘을 통해 혁신 주체에 대해 기술혁신에 대한 압력과 인센티
브가 주어짐과 동시에 협력의 메커니즘을 통해 기술혁신이 창출된 부문에
서 그렇지 않은 부문으로의 기술확산과 각 부문 간의 상호작용이 이루어지
는 것이다.

국가혁신체제의 모형을 구성하기 위해서는 먼저, 각 혁신 주체를 중심으
로 지식의 생산, 확산, 흡수, 활용 및 이들 간 지식의 흐름을 파악할 수 있도
록 하부시스템을 개발할 필요가 있다. 국가혁신체제의 하부시스템은 위에서
의 논의를 토대로 기업의 기술혁신활동에 영향을 미치는 요인을 중심으로
구분할 수 있다. 기업의 기술혁신활동에 영향을 미치는 요소로서 정부의 정
책, 국제경제 환경, 국내경제 환경, 기술금융제도, 과학기술 하부구조, 연계시
스템 및 구조, 기술보호제도, 사회, 문화, 환경 등[45]을 들 수 있다.

시장경쟁하에서의 기업은 끊임없는 기술혁신을 통하여 새로운 제품과 서

---

45) 이공래 외(1998), 〈한국의 국가혁신체제〉, 과학기술정책연구소.

비스를 창출하며 제품단가를 인하하기 위하여 공정혁신을 추진한다. 사용자 기업, 생산자 기업, 부품·소재 기업, 경쟁기업, 최종소비자 등 모두가 기술혁신의 원천이 될 수 있으며 기술혁신에 영향을 미친다. 이것이 가장 먼저 고려해야 할 민간부문의 기술혁신체제이다.

다음으로 고려해야 될 하부시스템은 정부의 정책이라고 할 수 있는데, 정부는 과학기술이 국가경제사회의 발전에 유용한 역할을 할 수 있도록 기술혁신을 촉진 또는 제어하는 기능을 수행해야 한다. 기업의 기술혁신을 촉진하기 위하여 인센티브를 제공하거나 기업이 투자하려 하지 않는 분야에 직접 투자하는 일, 과학기술지식이 원활하게 창출되고 흐르도록 기술하부구조를 구축하는 일 등은 정부가 해야 할 일이다. 기업의 기술혁신을 촉진하기 위한 정책으로는 기술수요정책, 기술공급정책, 기술확산정책, 연구개발투자정책, 중소기업 혁신정책, 지역혁신정책 등이 있다.

그리고 한 국가의 기술혁신활동은 인접국가 혹은 경쟁국가의 경제환경에 따라 많은 영향을 받는다. 경제규모가 작고 수출의존도가 높은 국가일수록 해외요인은 더 중요하다. 대외지향정책을 추진하면서 외국기술을 소화·흡수하여 높은 경제성장을 이룩한 우리나라의 경우는 더더욱 해외요인이 중요하다. 따라서 국가혁신체제의 구성요소로서 외국으로부터의 기술공급, 해외수출의 수요견인 기능, 다국적 기업의 직접투자, 국제공동 연구 및 인력교류 등 기술혁신과 관련을 갖는 다양한 국가 간 학습과정을 고려할 필요가 있다.

이와 더불어 기업의 투자환경을 비롯한 정부의 규제정책, 상거래 관행, 금융관행, 도급제도, 소비자의 취향, 신제품에 대한 소비자의 인식 등 많은 국내 경제환경의 요소들이 기술혁신의 영향 변수로 작용한다. 이 중에서도 기술활동에 대한 금융지원 관행은 특별한 중요성을 지니고 있다. 기술혁신에 대한 사회의 인식이 어떻게 형성되어 있으며 금융기관이 기술혁신에 대해 보수적인가 혹은 진보적인가에 따라 국가의 기술혁신이 크게 영향을 받게 된다. 이외에도 국내 과학기술 하부구조는 국가의 기술혁신활동에 자원을 투입하는 원천으로서의 기능을 담당하게 되며, 여기에는 과학기술정보

유통망, 연구개발시설, 과학기술인력 양성 등이 포함된다. 과학기술정보 유통망은 유형화된 과학기술지식이 기술혁신 주체 간에 원활하게 소통될 수 있게 하는 연구개발 정보망, 산업기술 정보망 같은 정보망을 지칭하는 것으로서 국가기술혁신에 필수적인 조건이다. 과학기술인력을 양성하는 대학이나 정부출연연구소 역시 기술하부구조에 포함된다. 공공기관이 보유하고 있는 과학기술지식을 얼마나 효율적으로 민간기업에 이전할 수 있는가는 기업과 맺고 있는 네트워크에 의해 결정된다. 그리고 노사관계, 다른 국가와 구별되는 독특한 종교, 의식, 교육, 조직 등의 사회·문화적인 환경이 국가의 기술혁신활동과 관련이 있다. 국가 내에서 노사간에 협력적 관계가 중심을 이루고 있는지 아니면 대립적인 관계가 중심을 이루고 있는지에 따라 국가기술혁신은 큰 차이를 보일 것이다.

## 1) 기술혁신의 형성과정

국가혁신체제를 기술혁신이론으로 이해하기 위해서는 먼저 기술혁신의 과정에 대해 이해할 필요가 있다. 기술혁신의 과정을 이해함으로써 한 국가의 제도와 문화, 생산자와 사용자 그리고 이들 간의 상호작용이 어떻게 기술혁신과 연계되는가를 알 수 있기 때문이다. 기술혁신 과정을 관찰하기 위해서는 수요자와 공급자 간의 상호작용에 대해 이해할 필요가 있다.

일반적으로 현대의 기술혁신모형이 매우 복잡하게 구성되는 경향이 있다. 그 이유는 기술혁신의 과정이 연구개발, 현존하는 과학기술지식, 잠재적인 시장 그리고 현존하는 시장 간의 지속적인 상호작용과 다중적이고 복잡한 피드백의 과정이라는 점에 기인한다. 그리고 기술혁신이 다양한 이종기술들 간의 융합과 결합에 의하여 학제적으로 이루어지는 양상을 보이고 있기 때문이다. 이런 점에서 크라인과 로젠버그의 기술혁신의 체인-링크 모델(chain-linked model)[46]은 기술혁신을 이해하는 데 매우 유용하다. 이 모형에 따르면 연구개발은 잠재적인 시장을 바탕으로 시작된다. 이는 이론적으로 기술주도이론과는 상반되는 수요견인이론에 기초를 둔다. 잠재적인 시장이 존재할 경우 기업은 이것을 보고 기존의 과학기술지식을 활용하여 연구개발을 추진한다. 기업은 외부의 과학기술을 획득하고 이를 제품생산에 활용하기 위해 기초·응용연구를 담당하는 외부의 연구개발 주체를 재정적으로 지원한다. 기존의 과학기술지식으로 해결할 수 없는 기술문제는 기업의 외부 연구개발주체에게 의뢰하여 해결한다. 여기서 기존의 과학기술지식과는 상관없이 외부 연구개발 주체와 기업 간의 상호작용에 의해서 발명적 또는 분석적 설계가 이루어지는 경우도 있다.

기업은 이러한 상호작용의 과정을 거듭하면서 발명 또는 분석적 설계를 바탕으로 상세설계 및 시험단계에 도달한다. 상세설계나 시험단계에서 축적된 경험과 지식들이 수시로 활용됨으로써 이들 간에 단기적인 지식의 피드백이 이루어진다. 아울러 과거의 연구개발을 통해서 개발한 제품이나 서비스가 시장에서 평가된 결과가 활용된다. 따라서 시장출하 및 현존시장과 잠재시장 간에는 일종의 장기 피드백과정이 있게 된다. 상세설계와 시험과정에서 발생한 기술문제들은 다시 재설계의 과정을 거쳐 완전한 설계도로 작성된 후 생산단계에 접어든다. 생산이 성공적으로 이루어진다면 제품은 시장에 출하되어 새로운 시장을 형성한다.47) 이 과정에서 각 단계마다 외부의 연구개발 주체, 현재의 과학기술지식 및 과거의 연구개발 간의 상호작용과 피드백이 다중적으로 이루어진다. 또한 기업은 복잡한 기술혁신의 과정을 통해서 어떤 제품이나 서비스를 출하할 때 여러 가지 예기치 못했던 문제에 직면하게 될 것이다. 기술적인 문제들은 계속적인 연구개발을 통해서 해결되고 개선됨으로써 점진적인 기술혁신을 수반하게 된다. 그리고 그 과정에서 또 다른 잠재 시장이 창출되며, 그것은 다시 기술혁신의 기회를 제공한다. 단순한 상상에서부터 출발한 아이디어는 과학적 지식으

---

46) OECD(1992), *Technology and the Economy - the Key Relationships*, pp.23-45.
47) Lee Jinjoo, Bae Zongtae and Choi Dongkyu(1986), "Technology development process: A model for a developing country with a global perspective", *R&D Management*, vol.18, no.3, pp.235-250.

로 발전하고 이것이 다시 경제적 가치를 갖는 기술적 지식으로 변환된 후 과학기술지식의 스톡으로 쌓이게 된다. 과학기술지식은 다시 발명 및 분석적 설계, 상세설계 및 검사, 재설계 및 생산, 시장 출하의 과정을 거쳐 기술혁신의 일주기를 완성하게 된다.

이상의 관점을 바탕으로 국가혁신체제를 국내에 한정해서 보는 폐쇄체제와 국제요인을 포함시킨 개방체제로 구분하여 각 체제의 구성요소와 특성을 살펴보도록 한다.


## 2) 닫힌 국가혁신시스템


국가혁신체제의 구성요소는 혁신체제를 설명하는 이론적인 모델과 범위에 따라 달라질 것이다. 룬드발은 국가혁신체제를 설명하는 이론적인 모형이 어떤 것인가를 불문하고 기본적으로 기업의 내부조직, 기업 간 관계, 공공부문의 역할, 금융재정제도, 연구개발조직, 교육훈련 등의 요소들이 포함되어야 한다고 주장한다.[48]

여기서는 국가혁신체제의 구성요소를 크라인과 로젠버그가 제시한 체인－링크모델을 국가단위까지 거시적으로 확장하여 국가혁신체제에 이를 적용하고 있다. 기술혁신을 유인하는 수요 측면의 수요견인체제, 기술혁신을 직접 수행하는 산업혁신체제, 과학기술지식을 공급하는 공공부문의 기술공급체제 및 이들 요소들이 기술혁신을 추진하는데 환경과 기반이 되는 혁신하부구조 등 크게 네 개의 하부체제로 구성된다. 이들 하부체제는 다시 체제 내부 및 외부의 다양한 요소들과 복잡한 인과관계를 맺게 된다.

---

48) 룬드발이 제시한 여섯 가지의 구성요소는 개략적으로 국가차원의 기술혁신체제와 연관관계를 맺는 요소들을 어느 정도 적시했다고 볼 수 있다. 그러나 이들을 포함시키는 이론적인 설명이 제시되지 않아 단순히 국가혁신체제의 구성요소만을 나열한 데 불과한 것으로 평가된다. 그가 편집한 "국가혁신체제"는 이들 요소에 대해 집중적으로 논의를 전개하고 있으나 거시적인 이론 틀을 제시하지 않고 있다.

먼저 수요견인체제란 기술혁신활동을 수요 측면에서 유인하는 메카니즘을 의미한다. 모험자본 제공, 기술개발 자금 지원, 신기술 신제품 구입자 및 사용자에게 수요자 금융을 제공하고 기술개발활동에 투자하는 비용에 대해 조세를 감면하는 등 다양한 문화와 제도를 갖게 된다. 또한 정부나 공기업들의 조달제도와 관행도 수요견인체제의 한 부분이다. 수요견인체제는 국가마다 제각기 다른 역사와 문화, 제도를 갖게 되며 이들이 기술혁신을 촉진하기도 하고 장애 요인으로 작용하기도 한다.

둘째, 산업혁신체제는 기술혁신을 직접 수행하는 기업의 내부조직과 기업 간의 복잡한 인과관계를 나타낸다. 산업혁신체제는 국가혁신체제의 핵심부분이기 때문에 이를 구축하지 않고서는 국가경제체제를 구축할 수 없다. 기업의 내부조직에 있어서는 기본적으로 생산, 연구개발 및 마케팅의 세 요소가 상호작용을 통해 기술혁신을 일으킬 것이다. 그리고 기업 간의 관계에 있어서는 사용자와 생산자 간의 상호작용적 학습에 의한 기술혁신 양태가 중요한 요인으로 인식된다. 기업 간의 관계는 산업의 유형에 따라 매우 다양한 패턴을 보이므로 이를 파악하기 위해서는 국가혁신체제라는 개념에 앞서 산업혁신체제의 개념을 도입하여 이해할 필요가 있다.

셋째, 기술공급체제란 기업이 기술혁신을 추진할 때 활용할 수 있도록 과학기술지식을 공급하는 기능하는 것을 의미한다. 과학교육을 통해서 기술인력의 과학 마인드를 고양하며 기초과학 연구를 통해서 기초과학지식을 공급하는 것이 이 체제의 중요한 기능이다. 또한 이 체제에서는 기초연구 결과를 활용하여 응용연구를 하고 기업이 제품개발에 이용할 수 있도록 한 단계 더 근접한 기술지식을 생산한다. 이 체제에서 생산되는 과학기술지식은 기업이 생산할 수 없는 비경제성을 갖지만, 외부경제효과를 크게 발생시키기 때문에 정부나 공공부문에서 담당하는 것이 일반적이다.

넷째, 이상에서 열거한 세 개의 하부체제가 강력하게 구축되어 있다 하더라도 이들이 서로 연계되지 않고 또 왕성하게 활동할 수 있는 환경이 조성되어 있지 않다면 국가혁신체제는 그 효율성을 상실하고 기술혁신을 원활하게 추진하지 못할 것이다. 혁신하부구조는 혁신활동에 투입 자원으로서의 기능을 담당하는 부분과 혁신활동의 환경으로서의 기능을 담당하는 문화·제도적인 부분으로 나누어진다. 전자는 과학기술정보, 연구개발투자, 연구개발시설, 연구개발인력, 연구관리 등이 포함될 수 있다. 그리고 후자는 문화, 학습, 규제, 연계, 경쟁 등 환경적 요소들이 포함될 수 있다.

## 3) 열린 국가혁신시스템

현실적으로는 외국과의 교류 없이 독립적으로만 기술혁신활동을 영위하는 국가는 없다. 사실 한 국가의 기술혁신추세는 인접국가 혹은 경쟁국가의 기술혁신추세에 따라 많은 영향을 받게 된다. 특히, 경제 규모가 작고 수출의존도가 높은 국가일수록 해외요인은 더 중요하게 작용한다. 따라서 외국으로부터의 기술공급, 해외 수출의 수요견인 기능, 다국적 기업의 직접 투자, 국제공동연구 및 인력교류 등 기술혁신과 관련을 갖는 다양한 국가간 학습과정을 살펴보아야 한다.

개방적인 국가혁신체제에서 가장 먼저 고려해야 할 요소는 기술공급 측면에서의 국제기술협력 활동이다. 국내 기업이 기술선진국 현지에서 어떠한 방식으로 기술을 획득하는지? 해외 기업들과의 전략적 제휴를 어느 정도 활발하게 하고 있으며 그 양태는 무엇인지? 기업이 취하는 기술 라이센싱의 패턴과 기술학습효과, 해외 다국적 기업들의 직접 투자와 기술이전 양태 등은 국가혁신체제의 중요한 고려요소이다. 또한 기초과학 지식을 습득하기 위한 해외 유학 관행, 해외로부터의 기술획득을 위한 정부출연연구기관, 대학 및 기타 공공연구기관들의 국제협력 양태도 빼놓을 수 없는 국가혁신체제의 구성요소이다. 다음으로 고려해야 할 항목은 수요견인체제와 연관을 맺는 요소이다. 그리고 수출규모 자체도 기술혁신에 중요한 영향을 미칠 것이다. 수출규모가 크다는 것은 기업의 해외사업 경험이 많다는 것을 뜻함과 동시에 기업의 기술혁신 능력이 강하다는 것을 간접적으로 나타내준다.

이상과 같이 국제요인을 고려한 개방된 국가혁신체제는 국내 요인과 해외요인 간의 상호 끊임없는 작용과 반작용을 통하여 세계혁신체제(global system of innovation: GSI)의 한 부분으로 자리잡을 것이다. 국가혁신체제가 세계혁신체제 속으로 얼마나 통합되어 있는가는 각국의 세계화 정책과 개방의 역사 그리고 국가경제체제 전반의 경쟁력에 의존하게 될 것이다. 기술혁신능력이 강한 국가는 강력한 국가경제체제를 구축할 것이고 따라서 강력한 국제경쟁력을 확보할 것이다.

본 연구에서도, 연구의 사례가 되는 국내 게임시장의 영세성으로 인해 국내 게임개발업체의 전략이 수출 지향적이라는 점에 근거하여, 연구의 분석틀을 구성함에 있어 국제 시장요인을 포함시키는 개방체제로서의 혁신시스템을 논의의 대상으로 삼고 있다. 따라서 경제성장이나 경제의 국제경쟁력을 강화하기 위해 기술혁신의 추진이 필수적이라고 가정한다면 국가혁신체제의 이론과 구성요소에 대한 논의는 기술혁신정책을 구상하는 데 기본 바탕이 될 수 있다. 국가혁신체제 이론은 정부의 기술혁신정책이 어떠한 방식으로 추진되어야 하는지[49]에 관한 많은 시사점을 제공한다고 할 것이다.

---

49) 국가혁신체제의 네 가지 구성요소를 대상으로 한 기술혁신 정책을 각각 수요견인정책, 산업혁신정책, 기술공급정책, 혁신기반정책으로 구분할 수 있다.
　(ⅰ) 수요견인정책: 기업의 혁신활동에 필요한 재정·금융지원, 개발제품에 대한 구매 유인제도, 조세정책, 정부조달제도 등. 각 산업부문별 수요산업의 투자활동이 지속적으로 일어나도록 유인하는 투자정책이 포함됨.
　(ⅱ) 산업혁신정책: 대기업의 기술 전문화 유도, 대기업과 중소기업의 협력체제를 추진할 수 있는 법·제도의 정비, 우수 기술혁신기업에 대한 포상제도, 기업의 신규 진입, 기업 간 흡수·통합에 관한 정책, 기업의 해외 투자 및 수출에 관한 기술 측면의 정책, 기술집약형 중소기업의 육성, 신규 창업기업의 육성, 퇴출 기업의 재창업 지원, 기업 간의 공정거래 유도 등. 수요견인정책이나 기술공급정책이 기업의 기술혁신활동을 간접적으로 지원하는 정책이라면 산업혁신정책은 기업에 직접적인 영향을 미치는 정책이라고 할 수 있다.
　(ⅲ) 기술공급정책: 정책대상이 연구기관임. 지들 연구기관을 육성하는 것과 함께 국가연구개발사업을 기획하여 보다 더 적극적으로 국가사회의 과학기술 니드를 충족시키는 것을 포함한다. 지식을 생산하는 일뿐 아니라 공공부문에서 생산된 지식이 기술혁신의 핵심 주체인 기업에게 신속하고도 효율적으로 확산시키는 기술확산정책도 중요한 부분을 차지 할 것이다.

(ⅳ) 혁신기반정책: 국가혁신체제의 하부구조를 구축하고 기술혁신의 환경을 조성하는 정책.

① 혁신자원정책: 연구개발에 필요한 과학기술정보, 공공부문의 연구개발투자와 연구시설 등을 확충하고 우수한 인력을 양성하며 연구관리를 탁월하게 수행할 수 있는 지도자를 육성하는 시책을 포함함. 이외에도 연구 주체들 간의 정보통신망 확충 역시 중요한 정책수단이 될 것임.

② 혁신환경정책: 개인 간, 조직 간 신뢰를 바탕으로 상호작용적 학습을 강화하는 일은 가장 중요한 일 중 하나임. 상호작용적 학습이 원활히 이루어질 수 있도록 각종 기술제도를 보완하거나 새로운 제도를 구축할 필요가 있음. 기술혁신 주체들 간의 연계를 강화할 수 있는 정책 역시 필요함. 전반적인 경쟁 메커니즘을 도입할 필요성 있음.

# 제3장 컨버전스의 등장과 협력적 생산 네트워크

## 1. 컨버전스의 등장과 협력적 생산 네트워크

기술의 발달로 기술과 서비스, 시장의 융합이 진행됨에 따라, 오랫동안 시장을 구분해왔던 경계가 허물어고 IT 시장의 패러다임이 변하고 있다. 이러한 변화의 중심축은 디지털화와 그에 따른 융합(convergence)이다. OECD(2003)는 융합을 "이전에 별개로 간주되던 통신·방송망과 서비스가 변혁되어 상이한 네트워크 플랫폼이 음성, 영상, 데이터 등의 전송 서비스를 제공하는 망(network)의 융합, 상이한 단말기가 여러 서비스들을 수신할 수 있는 단말기 융합, 새로운 서비스가 창출되는 서비스 융합의 과정"이라고 정의하고 있다.

최근의 결합 및 융합 현상은 융합 환경의 기술적 동인으로서의 공급 측면과 시장의 요구, 즉 수요의 양 측면에서 살펴볼 수 있다. 먼저, 공급 측면에서 살펴보면, 첫째, 콘텐츠 부호의 디지털화로 인한 음성, 데이터, 영상 등 이종 콘텐츠 간의 결합이 활성화되었다. 둘째, 광대역 전송기술의 발전으로 대용량 영상 콘텐츠가 유무선 통신망을 통해 전달될 수 있는 기반이 구축되었다. 셋째, 통신규약의 IP화로 유선전화, 이동전화, 방송, 컴퓨터 등 이종망 간의 연동 및 상호접속이 가능하게 되었다. 넷째, 소프트웨어를 통한 기술 구현 방식의 채택이 증가되면서 소프트웨어 코드통합을 통한 상품의 결합이 가능하게 되었다. 다섯째, 단말기의 소형화, 집적화와 배터리 기술의 발전으로 복합 단말기의 제조가 가능해졌다.

이러한 융합 현상은 모든 기기와 사물로 그 대상이 확대되는 "유비쿼터스 혁명"으로 진전되고 있는 추세이다. 이른바 광대역 통합망(BcN)을 통해 가정 내의 각종 전자기기 제품, 자동차, 자판기 등 대부분의 주요 사물들이 컴퓨터와 통신기능을 내장할 수 있게 되었다. 궁극적으로 이들이 기존 유무선 통신기기들과 연결되고 다양한 별도의 유무선 서비스들이 하나의 서비스로 통합되어가고 있는 추세이다. 이러한 융합은 서비스별 별도의 인증과 접속과정 없이 이용자들이 언제 어디서나 단절 없는(seamless) 서비스를 제공받을 수 있게 될 것이다.

다음으로 소비자 및 시장의 수요 측면에서 결합 및 융합의 진전에 대한 니즈가 점차 증가하고 있다. 고객 서비스가 서비스마다 별도로 이루어지는 불편을 one-stop shopping으로 가능해 짐에 따라 거래비용을 줄이고, 전반적으로 경제적 편익을 제공하게 된다. 그리고 언제, 어디서나 단절 없는 통신에 대한 수요가 증가함에 따라, 모든 유선기반의 통신에 이동성(mobility)이 결합되기를 원하는 수요가 증가하고 있다. 또한 여러 개의 단말기를 휴대해야 하는 불편을 없애고 하나의 단말기로 통합하기를 원하는 수요가 증가하고 있다. 서비스의 종류가 많아짐에 따라 이용요금에 대한 부담이 증가함에 따라 종합적인 할인 혜택을 받기를 원하는 수요가 증가하고 있다.

지난 백년간 한국의 근대사는 스스로 창조한 지식과 정보, 문화를 성취했다기보다는 서구의 것을 받아들여 나름대로 활용하고 재창조함으로써 사회발전을 이룩하였다. 이렇게 모방에서 창조로, 더 나아가 협력적 지식생산 네트워크를 형성하는 단계로까지 진화해왔다. 무엇보다 첨단산업의 경우 관련 요소들 간의 협력적 지식생산 네트워크를 형성함으로써 산업의 시장 경쟁력과 기술경쟁력을 확보하기가 더욱 용이하다는 것이 입증되고 있다. 이러한 협력의 성과는 첨단산업이 가지고 있는 고유한 산업 특성에서 비롯된다고 할 수 있다.

첨단산업의 특성이란 (ⅰ) 첨단산업은 기존의 기술을 초월한 고도의 전문화된 기술을 필요로 하고, (ⅱ) 이러한 기술은 단순히 개별적 기술혁신(characteristic innovation)을 초래하기보다는 새로운 산업혁명을 야기할 만한 전체시스템에 영향을 주는 포괄적이고 총체적인 기술혁신(generic innovation)을 초래하고, (ⅲ) 따라서 다른 산업에 미치는 파급효과가 지대하고, (ⅳ) 기술변화의 속도가 매우 빠르게 나타나고, (ⅴ) 매우 짧은 제품의 생존 주기를 갖고 있으며, (vi) 새로운 기술에 대한 학습곡선이 매우 가파르게 나타나고, (vii) 기술개발을 위해서는 개별적인 기술요소의 변화에 따른 투자만이 아니라 전체적이고 시스템적인 투자가 필요하기에 막대한 생산설비 투자를 필요로 하고, (viii) 기술개발 성공 시에 나타나는 독점적 이익은 매우 크지만, (ix) 시장의 광범위성으로 인한 국제적 경쟁이 나타난다는 특징을 갖고 있다.[50]

이러한 첨단산업에 대한 정부개입의 경제적인 논거는 첨단산업 기술개발이 공공재적 성격을 띤다는 점이다. 따라서 마치 사회복지나 공공시설 투자와 마찬가지로 개별기업의 경우는 다른 곳에서 기술이 개발되면 그것을 이용함으로 이익을 얻는 무임승차의 선택을 함으로써 이윤을 극대화할 가능성이 크다는 데 있다. 둘째, 첨단산업 특히 컴퓨터 관련 산업은 기존의 다른 산업에 미치는 파급효과가 크기 때문에 정부의 효율적인 지원 및 개입은 소위 "물 끌어올리기 효과(pump priming effect)"를 유발할 수 있다. 셋째, 규모의 경제와 과당경쟁 억제의 논거에서 정부 개입이 정당화 된다. 대규모의 투자를 요구하는 첨단산업의 경우 공동연구개발 등을 통해 기술개발을 추진하게 되면 기술개발의 규모의 경제가 발생하기 때문에 기술개발에 필요한 단위당 비용이 절감된다. 또한 규모의 경제의 논리는 기술을 개발하게 되면 첨단기술의 경우 "경험에 의한 학습(learning by doing)"을 통해 국가 전체적인 산업기술 발전이 촉진되기 때문에, 정부의 개입을 통한 조정이 사회적 효율을 증대하게 된다. 한편 과당경쟁 억제의 논리는 초기에 신규 참여한 기업의 수가 적정한 수를 넘게 되면, 사회 전체적인 효율이 떨어지게 되기 때문에 정부의 개입이 필요하게 된다.[51]

이러한 협력적 네트워크[52]는 지식이나 숙련기술을 획득하는 것보다 중

---

50) 염재호(1990 a), "첨단기술개발 정책결정에 있어서 경제적 동기와 정치적 결과: 통산성의 초LSI 연구조합 설립 정책결정과정 사례분석 연구", 〈한국행정학보〉, 제24권 1호.
51) 염재호(1994. 3), "전자통신 기술개발정책 비교연구: 일본 우정성과 통산성의 정책경쟁과 전망", '93 통신학술연구과제, pp.16-17.
52) 지식협력 네트워크가 강력히 시사하는 점은 중요한 지식과 창조적 혁신이 하

요한 것은 어디에 누가 어떤 기술과 혁신을 가지고 있으며, 이들 중요한 첨단지식을 소유한 활동 주체들 간에 협력을 유지하느냐라는 문제가 더 중요할 수 있다는 것이다. 이는 지식생산이 개인적 수준에서 보다 집합적 수준에서 일어나고 있음을 보여주는 것이다.


## 2. 정부의 개입과 네트워크 매니저


산업화 시대에 정부의 산업정책의 정당성 근거는 시장실패의 조정이었다. 시장실패란 경제활동에 따른 개인적 수익(비용)과 사회적 수익(비용)의 차이가 발생하여 시장에 맡길 경우 사회가 원하는 결과를 가져오지 못하는 현상을 말한다. 기술개발은 시장실패의 대표적인 경우이다. 불법복제 등의 누출요인으로 개발자에게 충분한 수익이 보장되지 않는 점과 기술개발의 불확실성으로 위험 회피적인 투자가들이 기술개발을 위한 투자 기피로 기술개발을 위한 투자가 사회적으로 필요한 만큼 이루어지지 않아 정부의 개입이 요구되었다.

그러나 지식의 파급과 활용의 중요성이 강조되고 더불어 혁신시스템의 개념이 등장하고 있다. 혁신시스템은 지식의 창출, 파급, 활용을 담당하는 주체(기업, 민간·공공 연구기관, 대학, 정부·공공기관 등) 간의 상호관계와 이를 둘러 싼 환경(금융시스템, 기업지배구조, 노동시장 구조, 교육수준, 법·규제 등)의 관계를 총체적으로 포함하고 있다. 혁신시스템이 얼마나

---

나의 조직 안에서 일어나기보다는 협력적 상호작용을 통해 일어난다는 것이다. 이를 학습의 측면에서 보면 개별 개인수준에서 학습이 일어나기보다는 조직적 수준에서 일어나는 학습이라 할 수 있다. Powell은 네트워크 매니저란 개념을 제안한다. 흔히 지식경영에서 지식브로커와 유사한 개념이라 할 수 있다. 생명공학 분야에서 시사하듯이 병원이나 제약회사가 소규모 생명공학 연구기업들과 네트워크를 만들었을 때, 가장 중요한 것은 이 네트워크가 한 번의 거래나 계약관계로 그치지 않고 지속적으로 유지되도록 하는 일이고 이를 네트워크 매니저가 담당할 필요가 있다는 것이다.

효율적으로 작동하는가가 기술의 개발은 물론 기술발전이 경제 전반에 효과적으로 파급되어 생산성, 성장, 고용 등에 어떠한 영향을 주는가를 결정한다. 예를 들어 지식기반경제로 전환하고 있는 OECD 국가 가운데 미국은 현재 저 실업률, 높은 고용 증가율을 보이고 있는 반면, 유럽 국가들은 고 실업률, 낮은 고용 성장률이라는 상반된 현상을 나타내고 있는데 최근 OECD에서는 이와 같은 차이를 두 지역의 혁신시스템을 비교 분석하여 설명하려는 연구를 진행하고 있다. 분석의 초점은 지식의 창출과 활용에 이르는 흐름에서 존재하는 장애요인이 무엇이고 혁신시스템이 어떠한 영향을 주는가를 분석하고 어떻게 극복하는가를 제시하는 것이다. 즉, 경제가 지식기반경제로 전환하면서 정책의 관점은 시장실패의 조정에서 시스템 실패의 조정으로 발전하고 있다.

그러면 이하에서는 기술의 파급과 활용을 지원하기 위한 정부의 역할이 구체적으로 어떻게 이루어지는가를 OECD 국가를 중심으로 살펴보고 산업의 시장경쟁력과 혁신시스템과의 관련성에 대한 논거로 삼도록 한다.

첫째, 과학과 기술혁신의 연계를 강화하고 있다. 사전 연구개발 프로젝트의 선정과 사후 연구개발의 평가를 통해 연구개발 투자의 생산성을 향상시키려는 노력은 과학과 산업 간의 교류 강화라는 결과로 나타나고 있다. 산학연의 연계는 연구개발 프로젝트의 성격이 보다 시장 지향적이 될 뿐 아니라 개발된 기술의 산업으로의 파급효과가 커서 궁극적으로는 기술개발투자의 생산성 향상을 가져오기 때문이다. 산학연의 연계를 지원하기 위해, 최근 OECD 국가에서 성공적인 사례로 평가되고 있는 정책으로 기술중계기관(intermediary or bridge institution)의 운영과 민간·공공기관 파트너쉽프로그램(private/public partnership: P/PP)이 있다. 기술중계기관은 특허청, 기술 인큐베이터, 과학기술단지 등을 포함하며 경쟁이전단계의 기술을 개발하거나 기술정보를 산업에 파급하는 역할을 수행한다. 민간·공공기관 파트너 쉽은 기반기술개발, 과학기술기반조성, 인력개발 등 개발의 필요는 있으나 독자적으로 수행하기에는 능력이나 인센티브가 부족한 부문에 대해 공공부문(정부기관이나 연구소, 대학 등)과 민간부문(대부분 기업 컨소시움)이 공동으로 참여하는 프로그램이다. 민간·공공기관 파트너 쉽은 프로젝트에 따른 비용을 민간과 공공부문이 분담함으로써 민간부문이 과제 선정에서 운영에까지 보다 적극적으로 참여하게 되고, 기술개발의 내용도 보다 시장 지향적으로 이루어질 수 있다는 장점을 가지고 있다. 미국의 APT나 CRADA 프로그램, 호주의 Co-operative Research Center Grants, 일본의 Proposal-based Creative R&D promotion Program등이 대표적인 사례이다.

둘째, 기존의 기술파급정책은 기업이 신기술이나 지식을 획득하는 기회를 지원하는 내용이 중심이었다. CAD/CAM 등의 기술을 산업에 파급하기 위해 기업의 시설투자에 대해 세제금융 지원을 하는 것이 대표적인 사례이다. 그러나 많은 연구와 정책평가로부터 기술의 파급과 활용에 있어 실질적인 장애요인은 기업 또는 개인의 지식흡수능력 부족이라는 사실을 지적하고 있다. 즉, 노동자의 숙련도나 기술에 대한 이해 부족, 지식경영을 저해하는 기업 구조 등이 지식파급 및 활용의 가장 큰 장애로 분석되고 있다. 기술이나 지식의 발전이 생산성 향상과 고용창출의 효과를 가져오기 위해서 기업은 새로운 기술과 지식을 이해하고 활용할 수 있는 숙련 노동자를 보유할 뿐 아니라 이들의 능력을 최대한으로 발휘할 수 있도록 기업 조직을 개혁해야 한다.

OECD가 소개한 지식경영을 성공적으로 실행하고 있는 기업의 특징은 다음과 같다. 먼저 기업이 핵심역량에 집중하여 사업의 전문화를 추구하고 있다는 점이다. 부수적인 기능은 하청이나 외주를 통해 조달하는 전략이 사용되고 있으며 수평적인 기업구조를 가지고 있다는 점이다. 전산화를 통해 정보의 공유가 확산되면서 의사결정 단계가 단순화되고 의사결정권과 책임이 분산되고 있다. 노동자들은 다기능을 수행하게 되고 또한 지속적인 훈련으로 새로운 기술이나 지식을 효율적으로 활용한다.

지식기반경제에서 교육은 지식창출을 위한 인력 양성에서 지식활용을 위한 인력양성으로 확대되고 있고 이에 따라 정부의 정책도 변하고 있다. 공공재의 성격을 갖는 기초교육에 대해서는 정부의 지원이 계속되고 있고,

사유재의 성격을 갖는 고등교육 가운데서도 외부 효과가 존재하는 이공계 부문에 대한 정부의 지원이 이루어지고 있다. 또한 자본시장이 불완전하여 개인의 교육을 위한 재원조달이 불가능할 경우 이를 전문적으로 담당하는 기관을 설립하여 지원하는 정책도 개발되고 있다. 인력개발과 관련된 어려움 가운데 하나가 기업 내에서 노동자에 대한 재교육의 문제이다. 기업의 성장과 생산성 향상을 위해서 노동자의 재교육을 위한 투자의 인센티브가 있는 반면, 노동력의 이동, 기술의 신속한 변화, 기업의 다운사이징 등으로 기업은 인력 개발에 대한 투자를 회피하게 된다. 특히 노동시장이 유연화되면서 노동력의 이동을 통한 기술파급이 증대되는 상황에서 재교육을 위한 투자는 시장실패의 요소가 존재하고 정부의 조정이 요구되고 있다.

셋째, 네트워크의 고도화와 수요기반이 확대되고 있다. 정보통신기술의 발전은 경제 활동의 큰 변화를 가져오고 있다. 정보통신기술의 확산은 대규모의 지식 보유를 가능하게 하여 거래비용을 절감시키고, 시간과 공간의 제약을 극복하고, 소비자의 수요 변화에 신속하게 대응할 수 있도록 하였다. 전자상거래를 통해 조달비용과 판매비용을 절감하고 사후서비스 관리를 강화하여 기업의 경쟁력을 회복한 사례가 많이 나타나고 있다. 이렇듯 정보통신기술의 활용이 확산되면서 동시에 네트워크의 중요성이 부각되고 있다. 투자 규모가 대규모인 데 비해 네트워크 기반 서비스나 컨텐트산업 개발이 지연되고 있어 적절한 투자가 시장에서 이루어지지 않아 정부의 개입이 이루어지고 있다. 정부는 국가정보 네트워크의 구축을 위해 투자 재원 조달뿐 아니라 응용 소프트웨어의 표준화, 전문인력 양성 등 여러 가지 문제들을 조정하는 역할도 수행해야 한다. 국가정보 네트워크 구축을 촉진하기 위해 정부는 한편으로는 투자에 대한 세제 금융지원을 사용하기도 하고 한편으로는 경쟁과 규제정책을 균형있게 사용하고 있다. 미국의 1996년 통신법(Telecommunication Act of 1996)은 서비스 간에 진입장벽을 허물어 사업자 간의 경쟁을 통해 투자를 유도하려는 대표적인 사례이다. 또한 정부는 네트워크 고도화를 위한 기술개발을 주도하고 그 결과를 민간부문으로 이전한다. 미국의 인터넷 2 프로그램, 일본의 차세대 인터넷 프로젝트, EU의 ACTS 프로그램 등이 대표적인 사례이다.

네트워크의 구축을 위해서 공급 측면에서의 지원뿐 아니라 수요 측면에서의 지원도 이루어지고 있다. 대부분의 네트워크 기반 서비스는 초기시장 형성에 많은 시간과 투자가 필요하다. 소비자가 제품의 특성을 이해하고 품질에 확신을 갖기까지 시간이 걸리기 때문이다. 정부는 컨텐트시장 형성을 직·간접적으로 지원하여 네트워크 구축에 민간부문의 참여를 유도하고 있다. 수요 기반 확대에 대한 지원은 디지털화와 기술의 융합이 확산되는 상황에서 컨텐트산업이 가지고 있는 성장 및 고용창출의 잠재력을 실현하는 데 도움을 줄 수 있다. 네트워크 기반 서비스 시장은 크게 기업-기업, 기업-소비자, 기업-정부시장으로 분류된다. 기업-기업, 기업-소비자 시장은 전자상거래의 발달로 수요기반이 꾸준히 확대되고 있고 정부는 직접적인 지원보다는 전자상거래를 위한 각종 가술의 표준화와 안전한 거래를 위한 제도 정비, 지적 재산권의 강화 등 간접적인 지원을 통해 수요기반을 확대하고 있다. 정부가 적극적으로 수요기방을 확대할 수 있는 부문은 기업-정부시장이다. 이 시장을 위한 서비스 개발은 수익은 낮지만 전 국민을 상대로 서비스가 제공되어 추가적인 파생서비스 개발이 가능하다는 면에서 마치 기초 연구개발(R&D)과 같은 성격을 갖는다.53) 특히 시장이 동질적이고 네트워크 구축비용이 저렴한 교육용 서비스 개발에 대한 정부의 투자가 증가하고 있다. 매체가 다양해지고 그에 따른 서비스가 개발됨에 따라 컨텐트에 대한 규제기능의 정비가 이루어지고 있다. 이 문제에 대한 OECD국가들의 기본적인 정책 방향은 규제를 보다 광범위하고 포괄적인 관점에서 실행한다는 것이다. 독일은 멀티미디어법의 제정을 통해 컨텐트 규제의 단순화를 계획하고 있다.

넷째, 올바른 정보제공을 위한 기반을 조성하는 데 주력한다. 올바른 정보를 제공하여 시장기능을 통해 자원배분이 효율적으로 이루어질 수 있도

---

53) 미국은 2000년까지 사회보장연금을 온라인으로 지급할 것이라고 발표하여 모든 수혜자가 예금 구좌를 개설하고 관련 금융기관의 온라인화를 실현하여 네트워크 서비스시장의 수요기반을 확대해 나갈 전망이다.

록 각종 기반을 조성하는 것도 정부의 역할이다. 먼저 정부는 표준화나 인증제도를 통해 재화나 서비스의 품질에 대한 정보를 제공하여 소비자 및 생산자에게 혜택을 줄 수 있다. 국가의 신용으로 품질을 보증하여 신제품의 내수 시장뿐 아니라 수출의 확산을 촉진할 수 있다. 기업의 회계 표준화를 제시하여 금융부문에 대해 기업경영에 대한 올바른 정보를 제공하고 합리적인 투자를 유도할 수 있다. 회계의 표준화는 부정부패를 방지하여 건전한 경영 기반의 역할을 한다.

무역과 서비스의 교역이 자유화되고, 국가 간 자본의 자유로운 이동이 이루어지고 네트워크를 통한 글로벌 재원 조달이 실현되고 국제간 기업의 전략적 제휴가 일상화되면서 기업들은 비교우위 분야를 세계경영을 배경으로 결정하고 있다. 이러한 세계화의 환경에서 정부는 자원의 이동을 저해하는 인위적인 규제를 철폐하여 신속한 정보가 교환되어 시장기능을 통한 기업의 구조조정을 지원하여야 한다. 무역, 외국인 투자, 라이센싱, 유학 등을 통한 지식의 이전도 증가하고 있다. 수입재를 통해 재화에 체화된 선진 기술의 이전을 기대할 수 있다. 또한 수출을 통해 세계 기술과 경쟁하고 시장을 통한 지식의 확보가 가능해진다. 1994년 OECD 국가의 R&D 투자 가운데 11%를 다국적 기업이 투자한 것으로 나타났다. 해외투자의 유치는 내국인에게 기술 훈련의 기회를 제공할 뿐 아니라 국내 기업과 다국적 기업 간의 하청관계를 통해 기술을 이전시킨다. 또한 다국적 기업의 해외시장 유통망을 활용할 수 있어 시장 개척에 따르는 비용을 절감한다는 장점이 있다.


## 3. 정부개입의 성공과 실패, 그리고 정책의 경쟁력


자이즈만(1977)은 산업의 종류에 따라 정부의 개입이 효과적일 수도 있고 그렇지 않을 수도 있다는 입장을 취한다. 정부의 개입이 효과적일 수

68

있는 분야는 기술의 발달이 더디게 이루어지는 부문이며, 이에 비해 기술의 발달이 활발하게 이루어지는 부문은 시장경제 체제에 맡겨두는 것이 효과적이라는 것이다. 즉, 기술의 변화 및 발달 정도(속도)에 따라 정부개입의 정도가 달라져야 하며, 정부 개입의 효과도 다르게 된다는 입장이다.[54]

기업 내에서 기술혁신이 이루어지는 과정, 기업 간 또는 기업과 대학, 연구소 간의 상호작용을 통해 지식의 창출이 이루어지는 과정은 그 국가에 독특하게 제도화된 패턴에 따라 이루어진다. 이러한 입장이 혁신시스템의 기본적 관점이다. 여러 제도들이 합쳐서 구성된 시스템인 국가혁신체제는 각 국가마다 상이한 내용을 담게 된다. 국가혁신체제를 구성하는 각 제도들의 내용이 다를 뿐 아니라 각 제도들이 전체 시스템에서 차지하는 비중도 상당한 차이를 나타내게 된다. 예를 들면 일본은 산업협회나 기업 간 상호작용과 관련된 제도들이 기술지식의 창출·확산·사용에 매우 중요한 역할을 미치는 반면 미국의 경우에는 그렇지 못하다. 이에 반해 대학과 기업의 상호작용과 관련된 산학협동 패턴은 미국의 경우 기술혁신에 상당한 역할을 담당하고 있지만 일본에서는 그렇지 못하다.[55]

제도의 특성인 경로 의존성(path dependence)은 특정한 내용을 갖는 형태로 제도들이 한번 형성되면 환경의 변화에 맞추어 그것을 새로운 내용을 갖는 것으로 변화시키는 것은 매우 어렵게 한다. 특히, 형성된 제도들이 상당기간 동안 성공적인 결과를 가져왔을 경우 그것은 더욱 어렵다고 할 수 있다. 과거에 성공적인 결과를 가져왔기 때문에 혁신 주체들은 과거의 패턴에 따라 기술혁신을 수행하게 되며 당연히 그 활동은 앞으로도 성공적인 결과를 가져올 것으로 생각하기 때문이다.[56] 이러한 이유로 해서 과거에 성공적인 결과를 가져왔던 국가들은 종종 기존의 국가혁신체제를 고수함으

---

54) Zysman, John(1977), *Political Strategies for Industrial Order: State, Market, and Industry in France*(Berkeley: University of Califonia Press), Part. 1, "Culture Competition and Organization: Two Hypotheses", pp.3-99.
55) 〈과학기술정책〉, 1998. 3, pp.8-9.
56) 송위진·이공래(1998), "국가혁신체제론의 기본 관점", 이공래 외 다수, 〈한국의 국가혁신체제〉, 과학기술정책연구소, p.45.

로써 환경의 변화에 대응하지 못하게 되어 실패한 보습을 보여주게 된다. 현재 우리나라의 국가혁신체제도 이러한 양상을 나타내고 있다고 볼 수 있다. 대기업을 중심으로 한 재벌 위주로 형성된 국가혁신체제는 커다란 성공을 가져왔지만, 기존의 성공을 가져왔던 제도를 계속 고착함으로써 변화하는 환경에 대응하지 못하였다. 과거의 성공이 곧 현재의 실패의 원인이 되었던 것이다.

일반적으로 현대의 기술혁신모형은 매우 복잡하게 구성되는 경향이 있다. 그 이유는 기술혁신의 과정이 연구개발, 현존하는 과학기술지식, 잠재적인 시장 그리고 현존하는 시장 간의 지속적인 상호작용과 다중적이고 복잡한 피드백의 과정이라는 점에 기인한다. 그리고 기술혁신이 다양한 이종 기술들 간의 융합과 결합에 의하여 학제적으로 이루어지는 양상을 보이고 있기 때문이다.

본서에서는 혁신시스템의 하부구조를 크게 혁신활동에 투입자원으로서의 기능을 담당하는 정책적 변수와 혁신활동의 환경으로서의 기능을 담당하는 환경적 변수로 나누어 분석하고 있다. 정책적 변수에는 기술금융시스템과 기술개발시스템 등이 있으며, 환경적 변수에는 사회 문화적 인식, 교육시스템, 기업의 조직문화, 산학협동, 연계시스템, 기술보호제도, 규제 등의 환경적 요소들이 포함된다.[57] 그리고 이외에도 국제경제환경이나 산업정책 변화의 동인 등에 관한 논의가 포함될 수 있다.

국가혁신시스템의 핵심 주체로서 정부의 정책과 역할에 대한 이해는 혁신시스템 전반적인 성격을 파악하는 데 중요하며 우선되어야 한다. 혁신시스템에서 정부는 기술개발이 국가경제사회의 발전에 유용한 역할을 할 수 있도록 기술혁신을 촉진 또는 제어하는 기능을 수행한다. 그리고 기업의 기술혁신을 촉진하기 위하여 인센티브를 제공하거나 기업이 투자하려 하지 않는 분야에 직접 투자하는 일, 과학기술지식이 원활하게 창출되고 흐르도록 기술하부구조를 구축하는 일 등을 정부가 담당한다. 이러한 기업의 기

---

57) 이공래 외(1998), 〈한국의 국가혁신체제〉, 과학기술정책연구소.

술혁신을 촉진하기 위한 정부의 역할과 정책으로는 기술수요정책, 기술공급정책, 기술확산정책을 중심으로 분석하고 있다.

그리고 한 국가의 기술혁신활동은 인접국가 혹은 경쟁국가의 경제환경에 따라 많은 영향을 받는다. 경제규모가 작고 수출의존도가 높은 국가일수록 해외요인은 더 중요하다. 대외지향정책을 추진하면서 외국기술을 소화·흡수하여 높은 경제성장을 이룩한 우리나라의 경우는 더욱 해외요인이 중요하다. 따라서 국가혁신체제의 구성요소로서 외국으로부터의 기술공급, 해외수출의 수요견인 기능, 다국적 기업의 직접투자, 국제공동 연구 및 인력교류 등 기술혁신과 관련을 갖는 다양한 국제경제적 요인에 대해서도 고려할 필요가 있다.

이러한 제반 요인을 고려한 가운데 정책이 형성되어야 하며, 변화하는 산업과 기술혁신의 특성을 반영하는 적실성을 확보하여야만 경쟁력 있는 정책으로서 역할을 할 수 있을 것이다.

# 제2부

## 산업과 정책

초고속정보통신의 발전과 더불어 멀티미디어 산업의 급속한 발전은 우리 사회의 생활패턴을 빠른 속도로 변화시키고 있다. 현대인의 문화산업 선호와 함께 생활문화공간의 대부분을 차지하는 영상문화는 피할 수 없는 시대적인 흐름이다. 특히 테마파크와 게임센터, 게임용 비디오게임, PC게임, 통신망을 이용한 온라인게임, 게임기 등 비쥬얼(영상) 커뮤니케이션을 기본개념으로 하는 게임산업은 고부가가치의 전망을 갖고 있다. 미국과 일본의 경우 연 매출 규모나 순이익이 가전, 철강, 자동차 등의 대규모 기업보다 훨씬 큰 게임업체도 많으며, 기업규모 면에서 게임의 부가가치는 상상을 초월하게 높다.

게임산업은 산업 특성상 벤처기업인 동시에 문화산업이라고 할 수 있다. 따라서 벤처기업의 일반적인 특징을 공유하고 있다. 성장가능성이 큰 산업으로서 게임산업은 제품의 구성요소에 따라, 하드웨어 면에서는 전자, 기계, 통신산업과 연계되며, 내용 면에서는 소프트웨어산업[1]에 속한다고 볼 수 있기 때문에 문화산업 및 게임산업의 인프라 조성은 이러한 하드웨어와 소프트웨어 그리고 컨텐트웨어 측면에서 동시에 고려해야 할 것이다. 더욱 문제가 되는 것은 문화소프트웨어의 내수 시장의 많은 부분이 외국의 문화산업에 의해 잠식되고 있다는 점이다. 특히 영화, 비디오, 애니메이션, 게임 등의 문화잠식은 더욱 심각하게 나타나고 있다.

---

[1] 이광훈 외 2인 공저(1998. 12), 〈S/W산업 현황분석 및 정책 연구〉, 정보통신정책연구원, pp.29-30. 소프트웨어 산업이란, 소프트웨어가 최종 생산물의 형태로 표현된 제반 경제행위의 집합이다.

# 제4장 게임컨텐트산업의 발달과정과 시장환경

## 1. 게임컨텐트산업의 발달과정

1962년 미국 MIT에서 컴퓨터프로그램으로 개발되어 일반에 소개된 'Space War'가 전자게임으로 처음 등장한 이후, 1972년 미국 Atari사가 개발한 '퐁'이라는 탁구게임이 소개되면서 본격적인 시장이 형성되었다. 1977년에는 일본 닌텐도사가 개발한 'TV테니스' 게임이 200만 대 이상의 매출실적을 올렸고 1978년에는 일본 다이토사가 'Space Invader(일명 갤러그)'를 개발하여 대히트함으로써 일본이 게임산업의 강자로 부상하게 되었다. 1980년대 일본기업들에 의해 비디오게임기의 고성능화가 급속히 진전되면서 닌텐도, 세가 등 양대 기업의 세계시장 점유율이 80%선에 육박하게 되었다. 또한 1980년대 후반부터는 가정용 PC가 세계적으로 널리 보급되면서 게임의 형태가 다양화되었고 1990년대부터는 PC게임의 고급화, 네트워크 및 통신게임의 발달과 더불어 1인용 게임에서 쌍방향 대화용, 다수참여용 게임 등이 활발하게 보급되고 있다.

국내시장의 경우 최초의 컴퓨터게임은 1980년대 전자오락실이 도입되면서 인기를 끌었던 '테트리스'를 연상하게 된다. 이미 오락실에서 선풍적인 인기를 모았던 테트리스는 당시 급속하게 확산되던 286급 PC의 보급과 함께 PC게임 매니아들의 토대를 마련하였다. 키보드의 방향키 4개로 모든 게임을 즐길 수 있었던 테트리스는 '소코반', '헥사' 등 비슷한 게임들과 함께 인기를 누렸다. 하지만 전 세계적으로 보면 이 시기는 이미 PC게임이 본격적인 산업으로 발전하고 있던 때였다. 1980년대 이후 일본의 게임이 확산되면서 1990년대 들어서 국산게임이 개발되기 시작하였고, 1990년대 후반에는 "게임방"의 성장과 함께 온라인게임의 등장이 본격화되었다.

<게임산업의 역사>

(1) 게임기의 효시(1953-1972): 미국 게임시장의 성장

1958년 윌리 비긴보섬 교수, 원자 폭탄의 폭발을 제어하는 회로를 설계한 사람
　　　으로 세계 최초의 게임 개발(게임의 명칭은 없었음)
1962년 MIT 공대, 스티븐 러셀, '우주전쟁(space war)' 개발
1971년 게임이 산업으로 본격적으로 성립하게 됨, 놀란 부시넬 '컴퓨터 스페이
　　　스', 그러나 게임 운영이 너무 어려워서 판매에는 실패함
1972년 놀란 부시넬은 세계 최초의 게임회사인 '아타리'사를 설립함. 첫 번째
　　　출시작인 '퐁'을 계기로 게임산업이 본격화 됨. 두 번째 출시작 '블록깨
　　　기'는 전 세계 인기게임이 되었으나 불법복제로 인해 판매에는 실패함

(2) 게임산업의 태동(1973-1977)

1976년 '아타리'사는 영화업의 대기업인 '워너 커뮤니케이션'에 매각됨.
1977년 '아타리 2600'을 발표했으나 200달러라는 비싼 가격 때문에 초기 판매
　　　는 부진하였음. 이후 1979년 일본의 '타이토'사가 개발한 '스페이스 인베
　　　이더'가 미국에 수입되면서 판매가 확산되기 시작함
　　　·'아타리 2600'의 보급률: 미국 1400만 대 보급(전 미국 가정의 17% 보유)
　　　·'아타리 2600'용 게임 S/W를 제조하는 회사(Third Party)도 급증하게 됨

(3) 게임산업의 성장(1978-1986): 미국의 몰락과 일본 게임산업의 약진,
　　닌텐도의 대두

1982년 '아타리 2600'의 판매 호조로 가정용 게임기 시장 급부상(매출액 20억
　　　달러), 그러나 '아타리 쇼크'의 발생으로 게임 S/W의 판매 급락 사태가
　　　발생됨. 이유는 조잡한 S/W들이 대량 유통되면서 판매량이 급감하였고
　　　결국 1983년 미국 게임산업의 실패로 끝남
　　　·국내 개발사 '문패트롤', '태권도' 등을 개발하기 시작함. 국내 게임기판
　　　공급 부족으로 복제가 급증했고, 복제품을 다시 수출하게 되는 상황이 발
　　　생함. 또한 게임장이 불량청소년을 양산한다는 인식 때문에 정부의 게임
　　　산업에 대한 규제가 본격화 됨

1983년 가정용 게임기산업 태동 시작, 닌텐도가 8비트 게임기인 패밀리 컴퓨터
　　　(속칭 '패미컴')를 발매하기 시작함. 당시의 일본 상황은 대형 컴퓨터나
　　　코인식 아케이드게임을 통해서 비디오게임을 하였고, 컴퓨터를 개인이
　　　소유한다는 개념이 일반화되지 않은 시기임. 70년대 후반부터 PC가 등
　　　장, 80년대 게임전용기 개발에 착수하는 등 컴퓨터 업계의 급격한 기술
　　　혁신이 이루어진 시기라고 할 수 있음

* 1981년 11월–1983년 10월: 23개월 동안 일본 국내에서 발매된 가정용 게임기는 모두 16종이며 그중 생존한 것은 닌텐도의 패미콤뿐이었음. 그 이유는 게임기의 대부분이 게임전용기로서 성능이 불충분했으며 가격이 30,000엔 이상의 고가품이어서 가격경쟁력이 없었기 때문인 것으로 분석됨. '패미콤'은 14,800엔에 판매되어 판매실적 면에서 83년 출시 당시 45만 대가 판매되었고, 이후 1,700만 대까지 판매되어 세계적으로 3,500만 대 이상이 판매된 것으로 집계됨

(4) 국내 게임산업의 정체와 외국게임산업의 전성기(1986–1996): 32비트 게임기 등장

1986년 공중위생법 통합으로 영업 허가가 제한됨(국내 상황), 학생과 청소년층으로 고객이 국한되어 국내 게임산업이 정체됨

1990년 '수퍼 패미콤'(16 비트)이 출시, 연간 400만 대의 판매 호조, 16비트 게임기 시장에서 닌텐도의 독점체제를 구축하게 됨

1993년 게임기 시장은 차세대 하드웨어의 개발경쟁에 돌입했고 멀티미디어에 대한 관심이 집중되기 시작하였고 가전업계의 대기업들이 게임업계에 참여하기 시작함

1994년 32비트 게임기의 등장으로 3차원 그래픽 처리가 가능해지면서 닌텐도의 아성이 차츰 무너지기 시작함. 세가는 '버추어 파이터'를 세가 새턴에 이식하면서, 소니는 '릿지 레이서'와 '철권'을 이식하면서 32비트 게임기 붐이 일기 시작함

1996년 '닌텐도 64'가 출시(64비트 게임기)되었으나 이후 출시된 소니사의 '수퍼 마리오' 시리즈에 비해 판매량이 저조하였고, '닌텐도 64'의 등장은 오히려 소니의 플레이스테이션 붐을 촉발시키게 됨

(5) 국내 게임산업의 성장기(1997–)

1997년 60평 이상의 게임장 신설 금지 등의 정부 규제가 일부 완화됨, '스타크래프트'의 시장점유율이 확대되면서 기존의 오락실이 게임장으로 명칭을 바꾸고 건전한 이미지를 확립함

   * 일본의 게임기 보급대수와 시장점유율 비교: '닌텐도 64'(185만 대, 15%), '소니 플레이스테이션'(560만 대, 60%), '세가 새턴'(480만 대, 25%)

   * S/W의 시장점유율 비교: 소니(68%), 세가 새턴(14%), 닌텐도 64(5%), 게임보이(닌텐도 휴대용 게임기, 13%)

1998년 세가는 '세가새턴'의 구미 판매를 사실상 중단한다고 발표, 따라서 가정용 게임기 시장은 소니와 닌텐도의 2강 시대로 돌입됨

1999년 정부는 중소게임개발사에 대한 자금 지원, 병역특례 제도 도입, 해외 게임전시회 지원 등 발표

자료: 정보통신부, 1998; 윤재근, 1996; 이강수, 1998; http://gameexpo.co.kr/pub/info/industry1.html 참고로 재구성

컴퓨터게임의 출발 시기는 1972년으로 거슬러 올라간다. 1950년대와 1960년대에도 일부 메인 프레임급 컴퓨터에서 초보적인 수준의 게임이 만들어지기는 했지만 게임이라는 장르가 대중의 관심을 끌기 시작한 것은 이때부터라고 할 수 있다.

1990년대 인터넷의 발달은 CD-ROM 드라이브가 장착된 멀티미디어 컴퓨터의 보급을 확대하였고 이런 과정에서 게임기 게임과 PC게임 간의 기술적 격차가 사실상 거의 좁혀지고 오히려 개인용 게임의 대세를 PC게임이 장악해 가는 추세를 보이고 있다. 게임이 그동안 보여준 기술적 발전은 가히 놀랄 만하다. 이러한 발전은 게임의 플랫폼이 되는 미디어의 발달, 게임제작용 하드웨어와 소프트웨어의 발달이 근간이 되는 디지털 기술의 혁신에 의해 가능하게 된 것이다.

## 2. 게임컨텐트산업의 환경변화

게임산업은 컨텐트산업인 동시에 문화산업으로서 문화컨텐트산업, 멀티미디어산업 등의 상위영역에 대한 이해를 전제로 한다. 게임산업이 속하는 산업의 상위 영역으로서 문화컨텐트산업에 대해 살펴보는 것은 게임산업에 대한 이해를 도울 것이다.

### 1) 게임컨텐트의 산업분류체계

"게임(Game)"의 어원은 "흥겹게 뛰다"라는 인도 유럽 계통의 "ghem"에서 파생된 것으로 알려져 있다. '흥겹게'는 심리적 측면을 나타내는 말로서 기분이 매우 좋은 상태, 즉 정신적 몰입을 하는 인간의 정신적인 상태를 말하며, '뛰다'는 신체의 움직임을 뜻하는 행동을 의미한다. 이러한 의미를 종합해보면 매우 기분이 좋은 상태로 신체를 움직이는 모든 행동을 게임이라고 정의할 수 있을 것이다. 게임의 어원에서 볼 수 있는 것과 같이 게임은 육체와 정신이 함께 하는 행동과 과정을 의미한다. 유희, 오락, 놀이 등의 모든 종류의 게임은 인류와 함께 하나의 문화권을 형성해 왔다.

일본의 平林은 넓은 의미에서 게임을 '놀이를 목적으로 한 프로그램'으로 정의하고 있다. 이때 프로그램이란 약속된 규칙과 소재, 테마 등을 패키지로 한 것으로 가위 바위 보를 하는 행위부터 유원지의 모든 시설을 포함하는 개념이라고 볼 수 있다. 좁은 의미의 게임은 '전자적 수단을 가지고 있는 전자게임' 또는 '인간의 놀이가 컴퓨터에 응축되거나 편집된 모니터'라고 정의하고 있다.[2]

다음으로 컨텐트(Contents)는 원래 논문, 서적, 문서의 내용이나 목차를 의미하는 용어이다. 그러나 최근에는 영화, 방송, 뉴스 등 미디어의 내용이나 게임, CD-ROM 타이틀 등 컴퓨터 관련 각종 저작물의 내용을 지칭하는 말로 광범위하게 사용되고 있다. 지금까지 컨텐트산업의 주요 하부영역이 출판, 음악, 영화, 방송프로그램, 뉴스, 애니메이션 등이었다면, 인터넷이나 PC통신의 정보와 컴퓨터게임 등 영상성, 쌍방향성, 실재성이 뛰어난 멀티미디어 컨텐트 영역이 새로 확장되어가고 있다. 멀티미디어 산업에서 특별히 멀티미디어 환경을 충분히 활용한 오락 관련 산업을 컨텐트산업(content-industry)이라고 한다. 즉, 멀티미디어 산업이 오락 기능 첨단기술의 실용화를 지원하는 기능을 하게 되는 모든 관련 산업을 컨텐트산업이라고 한다.[3]

이상의 용어 정의들을 비교해 볼 때, 컨텐트산업에는 문자, 소리, 화상, 데이터로 처리된 기존 정보 소프트웨어와 정보사회에 새로 등장하는 멀티미디어 소프트 산업이 포함된다. 21세기 정보 산업을 유럽의 IMO(Information Market Observatory)나 IEC(International Engineering Consortium)에서 각각의 정보컨텐트, 정보전달, 정보처리(또는 정보기기)로 구분하고 있음을 참

---

2) http://gameexpo.co.kr/pub/info/industry1.html
3) 〈어뮤즈월드〉, 1996. 5, pp.72-81.

고할 때, 컨텐트산업의 핵심은 정보소프트웨어의 제작 측면에 있다고 볼 수 있다. 전통적으로 정보의 형태는 음성, 텍스트, 화상, 데이터, 영상의 다섯 가지 형태로 존재하며 디지털 기술이 도입되기 이전의 정보컨텐트산업은 위의 다섯 가지 정보의 형태로 구분되었다. 과거 정보컨텐트산업이 형태별로 독자적으로 형성되었던 가장 큰 이유는 각각의 정보형태를 다루는 기술이 서로 달랐으며, 한 정보형태의 기술로 다른 정보형태의 기술을 다룰 수 없었기 때문이었다. 이러한 정보형태(information form) 간의 장벽을 허물 수 있는 디지털 기술이 개발되면서 컴퓨터와 통신기술이 획기적으로 발전되었고 동시에 많은 정보를 빠르고 쉽게 전달할 수 있게 되었다. 결과적으로 컨텐트산업에 대한 새로운 패러다임이 형성되었으며 전 세계적으로 대형화, 글로벌화가 계속 확산되고 있는 실정이다. 아래의 〈그림 1〉은 이러한 과정을 구체적으로 보여주고 있다.

〈그림 1〉 정보산업에 있어서 멀티미디어 컨텐트산업의 변화

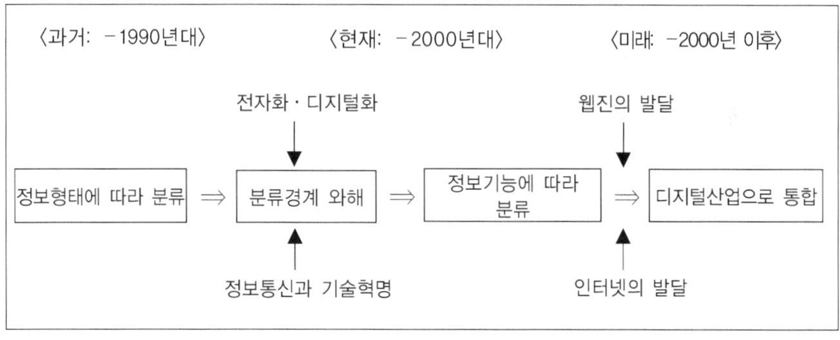


결국 문화컨텐트 또는 멀티미디어컨텐트란 "정보컨텐트라고도 하는데 사설, 그림, 사진, 비디오, 음악 등을 막론하고 멀티미디어 상품이나 서비스를 형성하는 지적재산을 지칭한다". 그리고 "문자, 음성, 영상 등의 다양한 정보형태가 통합되어 생성, 전달, 처리되도록 하는 시스템 및 서비스에서 활용되어지는 정보서비스의 내용물을 말한다."[4]고 정의할 수 있다.

---

4) 정보통신부(1998), 〈'98 소프트웨어종합육성계획〉.

　우리나라에서 문화산업의 개념을 정의하고 범위를 측정한다면, 대략 다음과 같은 방법이 가능하다.[5] 첫째, 좁은 의미의 문화산업은 한국은행 산업연관분석에 있어서 163개 통합 소분류상에 나타나는 문화 및 오락 서비스를 지칭하며, 이것은 순수한 의미의 문화산업 분류이다. 좁은 의미의 문화산업 분류에는 전통적인 문화재 관련 서비스와 같은 문화 서비스를 포함하여 미술, 연화, 연극, 음악, 발레 등의 공연 예술과 일반인들의 일상적인 문화활동 영역에 한정되어 있다. 이 분류는 순수한 문화산업 영역이라고 할 수 있는 반면 문화산업을 지나치게 좁게 한정하고 있으며 동시에 변화하는 산업구조와 기술적 특성을 적절하게 반영하지 못하고 있다.

　둘째, 중간범위의 문화산업 즉, 가장 보편적인 기준의 문화산업에는 좁은 의미의 문화산업, 즉 통합 소 분류상의 문화 오락 서비스에다 인쇄, 출판, 기타 제조업, 광고, 방송 등의 산업부문을 포함시킨 것이다. 이에는 방송과 광고와 같이 최근에 크게 발전하고 있는 멀티미디어 또는 영상산업이 포함되어 있기 때문에 비교적 합리적이고 탄력적인 문화산업 영역을 규정하고 있다고 보여진다.

　셋째, 가장 넓은 의미의 문화산업에는 중간 의미의 문화산업에 농업 부문의 원예업, 조경업 등의 화훼산업과 제조업 분야의 문화상품 및 서비스의 생산에 필요한 장비, 장치, 기기의 제조업을 포함하며 이는 음향기기, 컴퓨터, TV 등의 제조 산업이 해당된다. 멀티미디어 연관산업 등은 컴퓨터의 도움을 받아 생산된다는 점에서 컴퓨터, 음향기기 제조업은 문화산업의 주요 영역에 포함된다고 볼 수 있다.[6] 그러나 이 분류방법은 문화산업을 지나치게 광범위하게 확장하고 있어 문화산업이 거의 모든 서비스산업

---

5) 송희준 외(1994), 〈우리나라에서의 문화투자의 사회 경제적 효과 연구〉, 한국문화정책개발원 연구 보고서 93-8, pp.121-176.
6) 통계청의 1997년 상반기 사회통계 조사 보고서에 따르면, 우리나라 6세 이상의 인구 중 PC사용자 비율은 17.7%(남자: 22.1, 여자: 13.5)로 조사되고 있으며, 이들의 PC 사용 용도는 오락 게임 65%, 문서작성 56.6%, 교육학습 34.3%, PC 통신 17.9%, 자료관리 및 개인정보 관리 각 16.1%, 인터넷 5.1%로 나타나 오락게임이나 문서작성, 교육 학습 등의 용도가 주류를 이루고 있는 것으로 나타났다.

과 국민의 생활 문화영역까지도 포함하게 된다는 문제점이 있다.

넷째, 한국은행의 문화산업 분류체계를 보면, 한국은행은 산업연관분석에서 산업분류체계를 대분류로부터 기본부문에 걸쳐 네 차원으로 분류하고 있다. 산업을 26개로 통합대분류하고, 75개 산업을 통합중분류로, 163개 산업을 통합소분류로 그리고 405개 산업을 기본 부문으로 하고 있다. 앞에서 언급한 좁은 범위의 문화산업을 기준으로 한국은행이 제시한 163개 산업부문과 문화산업을 보면, 방송(158)과 문화 및 오락 서비스(159)만이 이 범위에 포함된다.

다섯째, 정보통신부[7]의 분류에 따르면 정보통신산업을 정보통신 서비스, 정보통신기기, 소프트웨어 및 컴퓨터 관련 서비스 등 3개로 대 분류할 수 있다.[8] 소프트웨어 및 컴퓨터 관련 서비스는 다시 패키지 소프트웨어, 컴퓨터 관련 서비스, 데이터베이스 제작 서비스, 정보 검색 대행 서비스로 각각 분류된다. 결국 게임산업을 산업 분류 체계에 따라 그 영역을 나타내 보면, 정보통신 관련 산업 〉 소프트웨어 산업 〉 응용 소프트웨어 〉 교육·문화·오락 소프트웨어, 멀티미디어 컨텐트 개발 사업 〉 게임산업으로 나타낼 수 있다.

정보통신산업 통일 분류 체계는 정보통신부와 각 관련기관이 정보통신산업 분류 체계에 대한 계속적인 연구와 표준화 논의를 통해서 국내 정보통신산업의 분류체계를 다음의 〈표 1〉과 같이 조정하고 있다.

---

7) 정보통신부(1998. 12. 30), 〈정보통신산업 통계조사 연구〉, '98 연구개발결과 보고서.
8) 통계법 제17조 2항(표준 분류에 의하여 분류하기 곤란한 통계자료에 대해서는 그 통계작성 기관의 장은 통계청장의 동의를 얻어 표준 분류와 다른 분류를 할 수 있다.)에 의거하여 통계청에 분류체계 승인 신청을 통해 변경 승인을 받아 사용하고 있다.

<표 1> 국내 정보통신산업 분류체계 및 항목의 변화

| 구분 | 기존 항목 | 개선 항목 |
|---|---|---|
| 분류기준변경 | 3137.0000　오락용 소프트웨어<br>3137.1000 게임용 소프트웨어<br>3137.9000 기타 오락용 소프트웨어 | 3137.0000 게임용 소프트웨어(PC게임)<br>3138.0000 기타 오락용 소프트웨어 |
| | 3230.0000 멀티미디어컨텐트 수주개발서비스<br>3231.0000 교육용 컨텐트 개발 서비스<br>3232.0000 생활 문화용 컨텐트 개발 서비스<br>3233.0000 디지털 출판물 컨텐트 개발 서비스<br>3234.0000 오락 게임용 컨텐트 개발 서비스<br>3235.0000 디지털 영상물 개발 서비스<br>3239.0000 기타 컨텐트 개발 서비스<br>3251.0000 멀티미디어 컨텐트 개발 서비스 | 3230.0000 멀티미디어 컨텐트 수주개발서비스<br>3231.0000 교육용 소프트웨어 수주 개발<br>3232.0000 생활문화정보용 소프트웨어 수주개발<br>3233.0000 오락 게임소프트웨어 수주 개발<br>3234.0000 디지털 출판물 수주 개발<br>3235.0000 디지털 영상물 수주 개발<br>3239.0000 기타 멀티미디어컨텐트 수주 개발 |

자료: 관세청, 〈무역통계월보〉와 한국은행, 〈경제통계연보〉, 각 년도에서 재구성.

　　문화컨텐트산업의 한 분야로서 컴퓨터게임이란 '컴퓨터의 기능을 활용하여 영상과 음향을 입체적으로 제공함으로써 사용자로 하여금 쌍방향(interactive) 커뮤니케이션에 의한 즐거움을 갖도록 하는 컴퓨터의 종합예술 내지는 대중문화의 한 장르'라고 할 수 있으며, 컴퓨터게임소프트(Game-Software), 게임 컨텐트(Game-Contents) 또는 컴퓨터게임 산업이란 이러한 컴퓨터게임과 관련된 일련의 소프트웨어 및 하드웨어를 연구개발, 제작, 유통하는 사업을 말한다.[9] 또 컴퓨터 기능을 활용하여 움직이는 영상이나 지정된 텍스트로 쌍방향(interactive) 커뮤니케이션을 통해 미리 정해진 스토리 게임을 사용자가 해결해 나가며 그에 따른 오락적 감흥을 느끼는 대중문화상품을 말한다.[10] 이러한 사전적 정의는 시장에서 다양한 게임의 유형에 따라 각기 차별적인 개념을 창출시키는데, 이는 곧 수용자의 기호도와 공간에 따른 게임의 시장적응력을 감안한 시장 내 개념의 다양화로 볼 수 있다.

9) 이정원(1994. 12), "컴퓨터게임산업의 육성을 위한 정책방향", 〈과학기술정책동향〉, p.42.
10) 구문모(1998. 11), "게임컨텐트산업의 현황과 발전전략", 산업연구원, p.2.

즉 사전적 정의로 보면, 대부분 일치할 수 있는 게임의 종류들이 시장 내 수용자의 일반적인 욕구를 다양하게 수용해 내면서 그에 따라 탄력적인 변화를 가져오게 되었다는 것이다.

일반적으로 컴퓨터게임 시장은 구성요소에 의해서는 하드웨어와 소프트웨어로 구분할 수 있고 사용형태에 의해서는 비디오게임, PC게임, PC통신게임, 아케이드게임 등 네 가지로 구분할 수 있다. 또한 게임의 내용에 따라 슈팅게임, 액션게임, RPG(Role Playing Game), 어드벤처게임, 퍼즐게임, 시뮬레이션 게임 등으로 구분되기도 한다. 이러한 컴퓨터게임시장을 〈표 2〉로 간단하게 나타내어 보면 다음과 같다.

〈표 2〉 게임시장의 유형과 내용

| 분류 기준 | 구 분 | 내 용 |
|---|---|---|
| 구성 요소 | 하드웨어 | 영업용: 아케이드게임기, 전자식 게임기 등 |
| | | 가정용: 비디오게임기, 휴대용 게임기, PC 등 |
| | 소프트웨어 | PCB 보드, 롬팩, 플로피디스크, CD 등에 저장 |
| 사용 형태 | 아케이드게임 | 업소용 게임기를 이용한 게임 |
| | 비디오게임 | 가정용 게임기를 TV에 연결하여 이용하는 게임 |
| | PC 게임 | PC용 게임소프트웨어를 이용하는 게임 |
| | PC통신게임 | PC통신망을 이용하는 게임 |
| 게임의내용 | 슈팅 게임 | 적을 쏘아서 맞추는 형식의 게임 |
| | 액션 게임 | 인물의 동작을 위주로 적과 싸우는 형식의 게임 |
| | RPG | 가상의 세계에서 자신의 캐릭터를 성장시켜가면서 모험을 즐기는 형식의 게임 |
| | 어드벤처 게임 | 지적모험을 즐기는 일종의 추리형식 게임 |
| | 퍼즐 게임 | 제시된 문제의 답을 찾아가는 지능형 게임 |
| | 시뮬레이션게임 | 항공기 조종과 같이 실제를 흉내내는 게임 |

자료: 구문모(1998. 11). "게임컨텐트산업의 현황과 발전전략". 산업연구원. p.9.

그런데 지금까지 나름대로 분류가 가능하다고 여겨지던 영화, 만화, 애니메이션, 게임, 대중음악 등이 점차 상품성 있는 캐릭터를 중심으로 계열화되거나 연계, 통합되는 양상을 보이고 있다. 이것은 단순히 이미지의 연결 뿐 아니라 구체적이고 기술적인 매체로의 통합으로 나아가고 있다. 마치 TV와 컴퓨터가 통합되고 유선방송과 인터넷이 연결되는 것처럼 애니메이션은 게임의 내용과 방식을 도용하고, 게임은 영화나 애니메이션의 구성방식을 도입하고 연결하여 서로간의 경계를 허물고 있는 것이다. 이러한 현상은 장르 간의 경계가 완전히 무시되고 있다는 증거가 된다.[11]

게임을 비롯한 1차적인 멀티미디어 산업에 열세한 우리로서는 매체통합의 과정을 면밀히 검토할 필요가 있다. 특히 본 연구의 사례가 되는 게임과 애니메이션의 통합 부문을 중점적으로 살펴보도록 한다. 국내에서는 게임과 애니메이션이 통합된 예가 없지만, 일본의 경우는 성인용 게임타이틀이 이러한 경우에 해당된다. 일본 게임시장의 이러한 경향이 말해주고 있는 것은 게임의 대중적인 접근방식에 있어 게임이 애니메이션과 만화적인 캐릭터를 이용하는 것이 유효한 전략일 수 있다는 점이다.

애니메이션과 게임의 차이가 의미가 없어지는 기술들이 등장하고 좀 더 현실감 있는 게임의 요구가 확대됨에 따라 이 둘 간의 차이는 사라지고 있다. 슈팅게임이나 어드벤처 유의 게임들은 곧 현재의 애니메이션 영화가 요구하는 수준 이상을 요구하며 컴퓨터 그래픽 방식을 이용한 제작이 주를 이루게 되었다. 결과적으로 게임과 애니메이션은 각자의 영역에서 쌓아 온 노하우를 결합시키는 형태로 강력하게 결합할 것이며, 이들의 결합이 긴밀해 질수록 새로운 장르로서의 "애니게임(anigame)"이 등장하게 될 것이다. 말하자면 기존의 장르를 그대로 유지하면서 동시에 서로의 특성을 통합한 새로운 장르가 탄생하게 될 것이라는 것이다.


## 2) 경제적 환경변화

국내의 컴퓨터게임 산업을 전략적으로 육성해야 할 필요성은 우리나라

---

11) 한국문화정책개발원(1996), 〈게임의 문화정책적 접근방안〉, pp.178-179.

고유의 문화를 보존하고 건전한 오락문화를 창조한다는 측면에서 찾을 수 있다. 컴퓨터게임은 영상과 음향 및 스토리가 포함되어 있는 하나의 영상 제작물로 게임 사용자의 사고방식 및 문화적 관습에 영향을 미칠 수 있다. 따라서 국내 게임시장이 외국업체의 수입품에 의해 장악될 경우 우리 고유의 민족적 문화 정체성의 손상과 잘못된 외국문화의 침투라는 문제를 야기하게 되며, 이는 결국 외국문화에 대한 종속현상까지 이어질 가능성도 충분히 있다. 특히 컴퓨터게임 사용자의 대부분이 청소년이라는 점을 감안할 때 이러한 문제점은 더욱 심각하다. 결국 게임이 갖는 상품적 특성은 끊임없는 수요창출과 연계산업의 시너지 효과를 선도하는 것으로 나타낼 수 있을 것이다. 결국 무분별한 문화의 수용을 방지하고 민족 고유문화를 보존하기 위해서는 국내 컴퓨터게임산업의 발전을 지원, 육성하고 관련 업체들이 한국적 정서에 적합한 제품을 개발하도록 유도하는 것이 필요하다. 이를 통해 다가올 정보화 시대에 적합한 건전한 오락문화의 창조를 기대할 수 있을 것이다. 그리고 게임산업은 국제 상품화가 다른 산업에 비해 상대적으로 쉬워서 매우 높은 문화적 파급효과를 기대할 수 있다. 이러한 특성은 곧 고부가가치 수출전략산업으로서의 게임의 가능성을 짐작할 수 있게 한다. 무엇보다도 게임을 수출전략 산업으로 주목할 필요가 있는 것은 연관산업으로의 확대범위가 크기 때문이다. 이러한 산업적 연계를 만들어 내게 된 것은 미국에서부터 시작되었으나 최근에는 일본이 이를 이용한 산업 확장 및 수출 증대를 적극적으로 추진하고 있다.[12]

---

12) 스타시스템을 이용한 미국의 산업적 수요의 창출은 다음과 같은 단계를 밟고 있다. 어린이들이 성장하면서 스타시스템을 매개로 하는 이른바 팬시 산업의 대상으로 보았고, 이들이 성인이 되면 소비 주체인 동시에 노동(게임 개발자) 주체로 등장함으로써 대규모의 자본축적이 가능하기 때문이었다. 이 스타시스템을 2단계로 나누어 본다면, 일반적으로 아동기의 1단계 스타시스템은 만화영화 스타를 통해 작동하며 청소년기는 2단계 스타시스템으로 아이돌 스타를 매개로 작동한다. 그림책, 만화, 만화영화, 비디오, 컴퓨터 오락 등은 분리되어 있는 것이 아니라 테크놀로지의 발전과 자본의 개입으로 연계된 문화상품 망(network)을 형성하고 있다. 이러한 산업 연관효과를 이용한 가장 대표적인 사례로, 일본은 게임 캐릭터인 '포켓 몬스터'의 성공을 만화영화와 캐릭터, 팬시산업으로까지 확대하

문화컨텐트산업도 소프트웨어 산업의 한 분야[13]로 소프트웨어 산업의 특성을 갖고 있고 그 때문에 정부의 적극적 지원이 필요한 분야[14]라 할 수 있다. 문화컨텐트는 전문가의 기술에 의존하여 지적 상품을 개발, 제공하는 지식집약적인 산업이라는 특성을 갖고 있다. 따라서 설비 자본의 투입보다는 고급 기술인력에 대한 투자가 보다 효과적이며, 이들의 생산성을 향상시키기 위하여 소프트웨어 개발의 체계화 및 자동화를 위한 도구들이 활발히 개발되고 있다.

## (1) 환경문제 및 국제환경규범의 등장

환경문제는 기술-경제-생태계라는 연계고리 속에서 논의된다. 최근의 견해에 따르면 기술이란 자신의 고유경로에 따라 움직이는 '독립적'인 존재가 아니라 사회를 구성하는 여러 이익집단들의 사회적, 경제적, 조직적 우선순위가 반영된 결과로 볼 수 있으며, 기술이 크게 야기한 문제들인 자원고갈, 환경오염 등을 해결하기 위해서는 또 다른 기술적 해결기제가 필요하다는 점을 부인할 수 없다.

제2차 세계대전 이후 대부분의 기간동안 기술혁신이 경제성장에 기여한다는 견해는 거의 확고하게 견지될 수 있었다. 기술은 경제발전과 기업 및 국가의 경쟁력 강화노력에 필수적인 조건으로 간주되었으며, 또한 사회적 목표를 달성하거나 삶의 질을 향상시키는 수단으로 간주되었다.

그러나 1960년대 후반에 들어서면서 기술변화와 경제성장의 가치에 대해

---

여 미국을 비롯한 세계시장에서 대단한 판매실적을 올리고 있다.

13) 한인구, 류시원(1998.12), "우리나라 소프트웨어 산업의 국제경쟁력 분석", 〈정보통신정책연구〉, 제5권 제1, 2호, pp.97-98.

14) 우리나라가 자랑하는 세계 최대의 반도체 생산 회사인 삼성 반도체의 경우 1996년 약 8조 원의 매출액을 기록하고 있다. 2만여 명의 종업원 1인당 매출액은 4억 원으로 추정된다. 그런데 같은 해 일본의 게임 업체인 닌텐도와 세가, 양사의 매출액은 6조 5천억 원으로 3천여 명의 종업원 1인당 매출액이 21억 원을 넘어서고 있다. 굳이 순 이익률을 따지지 않더라도 문화산업의 경제적 가치와 경쟁력 정도를 짐작할 수 있을 것이다.

비판적인 견해들이 나타나기 시작하였으며 환경단체들은 점차 기술이 공기를 오염시키고 지구를 황폐화시키는 원인이라고 여기게 되었다. 즉, 물질과 에너지 자원의 소모란 관점에서 경제성장이 유지될 수 있을 것인가 또는 환경문제가 인류의 생존자체에 위험을 주지 않을 것인가에 대해 의문이 제기되었다. 이러한 우려를 해결하기 위해 무엇보다도 새롭고 깨끗하며 안전한 기술들이 가능한 빠른 속도로 저렴하게 확산될 수 있는 방법이 제시되어야 한다.15) 따라서 산업사회와 자연환경 사이의 상호관계를 지구촌 차원에서 보다 잘 점검하고 현재의 범위 내에서 기술과 자원 사용을 개선할 수 있는 기술혁신체제를 찾아내려는 시도가 요구되고 있는 실정이다.

기술변화와 생산성 사이에는 밀접한 관계가 있으므로 환경규제와 기술변화 사이의 관계에 대한 문제 역시 생산성의 저하라는 맥락에서 많은 부분을 고려해야 할 것이다. 우리는 현실적으로 환경의 질 개선과 경제활동의 증대라는 갈등관계에 있는 두 가지 목표(경제적 목표와 환경적 목표)를 조화시켜야 한다는 당면과제에 직면해 있다. 이러한 분위기와 함께 거론되는 것이 환경친화적 기술혁신이다. 기술, 산업, 환경의 관계 속에서 오염물질을 제거한다는 초기단계의 생각이 오염물질의 발생을 방지한다는 생각으로 발상의 전환이 이루어지고 있는 상황이다. 문화산업은 환경친화적인 '굴뚝 없는 산업'이다. 생산이 곧 환경파괴로 이어지는 딜레마로부터 자유로운 산업이 바로 문화산업인 것이다. 게다가 문화산업은 반영구적이다. 그리고 정보화 사회의 도래는 산업사회가 가지고 있는 대량생산, 대량소비 체제를 기반으로 형성된 기업 또는 사회구성원 간의 수직적 분할체계를 정보화를 통하여 보다 자원 절약적이며 수평적, 전문적 분할체계로 개편해 나가는 모습을 보여주고 있다. 다시 말해 정보화 사회는 에너지를 적게 사용하면서 고부가가치를 창조할 수 있는 여건을 조성해 주고 있다. 따라서 정보화

---

15) P. E. Gray(1989), "The Paradox of Technological Development", in Technology & Environment, Washington, D.C.: National Academy Press, pp.192-204. 그레이(Gray)는 산업경제가 환경파괴를 가져오는 반면 산업경제의 진보는 환경의 질을 개선시키는 주된 방법이었으며 앞으로도 그러한 역할을 할 것이라는 이른바 '기술의 역설(the paradox of technology)'을 피력한 바 있다.

는 산업사회가 가지고 있는 물질자원과 에너지의 고갈, 자연파괴, 환경파괴의 문제를 구조적으로 극복하는 대안이 될 수 있다.[16]

## (2) 고비용·저효율 구조개혁의 필요성

고비용·저효율은 기본적으로 생산 활동에서 필요 이상의 생산요소를 투입하거나 생산요소의 비용이 적정수준을 넘어서거나 생산요소의 결합구조가 왜곡되거나 결합기술이 빈약한 경우에 발생한다.

이러한 관점에서 우리 경제의 고비용·저효율 구조가 형성된 원인을 살펴보면, 첫째, 개발경제시대의 압축성장 단계에서 자본과 노동 등 생산요소 투입의 확대가 경제성장을 견인하였으나 그동안의 지속적인 투입증가로 투입규모가 적정량을 넘어서 고비용 구조가 형성된 점과 둘째, 생산요소의 가격이 지속적으로 상승하여 고비용 구조를 형성한 점, 그리고 셋째, 투입요소의 단위당 효율성과 생산성을 제고하는 기술혁신 능력이 취약하여 투자규모에 비해 효율이 떨어지는 저효율 구조가 형성된 점으로 요약할 수 있다. 이러한 "고비용 구조"와 "저효율 구조"가 복합적이고 누적적으로 작용하여 총체적인 고비용·저효율 구조를 낳게 된 것이다.

따라서 우리경제의 고질적인 고비용·저효율 요인을 제거 또는 개선하기 위해서는 경제구조를 기술적 지식에 기반하는 국가혁신체제(national system of innovation: NIS)로 개편하는 구조적이고 근본적인 접근이 필요하다. 오늘날 지식기반경제(knowledge-based economy)로 이행하는 과정에서 제3의 생산요소로서 지식(기술)의 중요성이 강조되고 있으며 지식(기술)의 증대는 경제의 비효율을 낮추고 생산성을 높임으로써 가격을 낮추고 생산(고용)을 증대시키는 일석이조의 효과를 가져오기 때문이다.

고비용·저효율 구조에서 저비용·고효율구조로의 이행을 위해서는 첫째, 저효율 구조를 고효율 구조로 개선하는 효율 향상적 방향이며 둘째, 고

---

16) 임기철(1997.1), "21세기 산업의 환경친화적 혁신을 위한 과제", 〈과학기술정책〉, pp.69-70.

비용구조를 저비용구조로 개선하는 비용절감적 방향이고 셋째, 저비용·고효율구조를 동시에 추구하는 구조 전환적인 방향 등 크게 3가지의 기본적인 정책방향이 제시될 수 있다.

효율 향상적 정책방향은 자원배분의 방식을 개선하거나 자원활용의 효율성을 높임으로써 고효율을 추구하는 접근으로 그 중점과제는 기업의 기술혁신활동을 지원하기 위한 금융제도 개선, 공공－민간의 기술확산 메커니즘의 강화, 기술혁신 하부구조의 확충과 네트워크형 연구개발체제 구축 등을 들 수 있다. 비용절감적 정책방향은 생산방식이나 환경의 개선을 통해 생산비를 절감하거나 원가비율의 개선을 통해 비용구조를 개선하는 접근법으로 그 중점과제로는 기업의 공정혁신에 대한 지원 강화, 사회간접자본의 능률 제고를 위한 기술개발 확충 등이 있다. 마지막으로 구조 전환적 정책방향은 중장기적으로 산업구조를 기술집약화하거나 창의적이고 진취적인 기업가정신을 고취시킴으로써 총체적인 산업경쟁력을 강화하는 접근으로 그 중점과제로는 성장잠재력이 큰 미래산업의 전략적 육성, 지식서비스 및 엔지니어링산업의 육성, 기술집약형 중소기업의 육성 등을 들 수 있다. 이상에서 살펴본 바와 같이 높은 부가가치와 파급효과 등[17]의 근거들은 고비용, 저효율의 구조를 벗어날 수 있는 대안적 기능을 하고 있다.

---

17) 홍영준(1998,3), "21세기 문화산업 어떻게 할 것인가, 한국문화의 산업화 전략", 〈문화예술〉. 문화컨텐트산업은 산업 내 창구효과는 물론 전자, 통신산업 등과의 산업 간 시너지 효과도 매우 높다. 영화의 성공은 패션, 캐릭터, 이벤트, 게임, 관광시장에까지 창구효과를 통해 전달될 수 있다. 따라서 창구효과를 극대화하지 못하는 경우 그만큼 기회비용의 낭비가 발생한다고 할 수 있다. 문화의 산업 내 창구효과로 발생되는 부가가치의 예는 많다. 영화 '베트맨'의 경우 만화의 성공이 영화, 캐릭터, 패션, 음악, 컴퓨터게임 등에까지 이어졌다. 국내의 경우 문화산업의 창구효과를 극대화하려는 움직임은 정부 차원에서도 활발히 이루어지고 있지만 이러한 노력은 문화산업과 관련된 전자, 정보, 방송, 통신 분야 등 유관부처와의 유기적인 협력 차원에서 이루어져야 한다.

## (3) 산업환경 변화: 인터넷의 발전과 전자상거래의 확산

대부분의 첨단기술이 처음에는 군사적 목적에서 개발되었듯이 인터넷의 뿌리도 1966년 미국 국방연구계획국(DPRPA)의 프로젝트로 거슬러 올라간다. 국방기관들의 컴퓨터시스템이 핵 공격으로 마비될 때에 대비하여 '아르파넷'이라는 컴퓨터 통신 네트워크를 구축했던 것이다. 이후 미국의 연구소와 대학들이 아르파넷에 참가하여 기술과 연구통신을 시험하던 수단으로 사용되었다. 1973년 영국과 노르웨이가 알파넷에 접속해 최초로 국외 통신이 이루어졌다. 1982년 인터넷 프로토콜인 TCI/IP가 등장하고 이때부터 '인터넷'은 지금의 이름을 정식으로 얻었다. 국내에서도 서울대와 구미 전자통신연구소의 컴퓨터를 연결한 SDN이 82년에 구축되어 인터넷의 효시를 이루었다. 1987년부터 NSFnet에 첨단기술을 가진 회사들의 망이 연결되면서 민간부문에 급속하게 확산되었지만 연구, 조사 등 비영리 목적으로만 활용되었다. 1991년 미국 정부는 인터넷을 영리목적으로 활용하고 모든 사람이 접속할 수 있도록 개방했으며 이것이 인터넷 혁명의 시발점이었다. 그럼에도 불구하고 인터넷은 여전히 전문가들의 영역이었고 일반인들의 활용도는 전자우편을 제외하고 극히 미미하였다. 그런데 1993년 '월드 와이드 웹'은 이러한 모든 상황을 바꾸어 놓았고 이를 계기로 인터넷의 혁명이 시작되었다. 1994년 초 안드레센과 짐 클락은 넷스케이프를 설립해 웹 브라우저 소프트웨어 판매업에 나서게 되었고, 1995년 중반 야후와 아마존의 출범은 본격적인 인터넷 비즈니스 시대가 본격화되었다. 그리고 1996년 인터넷상에서 최초로 가상 세계 박람회가 개최되었고[18] 현재는 선진국을 비롯한 세계 각국에서 전자상거래에 관한 법적 정비를 서두르고 있고 전자상거래의 무관세화가 확산되고 있는 실정이어서 기존 유통질서의 재정비의 필요성을 가중시키고 있다.

세계는 지금 정보통신기술의 발전을 바탕으로 창조적 지식이 경제 전반에 투입되는 가운데, WTO 체제의 출범으로 국제무역환경의 개방화 추세

---

18) 매일경제신문, 1999. 3. 26.

에 따른 국가경쟁력의 확보가 시급한 과제로 등장하고 있고, 사회 및 산업 각 분야에 대한 욕구가 증대되고 있다. 이러한 요구와 환경으로 인해 전자상거래가 등장하게 되었으며, 전자상거래는 시장의 공간적인 한계를 극복하는 새로운 수단으로 각광받게 되었다고 볼 수 있다. 특히 전자상거래는 거래비용의 절감, 경영의 투명성 및 생산성 제고를 통한 기업의 자생력 확보와 국가경쟁력에 직결되어 세계 각국은 자국의 경쟁력 강화와 국익 확대를 위해 전자상거래 정책을 국가적 차원에서 우선적으로 추진하고 있다.

HTML(Hyper Text Markup Language) 방식이 일반화되면서, 인터넷을 중심으로 한 정보의 대중화가 본격화되고 있다. 가상공간에서 기업 간 거래비용은 감소하게 되고 기업의 크기와 규모가 더 이상 경쟁력을 좌우하지도 않는다. 또한 기업의 대응성이 증가되어 새로운 고객관계가 형성되게 되며, 가상공간에서는 기존 업종 간의 융합이 발생하여 지식 집약적인 산업군이 형성된다. 가상공간에서는 그물망처럼 연결된 네트워크에서 경제 관련 모든 행위가 가능하다. 이와 더불어 국가의 배타적인 경계선인 국경의 개념이 퇴색되며 소프트웨어, 데이터 기술 등 무형 재화의 수출입이 국가의 통관절차를 밟지 않고 이루어지며 국제간의 상품과 기술정보의 흐름이 원활하게 유통되어 국내 고객들에게 있어서도 국내 제품은 해외 제품과 같은 경쟁을 하게 되며 또한 국제간의 경쟁이 더욱 치열해지게 된다. 이상의 변화에 대응할 수 있는 산업의 육성이 무엇보다 시급한 것이다.[19]

전자상거래는 시장성격의 변화를 수반하는 동시에 사업의 성격을 네트워크화하는 것이다. 이는 시간과 장소를 초월하는 통신수단의 발달로 경제 활동이 사업과 정보네트워크를 통해 수행하게 되는 사업의 특성을 바꾸어 놓은 것이다. 이것은 제도 및 유통질서의 혁명적 변화를 일으키고 있는 것이다.

전자상거래가 기존의 상거래와 다른 점은 우선 유통 채널에 있어서 기존의 상거래는 여러 단계의 유통과정을 거치게 되는 데 비해, 전자상거래는 기업과 소비자가 직접 거래를 할 수 있어서 소비자는 전자상거래를 통해

---

19) 황보 열(1996.10), "인터넷 기반하의 가상공간에서 새로운 변화", 〈과학기술정책동향〉, pp.89-99.

유통 마진이 제외된 저렴한 가격으로 상품을 구입할 수 있게 된다.

또한 전자상거래는 전 세계를 대상으로 24시간 영업이 가능하고, 생산자가 직접 소비자를 대상으로 마케팅 활동을 할 수 있으며 판매 거점으로 사이버 공간을 활용할 수 있는 등 편리성과 시간적, 공간적 한계를 극복할 수 있는 특성을 지니고 있다.[20]

## 3. 게임컨텐트산업의 시장환경 및 규모의 변화

### 1) 국제시장 환경

현재 게임시장을 주도해 나가는 국가는 미국, 일본 및 서유럽 국가들이다. 일본은 아케이드 및 비디오게임 시장의 90% 이상을 장악하고 있으며, 미국은 PC게임 시장의 70% 이상을 차지하고 있다. 영국, 프랑스, 독일을 비롯한 서유럽 국가의 게임산업은 빠른 속도로 부상하고 있는데, 특히 비디오게임과 온라인게임 분야의 성장이 두드러지고 있다. 미국의 게임산업은 연평균 15%의 성장률을 기록하고 있으며, 임금(연간 17.4%) 및 고용

---

20) 한국전자산업진흥회, 코리아 헤럴드, 내외경제신문(1999), 〈정보산업 연감〉, pp.276-277. 전자상거래와 전통적 상거래를 간단하게 비교해보면 다음과 같다.

| 구 분 | 전자 상거래 | 전통적 상거래 |
| --- | --- | --- |
| 유통 채널 | 기업 ↔ 소비자 | 기업→도매상→소매상→소비자 |
| 거래대상지역 | 전 세계(global marketing) | 일부지역(closed clubs) |
| 거래 시간 | 24 시간 | 제한된 영업시간 |
| 고객수요파악 | 온라인으로 수시 획득, 재입력 필요없는 디지털 데이터 | 영업 사원이 획득, 정보 재입력 필요 |
| 마케팅 활동 | 쌍 방향 통신을 통한 일대일 마케팅(interactive marketing) | 구매자의 의사에 상관없는 일방적인 마케팅 |
| 고객 대응 | 니드를 신속히 포착하고 즉시 대응 | 니드를 포착하기 어렵고 대응 지연 |
| 판매 거점 | 사이버 공간 | 판매 공간 필요 |

(연간 10.5%)에 있어서도 높은 성장률[21]을 기록하고 있다.

세계 게임시장의 장르별 동향을 좀 더 구체적으로 살펴보면, 우선 가장 큰 시장규모를 형성하고 있는 아케이드게임은 타 게임장르에 비해 성장이 둔화되고 있다. 그 이유는 아케이드게임기의 대형화 및 고가화와 함께 새로운 기술개발이 뒤따르고 있지 않기 때문이다. 이에 따라 대다수의 아케이드게임 기업들은 비디오 혹은 온라인게임으로 업종을 전환하고 있다.

다음으로 PC게임 분야는 미국과 유럽시장을 중심으로 지속적인 성장세를 거듭해왔으나, PC게임에 대한 개발과 투자가 점차 감소하고 시장규모의 증가율도 점차 둔화되고 있다. 2000년 PC게임 38%, 비디오게임 62%였던 시장점유율이 2005년 각각 26%, 74%로 변화될 것이 예상되어, 앞으로 비디오게임시장이 점차 확대될 것으로 전망된다.[22] 특히 비디오게임시장을 장악하게 될 플랫폼은 PS2(Sony사)와 X-BOX(Microsoft)로 세계 양대 글로벌 기업 간의 치열한 경쟁이 예상된다.

전반적으로 게임 장르별 시장동향은 아케이드 및 PC게임의 성장이 둔화되는 동시에 비디오, 온라인 및 모바일게임의 성장이 급상승하고 있다.[23] 또한 최근의 게임산업은 기술이 빠른 속도로 발달하면서 게임 플랫폼 간의

---

21) 미국 엔터테인먼트산업 중 최고라고 손꼽아지는 영화산업이 임금 9.2%, 고용 5.2%의 성장률을 나타낸 것과 비교하였을 때 월등히 높은 수준이다.

22) 2001년 현재, 장르별 게임시장 규모를 보면, 아케이드게임이 56.1%로 가장 크며, 그 다음으로 비디오게임(31.3%), 온라인게임(6.2%), PC게임(6.0%), 모바일게임(0.4%) 순으로 나타나고 있다.

23) 2000년 미국의 게임시장의 규모는 약 60억 불에 이르며, 그중 비디오게임(41억 6,000만 불)과 PC게임(15억 5천만 불)이 전체의 94%로 대부분을 차지하고 있다. 한편 세계 아케이드와 비디오게임을 주도하고 있는 일본의 게임시장은 1999년 기준 약 110억 불(약 14,225억 엔)의 규모로 형성되어 있다. 일본의 비디오게임은 전체 게임의 80% 이상을 차지하고 있으며 비디오게임 플랫폼 역시 PS1, PS2, N64, PSX 등 다수가 존재한다. PS2가 타 플랫폼을 누르고 일본 전체 비디오게임 시장을 석권하고 있는데, 2001년 미국 MS사의 X-BOX의 출시로 국제적인 경쟁이 심화되고 있다. 일본 게임업계는 전략적 제휴·합병(예: 세가엔터프라이저와 반다이의 합병)과 해외 수출화 전략을 모색하고 있다. '97년 기준 일본 게임시장은 내수 51.3%(5,315억 엔), 수출 48.7%(5,165억 엔)이며, 전년 대비 내수 4.8%, 수출 49.9% 증가율을 나타내고 있다.

통합화 경향이 나타나고 있다. 즉, 하나의 게임콘텐츠가 개발되면 게임장르에 구분 없이 PC게임, 온라인게임 혹은 모바일게임 등으로 전환하여 사용하는 것이다. 이는 곧 게임콘텐츠의 활용 범위가 확장될 뿐만 아니라 게임개발에 투자가 집중될 수 있기 때문에 게임의 질적 수준이 더 높아질 수 있을 것이라는 기대를 가능하게 한다.

지난 90년대 중반까지만 해도 PC게임이 온라인게임에 비해 1.5배 정도의 시장규모를 형성하고 있었으나, 1999년에 이르러서는 온라인게임이 PC 시장 규모와 성장률을 앞지르기 시작했다. 이것은 온라인게임이 통신기술의 발달과 함께 게임에 대한 소비자의 접촉 가능성이 커지고, 양방향성이라는 특징으로 게임이용자들에게 강한 호소력을 가진다는 점, 생산자의 입장에서 유통비용이 거의 들지 않는다는 점 때문에 가능할 수 있었다.

이상의 현황 분석을 통해, 미국, 서유럽, 일본 등에서 게임산업은 이미 타 문화산업에 비해 큰 시장규모를 형성하고 있으며, 높은 성장률을 기록하고 있음을 알 수 있다. 게임산업 분야에 있어서도 쇠퇴하는 분야(아케이드게임)와 성장하는 분야(비디오 및 온라인게임)가 이원적으로 나뉘고 있음을 알 수 있다. 또한 세계 각국의 대기업들은 게임산업을 멀티미디어산업의 주력업종으로 선정하고 최근에는 시장 선점을 위한 표준화(standardization) 활동 및 전략적 제휴관계를 통한 시장 지배력 강화에 주력하고 있다.[24]

전 세계적으로 정보화가 진전될수록 정보기기나 정보전달 부문보다 정보 컨텐트 부문의 시장비중이 더 커지는 추세이다. 정보컨텐트산업이 세계 정보산업 중 차지하는 비중이 '94년 37.2%에서 2005년 43.6%로 증가될 전망이다. 그리고 상대적으로 정보화가 더욱 진전된 미국의 경우, 정보컨텐트의 비중은 '94년에 이미 50.2%이며 2005년엔 62.6% 수준으로 증가될 전망이다.

---

24) 현재 삼성, LG, 현대 등 국내 대형 전자업체들이 컴퓨터게임산업의 주도권을 확보하기 위해 각종 전략을 마련하고 있으나 난관에 봉착하고 있는 실정이다. 외국게임사와의 제휴관계도 성공적이지 못한 편이다.

〈표 3〉세계 문화컨텐트산업의 시장규모

(97년. 단위: 억 달러)

| 분야 | 출판 | 극영화 | 애니메이션 | 음반 | 비디오 | 게임 | 캐릭터 |
|------|------|--------|------------|------|--------|------|--------|
| 시장규모 | 801 | 615 | 736 | 381 | 543 | 1,100 | 800 |

자료: http://www.meaileconomy.co.kr.

　세계 게임시장의 규모를 살펴보면, 세계 게임기 시장은 매년 평균 25%씩 성장하고 있는데, 비디오게임은 일본이, PC게임은 미국이 세계시장을 주도하고 있다. 일본은 세계적인 애니메이션 및 만화산업을 기반으로 세계 비디오게임시장의 90% 이상을 장악하고 있어 종주국의 위치를 확보하고 있다. 미국은 PC용 게임 분야에서 세계시장의 70% 정도를 차지하고 있고 대규모의 자본과 영상, 영화 등의 풍부한 컨텐트와 아이디어를 배경으로 풍부한 게임소프트웨어를 제작하고 있다.[25]

〈표 4〉세계 및 미국시장에서의 정보산업부문별 시장규모의 현황 및 전망

(단위: 10억 달러)

| 구 분 ＼ 시 장 | 세계시장 | | 미국시장 | |
|------|------|------|------|------|
| | 1994년 | 2005년 | 1994년 | 2005년 |
| 정보컨텐트 | 800.0<br>(37.2%) | 3,236.4<br>(43.6%) | 520.5<br>(50.5%) | 2,105.7<br>(62.6%) |
| 정보 기기 | 600.0<br>(27.9%) | 1,863.5<br>(25.1%) | 151.2<br>(14.7%) | 326.4<br>(9.7%) |
| 정보 전달 | 750.0<br>(34.9%) | 2,329.4<br>(31.4%) | 359.2<br>(34.8%) | 931.7<br>(27.7%) |
| 합 계 | 2,150.0<br>(100%) | 7,429.3<br>(100%) | 1,030.9<br>(100%) | 3,363.8<br>(100%) |

자료: IEC(International Engineering Consortium)
　　　김희수 외 3인(1997. 12), "게임기산업의 동향과 국내 게임전용기 개발의 타당성", 〈정보통신정책 Issue〉, 제9권 15호, 통권 94호, p.4에서 재인용.

---

25) 김희수 외 3인(1997.12), "게임기산업의 동향과 국내 게임전용기 개발의 타당성", 〈정보통신정책 Issue〉, 제9권 15호, 통권 94호, pp.4-5.

이상의 〈표 4〉에서 보면, 정보컨텐트 부문과 정보기기 부문을 비교해 볼 때, 하드웨어적인 정보기기 분야는 점차 시장이 축소되는 데 비해 정보컨텐트 분야는 점차 확대될 전망이다. 이러한 분야별 시장 상황은 특히 미국의 경우에는 더욱 두드러지게 나타난다. 외국 정보컨텐트의 국내시장 지배는 경제적 지배를 넘어서 문화적 지배까지 초래할 우려가 있다. 정보 기기나 정보전달 부문이 거래를 위한 인프라라면 정보컨텐트는 그 실체라고 할 수 있다. 그런 의미에서 최근의 '전자상거래(EC) 라운드'는 '컨텐트 라운드'라고 일컫기도 한다. 이러한 멀티미디어 컨텐트 시장은 교육용 소프트웨어와 멀티미디어 출판물을 포함한 CD-ROM 타이틀 시장 및 게임시장 등으로 구분할 수 있으며 타 산업 분야에 비해 현재 그 규모가 매우 작기 때문에 그 성장을 정확히 예측하기는 곤란하지만, 산업의 성장가능성에 대해서는 의견을 일치하고 있다.

〈표 5〉 멀티미디어 컨텐트 시장전망

| 분 야 | 세계시장<br>(단위: 억 달러) | | 국내시장(단위: 억 원) | | 비 고 |
|---|---|---|---|---|---|
| 연 도 | 1996 | 2001 | 1996 | 2001 | |
| 교육용소프트웨어 | 14 | 70 | 640 | 4,500 | |
| 멀티미디어출판물 | 100 | 4,460 | 440 | 2,000 | |
| 디지털 영상물 | 346 | 4,470 | 504 | 3,500 | |
| 게 임 | 800 | 7,000 | 520 | 5,000 | S/W만 계산 |
| 통신멀티미디어서비스 | (70) | (800) | (70) | (5,000) | |
| 합 계 | 1,260 | 1,600 | 2,104 | 15,000 | |

자료: 문화관광부(1998), 〈통계로 본 문화산업〉.
* 주: 통신멀티미디어 서비스의 분석수치는 타 분야의 시장규모에도 계산된 수치이므로 괄호로 처리하였음.

위의 〈표 5〉에서 보는 바와 같이 디지털 영상물 산업은 그 시장이 현재
는 거의 형성되어 있지 않으나 2001년에는 디지털비디오(DVD)를 활용하
는 비디오 타이틀 단일시장만도 200억 달러 이상이 될 것으로 예상하고 있
다. 게임시장의 경우는 2001년 1,300억 달러 규모에 이를 것으로 예상되지
만 국내시장은 게임소프트웨어만 해도 그 규모가 5,000억 원 규모가 될 것
으로 전망되기에 이 분야에 대한 벤처기업의 기술개발에 대한 지원 및 창
업을 육성하는 정책이 필요하다.

최첨단 게임산업은 영상 멀티미디어, 반도체, 가전, 초고속정보통신망, 문
구 및 완구, 캐릭터 등 관련 산업에 파급효과가 큰 산업으로 주목받고 있다.
최근에는 세계의 전자업체 및 컴퓨터 소프트웨어 업체, 통신 및 방송사 등이
게임시장에 진출하고 있다. 일본의 소니는 1994년 컴퓨터 업계에 진입한 후,
세계 최고의 비디오게임 업체인 닌텐도를 제치고 세계시장의 우위를 확보하
였다. 마이크로 소프트는 세가와 제휴하여 독자적인 게임 플랫폼을 개발하
는 한편, 게임 S/W의 개발과 온라인게임사업 등을 주력사업화하고 있다. 현
재 세계 게임기 시장은 매년 평균 25%씩 성장하고 있는데, 비디오게임은 일
본이, PC게임은 미국이 세계시장을 주도하고 있다. 일본은 애니메이션 및
만화산업을 기반으로 세계 비디오게임 시장의 90% 이상을 장악하고 있어
종주국의 위치를 확고히 하고 있다. 미국은 PC용 게임시장에서 70% 정도를
차지하고 있고 대규모의 자본과 영상·영화산업에서의 우위를 기반으로 풍
부한 컨텐트와 아이디어로 우수한 게임소프트웨어를 제작하고 있다. 이러한
게임의 유형별 시장규모를 살펴보면, 다음의 〈표 6〉과 같다.

〈표 6〉 세계 게임시장 현황

(단위: 억 달러)

| 구 분 \ 연 도 | 1992 | 1993 | 1994 | 1995 | 1996 |
|---|---|---|---|---|---|
| 가정용 비디오 | 64.9 | 80.7 | 78.5 | 250 | 410 |
| 아케이드 | 154.5 | 175.5 | 222.5 | 320 | 440 |
| PC게임 S/W | NS | NS | NS | 50 | 100 |
| 온라인게임 | NS | NS | NS | 80 | 150 |
| 합    계 | 219.4 | 256.2 | 301 | 700 | 1,100 |

자료: 문화관광부(1997), 〈문화산업백서〉, p.205, 〈정보통신정책〉, 1997. 12, p.4.
　　　1992-1994년 통계치는 삼성전자 게임기 사업팀(1994)의 자료이며,
　　　1995년 이후는 통상산업부(1997) 자료를 바탕으로 재구성.

1988년 세계 게임시장 규모는 75억 달러였고 이후 1990년 195억 달러로 증가하면서 1996년에는 1,100억 달러의 시장으로 성장하고 있다. 위의 〈표 6〉에서 살펴본 바와 같이 PC게임 시장은 지속적으로 성장하고 있고, 비디오게임기의 경우는 부분 하락하고 있는 데 비해 비디오게임 S/W는 지속적으로 성장하고 있음을 알 수 있다. 이러한 통계자료는 한국의 게임시장 진출을 위한 전략 구축에 기초적인 자료가 될 수 있을 것이다.

PC게임의 급속한 확산에도 불구하고 주요 게임기 전용업체는 아직도 비디오게임시장을 주도해 나가고 있다. 그러나 멀티미디어 PC가 급속하게 보급되고 있고, PC게임 소프트웨어는 창의적인 소프트웨어 개발회사들의 참여가 용이하고 로열티를 지불하지 않아도 되기 때문에 비디오게임 타이틀보다 가격이 저렴한 이점이 있어 한국과 같은 조건의 개발업체들이 진입하는 데 유리한 시장이라고 할 수 있다.[26]

---

26) 중소기업청의 조사에 따르면, 우리나라 벤처기업들은 기술수준은 낮으나 틈새 기술을 통해 시장에 진출한 틈새시장 공략형 벤처기업이 전체의 35%로 가장 많은 것으로 나타났으며, 다음으로 기술수준이 높고 성장성이 높은 하이테크형이 34%, 기술력은 있으나 성장성이 낮은 전통 기술형 14%, 낮은 기술과 정체된 시장을 가진 일반기업형이 17%로 나타나고 있다.

특히 멀티미디어 PC의 고성능화, 그래픽 전용 칩의 고성능화 등으로 PC
게임이 크게 성장하고 있다. 그리고 인터넷상의 온라인게임이 성장하고 있
는 것도 PC게임 성장의 한 요인이 되고 있다. 반면 게임기는 아직 인터넷
접속 등의 기능을 수행할 수 있는 정보단말기로서의 기능을 하지 못한다.
PC용 게임시장이 성장하고 있는 여러 요인에도 불구하고 가격이 고가라는
이유 때문에 게임전용기와 경쟁하여 PC게임이 성장하는 데 다소 어려움이
있다. 예를 들면, 게임전용기는 게임이라는 특수한 용도로 특화되어 있어
PC보다 높은 화상처리능력을 지니고 있음에도 불구하고 149달러 정도에
구입할 수 있는 데 반해, 비디오게임기와 같은 성능으로 3차원 게임을 구
현하기 위해서는 2,600~4,000달러의 멀티미디어 PC를 구입해야만 한다. 따
라서 게임전용기와 같은 성능으로 가격이 500달러에 이르지 않는 한 게임
플랫폼으로서의 PC는 한계가 있으므로 게임전용기와 PC가 공존하는 상황
이 당분간은 지속될 것으로 전망되고 있다. 그러나 한편으로 PC의 가격이
점차 하락하고 보급률이 점차 증가하고 있는 상황[27]이므로 PC가 게임전용
기를 대체할 가능성이 점차 커지고 있다. 이와 더불어 우리나라의 경우는
외국에 비해서 PC방이 빠르게 성장하고 있어, 향후 온라인게임의 시장확
대가 가능할 것으로 예상되고 있다.

〈표 7〉 주요 게임기업체의 매출액

(단위: 백만 달러)

| 구 분 \ 연 도 | 1990 | 1991 | 1992 | 1993 | 1994 | 1995 | 1996 |
|---|---|---|---|---|---|---|---|
| 닌텐도 | 1,522 | 3,463 | 4,405 | 5,681 | 4,825 | 4,666 | 3,337 |
| 세 가 | 498 | 758 | 1,605 | 3,019 | 3,432 | 3,731 | 3,681 |
| SEC* | – | – | – | – | NS | 3,250 | 5,280 |
| 합 계 | 2,020 | 4,221 | 6,010 | 8,700 | 8,257 | 11,647 | 12,235 |

자료: 정보통신정책연구원(1997. 12), 〈정보통신정책 ISSUE〉, 제9권 15호, p.5.
* 주: SEC(Sony Computer Entertainment)는 1994년에 설립되었음.

---

27) 1999년 현재 정보통신부는 PC의 보급을 확대하기 위해 저가의 "국민 PC"를
　　보급하는 데 주력하고 있다.

　현재 세계 게임기시장의 추세는 관련 기업 간 기술제휴 등 협력관계를 통한 시장 선점의 노력[28]이 계속 되고 있다.

<표 8> 비디오게임기별 판매량 추이(누적 대수)

(단위: 만 대)

| 구 분 ＼ 연 도 | 1994 | 1995 | 1996 | 1997 |
|---|---|---|---|---|
| 플레이스테이션 | 30 | 200 | 1,300 | 2,000(8월 현재) |
| 세가　새턴 | NS | 200 | 500 | 780(3월 현재) |
| 닌텐도　64 | – | – | 185(일본)<br>214(미국) | 260<br>(미국, 3월 현재) |

자료: 정보통신정책연구원(1997. 12), <정보통신정책 ISSUE>, 제9권 15호, p.5.
* 주: 플레이스테이션은 1994. 12, 세가새턴은 1994. 11, 닌텐도64는 1996. 6. 판매 개시.

　게임기는 아타리사의 4비트부터 시작하여 8비트기, 16비트기, 32비트기로 발전하여 현재 닌텐도가 64비트기를 개발하였다. 게임기가 점차 발전하면서 16비트 게임기가 등장하면서 CD-ROM이 처음 등장하게 되었고 점차 고화질화, 다색화, 고속화, 고음질화되었다. 이러한 발달과정에서 70-80년대 초에는 다양한 게임 플랫폼이 존재하고 신규진입이 활발했다. 그러나 현재 게임산업에서는 대부분의 기업이 퇴출하고 NEC와 3DO, 소니 등 소수의 기업만이 신규 진입하여 현재는 닌텐도와 세가, 소니 등의 3대 기업이 중심이 되어 과점 산업화되고 있다.

　한편 게임산업에 가전업체가 참여하게 되면서 게임의 발달이 가속화되고 있으며, 기존의 게임 및 가전업체 외에도 인텔과 마이크로소프트 등 정보산업 분야의 업체들도 게임산업 진출을 본격적으로 준비하고 있다.[29]

---

28) 이러한 예로는 닌텐도와 마쓰시다는 20억 달러를 투입, DVD 비디오게임기 개발에 합의, 닌텐도와 IBM은 10억 달러의 연구개발비를 투자하여 속도와 영상면에서 앞선 제품을 출시할 예정이며 소니와 도시바는 20억 달러 투자에 합의하고 있다.
29) 마이크로소프트는 PC게임 산업에서 주도권을 갖기 위해 다음과 같은 전략을 취하고 있다.

비디오게임 산업에서는 하드웨어 업체들의 가격인하 경쟁이 치열하고 업체들의 저마진 전략으로 인해 하드웨어에서의 이익보다는 소프트웨어에서 이익을 얻는 구조를 형성하고 있다. 하드웨어 가격의 인하경쟁으로 인해, 닌텐도 64의 경우 마진이 1-5% 정도인 반면소프트웨어의 마진은 거의 45%에 가까운 것으로 알려져 있다.[30] 따라서 게임기업체들은 하드웨어에서는 거의 노마진에 가까운 전략을 펴면서 대신 소프트웨어 판매를 통해 이익을 얻고 있는 상황이다.

이상의 논의와 관련하여 문화산업의 국내시장 동향에 대해 살펴보면 다음과 같다.


## 2) 국내시장 환경


국내에서 문화컨텐트산업이라는 개념이 본격적으로 사용되기 시작한 것은 선진국에 비해 상당히 늦은 1990년대 들어서면서부터였다. 주무부처인 문화체육부(현 문화관광부)에 문화산업국이 생긴 것이 1994년 1월, 그동안

첫째, PC게임을 전개하기 위하여 윈도우 95를 기반으로 한 Direct X 기술을 표준으로 정하고 게임 S/W 개발사 및 3차원 칩 제조회사와 다양한 제휴를 벌이고 있다. Direct X는 윈도우95에서 그래픽이나 사운드를 많이 포함하는 프로그램들을 빠르고 원활하게 운영하기 위해 특별히 디자인된 API(Application Programming Interface, 윈도우 내에서 프로그램과 프로그램 사이에 인터페이스 할 수 있는 규약의 일종임)이다. 지금까지 3차원 그래픽이나 사운드 칩의 표준이 없는 상태에서 제조업체마다 다른 방식으로 3차원 기능을 구현하여 왔으나 마이크로소프트는 Direct X를 통해 PC에서 사용되는 3차원 칩의 표준을 정립시키고 있다. 둘째, 온라인게임 사업을 추진하고 있다. 'Internet Gaming Zone'이라는 웹 사이트를 설치하고 소프트웨어 개발사들이 제작한 게임들을 온 라인으로 제공하는 사업을 진행하고 있다. 1997년 5월 현재 275,000명의 회원을 확보하고 100여 명이 동시에 플레이할 수 있는 멀티플레이어 게임과 롤플레이 게임을 제공하고 있다. 셋째, 마이크로소프트는 세가와 차세대 게임기 개발을 위해 제휴하고 있다. 1997년 9월 세가와 128비트 차세대 비디오게임기를 공동으로 개발할 것으로 발표하였다.

30) 〈비즈니스 위크〉, 1997. 6. 9.

선진국의 문화컨텐트산업은 국내시장을 대부분 잠식하였다. 국내시장의 구성을 보면, 70% 이상을 업소용 게임 S/W가 차지하고 있으며, 미국, 일본 등 외국업체에 의해 전체 시장의 80-90%가 잠식당하고 있는 실정이다. 이러한 외국제품의 범람현상은 수출입 추세를 통해서도 파악될 수 있는데, '90년 이후 수출은 제자리를 맴도는 반면 수입액은 눈에 띄게 증가하여 '93년의 경우 1억 4천 3백만 달러의 게임이 수입된 것으로 나타났다. 외국산 게임컨텐트의 국내시장 점유율은 전체 공급물량의 70-80%에 달하고 있고 그 가운데 비디오게임은 일본산, PC게임은 미국과 대만 제품이 국내시장을 대부분 점유하고 있다.

게임산업(2000년, 33% 성장률)은 전통적 제조업(자동차 3%, 철강 4%, 조선 -3%, 석유화학 3%, 일반기계 7%, 섬유 4%, 가전 6% 등)에 비해 연평균 성장률이 매우 크고, 다른 분야의 문화산업(영화 18%, 음반 15%, 방송 25% 등)에 비해서도 큰 폭으로 성장하고 있다(문화관광부. 2000; 산업자원부. 2001).

2001년 국내 게임시장 규모는 출하규모를 기준으로 할 때, 총 9,985억 원을 형성했고, 그중 제작부문 7,079억 원, 배급부문 2,906억 원을 차지하고 있다. 플랫폼별로 살펴보면, 아케이드게임이 5,060억 원으로 전체 게임시장 규모의 50.7%를 차지하고 있어 가장 큰 비중을 점유하고 있으며, 온라인게임이 2,682억 원으로 26.9%를 점유하고 있다. PC게임 분야는 1,939억 원으로 19.4%를 차지하고 있고, 비디오게임과 모바일게임이 각각 162억 원(1.6%)과 143억 원(1.4%)의 점유율을 보이고 있다. 2001년 게임시장 규모는 전년 대비 약 19% 증가했으며, 이것은 온라인게임(40%)과 PC게임(67%)의 성장이 중요한 원동력이 되었기 때문인 것으로 평가된다.

다음의 〈표 9〉는 이러한 국내 게임시장의 규모와 장르별 시장전망을 구체적으로 보여주고 있다.

### 〈표 9〉 국내 게임시장 출하 규모 전망: 최종 소비자 매출규모 기준

(단위: 억 원)

| 구분 | 아케이드게임 | PC게임 | 온라인게임 | 비디오게임 | 모바일게임 | PC방 | 합계 |
|---|---|---|---|---|---|---|---|
| 2000 | 15255 | 1162 | 1915 | 125 | 100 | 11125 | 29682 |
| 2001 | 13362(−12%) | 1939(67%) | 2682(40%) | 162(29%) | 358(258%) | 12014(8%) | 30516(2.8%) |
| 2002 | 12961(−3%) | 2230(15%) | 3218(20%) | 2831(1651%) | 858(140%) | 12615(5%) | 34712(14%) |
| 2003 | 13285(2%) | 2453(10%) | 3862(20%) | 4104(45%) | 2145(150%) | 13119(4%) | 38969(12%) |
| 2004 | 13949(5%) | 2698(10%) | 4634(20%) | 4430(8%) | 3432(60%) | 13513(3%) | 42657(9%) |

자료: 한국게임산업개발원(2003), 「2002 대한민국 게임백서」.

국제경쟁력(시장 규모와 기술개발)과 산업의 중요성(부가가치) 측면에서 게임장르별 국내 게임시장과 개발환경을 살펴보면, 먼저, 아케이드게임은 세계적으로도 전반적인 위축 내지 성장 감소의 추세를 보이고 있는 것처럼 국내 아케이드게임도 DDR로 대표되는 댄스, 뮤직 시뮬레이션게임의 호황기 이후 2000년을 기점을 급속하게 위축되기 시작하였다. 그 이유는 개발사들이 트랜드의 변화에 맞는 히트 게임물을 생산하는 데 실패했기 때문이고, 이에 따라 아케이드게임 이용자 비중도 감소하였기 때문이다.

둘째, PC게임은 전년 대비 64%가 성장률을 기록하고 있으나, 일본수입게임이 전체 PC게임 판매의 40% 이상을 차지하고 있다. 그리고 PC게임 상위 5대 업체가 총매출액의 70% 이상을 차지하는 부익부 빈익빈 현상이 더욱 심화되고 있으며, 불법복제로 인해 국산게임타이틀의 제작이 위축되고 있는 실정이다. PC게임은 공급자와 소비자를 연결해주는 유통전문회사가 중간매개자가 되어, 수입과 번역작업을 담당하는 특이한 유통구조를 갖고 있다.[31] 제작사→판권사→유통사→도매점→소매점에 이르는 복잡한 다

---

[31] 국내에서 판매되고 있는 게임의 95% 이상은 용산을 거쳐 사용자들에게 유통된다. 국내 게임의 경우 개발자들이 자신들과 계약을 맺고 있는 유통업체(대부분 대기업)들에게 모든 판권을 이양함과 동시에 유통업체에서는 자체적으로 케이스 제작과 매뉴얼 작성, 영상물등급위원회(이하 영등위) 심의과정을 거쳐

단계 구조로 인해 제품의 가격은 높아지는 데 비해 제작사의 수익성은 저하하게 되었고, 반품[32]이 불가능함에 따른 유통 마진(소비자 가격의 45%)이 높아서 소매상들의 판매가격이 지역별, 업소별로 차이가 있다.(정보통신연구관리단. 1996: 169.) 이러한 특징은 PC게임 분야의 저조한 국내생산과 과다한 수입의존의 원인으로 작용하고 있으며 장기적으로 게임산업의 국제경쟁력을 취약하게 하는 원인으로 작용하고 있다.

셋째, 온라인게임은 전년대비 40%의 성장률을 기록하면서 국내 게임시장의 고도성장을 주도하고 있다. 국내 온라인게임은 PC방과 초고속통신망 등의 인프라 구축으로 급속한 성장을 이루고 있다. 현재 국내에서 서비스 중인 온라인게임 35종 가운데 30%에 해당하는 10여 종의 게임이 월 매출 평균 1억 5천만-2억 원에 이르고 있으며 대만, 중국 등 해외시장으로 수출하는 비중이 서서히 증가하고 있다. 그러나 새롭게 게임시장에 진입하고 있는 대부분의 국가들이 온라인게임개발에 중점을 두고 있기 때문에, 좁은 시장을 두고 경쟁이 점차 치열해지고 있다. 넷째, 비디오게임은 2002년 2월부터 PS2의 공식적 수입을 계기로 시장이 형성되기 시작했고, 12월에 출시된 X-BOX와 국내 비디오게임시장을 놓고 경쟁이 치열해지고 있다. 반면 비디오게임 분야에 참여하고 있는 국내게임업체들은 해외 비디오게임타이틀의 국내 현지화 작업 및 유통 분야에 주로 진출하고 있는 실정이다.

이상의 특성은 시장규모와 게임개발 기술능력의 측면에서 국제경쟁력을 가지는 분야와 고부가가치 및 성장잠재력 분야에 따라 현재 국내 게임산업

---

서 자신들의 총판이나 용산에 있는 또 다른 총판에게로 전달된다. 이들 총판업자들은 자신들과 관계를 맺고 있는 다른 총판과 리베이트(rebate)의 과정을 거친다. 즉 자신이 가지고 있는 물건들이 한정되어 있으므로 다른 총판에서 잘 팔리는 제품들을 가져오고 다른 게임상품으로 일부 대금을 지불하는 형태를 취하고 있다. 대규모 유통업체들은 영세한 유통업체들을 대상으로 하여 잘 팔리는 게임에 인기 없는 게임을 끼워 파는 형식을 취하기도 한다.

32) 일본은 반품이 부분적으로 허용되고 있고, 미국은 모든 판매단계에서 반품이 허용되고 있다. 이는 재고의 부담을 안고 있는 수입 및 제작사, 유통사의 피해를 줄이고 게임시장의 올바른 가격구조 정책을 확립하기 위한 근본 조치라고 할 수 있다.

의 위상을 평가할 수 있는 척도가 된다. 이러한 분석틀에 의하면 아케이드, 비디오, PC게임 분야는 세계시장의 90% 정도를 차지하고 있지만, 한국의 국제경쟁력은 현저히 낮으며, 온라인게임 분야만이 국제경쟁력을 확보하고 있음을 알 수 있다. 그러나 온라인게임은 아직 세계시장의 규모가 너무 작기 때문에 시장확대전략이 무엇보다 중요하며 지속적인 노력이 필요하다. 결과적으로 현재 한국 게임이 세계시장에서 차지하는 비중은 온라인게임 분야를 중심으로 세계 게임시장의 1.7% 정도만을 차지하고 있으며, 게임의 시장경쟁력은 아직도 미미한 실정에 있다. 따라서 게임산업 분야의 민간 주도적 환경을 유지하는 가운데 정부의 지원정책이 추진된다면, 게임산업의 경쟁력 향상의 시너지 효과를 충분히 기대할 수 있을 것이다.

# 제5장 게임컨텐트의 문화산업적 특성

## 1. 문화와 산업의 결합

전통경제학에서 경제활동의 요소로 인식했던 것은 자본과 노동이다. 그러나 오늘날에는 기술이 오히려 새로운 상품이나 시장개발에 절대적인 요인으로 작용하고 있다고 보고 있다. 그 이유는 먼저 기술이 국가경쟁력의 향상 및 경제의 중요한 역할을 담당하고 있기 때문이다. 이러한 점에서 기술은 대부분의 나라에서 국민경제의 현대화를 이룩하는 데 핵심적인 역할을 부여받는다. 이처럼 기술혁신은 사실상 국가의 경제성장 및 기업의 생산성 향상을 좌우하는 것이라 할 수 있으며, 이의 촉진을 위한 정책이 정부의 전반적 산업 및 경제전략의 필수적인 부분이 되고 있다.

이러한 추세는 최근에 와서 더욱 강조되고 있고, 더 나아가 생산에 대한 개념이 새로운 것을 만들어 낼 수 있는 비법(recipe), 즉 소프트웨어를 만들어 내는 것으로 빠르게 바뀌어 가고 있다. 기존의 경제학은 유형의 물질을 만들어 내는 것을 생산으로 여겼지만, 실제로는 유형의 물질을 만들어 내는 방법, 즉 소프트웨어의 양과 질이 삶의 질을 높이는 중요한 구실을 한다는 것이다. 토마스 맬러스는 토지와 같은 유형적 생산요소를 기반으로 하는 경제이론의 대표적인 학자이며 유형의 자산은 존재량이 한정되어 있기 때문에 경제적 부가가치의 창출에는 한계가 있다는 주장을 하였다. 그런데 최근의 '소프트웨어 혁명'은 이러한 경제 모델에 근본적인 변화를 가져오고 있다. 즉, 한정된 유형적 생산요소로 '물건을 생산하는 것'에서 '물질의 조합을 다르게 하는 방법'을 창조해 나가는 것으로 생산양식의 근본적인 변화가 나타나고 있는 것이다.

세상에는 하드웨어(hardware)와 웨트웨어(wetware), 소프트웨어(soft-ware)

가 있으며 웨트웨어는 인간, 두뇌, 인적자본을 의미한다. 하드웨어가 컴퓨터라면 웨트웨어는 컴퓨터를 작동하는 사람이고 소프트웨어는 컴퓨터를 운영하는 프로그램이라고 할 수 있다. 예를 들어 요리에 사용되는 재료들이 하드웨어라면, 웨트웨어는 주방장이 보유한 기술이며 소프트웨어는 요리법이라 할 수 있다는 것이다.[33] 이렇듯 기술정보의 패권주의라 할 수 있는 현재는, 기술정보의 혁신에 대한 정부의 정책이 전반적인 산업 및 경제 전략에 있어 핵심적이고 통합적인 부분으로 인식되고 있다.

문화의 발전과 기술발전의 관계를 생각할 때, 지금까지는 주로 기술의 발전이 문화발전에 어떻게 영향을 미치는가에 관심을 가져왔다. 즉, 산업화나 기계화로 표현되는 기술발전으로 인해서 사회의 문화가 변하게 되고 이것이 인간생활에 어떻게 영향을 미치는가에 주된 관심을 가져왔다. 그러나 최근에는 문화발전이 기술혁신이나 경제성장에 어떻게 영향을 미치는가 하는 논의에 점차 관심을 보이고 있다. 경제가 성장함에 따라 개인의 소비패턴은 점차 다양해져가고 기본적인 의식주 문제가 해결되고 난 현재의 상황에서는 생산과 소비의 대량화에 의한 물질적인 풍요보다는 정신적인 풍요가 더 중요하게 인식되어 소비의 행태도 획일화·대량화에서 개성화·다양화·고급화의 추세를 보이고 있다. 이러한 변화는 인간의 감성적 측면을 중요시하는 소위 산업의 감성화를 촉진시키고 있다. 이것은 바로 산업의 발전이 더 이상 단순한 기술적 발전에만 의존하지 않고 산업이 문화와 잘 결합될 때에만 가능하다는 것을 의미한다.

오늘날 우리나라도 세계화와 지방화가 급속하게 진행되고 있는 추세에서 상품의 국제경쟁력을 결정하는 요소로써 기술수준이 더 이상 유일한 요소일 수는 없다. 아직도 나라마다 기술수준의 차이가 많이 나기는 하지만, 기술수준은 시간이 지남에 따라 모든 국가에 확산되기 때문에 비록 선진국이라 하더라도 이미 개발된 기술만 가지고는 계속해서 우위의 경쟁력을 유지

---

33) 매일경제신문, 1999. 4. 15. 지식경영에 관한 국제 컨퍼런스에서 폴 로머 교수는 "개발도상국가에 필요한 것은 무엇보다도 웨트웨어가 제대로 작동할 수 있는 시스템이다"라고 말하고 있다.

하기는 힘들다. 따라서 많은 국가들이 순수한 기술뿐만이 아니라 기술 외적인 요인을 갖고 상품이나 산업의 경쟁력을 향상시키려고 노력하고 있다. 이것이 바로 "문화"라고 하는 새로운 차원의 생산요소이다. 정보화 또는 창조성이 강조되는 사회에서 "문화"는 그 자체로서 독자적인 산업의 중요성을 가질 뿐 아니라, 기술혁신을 위해서도 그 중요성이 더욱 강조되고 있다. 문화적 기반 없이는 기술발전이나 경제성장을 성공적으로 이룩할 수 없으며, 문화의 발전이 곧 기술혁신의 원동력이 된다는 사실을 인식하지 않으면 안 된다.

문화가 기술혁신에 미치는 영향은 그 정도에 따라 다양하게 나타난다. 우선 가장 적극적인 경우는 문화가 창조적 발명과 아이디어의 원천이 되는 것이다. 창조적인 사고나 새로운 아이디어들은 바로 풍부한 상상력으로부터 나오는 것인데, 이러한 창조적 상상력은 바로 문화를 생산하고 이해하고 소비하고 향유하는 과정에서 학습되는 것이다. 또한 문화 자체가 직접 기술과 결합되어 상품의 가치를 높이는 경우도 있다. 이 경우에 부가가치를 높이는 것은 대개 문화적 요소이고, 기술은 오히려 보조적인 매개체가 되는 경우가 더 많다.

## 2. 문화의 경제성

한 사회가 누리고 있는 문화의 가치나 문화의 생성, 발전, 확산의 과정에 관한 연구는 전통적으로는 경제학의 범주에 속하지는 않았다. 그러나 경제가 발전할수록 서비스 부문이 차지하는 비중이 점차 커지고 또한 문학, 출판, 예술 등을 포괄한 이른바 문화산업의 경제적 비중이 점차 커짐에 따라 1960년대 초 소위 '인적 자본론(Human Capital Theory)'의 탄생과 함께, 문화산업에 대한 경제적 분석이 논의되기 시작하였다. 이는 주로 중앙정부와 지방자치단체, 공공단체와 기업 등이 여러 가지 문화활동과 사업을 주관하거나 지원함에 따라 음악과 무대예술 등을 포함하는 문화, 예술 부문을 위한 재원의 조달과 배분을 다룸으로써 재정학의 공공재 이론이 그 주요 내용을 이루고 있다.

물론 경제학에서 문화산업 또는 문화상품에 관해 논의하는 것이 문화의 가치를 순전히 경제적으로 평가한다거나 또는 문화의 몰 가치화를 의미하는 것은 아니다. 다만 문화산업의 발전이나 문화상품의 생산 및 확산이 상당한 부분 시장기구에 의존하고 있기 때문에 이러한 경제학적인 접근은 오히려 반드시 필요한 시도라고 할 수도 있다.[34] 이러한 입장을 대표하는 이론이 문화경제학이며, 문화경제학(Cultural Economics)의 출발을 John Ruskin의 *Political Economy of Arts*의 출판으로부터 보는 입장도 있으나 보다 본격적인 문화산업에 대한 경제적인 분석은 1960년대 초 인적자본론의 출현과 함께 논의되기 시작한 W. J. Baumol & W. G. Bowen(1966)의 *Performing Arts: The Economic Dilemma*에서부터 시작되었다고 할 수 있다. 그리고 1970년대 미국에서 발족한 문화경제학회(Association for Cultural Economics: 1994년 ACE, International로 확대)를 중심으로 예술, 문화활동이라는 특수한 서비스의 생산과 배분의 문제를 비롯하여 이를 위한 재원조달과 투자 등의 문제를 다룸으로써 미시경제학의 하나의 응용 분야로서 체계화되어가고 있다.[35]

문화의 경제적 특성을 살펴보면, 먼저 문화상품은 일반적으로 매우 강한 외부성(externality)을 발생시키며, 많은 경우 공공재의 성격을 갖고 있기도 하다. 따라서 문화상품의 대부분이 시장기구에 의존하여 생산, 발전, 확산되고 있기는 하지만 이것을 시장기능에만 맡겨둘 경우 시장실패를 초래하게 되어, 사회가 갖고 있는 자원이 비효율적으로 배분되고 문화상품은 사회적으로 최적의 생산량보다는 항상 적게 생산되게 마련이다. 문화상품은 또한 그 생산과정에 있어서 매우 독특한 특성을 지니고 있다. 문화상품을 생산하

---

34) 인식자본주의는, 기존의 제조업 또는 재래식 서비스산업으로는 획기적인 고용창출이 불가능하다는 데서 출발한다. 대신 영화, 애니메이션, 뉴미디어 등 인간의 인지능력을 감안한 창작행위만이 고 실업에 대한 대안 작업이 될 수 있다는 것이다.

35) http://cc.kangwon.ac.kr/~kimon/papers/

는 데는 상당한 정도의 축적된 지식이나 기술을 필요로 하기 때문에 문화상품을 생산하기 위해서는 오랜 기간동안의 교육이나 훈련을 통한 인적 자본에 대한 투자가 요구된다. 이러한 인적자본에 대한 투자는 회수기간이 매우 길며 또한 경제적 수익률이 일반적으로 실물자본에의 투자 수익률보다 낮기 때문에 개인적인 선택에 의해서는 사회가 요구하는 만큼의 투자가 잘 이루어지지 않는 것을 특징으로 한다. 문화상품을 생산하기 위한 인적자본에의 투자는 한 개임이 혼자서 쉽게 할 수 있는 것이 아니라 제도적으로 만들어진 사회의 교육 또는 훈련기관을 통해서만 가능하다. 따라서 사회에서의 제도적인 뒷받침 없이는 그 사회의 문화발전을 기대하기 어렵다.

문화상품의 생산에 있어서 중요한 생산요소로서 많은 인적자본을 필요로 하는 것과 관련되는 특성 중의 하나는 "cost disease"의 문제이다. 일반적으로 대부분의 제조업 상품들을 시간이 흐름에 따라 생산기술의 향상이나 새로운 생산기술의 개발에 의해 그 상품의 실질 생산비가 지속적으로 감소하는 현상을 보인다. 그러나 문화상품의 생산에 있어서는 새로운 기술의 개발에 의한 비용감소를 기대하기가 어렵다는 것이다. 따라서 문화상품은 생산비와 가격 상승이 일반적인 물가상승률보다는 훨씬 빠른 속도로 증가하고 있는 현상을 말한다. 이는 문화상품의 생산에 있어서는 상당한 양의 인적 자본이 중요한 생산요소로 필요할 뿐만 아니라 이를 다른 생산요소로 대체할 수 없고 노동절약적인 기술진보를 기대할 수 없기 때문이다.

문화상품을 생산하기 위한 인적자본에의 투자는 불가역적(irreversible)이다. 즉, 어떤 문화상품을 생산하기 위한 생산요소로서 투입된 인적 자본에의 비용은 그 이외의 목적으로는 전혀 사용할 수 없는 매몰비용(sunk cost)이 되어 그 상품을 생산하지 않는 한 다른 상품의 생산에 전용될 수가 없는 것이다. 따라서 이미 이루어진 인적자본에의 투자가 특정한 문화상품에의 생산에 이용되지 않는다면 이는 사회적 낭비가 되게 된다.

문화상품의 다른 특징은 대부분의 경우 그 생산과정에 있어 소비자의 참여가 있어야 한다는 것이다. 어떤 상품의 생산과정에서 소비자의 참여가 요구되는 것은 서비스의 생산 및 소비에 있어서 발생하는 일반적인 특징이기는 하지만, 특히 문화상품의 경우는 소비자의 보다 적극적인 참여가 필요하다는 것이다. 이러한 문화상품의 소비를 위한 소비자의 교육이나 훈련 또한 사회의 문화육성정책의 한 부분이 될 것이다.

문화상품 중 어떤 것은 무형재산의 소유권(저작권, 특허권, 지적 소유권)을 보호하기가 매우 힘들다. 어떤 재산에 대한 소유권의 보호가 잘 이루어지지 않는 경우 시장기능이 실패하게 되고 이는 상품의 생산을 위축시키고, 사회가 요구하는 만큼의 적정한 생산량을 기대할 수 없게 된다. 따라서 자원의 효율적 배분을 위해서는 무형의 재산권에 대한 보호가 제도적으로 잘 이루어져야 한다. 그런데 기존의 문화정책은 문화산업의 발전이 상당 부분 시장기능에 의해 생성, 발전, 확산된다는 점에 근거하지 않고 단순히 문화가 발전해야 된다는 당위론적 논리에 근거하여 수립되어 왔기 때문에 문화육성정책이 성공적이라고 보기 어렵다. 시장경제체제에서 문화발전의 상당 부분이 시장기구에 의존하고 있기 때문에, 문화산업의 육성정책도 당연히 적절한 시장원리에 토대를 두고 수립되어야 할 것이다. 다만 문화상품의 여러 경제적 특성상 시장기능의 실패를 가져오는 부분을 보완하기 위해서는 정부의 개입을 필요로 한다.[36]

게임산업을 비롯한 문화산업의 경제적 특성을 정리해 보면 다음과 같다.[37]


## 1) 사유재의 성격이 강한 공공재 특성


게임은 지식정보라는 점에서 공공재라고 할 수 있으나 소비자의 사용 및 접근의 성격상 사유재에 가깝다. 자본주의 시장경제는 기본적으로 시장을 중심으로 움직인다. 공급자와 수요자는 각각 현실의 제약하에 자기가 추구

---

36) http://cc.kangwon.ac.kr/~kimoon/papers
37) 이 부분에 대한 논의는 다음의 도서를 참고하였음.
　　윤창호·이규억 공저(1993), 〈산업 조직론〉, 법문사.
　　노병성(1992), "1980년대 한국출판산업의 산업조직론적 특성에 관한 연구", 서강대 박사학위논문.

하는 목적을 효율적으로 달성할 수 있는 합리적 방법을 시장에서 결정한
다. 시장에서 거래되는 재화는 일반적으로 사유재와 공공재로 나뉜다. 순수
한 사유재는 제품을 생산하는 생산비가 그것을 소비하는 소비자의 수와 연
결되어 있는 재화(예: 생활필수품)를 의미한다. 공공재는 재화를 생산하는
데 소요된 비용이 이를 소비하는 소비자의 수와는 독립적인 것을 말한다.
일반적으로 공공재는 '비경합성'과 '비배제성'이라는 특징을 갖는 제품을 말
한다.

　비경합성(non-rivalry)이란 다른 사람의 소비로 인해 나의 소비가 제한
받거나 소비에서 얻는 효용이 감소되지 않는 것을 의미한다. 따라서 한 개
인의 소비량은 생산량과 동일하다. 사유재는 주어진 공급량에서 한 사람의
소비가 증가하면 다른 사람이 소비할 수 있는 양이 그만큼 감소하는 반면
공공재는 많은 사람들이 동일한 재화와 서비스를 동시에 소비할 수 있으
며, 한 개인의 소비가 다른 사람의 소비를 감소시키지 않는 것이 특징이다.
공공재는 다른 사람의 소비와 나의 소비가 경합을 일으키지 않아 추가되는
한 사람의 소비로 인한 한계비용은 거의 영(zero)에 가깝다.

　비배제성(non-excludibility)은 일단 어느 공공재가 한 개인이나 집단에게
공급되었을 경우 그 혜택을 타인이나 다른 집단으로부터 배제시킬 수 없음
을 뜻한다.(예: TV 방송) 공공재의 대표적인 특성인 비경합성과 비배제성
을 중심으로 문화산업의 상품을 분류해보면 다음의 〈표 10〉과 같다.

〈표 10〉 배제성과 경합성에 따른 영상상품의 분류

| 배제성 ＼ 경합성 | 강 | 약 |
|---|---|---|
| 강 | 사유재 | 영화, 비디오, CATV(유료) |
| 약 | 천연자원 | 공중파 TV, CATV(광고) |

* 출처: 최병선(1992), 〈정부 규제론〉, p.79.

위의 〈표 10〉에서 보듯이 영화, 비디오, 그리고 수신료를 부담하는 유료 CATV는 영상상품의 일반적 특성처럼 비경합성의 특징을 가진다. 하지만 배제성의 측면에서는 소비를 위해서는 비용을 지불해야 하기 때문에 배제성이 비교적 강하게 나타난다. 그리고 TV 방송과 수신료가 없는 CATV는 비용을 지불하지 않고도 상품의 이용이 가능하기 때문에 비경합성과 비배제성의 특징을 갖는다.

한편, 일반적인 사유재의 경우에는 배제성과 경합성이 모두 강하며, 경합성이 강한 공공재의 경우는 천연자원이 이에 해당된다. 전체적으로 영상산업의 상품은 영화나 비디오처럼 소비자의 선택이 요구되고 경합성이 강한 사유재의 성격을 지니고 있지만, 전체적으로 공공재의 성격이 강하게 나타난다고 볼 수 있다. 가격기제에 의한 효율적인 자원배분은 비용을 지불한 사람에게만 소비혜택을 주고 비용을 지불하지 않은 사람이게는 소비혜택을 배제하게 되는 '배제의 원칙'을 그 바탕으로 하고 있는데, 소비자의 효용 극대화와 생산자의 이윤 극대화 행위로 이루어지는 경쟁적 균형은 바로 배제의 원칙을 반영한다. 공공재는 우선 비배제성의 특성을 갖고 있기 때문에 사적인 교환관계하에서 성립하는 시장을 통해서는 충분한 공급이 이루어지지 않는다. 시장은 현재의 가격을 지불할 용의가 없는 사람을 상품 소비에서 배제시킴으로써 그 상품을 가장 높이 평가하는 사람들에게 배분되도록 하고 있다.

그런데 공공재는 비용을 지불하지 않고서도 이용이 가능하기 때문에 무임승차자의 문제가 발생하게 되고 이러한 이유 때문에 문화산업과 같은 공공재의 공급은 시장을 통해서 자체적으로 이루어지기 어렵다. 무임승차자의 문제로 인해서 공공재의 분배에서는 시장실패가 발생하게 되고 정부의 정책적인 참여가 이루어지게 되는 것이다. 이러한 문제는 곧 시장실패의 조정자로서 정부의 역할을 요구하게 되고 정부의 잘못된 개입으로 인한 정부의 실패 상황과 함께 공공재 배분의 전체적인 시스템이 제대로 작동하지 않는 시스템 실패의 상황까지도 연결되게 된다.

또한 정보를 전달하는 커뮤니케이션 매체의 특성에 따라 컨텐트산업 하부

영역의 상품특성을 구분하는 시도들은 특정 산업 분야에 대한 정부개입정책의 당위성을 평가하는 데 중요한 기준이 되었다. 예를 들어, 네트워크와 지역민방을 포함하는 지상파 방송은 공공재로서 어느 한사람의 소비가 다른 사람의 소비할 수 있는 재화나 서비스의 양을 감소시키지 않고, 가격설정이 어려우며, 설사 가격이 설정되어도 대가를 지불하지 않고 소비하려는 사람들을 배제하기 어렵기 때문에 별도의 광고 시장을 가동하지 않으려면, 과소공급현상을 막기 위해 정부의 조정이나 개입이 필요하다고 이해되어 왔다. 반면에 케이블 방송이나 위성방송은 지상파 방송처럼 어느 한사람의 소비가 타인의 소비에 영향을 미치지는 않지만, 스크램블을 걸어 시청자에게 유료 서비스를 제공하는 방식으로, 대가를 지불하지 않고 소비하려는 사람들을 배제시킬 수 있기 때문에 비 순수 공공재로서 일반상품과 보다 유사한 특징을 지닐 수 있게 되었다. 비디오나 CD롬을 이용한 게임과 같은 패키지형 컨텐트산업은 어느 한 사람의 소비가 타인의 소비기회를 경감시킬 수 있으며, 무임승차자도 쉽게 배제시킬 수 있다는 점에서 보다 사유재에 가까운 속성을 지니고 있다. 따라서 지상파 방송보다는 유료방송이나 비디오 및 게임산업이 보다 규제에서 자유로울 수 있다고 생각되어 왔다.

그러나 이상의 구분은 이론적인 차원에서 가능할 뿐, 실제로는 지상파 방송과 같이 무선계의 전송수단을 이용하는 영상소프트웨어도 무선케이블과 같은 기술개발에 따라 공공재의 성격을 약화시키고 있으며, 게임산업도 경우에 따라 무료로 배포하고, 네트워크 이용료로 이윤을 획득하는 통신산업의 컨텐트로 기능하기도 한다. 특히 영화나 애니메이션과 같은 영상소프트웨어는 창구화단계에 따라 지상파로 전송될 때에는 공공재로, 케이블 방송이나 위성방송으로 전송될 때에는 비순수 공공재로, 극장에서 방영되거나 비디오 출시, 캐릭터 상품으로 이용될 때는 사유재로 속성을 변화시키게 된다. 결국 기술의 발전은 컨텐트산업의 하부영역 간 구분을 점차 모호하게 하고 있으며, 공공서비스를 위해 시장기능의 외부에서 공급되도록 규제받던 문화상품이 점차 시장에서 효과적으로 공급될 수 있는 사유재로서 기능하는 추세라고 결론지을 수 있다. 컨텐츠산업은 기술의 개발로 상품화가 용이해지고 있을 뿐만 아니라 일반적인 사유재보다 막대한 이윤을 창출할 수 있는 특성을 지니고 있어 세계 각 업체들의 주목을 받고 있다.

## 2) 규모의 경제성

컨텐츠산업의 투자가치[38]는 우선 생산과 배포에 있어 규모의 경제가 작용한다는 점에서 찾아볼 수 있다. 문화산업에서 규모의 경제는 생산비용에서 공공재적인 특성이 차지하는 비중 때문에 단위당 평균비용이 급격히 하락하여 규모의 경제 효과가 나타나게 된다. 문화산업의 경우, 한 번 만들어진 영상상품은 거의 추가비용을 지불하지 않고 재생산이 가능하다. 즉, 초판비용(first copy cost)에 대부분의 비용이 투입되고 다음부터는 복제비용(replication cost)만이 추가될 뿐이다. 즉 한계비용이 급격하게 하락하여 거의 영에 가깝게 되는 것이다. 이렇게 규모의 경제가 적용되어 평균비용이 하락하는 사업에서는 일반 경제학 이론의 가격결정 메커니즘이 적용되지 않게 된다.

따라서 공공재적 성격이 많은 영상상품은 시장의 자율적인 가격 변동에 의해서 균형이 이루어지기보다는 외부적인 영향에 의해서 결정이 되는데, 이러한 이유로 시장이 실패하는 상황이 나타나게 된다. 또한 배포를 위해 초기에 소요되는 막대한 비용에 비해, 가입자 수의 단위 증가에 따른 추가비용도 거의 들지 않는다. 그 결과 컨텐트산업에 있어서는 수용자의 규모가 커질수록 높은 부가가치를 창출할 수 있게 된다. 그래서 각국의 경쟁력 있는 컨텐트산업 관련 기업들은 창구화 전략과 세계화전략을 통해 시장의 규모를 확장하고자 노력하고 있다. 제작된 한편의 영화를 극장상영 - 비디오 판매 - TV(케이블 TV), 위성방송 방영 등 시간의 흐름에 따라 다양한 매체창구를 통해 중복 사용하는 창구화 전략[39]이나 헐리우드 메이저의 영

---

38) 현대그룹의 96년 총 매출은 68조 원(523억 달러)이고 삼성은 60조 원(462억 달러)이며 만화영화 주인공 미키마우스의 자산가치는 54조 원에 이른다.

화를 미국 국내시장뿐 아니라 세계 각국의 지리적 시장으로 확장 판매하는 세계화 전략은 모두 단일 컨텐트 상품의 시장크기를 확대시키는 수단이 되기 때문이다. 또한 컨텐트산업은 소프트웨어의 발전을 통해 하드웨어산업을 비롯한 유관산업을 활성화시키는 산업 간 연계효과를 갖는다. 풍부한 소프트웨어의 개발은 전달매체에 대한 수요를 불러일으키게 된다. 일본의 소니사가 미국 콜럼비아 영화사를 인수한 것도 다양한 소프트웨어의 제공으로 수요자의 욕구를 충족시켜 하드웨어와 소프트웨어의 판매를 동시에 증가시키려는 전략의 일환으로 설명되고 있다.[40] 각국의 게임관련 업체들은 전략적 제휴 및 합병, 사업 다각화, 내부개혁 등으로 투자 능력을 제고시키려 하고 있으며, 세계적인 다국적 기업과 경쟁할 수 없는 업체들은 컨텐트산업의 틈새시장을 창출하고 공략하고자 하고 있다. 이렇게 영상상품이 가지는 공공재적 특성과 규모의 경제원리로 인해 국가에 의한 시장개입이 많이 나타난다고 할 수 있다.


## 3) 수확체증의 원리

게임산업은 이론적으로 수확체증의 원리[41]가 적용되는 대표적인 사례라

---

39) 창구화 전략과 유사한 전략으로 "one-source, multi-use" 전략이 있다. 즉, 문화산업 상품은 다양한 용도로 사용되어 부가적인 가치를 창출할 수 있을 뿐 아니라 산업적 시너지 효과도 크게 일으킬 수 있다는 것을 의미한다. 이러한 상품들은 영화, 방송, 멀티미디어, 음반 등의 다양한 매체를 통해 활용될 수 있으며, 완구, 문구 등의 부가가치를 생산한다. 또 케이블 망, 정보고속도로, 방송기술 등 제반 하드웨어 산업과 연관되어 시너지 효과를 가져오기도 한다.

40) 문화산업의 시장형성과 시너지 효과에 대한 내용은 한국방송개발원(1997. 11.), 〈영상산업에 대한 국가 지원제도 비교연구〉 참고.

41) 수확체증의 법칙은 복잡계(complex system)란 이름으로 이미 오래 전부터 소개된 이론이다. 미국 산타페 연구소의 브라이언 아서 교수가 중심이 되는 학자이다. 이제까지 인간사회를 지배한 경제원리는 수확체감의 법칙이었다. 수확체감은 규모가 커질수록 이익이 줄어드는 모형이다. 농업이나 대량 생산은 수확체감의 법칙이 적용되는 전형적인 사례이다. 예를 들어, 커피농장에서 생산량

고 할 수 있다. 수확체증의 원리가 적용되는 일반적인 원리는 다음과 같다.

첫째, 높은 초기 개발비용과 낮은 복제비용을 특징으로 한다. 즉, 첫 제품을 개발하는 데 드는 비용은 막대하지만 일단 상품이 나오면 생산 원가는 급격하게 떨어진다는 것이다. 예를 들어 마이크로소프트의 '윈도우 95'의 경우 첫 CD 제작까지의 연구개발 비용이 5,000만 달러인 데 비해 두 번째 CD의 생산단가가 3달러 미만에 불과한 것을 보면 알 수 있다.

둘째, 상품의 가치가 사용자의 수에 의해 결정되는 상황이므로 네트워크 효과를 특징으로 하는데, 제품의 성공가능성은 제품의 성능이 아니라 얼마나 많은 사람이 사용하는가에 의해 결정된다. 예를 들어 PC와 메켄토시의 시장장악력을 비교해 보면, 메켄토시가 성능이 우수함에도 불구하고 가격이 고가인 데 반해, PC가 시장을 먼저 선점하고 가격 면에서 경쟁력이 있기 때문에 시장확대에 성공했다. 사용자가 많아지면서 메킨토시보다는 PC에 점점 익숙해지게 되고 자연히 메킨토시는 도태되게 된다. 이러한 예는 성능 좋은 베타방식의 비디오보다 성능이 다소 떨어지더라도 사용자 수가 많은 VHS 방식이 시장을 장악한 것에서도 찾아 볼 수 있다. 이러한 네트워크 효과는 통신기술의 발달이 전제조건이 되고 오랜 잠복기간이 지난 후 폭발적으로 성장하는 특징을 가지며, 일단 일정한 수의 사용자를 확보하면 점점 더 많은 사람들이 사용자로 참여하게 되는 선순환의 고리를 형성하게 된다. 따라서 게임산업에서 가장 중요한 핵심 전략은 무엇보다도 우선 일정한 수의 사용자를 확보(시장확대 전략의 중요성)해야 한다는 것이다.

셋째, 학습효과를 특징으로 한다. 사용자는 일단 사용법을 익히고 나면

---

을 늘리고 싶으면 토지를 혹사시켜서 커피재배가 불가능해질 때까지 생산을 계속해야 한다. 토지가 혹사당하면 생산효율이 떨어지고 그러면 결과적으로 수확량이 줄어들 수밖에 없다. 새로운 토지를 찾을 때도 마찬가지이다. 커피농장이 확대될수록 커피농사에 부적절한 토지를 이용하게 된다. 같은 질이라면 더욱 비싼 가격에 매입해야 한다. 결국 규모가 커지면 커질수록 생산성이 떨어져 한계에 봉착하게 된다. 그런데 수확체증의 원리는 정반대이다. 규모를 키우면 키울수록 생산성은 더욱 높아져 일단 선두자리를 차지한 회사는 모든 것을 차지하게 된다. 수확체증의 원리는 하이테크 산업이나 서비스산업에 적용된다.

좀처럼 사용법이 다른 제품으로 바꾸려 들지 않는다. 소프트웨어가 대표적인 경우에 해당된다. 사용자 인터페이스에 익숙해지면 성능이 뛰어나거나 저렴한 경쟁상품이 나와도 좀처럼 바꾸지 않게 된다. 특히 네트워크 효과는 수확체증의 원리가 전형적으로 적용되는 분야이면서 인터넷 비즈니스에 수확체증의 원리를 적용할 수 있는 곳이기도 하다. 수확체증의 세계에서는 선점이 중요하다. 신제품(후발주자)이 선발주자인 경쟁자를 따라잡기 위해서는 가격, 속도, 편의성 등의 측면에서 2-3배는 뛰어나야 할 정도로 선발주자를 따라잡기란 쉽지 않다. 그런데 선점의 의미는 먼저 시작하는 데 있는 것이 아니라 먼저 시장을 확보하고 소위 '히트'를 치는 데 있다.

가격정책도 수확체증의 세계에서는 전혀 다른 접근법을 이용해야 한다. 인터넷기업들은 처음에 일정 규모 이상의 사용자층을 확보하기 위해 무료 배포 전략을 사용한다. 그런데 기업은 이 과정을 견뎌내기가 쉽지 않다. 수익증가의 변곡점에 이르기까지의 비용에 대한 압박과 수익에 대한 유혹이 강하기 때문이다. 선두주자가 되기 위해서는 우선 시장을 확대해야 하는데, 이를 위해 무료 샘플을 제공하는 등 소비자들이 경쟁사보다 자사의 제품에 익숙해지도록 하는 것이 중요하다.[42]

이상의 특성 외에도 문화컨텐트 상품은 첨단기술과 풍부한 아이디어의 결합으로 신상품의 개발이 용이하고, 생산국가의 가치관이나 문화 등의 정서를 주된 내용으로 하고 있으므로 생산국가의 문화전파 및 이미지 제고에 큰 기여를 한다. 즉, 문화상품은 단순한 경제적 효과뿐만 아니라 '국가 이미지 제고'라는 2차적 효과를 낳으며 이는 곧 국가 전체의 경쟁력 증진으로 연결된다. 문화컨텐트산업은 자체적 특수성과 아이디어 집약산업인 벤처기업으로 성장할 가능성이 높다고 할 수 있다.

문화컨텐트산업은 초고속정보통신망과 인터넷, 새로운 정보저장매체, 국경 없는 위성방송 등 각종 첨단 과학을 가장 잘 수용할 수 있고 그것을 활

---

42) 록-인(Lock-in) 관리: 시장고정이란 뜻으로 사용자 인터페이스나 가격 등 어떤 이유에서건 많은 사용자를 먼저 확보해 놓으면 제품의 질이 다소 떨어지더라도 시장표준으로 고정되는 원리이다.

용해 부가가치를 기하급수적으로 넓혀갈 수 있는 탄력성을 지닌 산업이다. 즉, 시장확대 및 수요확대 등을 통하여 문화산업이 경제적 부가가치를 극대화하는 방향으로 첨단과학기술을 적극적으로 활용할 수 있음을 의미한다.[43] 또한 문화산업은 직접적인 이윤과 함께 생산국가의 가치관과 문화를 세계에 알려준다. 그러므로 국가의 이미지 제고와 문화전파라는 2차 적인 효과를 자연스럽게 거둘 수 있다.

## 4) 크로스 오버(cross-over) 현상과 윈도우(windowing) 효과

어느 한 산업에서 시작된 주력 상품을 분류해 내기가 상당히 까다롭고, 의미가 흐려지는 상황에서 기술적인 지원으로 변용성이 원천매체의 소스와는 상관없이 기존 매체와 ISDN, ADSL, 광 통신망, 방송, 영화, 비디오, 음반, 광고, 멀티미디어, 게임, 테마파크 등 매체에 따라 형태는 달라도 다양한 결합을 통해 빠른 상품화가 일어나고 있다. 이러한 주제나 형식의 파괴가 크로스 오버 현상이다. 따라서 수용자 및 소비자는 영상 오락상품에 대한 선택의 폭이 커지고 이러한 일련의 과정이 문화산업 내의 시장 확장력을 커지게 한다. 또한 타산업과는 달리 가장 신속하게 여러 방식으로 무형의 자산을 유형의 자산으로 만드는 고부가가치는 엄청난 차별성을 제공하면서 산업을 발전시킨다.

윈도우 효과란 각기 다른 시점에 다른 분배 채널들로 동일한 상품을 공급할 때 발생하는 경제적 효과를 지칭하는 단어인데, 문화산업의 전제조건은 소비자 측면에서 시장 세분화에 따른 가격 차별화가 필수적이며 생산자 측면에서는 공공재적인 특성인 지속성으로 시차에 따른 가격경쟁을 유발시켜 효과를 극대화하는 것이 부의 원천이다.

---

43) 문화체육부(1997), 〈문화산업 백서〉, pp.32-33.

## 3. 게임컨텐트의 산업적 특성

21세기 정보화 사회로 진행되는 과정에서 문화산업의 일환으로 영상산업에 대한 중요성이 부각되고 있다. 특히 미국 디즈니사의 장편 애니메이션의 국제적인 흥행성공과 일본 애니메이션의 국제시장 진출의 확대는 전 세계적으로 애니메이션에 대한 관심을 높였고, 우리나라도 몇 년 전부터 국내 애니메이션에 대한 관심이 고조되었다. 이러한 애니메이션을 비롯한 문화영상산업 전반에 대한 관심의 증가는 게임산업 즉 게임소프트웨어 또는 게임 컨텐트에 대한 관심으로까지 이어졌고 게임산업의 경제성에 대한 인식이 확산되면서 게임산업에 대한 정부의 지원정책이 모색되고 있는 실정이다. 무엇보다도 게임산업에 대한 관심과 게임 컨텐트 개발에 대한 중요성이 강조되기 시작한 것은 1997년 후반부터 불기 시작한 일본의 '다마고치'와 '포켓몬스터'의 열풍, 그리고 댄스 게임기인 'DDR(Dance-dance Revolution)'이 시장을 장악하기 시작하면서 본격화되었다고 볼 수 있다. 미국의 PC게임 소프트웨어인 '스타크래프트'의 인기 역시 국내 게임시장을 확장하는 데 커다란 기여를 한 것으로 평가된다.

게임컨텐트산업의 특징을 살펴보면, 먼저 참신한 아이디어와 뉴미디어 기술, 풍부한 게임소재 등의 결정체로 타 산업에 비해 적은 시설과 장비투자로 고부가가치를 창출할 수 있는 지식기반산업이다. 산업화 초기에는 소수의 프로그래머만으로도 게임 개발이 가능했으나 고성능 및 대용량화가 진행되면서 개발기간이 길어지고 개발비는 상승하는 추세이다.

첫째, 컴퓨터게임산업은 타 산업에 비해 부가가치율이 매우 높은 고부가가치산업으로 에너지 소모가 적고 환경오염이 없는 미래형 산업이라 할 수 있다. 창구화 효과(Window Effect)를 통해 규모의 경제를 극대화할 수 있는 고부가가치 상품으로서 게임은 다른 영상 소프트웨어와 비교해 볼 때, 초기 투자비용은 많이 들지 않지만 초판(first copy) 제작 후에는 저렴한 복사비용만으로 수익을 발생하게 하여 재생산비용이 거의 들지 않는다. 또한 정보화 사회의 진전과 함께 매년 30% 이상씩 성장하는 고도 성장산업으로 앞으로 다가올 정보시대에 있어 핵심산업으로 발전할 수 있는 가능성을 가진 두뇌집약산업이다. 빠른 속도로 성장하고 있는 게임산업의 경제적 성장가능성을 단적으로 보여주는 것이 게임시장의 시장규모 현황일 것이다. 정보화와 밀접한 관련을 가진 컴퓨터게임 산업은 최신 정보기술, 특히 멀티미디어 기술을 포괄적으로 활용하기 때문에 전반적인 기술혁신의 속도가 굉장히 빠르며 이로 인해 제품의 수명주기 또한 매우 짧은 편이다. 이러한 기술 집약적 특성으로 인해 이 산업은 대규모의 생산설비에 대한 투자보다는 인적자원에 대한 투자가 가장 중요한 전략변수로 작용하고 있다.

<그림 2> 게임산업의 특성

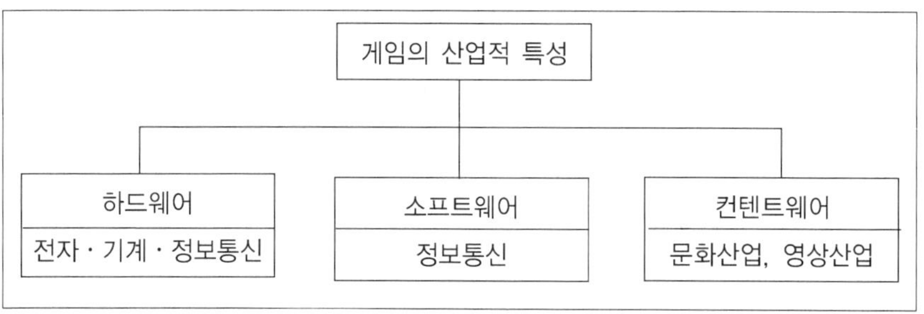


이러한 특성과 천연자원이 부족하지만 고급인력이 많은 우리나라의 현실과 게임 컨텐트의 제반 특성을 감안할 때 게임산업은 치열한 국제경쟁환경 내에서 미래의 국가전략산업으로 육성될 필요가 있으며 잠재적 가능성도 있는 것으로 생각된다. 또한 세계 컴퓨터게임시장이 빠른 속도로 성장하고 있고 수익률도 타 산업에 비해 매우 높다는 점도 컴퓨터게임산업의 또 다른 유인 요소라 할 수 있다. 실제로 세계적으로 대표적인 게임업체인 일본 닌텐도사의 '93년 매출액은 627억 엔이며 1인당 매출은 6억 엔(종업원 수 943명)에 달하고 있다. 반면에 국내의 대표적인 제조업체 중의 하나인 삼성전자의 '93년 매출액은 8조 1천억 원이며 1인당 매출액은 1억 7천만 원(종업원 수 4만 7천명) 수준으로, 닌텐도사는 삼성전자에 비해 1인당 매출

액에 있어 거의 30배에 가까운 생산성을 보이고 있다. 이렇게 높은 생산성을 보이고 있는 게임컨텐트 상품 자체의 시장성을 입증하는 근거자료로서 미국의 통계자료를 살펴보면 다음과 같다.

<표 11> 주요 문화컨텐트 상품의 시장성 비교(미국)

| 문화상품<br>비교항목 | Myst<br>(CD-ROM게임) | Window 95<br>(소프트웨어) | 쥬라기공원<br>(영화) | 라이언 킹<br>(애니메이션) |
|---|---|---|---|---|
| 출시연도 | 1993 | 1995 | 1993 | 1993 |
| 매출액(만 달러) | 14,300 | 54,400 | 35,700 | – |
| 수익/비용 | 191 | 1.81 | 6 | 24.5 |

자료: 구문모(1998.11), "게임컨텐트산업의 현황과 발전전략", 산업연구원, p.4.

위의 <표 11>에서 보는 바와 같이 게임산업은 다른 문화영상산업 영역과 비교할 때, 투자비용에 비해서 얻어지는 수익률이 매우 높은 고부가가치 산업이며 두뇌집약적 미래산업이라는 것을 알 수 있다.

둘째, 컴퓨터게임 산업의 발전은 정보기술의 개발능력 향상을 통한 국제 경쟁력의 제고라는 측면에서도 중요한 의의를 가진다. 게임산업은 특히 멀티미디어산업과 정보산업에서의 모든 핵심기술을 필요로 하므로 영화, 애니메이션, 캐릭터 등 관련 산업에 대한 기술파급효과 및 시장확대효과가 매우 크다는 점에서 산업연관성이 매우 큰 것을 특징으로 한다. 구체적으로는 반도체산업, 문화산업, 멀티미디어산업 등과 기술개발유도 및 기술이전, 인력양성 및 수급증대 측면에서 밀접한 관련을 가지고 있다. 더 나아가 게임컨텐트 기술의 발전은 교육, 군사, 우주과학, 의료 등과의 접목을 통하여 다양한 상품 및 가치를 창출할 수 있다는 특성을 가지고 있다.[44]

셋째, 다른 영상 분야와 마찬가지로 수요의 불확실성이 높고 상품의 라이프 사이클이 짧아 사업의 위험성이 상대적으로 크다. 개발에 대한 위험부담이 크다는 것은 게임이 영화나 애니메이션에 비해 상대적으로 재활용

---

44) 이정원(1994. 12), 앞의 글, p.44.

가능성이 낮기 때문이다. 이러한 특성은 게임컨텐트산업의 벤처산업적 특성을 반영해 준다.

넷째, 게임은 모든 문화산업의 소프트웨어 중에서 문화적 할인율(Cultural Discount)[45]이 가장 낮기 때문에 세계 각국으로 수출하더라도 문화적인 저항률이 적어 다른 상품에 비해 해외수출이 용이하다. 영화나 방송드라마, 음반 등 대부분의 영상소프트웨어는 어느 정도의 문화적 할인율 즉, 문화적인 장벽을 가지고 있는 데 반해, 게임과 애니메이션은 이러한 문화적 할인율을 거의 제거할 수 있는 장르이다. 게임과 애니메이션은 다른 영상프로그램에 비해 각 나라의 문화적 특성이 뚜렷이 드러나지 않는 등 문화적 할인율이 낮은 품목이며, 외국어 더빙이 용이하기 때문에 해외시장 진출에도 유리한 상품이다.[46] 이러한 과정을 통해 게임프로그램은 각 국가별 문화의 확산 속도를 최대한으로 증폭시켜 수용자에게 강력한 문화매체로 작동하게 되는 것이다. 캐릭터와 배경, 스토리에서 게임은 전 세계의 문화를 포괄할 수 있는 속성을 본질로 하고 있으며 문화와 인종의 장벽을 넘어 거의 동일한 감성과

---

45) 프로그램은 보통 이를 제작하는 국가의 문화를 함유하고 있다. 그래서 해당 프로그램이 제작된 국가의 시청자에게는 감정적 동일시가 용이한 반면 다른 국가나 지역의 시청자에게는 호소력이 줄어들기가 쉽다. 이러한 현상을 문화적 할인율이라 한다. 즉, 문화적 할인율이 낮으면 낮을수록 세계시장에서 수용될 수 있는 가능성이 커지게 되는 것이다.

46) 국내 영상 분야 수출실적을 보면, 1991년 이후 영상 분야 수출에 있어 절대적 비중(평균 99.4%)을 점하고 있는 것은 바로 애니메이션 산업부문의 수출이다. 그런데 문제는 이러한 애니메이션의 수출실적의 대부분이 주문자 상표에 의한 하청제작 방식(OEM)이라는 것이다. 문화산업 관련 수출현황(관세청 자료)을 살펴보면 다음의 〈표〉와 같다.

| 연 도 | 1991 | 1992 | 1993 | 1994 | 1995 | 1996 | 1997 | 합계 |
|---|---|---|---|---|---|---|---|---|
| 총 수출액(A) | 56,353 | 61,179 | 62,300 | 74,710 | 84,088 | 92,687 | 100,777 | 524,006 |
| 애니메이션(B) | 55,850 | 60,983 | 62,151 | 74,090 | 83,880 | 92,057 | 100,072 | 521,068 |
| 비율(B/A) | 99.2% | 99.7% | 99.7% | 99.3% | 99.8% | 99.3% | 99.3% | 99.4% |
| 전년대비성장율(%) | 49.1 | 9.2 | 1.9 | 1.84 | 1.88 | 1.9 | 1.9 | |

자료: 문화체육부(1997), 〈문화산업백서〉, 문화관광부(http://www.mct.go.kr)
* 무역협회, 수출 통계자료 중 수출 통관 기준임.

124

흥미를 유발해 낼 수 있다. 이러한 게임과 애니메이션의 특성을 가장 효과적으로 이용하고 있는 국가가 바로 미국과 일본이라고 할 수 있다.

다섯째, 게임산업은 캐릭터, 팬시, 애니메이션,[47] 교육용 등으로 전환이 가능하며 다양한 매체로의 확장이 가능한 고부가가치 상품이다. 게임산업의 연관산업으로는 출판 만화, 만화영화, 캐릭터, 음반산업 등을 들 수 있다.[48] 정보화 사회 추구에 따른 다매체, 다채널 시대의 도래는 바로 이러한 게임의 특성을 더욱 부각시킬 수 있다. 게임시장을 간단하게 직접시장과 간접시장으로 나누어 보았을 때, 직접시장에는 오락실용, 가정용게임기, 온라인용, PC용 등으로 구분될 수 있고 간접시장은 만화영화, 테마파크, 캐릭터상품, 멀티미디어 등으로 구분될 수 있다. 게임은 직접시장과 간접시장의 다양한 윈도우[49]를 통해 부가가치를 재생산하는 윈도우 효과를 최대

---

47) 게임 캐릭터가 애니메이션으로 확장된 사례로는, 일본의 닌텐도사가 게임소프트웨어로 개발한 "포켓몬스터"가 만화영화로 제작되어 미국시장은 물론 전 세계시장에서 인기를 얻고 있다. 이러한 열풍은 캐릭터산업으로까지 연계되어 고부가가치를 창출하고 있다.

48) 상지대, Y 교수는 "영상, 음반, 게임 등 서로 다른 오락산업 간 네트워크는 물론 게임산업이나 영상산업 등 같은 산업 내의 네트워크도 제대로 형성되어 있지 않아 효율적인 부가가치 창출이 어려운 실정이다."라고 말하고 있다. 한국예술종합학교 영상원 영상디자인과 K 교수 역시 "윈도우 효과가 제대로 이루어지지 않는다."고 한국 게임산업의 산업 간 연관효과가 낮음을 말해주고 있다.

49) 문화관광부(1998. 12), 〈한 · 일 문화산업 경쟁력 비교연구〉, pp.149-155.
윈도우 전략이 하나의 소프트웨어를 여러 단계의 매체를 통해 순차적으로 발표하여 부가가치를 높이는 전략인 데 반해, 미디어 믹스는 여러 매체를 중첩시켜 동시에 전개하는 방식으로 상승효과를 노리는 것이다. 최근 들어서는 '원 소스 멀티유즈'를 강하게 의식한 기획들이 일본에서도 자주 등장하고 있는데, 이것은 게임을 발매하기 전에 게임의 설정을 토대로 한 만화를 선행시키는 기획이나 소설, 영화를 동시에 진행시키는 방식이다. 원 소스 멀티유즈가 가능한 이유는 만화, 애니메이션, 전자오락, 영화 등 대부분의 엔터테인먼트 업종이 결국은 '컨텐트산업', 즉 내용물로 승부하는 산업이라는 점이다. 특히 일본은 컨텐트 중심의 스토리이기 때문에 장르를 초월해 서로 침투할 수 있는 가능성이 높다.
앞으로는 장르 간의 침투 가능성을 적극 활용하여 최고의 수익을 올리는 기업이나 기업연합만이 살아남을 수 있는 가능성이 크다. 이는 미디어 믹스가 추후적인 사업 전개가 아니라 기획단계에서부터 염두에 두어야 할 일이라는 것을 의미한다. 따라서 우리나라는 원 소스 멀티유즈가 일반적인 추세인 점을 고려하면 하나

화할 수 있는 산업이다. 그러나 현재까지는 게임산업의 부가시장에 대한 인식이 높지 않은 상태이며, 연관산업 간의 체계적인 협력은 제대로 이루어지지 못하고 있는 실정이다.[50]

〈표 12〉 국내의 게임시장 구분

| 직 접 시 장 | | | |
|---|---|---|---|
| 오락실용 아케이드게임 | 가정용게임기 | PC 용 | 온라인용 |
| 간 접 시 장 | | | |
| 애니메이션 | 캐릭터 | 테마파크 | 멀티미디어 |

자료: 한창완(1995), 〈한국 만화산업 연구〉에서 애니메이션의 시장분류와 규모를 참고로 재구성. 이외에도 게임은 교육, 군사훈련, 우주과학, 의료 등과 접목하여 응용되기도 함.


게임산업의 가치는 이상에서 살펴본 바와 같이 수평적, 수직적 확장이 가능하고 용이하기 때문에 문화상품이 가지는 공공재적인 특성을 발휘하여 규모의 경제를 통한 초과 이윤을 획득이 가능하다. 그러나 게임을 아동용 내지는 저급한 문화로 인식하는 사회 전반적인 의식구조가 게임의 발전을 저해하고 있다.[51]

마지막으로 게임산업의 대중문화적 특성을 들 수 있는데, 가정용 게임은 가족간, 동료 간 유대관계를 돈독히 하는 데 기여하며 좋은 게임은 집중력과 전략적 사고 등 교육적 효과를 얻을 수 있다는 점을 특징으로 한다. 또한 게임프로그램은 현대인에게 강력한 문화공간을 제공한다고 볼 수 있는데, 이러한 문화공간의 개념은 현대사회의 불확실성에 대한 도피처로서의 사이버스페이스를 의미한다. 즉 수용자들이 인정하고 있는 현대 사회의 탈

---

의 장르만 진출하면 다른 장르로의 진출 가능성이 높아진다는 점을 알 수 있다. 그러므로 우리에게 필요한 것은 최초의 오리지널 작품을 던질 수 있는 힘이라고 할 수 있다.

50) 한국문화정책개발원(1995. 6), 〈문화산업 지원정책 수단 연구〉, 정책연구 95-5, pp.30-31.

51) http://www.mct.go.kr

인간화와 개인 공간의 협소화과정이 결국 개인주의를 초월하여 실제 공간을 완전 배제시킨 사이버스페이스로의 전환을 실현한다는 것이다. 결국 이러한 사이버스페이스는 실제 공간보다 수용자에게 상대적 친화력을 발휘하여 중독성을 증폭시키게 된다. 일본의 세가가 기존의 가상현실 체험을 미시적 상황설정에서 거시적 환경설정[52]으로 전환시켜 가고 있는 현상은 바로 이러한 공간적 미학의 상대적 확대전략으로 설명할 수 있는 것이다.

게임산업에 있어 가격 형성은 일반적인 제조업의 경우와 차이가 있는데, 이것은 원가산출이나 마진의 개념으로 게임물의 판매가를 설명하는 것 자체가 불가능하기 때문이다. 이는 현재 게임시장의 80% 이상을 차지하며 체련 게임기나 경품 게임기에 비해 컨텐트 상품의 성격이 두드러지는 게임방 게임기판의 경우 특히 그러하다. 게임기판의 가격 형성에는 수요, 공급에 따른 수량변화의 직접적인 원리 외에 상당히 많은 가외변수들이 영향을 미치게 된다. 이러한 요인은 경제적인 논리로 설명되기 어려운 경우가 많다. 가장 대표적인 것은 제품에 대한 기대심리나 유통업자들 간의 소문 등이다. 또한 사회적인 이슈나 이벤트 내지는 선호나 유행경향으로부터 시작하여 심지어 계절, 날씨, 청소년들의 방학기간, 시험기간 등에 이르기까지의 많은 요인들이 게임업에 영향을 미치고 있다. 이와 같은 특성으로 인해 게임시장의 가격 형성은 거래량이나 국내외 관련 사안들의 변화에 따라 주가가 수시 변동되는 주식시장의 경우와 가장 흡사하며 따라서 일정한 '정가'라는 것이 존재하기 어렵다.

이에 대한 근본 원인은 게임산업이 갖고 있는 자체의 특성 때문인 것으로 평가된다. 첫째, 제품 본연의 특성으로 게임물이 컨텐트 상품이라는 점에서 라이프 사이클이 길지 않으며 시점에 따라 변동의 폭이 크다는 점이

---

52) 미시적 환경설정이란 1인이 설정된 하나의 스토리와 공간 내에서 제시된 문제들을 해결해 나가는 과정으로 설명되는데, 90년대 중반 이후 세가가 추진하고 있는 도심 테마파크 전략은 이러한 개인적 공간프로그램과의 차별성을 제안한다. 바로 이러한 제안이 거시적 환경설정이라는 프로그램인데, 이는 마치 도시 근교의 테마파크에 직접 온 듯한 환경을 조성하고 여러 사람과 다양하게 즐길 수 있도록 프로그램이 설정된다는 것이다.

다. 실제로 출시 당시에 경쟁과 기대심리 등으로 수용가가 천만 원대까지 폭등했던 아케이드게임의 경우, 1년경과 후에 1/10 수준으로 하락한 예를 보면 게임상품의 가격 변동폭이 아주 높다는 것을 알 수 있다. 둘째, 게임산업 자체가 인기, 유행 등의 수요 상황에 민감한 일종의 투기성사업이라는 점이다. 신제품이나 히트 상품에 대한 기대가치가 아주 큰 것을 특징으로 한다. 셋째, 국내의 특수한 게임시장 환경 때문이다. 게임시장은 그동안 음지산업이라 여겨질 만큼 가격의 흐름이나 유통 노하우 등이 공개되지 않았다. 때문에 게임시장의 유통은 주로 즉각적인 현금지불로 이루어지는 다소 특수한 거래형태를 보여 왔다. 이러한 특성 때문에 최종 판매가를 제외하고 유통과정상의 가격의 단계적 추이나 이윤 배분 상황의 설명이 사실상 불가능해지는 것이다.

## 4. 게임컨텐트의 첨단기술적 특성

### 1) 첨단기술 복합성

컴퓨터와 반도체 기술의 개발, 광대 역커뮤니케이션 전송기술의 혁신, 디지털 기술혁명으로 요약되는 20세기 말 기술의 발달은 매체 간 융합현상을 초래하고 있다. 위성이나 광케이블 등의 새로운 전송매체를 통해 기존의 문자, 그림, 음성, 영상, 데이터 정보 자료가 표준화된 디지털 신호로 종합 처리, 저장, 전송되면서 컴퓨터나 TV수상기 등의 단일한 단말기로 종합적인 방송, 통신 서비스를 받을 수 있는 멀티미디어 시대가 도래한 것이다. 이와 같은 기술혁신에 의한 환경변화는 컨텐트산업에서 산업하부 영역별 특징을 희석시키고 있다. 기존에는 정보형태의 특성에 따라 문자정보를 다루는 출판산업, 데이터 정보를 다루는 정보처리산업, 음성정보를 다루는 통신산업, 그림과 동화상을 다루는 영상산업으로 구분할 수 있었지만, 온갖 형태의 정보가 단일한 멀티미디어로 구현되게 되면서 기존의 정보형태에 따른 산업분류는 무용지물이 되고 있다.

게임제작에 필요한 기술과 영역에는 컴퓨터 기술, 반도체 기술, 컴퓨터 그래픽(그래픽 디자인, 컴퓨터 애니메이션), 게임제작(게임디자인, 시나리오 작성, 게임그래픽, 게임프로그램), 게임소프트웨어, 게임디자인, 멀티미디어 기술, 엔터테인먼트 미디어 등의 여러 분야가 관련된다.[53] 따라서 게임은 컴퓨터와 메모리, 영상장치, 음향장치, 그래픽 디자인, 컴퓨터 애니메이션, 디지털 사운드, 기획 창작, 시나리오, 가상현실, TV, CATV, Internet, LAN 등이 결합된 복합적인 영역으로 효과적인 인력육성을 위한 학문적 접근이 절실하다. 게임산업의 상품개발 구조는 게임소프트웨어, 게임 작품, 기술인력 등의 게임 아이디어와 제조회사, 제품가치, 게임 기술력 등의 기술의 결합으로 개발되고 있으며, 게임은 공학에 기반을 둔 "상품"의 가치를 가지며 동시에 개인의 아이디어로 만들 수 있는 "작품"으로서의 가치도 있다. 현재 컴퓨터게임의 대표적인 저장형태라고 할 수 있는 CD-ROM 타이틀[54]이란 컴팩트디스크에 담겨져 있는 자료나 프로그램을 PC에서 활용할 수 있도록 만든 제

---

53) 셀 중심의 극장용 애니메이션이 지배적이던 과거에는 애니메이션과 게임은 상호 연관산업으로서 각자의 영역을 분명하게 나눌 수 있었으나 3차원 애니메이션의 발달 및 컴퓨터 그래픽기술의 발달은 애니메이션과 게임의 영역 구분을 모호하게 하고 있다. 그만큼 사용되는 첨단 그래픽 기술이 복합적이고 상호 연계성이 높아지고 있기 때문이다. 이러한 기술의 발전과 변화는 애니메이션과 게임의 상호 연관성을 높임으로써, 영역의 구분을 모호하게 하며 아울러 Anigame'이라는 새로운 영역의 탄생을 가져오고 있다.
통상적으로 애니메이션이라고 하는 신비로운 상상의 세계는 게임이 필요로 하는 작업이다. 그러나 게임은 그 구현방법의 차이와 저장용량의 문제 때문에 극장용 애니메이션보다 수준이 떨어지는 영상을 주로 제공해 왔다. 그러나 기술의 발전은 이러한 차이가 의미 없어지게 하고 좀더 현실감 있는 게임에 대한 요구가 확대되면서 게임과 애니메이션의 차이는 점차 사라지고 있다. 결과적으로 게임과 애니메이션은 고유 영역의 일부분에서 강력하게 결합할 것이고 상호간의 노하우를 결합시키는 형태가 가속될 것이다.
54) 소프트웨어가 컴퓨터에 특화되어 주로 "기능성"을 강조한 개념이라면, 타이틀은 그래픽, 영상, 음향이 결합되어 "예술성"이 강조된 개념이다.

품을 말한다. CD-ROM은 컴퓨터시스템의 발달과 저변 확대로 보다 많은 자료와 프로그램을 저장, 보관하기 위해 개발되었다. 멀티미디어 PC의 대중화는 지난 1996년 CD-ROM의 유통량을 1994년의 10배에 가까운 820만 장으로 증가하게 하였으나 양적인 성장에 비해 질적인 성장은 아직까지 뒤떨어진 상태라고 할 수 있다. 대부분의 CD-ROM 타이틀은 대만, 일본, 미국 제품의 복제품이거나 한글화 작업만 되어 있는 경우가 대부분이며 국내 CD-ROM 개발 업체 수는 1994년 30여 개에서 1996년 200여 개로 성장하고 있다.[55] CD-ROM 타이틀의 기회 제작과정이 영화 제작과정과 비슷하여 영화에서 쓰는 제목이라는 의미의 "타이틀(title)"이라는 용어를 차용하여 사용하게 되었다.

1995년 국내 CD-ROM 타이틀의 내용별 현황을 살펴보면, 오락(44%), 교육(32%), 사회문화(10%), 데이터베이스(7%), 관광(2%), 기타(5%)로 주로 오락과 교육용 타이틀이 주류를 이루고 있음을 알 수 있다. 국내 CD-ROM 게임시장의 동향은 PC게임 시장은 비디오게임시장에 비해 비약적인 성장을 거듭하고 있는데, 이는 컴퓨터 보급의 확대와 프로그램의 다양성 등이 원인으로 작용한 것으로 보인다.

그리고 최근 게임의 가장 두드러진 경향 중 하나는 대작화(大作化)의 추세이다. 무엇보다도 게임의 용량 면에서 최저 600MB 이상의 CD-ROM 한 장에서 최고 6장까지의 게임이 등장하고 있는 것이다. 이러한 게임의 크기가 커질 수 있는 배경에는 대부분 그래픽 데이터의 발전 때문에 가능하게 되는 것인데, 최근에는 3차원 그래픽 즉, 3D가 주종을 이루고 있다. 이제 게임의 등장인물과 배경은 입체적 모델링 및 랜더링으로 시점을 자유롭게 바꿔가며 동작하고 실제의 배우를 등장시켜 영화처럼 생생한 장면을 연출하는 것도 점차 보편화되어가고 있다. 음악이나 음향도 16비트 스테레오 사운드로 재생되고 별도의 사운드 트랙 CD까지 필요로 할 정도로 전문화되어가고 있다. 이런 대작 게임의 제작비는 헐리우드의 대작 영화에 비하

---

55) 중앙일보, 1996. 7. 29.

면 1/10 정도에 불과하지만, 게임이 헐리우드 식 영화를 모방하고 있다는 점을 충분히 짐작할 수 있다. 결국 이러한 혁신들은 게임의 현실감을 높이려는 방향으로 추진되고 있음을 알 수 있다.

게임의 기술적 환경이 변화됨에 따라 기존의 게임장르들 사이에서도 큰 변화가 발생했다. 게임의 장르에 관한 합의된 분류기준은 없지만, 일반적으로 어드벤처 게임, 롤플레잉게임, 슈팅 게임, 시뮬레이션 게임, 액션 게임, 퍼즐 게임, 보드 게임 등으로 분류되고 있다. 지금까지의 게임에 대한 분석은 주로 오락실용 아케이드게임을 중심으로 이루어졌으며, 이들 게임이 말초적인 손 조작이나 감각적 숙달을 특성으로 하고 주로 전투적인 특성을 가진다는 점에서 게임 유해론의 근거가 되기도 했다. 그런데 최근에는 이러한 아케이드게임이 퇴조하고 어드벤처 게임과 시뮬레이션 게임이 주종을 이루게 되면서, 게임의 주류에 커다란 변화가 나타나게 되었다. 시뮬레이션이란 허구의 세계를 현실과 같은 것으로 만들어 현실감을 더하는 작업이고, 어드벤처란 소설이나 영화처럼 매력적인 허구의 세계를 창작해 내는 작업이다. 결론적으로 말해 현재의 양상은 어드벤처와 시뮬레이션이 액션이나 슈팅 혹은 퍼즐을 통합해나가는 식으로 장르의 수렴과 통합이 이루어지고 있는 중이라 말 할 수 있다.

최근의 게임은 고속 모뎀이나 LAN을 이용한 네트워크 게임과 인터넷의 텔넷(Telnet), 월드 와이드 웹(WWW: World Wide Web)을 이용한 머드(MUD: Multi-User Dimension)[56] 게임 형태로 나타나고 있으며, 이러한

---

56) 머드는 엄격히 말해서 게임에 국한된 것이 아니며, 그보다 포괄적인 네트워크 상에 구축된 가상의 환경이라고 보는 것이 타당하다. 머드는 컴퓨터 통신망에 접속된 다수의 사용자가 게임이나 대화, 회의 같은 일련의 공동 작업을 수행하기 위해 모이는 가상의 장소이다. 넓은 의미에서 컴퓨터 통신의 한 형태라고 할 수 있는데, 인터넷 채팅이나 대화와 다른 점은 단순히 대화를 주고받는 데서 더 나아가 참여자들이 어떤 가상의 장소나 역할, 목표 따위의 일련의 허구적 장치들을 공유한다는 점이다. 이를테면, 집이나 방, 공원, 대학, 도시 같은 장소가 설정되고 참여자들은 영화나 소설 속의 등장인물처럼 그 속에서 모종의 역할을 수행하는 것이다. 머드를 '글로 된 가상현실'이라고 부르는 것은 머드가 현실의 환경을 묘사하는 일련의 메타포로 이루어져 있기 때문이다.

게임의 발전은 네트워크 기술의 발전으로 가능하다. 네트워크 게임의 핵심은 일정한 알고리즘에 따라 반응하는 컴퓨터와 경쟁하는 것이 아니라 고도의 임기응변 능력을 지닌 다른 게임 플레이어와 경쟁한다는 데 있다. 최근의 패키지 게임들은 게임 참여자가 다수가 되는 머드게임이 주류를 형성하고 있으며, 다수의 참여자들이 경진대회 형태로 게임을 벌이는 방식도 늘어나고 있다. 기본적인 네트워크 게임이 단순히 컴퓨터가 하는 역할을 사람이 대신 하는 데 불과한 것에 비해, 게임으로서의 머드는 대강의 줄거리와 규칙은 있지만 그 밖의 모든 스토리 진행이 복수의 플레이어들의 손에 맡겨져 있다. 간단하게 말해 머드는 사이버 공간에서의 역할 놀이 게임이라고 할 수 있다. 또한 이러한 기술적 발전은 교육이나 연구와 같은 비오락적 목적으로도 머드를 활용할 수 있도록 하였다.

게임의 또 다른 기술혁신 내지는 발전으로는 LBE(Location Based Entertainment)라 불리는 정주형 게임 또는 게임센터형 게임을 들 수 있다. 이것은 가상현실(virtual reality) 기술을 응용한 거대한 첨단 오락실이라고 할 수 있는데, 종래의 전자오락실과 디즈니랜드 같은 테마파크를 결합한 것이라 생각하면 된다. 기존의 패키지 게임 즉, 개인용 게임의 입장에서 보면 아무리 개인용 게임의 하드웨어가 고급화되어 있다고 해도, 가상현실의 기술을 본격적으로 채택하기에는 컴퓨터 용량의 한계 및 시스템 성능의 한계와 고가의 특수장비를 구입하는 것이 어렵기 때문에, 아직까지는 어려운 것이 사실이다. 따라서 본격적인 가상현실을 채택한 기술 집약적이고 완전몰입식 체험게임은 LBE라 불리우는 게임센터형 게임의 형태로 선보이고 있다.

이상의 게임산업 관련 기술의 발전과 게임상품의 대형화, 초고속화는 PC방의 등장으로 이어졌고, PC방의 성장은 우리나라 게임산업의 시장확대에 크게 기여하고 있다.

## 2) 제작과정상의 특성

게임의 제작과정은 기획단계에서 완성된 게임상품의 판매단계까지 많은 시간과 고급 전문인력을 필요로 하며, 첨단 컴퓨터 기술의 창의적인 아이디어, 생동감 있고 시각적인 그래픽 화면, 생생한 사운드와 효과음, 사용자 위주의 프로그래밍 등 예술과 컴퓨터공학의 결합체라고 할 수 있다. 특히 아케이드게임에 필수적인 주문형 반도체(ASIC) 설계기술이나 비디오게임의 하드웨어라 할 수 있는 플랫폼 기술 등의 선진기술을 습득할 필요가 있다.

이 중 게임기획은 어떤 게임을 제작할 것인가를 계획하는 단계로 게임제작 단계 중 가장 큰 비중을 차지하는 작업이며 게임의 성공여부를 좌우하는 중요한 작업단계이다. 시나리오 작가, 그래픽 디자이너, 게임음악 작곡가, 게임 프로그래머, 게임 기획자 등 게임제작진들이 기획회의를 통해 게임기종, 게임장르, 게임진행과정, 그래픽처리, 사운드처리, 컴퓨터 운영체계 등을 결정한다. 기획이 마무리되면 기본적인 게임 스토리와 게임 전체의 흐름도, 배경별 화면 디자인, 아이템이나 캐릭터 등의 역할에 관한 사양서를 만든다. 사양서를 기반으로 상세한 게임시나리오를 작성하여 게임의 불필요한 수정을 감소시키며, 게임디자인, 게임시나리오, 게임그래픽, 게임음악, 게임프로그램 등 각 부문들의 마찰을 줄여야 한다.

실제 게임제작은 자사 제작방식과 외주제작 방식, 자사 및 외주제작 병행 방식으로 나뉜다. 외주제작방식은 게임기획과 게임디자인 및 시나리오만을 작성하고 그래픽 디자인, 프로그래밍, 사운드 프로그래밍 등 기타 부문은 외부에서 작업하여 제공받는 유형의 제작 방식이다.

<그림 3> 게임소프트웨어 제작과정

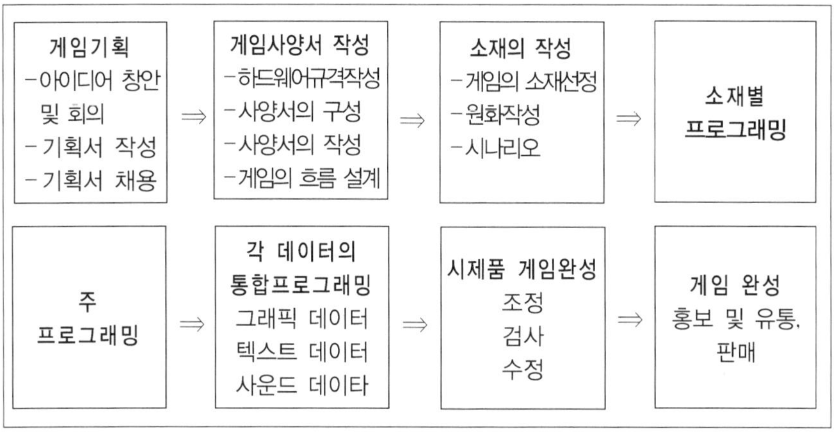

| 게임기획<br>-아이디어 창안<br> 및 회의<br>-기획서 작성<br>-기획서 채용 | ⇒ | 게임사양서 작성<br>-하드웨어규격작성<br>-사양서의 구성<br>-사양서의 작성<br>-게임의 흐름 설계 | ⇒ | 소재의 작성<br>-게임의 소재선정<br>-원화작성<br>-시나리오 | ⇒ | 소재별<br>프로그래밍 |
| 주<br>프로그래밍 | ⇒ | 각 데이터의<br>통합프로그래밍<br>그래픽 데이터<br>텍스트 데이터<br>사운드 데이타 | ⇒ | 시제품 게임완성<br>조정<br>검사<br>수정 | ⇒ | 게임 완성<br>홍보 및 유통,<br>판매 |

자료: 김희수 외(1997. 12), "게임기산업의 동향과 국내 게임전용기 개발의 타당성",
〈정보통신정책 ISSUE〉, 제9권 15호 통권 94호, p.16.

이상과 같은 제작과정을 바탕으로 실제 게임이 제작되는 체계와 구조적 특성을 살펴보면, 게임은 영화제작처럼 커다란 팀으로 구성된 하나의 시스템을 제작과정에서 구축하게 된다. 프로듀서를 비롯한 시나리오 작가와 게임디자이너가 주축이 되고, 게임디자이너를 중심으로 프로그래머와 작곡가, 캐릭터 디자이너가 한 팀으로 구성된다. 이러한 게임산업의 제작과정은 철저하게 수직적 결합의 형태를 취하고 있다. 이러한 하위시스템은 결국 전체 시장에서 확대된 거시적 팀시스템(team system)을 설정시키는데, 일본과 미국과는 달리 국내시장 여건이 한정적이고 게임개발업체의 영세성으로 인해 그러한 시스템의 설정은 변칙적으로 이루어지고 있는 실정이다.


## 5. 게임컨텐트의 벤처 산업적 특성


게임산업은 다른 문화상품과 비교해서 상대적으로 문화적 할인율이 가장 작용하지 않는 분야이며, 관련 산업 간의 연계효과도 아주 크게 작용한다는 특징을 가진다. 그런데 다른 분야의 문화산업에 비해 게임개발업체의 영세성 정도가 크며, 시장이 매우 협소하고 대외 의존도가 높으며 협소한 시장에 비해 공급이 과잉되는 이상 현상으로 시장실패의 양상이 짙게 나타나고 있다. 그리고 게임산업은 다른 문화산업 분야에 비해 벤처적인 특성을 아주 강하게 가지고 있는데, 게임개발업체의 소규모성, 전 직원의 연구개발인력, 기업체의 업력이 짧고 신산업 분야라는 점, 기술 지식 집약적인 산업이며 경쟁우위가 가격보다는 신제품 개발과 품질 및 성능에 좌우된다는 점, 수익성에 대한 불확실성이 높은 반면에 부가가치율이 상대적으로 높은 점 등이 그 이유로 작용한다. 아울러 인터넷 환경에 가장 적합한 상품으로 앞으로의 무역환경 변화에 적응력이 큰 수출산업 분야로 성장할 가능성이 큰 산업이라는 산업적 특성을 가지고 있다. 따라서 게임산업의 특성을 살펴보는 과정에서 벤처기업으로서 게임산업에 대한 논의를 제외하기 어렵다.

게임산업의 벤처적인 특성을 이해하기 위한 기반으로서, 벤처기업의 개념정의와 특성, 그리고 정부의 지원정책에 대해 간단하게나마 살펴보도록 한다. 이러한 논의는 게임산업의 기업적 특성을 이해하는 데 도움이 될 것이다. 먼저, 벤처기업이 무엇인가에 대한 정의를 하면 벤처기업은 기업가정신을 기초로 한 사업과 기술의 신규성 및 독창성, 고수익 실현을 위한 강력한 성장 지향성, 주식시장의 활용, 산업기술혁신에의 공헌 등[57]으로 정리할 수 있다.

문화관광부가 요청한 다음 3개의 개별적인 영상산업 관련 기술개발 사업을 사업화한 경우 벤처기업으로 인정받을 수 있다(〈표 13〉 참조).

---

57) 미국에서는 독립성, 신규성(위험성), 지식 기술집약성, 수익성 등이 포괄적으로 적용되고 있으며, 일본의 경우에는 중소기업성, 지식 기술집약성 및 신규성, OECD의 경우에는 지식 기술집약성이 벤처기업의 정의로 사용되고 있다.

〈표 13〉 영상산업 중 벤처기업으로 인정되는 기술개발사업

| 사 업 명 | 사 업  내 용 |
|---|---|
| 3D컴퓨터그래픽 애니메이션 | 기초적인 셀 작업을 수작업으로 처리하여 컴퓨터로 옮기는 현재의 애니메이션 작업과는 달리 수작업을 거치지 않고 셀 작업을 직접 컴퓨터 그래픽으로 처리하는 기술 |
| 우수국산게임개발 | 우리의 전통적인 이야기를 세계시장 진출이 가능하도록 보편화하는 게임소프트웨어 개발 |
| 특수영상제작 기술개발사업 | 대형포맷 영화제작기술: IMAX, OMNIMAX, SHOW SCAN, IWERKS 등<br>SF영화제작 기술: 아날로그와 디지털의 효과적 접속기술(digilog) 개발 등 |

자료: 중소기업진흥공단 중소기업연수원 내부자료.


벤처기업이란 시장에 이미 존재하고 있거나 기존에 없었던 사업기회를 찾아내어 지식과 기술을 바탕으로 전혀 새로운 것을 만들어 내는 곳이다. 벤처기업은 시장에서 사라졌거나 침체되고 있는 사업기회를 재발견하고 새로운 사업기회를 창출할 수 있다. 이와 같은 벤처기업의 역할은 경제전반에 활력을 불어넣고 경제의 하부구조를 건전하게 하는 효과를 가져온다. 벤처기업이 새로운 사업기회를 찾는 과정에서 기술혁신에 도전하는 성향이 높아 신기술의 개발과 확산에 중요한 역할을 한다.[58]

이러한 벤처기업이 가지는 경제적 특성을 통해 살펴보면 다음과 같다.

---

[58] 한국산업기술진흥협회(1997. 3),〈기술관리〉, p.29.
　　정부는 중소 벤처기업에 대한 창업 지원을 통해 1999년 한 해 동안 3만 개의 기업이 창업하도록 함으로써 30만 개의 일자리를 창출하여 고 실업의 문제를 해결하겠다는 의지를 밝히고 있다. 그러나 벤처기업은 기업 당 평균 고용자수가 5.2명으로 30만 개의 일자리를 창출하려면 6만 개의 벤처기업이 창업해야 한다. 그러나 이 같은 수치 역시 벤처기업의 생존율을 무시한 과장된 수치에 불과하다는 것이다. 벤처기업의 천국이라는 미국 실리콘 밸리에서도 신설 벤처기업의 생존율은 10% 내외에 불과하다. 벤처기업의 경영 여건이 그보다 열악한 우리나라의 경우 생존율은 더욱 떨어질 수밖에 없다는 점을 감안할 때 현재 정부가 추진 중인 벤처기업 육성정책은 현실적이라기보다는 상징적인 성격이 강한 문제점을 내포하고 있다 할 것이다.

첫째, 경제적 실험장으로서의 역할을 한다. 벤처기업은 소규모의 투자를 통해 기술적 가능성과 경제적 가능성을 실험, 검증할 수 있으며 끊임없이 변화, 발전해 나갈 수 있다. 벤처기업은 특정 산업 분야에서 기술혁신을 주도하고 있다. 즉 개량형이나 모방형의 기술보다는 획기적인 기술개발을 시도하고 있어 주요 기술의 변화에 대한 기여도가 높은 것으로 평가되고 있다. 또한 벤처기업은 컴퓨터, 전자 및 통신, 생명공학 및 의료산업 등 첨단 기술 분야에 집중적으로 지출하고 있어 정보화 사회의 기반기술을 개발하는 데 중요한 역할을 수행하고 있다. 세계의 산업구조는 원자재 가격의 상승, 소비패턴의 변화, 첨단기술의 발전 등에 따라 전자정보, 신소재, 유전공학 등 첨단산업부문이 크게 발전하고 있다. 이에 생산체제가 양 중심에서 질 중심, 대형화에서 소형화, 집중화에서 분산화, 소품종 대량생산에서 다품종 소량생산으로 변화하고 있다. 이러한 변화에 능동적으로 대처하기 위해서는 중소기업이 효과적이며, 특히 첨단산업의 경우에는 신기술의 라이프사이클이 짧아서 변화속도가 매우 빠르기 때문에 벤처기업이 가장 적합하다고 할 수 있다.

둘째, 기술개발의 첨병으로 조직의 특성상 학습이 가능하다. 벤처기업의 경우 기술혁신의 동기가 매우 강하며, 벤처기업의 구성원들은 기업의 전반에 걸친 광범위한 관심과 이해를 하고 있어 구성원의 제안이 쉽고 수용의 가능성도 크다. 또한 기업의 규모가 작기 때문에 기업내부의 의견교환이 원활하며 개발비용이 저렴한 기술혁신에 대해서는 그만큼 상호협조를 통해 성공할 기회를 높일 수 있다. 이것은 곧 내부적인 장애가 그만큼 작다는 것을 의미하기도 한다.

셋째, 우리나라의 경제에 있어 벤처기업을 포함한 중소기업은 산업구조 조정의 핵심단위가 되고 있다. 산업의 수직분화과정이 진척됨에 따라 대기업과 중소기업 간에는 건전한 보완관계가 구축되어가고 있으며 산업구조의 고도화로 인해 벤처기업을 포함한 중소기업의 비중이 상대적으로 커지고 있는 실정이다. 일반적으로 벤처기업에 의한 신기술의 사업화는 벤처기업이 독자적으로 추진하는 경우가 많다. 이는 대기업이 참여하기에 다소 곤란한 다양화되고 세분화된 기술영역에서 비교우위에 따라 추진되고 있다. 따라서 벤처기업은 다양한 영역에 걸쳐 첨단기술을 확보하며 대기업과 상호 보완적인 관계를 형성하게 되므로 산업구조의 고도화를 촉진한다.

넷째, 다품종 소량생산으로 다양한 기호의 충족이 가능하다. 국내경제가 다양하게 성장 발전하면서 소득의 증가와 함께 소비의 분화가 이루어지면서 다양한 욕구를 충족시키기 위해서는 중소기업의 육성이 사회적 비용을 줄이는 방안으로 나타나고 있다. 신기술의 상업화는 기술수준의 향상을 가져올 뿐만 아니라 생산성 향상에도 크게 기여한다. 즉 재료비, 인건비, 에너지 절약 등 직접적인 효과뿐만 아니라 불량률 감소, 공정 단축 및 자동화 등에 의해 생산의 효율성이 제고되는 효과를 거둘 수 있으며, 동시에 제품 및 부품의 설계능력이 향상되는 부수적인 효과도 기대할 수 있다.

다섯째, 고용 불안이나 실업문제를 해결할 수 있는 대안으로 작용한다. 과감한 구조조정을 통해 모험자본을 대폭 지원해 벤처기업을 육성함으로써 일자리 창출의 효과가 있어 장기적인 측면에서 실업문제의 해결책이 될 수 있다. 또한 벤처기업은 기존의 전통적 업종보다는 3C(Computer, Communication, Control)와 3S(System engineering, Software engineering, Service engineering) 등 새로운 분야에 주로 진출하기 때문에 고용창출의 효과가 크다. 또한 수입대체는 물론 수출증대에도 기여함에 따라 국제수지를 개선하는 등 국민경제에 기여하는 긍정적인 특성을 지닌다.

# 제6장 한국 게임컨텐트산업의 요인별 특성

게임제작에 필요한 기술과 영역에는 컴퓨터 기술, 반도체 기술, 컴퓨터 그래픽, 게임제작(게임디자인, 시나리오 작성, 게임그래픽, 게임프로그램), 게임소프트웨어, 멀티미디어 기술, 엔터테인먼트 미디어 등의 여러 분야가 있다. 게임산업을 광의적으로 해석하면 레저산업, 완구산업 등이 혼합되어 있는 산업이라고 할 수 있다. 그래서 레저산업, 컴퓨터 소프트웨어 산업, 완구산업의 혼합형의 산업을 게임산업이라고 부르기도 하며, 게임산업은 제5차 산업으로 'magic industry'로 불리기도 한다.[59]

---

59) 효율적인 제작체계의 구축은 게임제작의 선진화를 위한 신기술(new technology) 의 연구개발과 동시에 제작에 관련된 노하우를 축적해 놓을 수 있는 시스템을 통해서도 이룩할 수 있다. 그리고 이것은 바로 경제적인 문제에 대한 하나의 해결책이 될 수 있다.

게임관련 산업으로서 애니메이션의 경우 일본의 기술혁신이 얼마나 커다란 부가 가치를 가져다주는지를 보여 주는 대표적인 사례가 된다. 일본의 애니메이션 감독인 데스카 오자무가 시도했던 '제한 애니메이션(Limited Animation)'과 '뱅크 시스템(Bank System)'을 들 수 있다. 제한 애니메이션이란 극영화와 같은 초당 24프레임 대신 12프레임, 혹은 8프레임을 사용하여 셀의 수를 절약하는 방식으로 제작비를 크게 줄일 수 있는 방법이다. 뱅크시스템이란 사용한 그림을 모두 모아 두어 배경그림뿐 아니라 캐릭터의 세부적인 표정을 분류해서 저장해 놓고 계속 사용하는 방식이다. 이는 한편으로 끝나지 않고 시리즈로 이어지는 TV 애니메이션 제작에 상당한 비용절감 효과를 가져다준다. 일본의 이러한 제한 방식은 미국의 풀 애니메이션(Full Animation)에 비해 적은 제작비를 투자하는 데도 불구하고 세계시장에서 각광을 받고 있다. 이는 아이디어를 현재의 컴퓨터 기술과 결합하는 방식으로 응용하는 형태로 신기술을 개발해 낸다면, 기본제작체계의 구축은 물론 제작비의 절감 효과를 거둘 수 있을 것을 것이란 기대를 가능하게 한다. 특히 우리나라와 같이 TV용 애니메이션을 중심으로 하는 수출전략산업으로의 육성을 목표로 하는 우리나라로서는 더욱 관심을 가질 필요가 있다. 현재 국내 애니메이션 역시 제작비의 절감을 위해 리미티드 방식을 채택하고 있으나 일본과 같이 고도의 촬영기술과 제반 기술력이 뒷받침되지 않고 있어 작품의 수준에는 아직 한계가 있다.

# 1. 게임 분야별 시장 특성

정보통신기술의 발전은 경제 활동에 큰 변화를 가져오고 있다. 정보통신기술의 확산은 대규모의 지식 보유를 가능하게 하여 거래비용을 절감시키고 시간과 공간의 제약을 극복하고 소비자의 수요 변화에 신속하게 대응할 수 있도록 하였다. 전자상거래를 통해 조달비용과 판매비용을 절감하고 애프터서비스를 개선하여 기업의 경쟁력을 회복하는 사례가 많이 나타나고 있다. 이렇듯 정보통신기술의 활용이 확산되면서 동시에 네트워크의 중요성이 부각되고 있다.

이러한 산업환경의 변화는 정부 역할 변화의 필요성 근거가 된다. 과거 정부의 역할이 시장실패를 조정하는 데 치중되었다면, 앞으로는 지식의 개발, 파급, 활용을 담당하는 경제 주체와 이를 둘러싼 각종 환경 - 금융시스템, 기업 지배구조, 노동 시장구조, 교육수준, 법, 규제 등으로 구성된 혁신시스템에 존재하는 장애요인 즉, 시스템 실패를 조정하는 새로운 역할로 확대되어 가고 있다. 아울러 정부는 국가정보 네트워크(National Information Infra Structure) 구축을 위해 투자 재원의 조달뿐 아니라 응용소프트웨어의 표준화, 전문인력 양성 등 여러 가지 문제들을 조정하는 역할도 수행해야 한다.

국내 게임산업은 일본과 함께 1970년대 말 미국의 전자 오락기를 도입함으로써 시작되었지만, 일본은 게임산업 초기부터 일반 제조업과 동등하게 지원하는 육성책을 펼친 반면, 한국은 게임을 비교육적인 것으로 인식하고 규제 위주의 정책으로 일관하여 게임산업은 점점 음성화되고 업체들은 영세화되게 되었다. 그 결과 게임산업이 컴퓨터와 멀티미디어 산업의 발전에 따라 수요가 급증하고 매년 32% 정도로 고속신장을 거듭하고 있음에도 불구하고, 국내시장의 80% 이상을 미국, 일본 등에 잠식당하게 되었다.[60]

---

60) 세계일보, 1995. 9. 27.

## 1) 게임 분야별 개발 특성

먼저, PC게임제작업체의 태동은 1992년부터, 개발사는 3개에 불과하던 것이 1996년 50여 개사, 1999년 250개사로 증가하고 있다. 이들 게임업체들의 게임 개발 상황을 살펴보면, 먼저 PC게임개발사는 조사대상 74개사 중 14개사(19%)만이 10명 이상의 인력을 보유하고 있었으며, 10억 원 이상의 매출 실적(1998년)은 57개 응답업체 중 16개사(28%)에 불과한 것으로 나타났다. 가정용과는 달리 하드웨어 업체(일본 게임기 업체)의 승인(라이센스)이 필요 없고 개발비가 상대적으로 저렴하며, 세계적으로 많은 개발사가 존재해 제품의 공급이 용이하다는 점 때문에 정부 역시 게임정책의 핵심 정책대상으로 삼고 있으며, 현재 가장 과열되고 있는 분야이기도 하다.[61]

한국첨단게임산업협회(KESA)가 1998년 60개의 국내 PC게임개발사를 대상으로 조사한 보고서에 따르면, 자본금 규모 1억 원 이하가 33개사(53.4%), 5억 원 이상의 기업이 13.2%인 것으로 나타났고, 10명 이하의 인력을 보유하고 있는 개발사가 18개사(30%), 30명 이상이 16%이며 이들 게임개발사들의 신작 게임 개발비가 2억 원 이하인 경우가 조사대상의 70% 이상(평균 게임개발비 1억8,700만 원)을 차지하고 있어, 국내 게임 개발사는 대부분 영세성을 특징으로 하고 있음을 알 수 있다. 이러한 영세성의 원인은 아마추어 개발자들이 모여 즉흥적으로 게임개발사를 창업하거나 기존업체에서 전직한 개발자들이 재취업하는 대신 창업하는 형태가 많기 때문인 것으로 분석되고

---

61) 1996년 PC게임 시장에서 국내 게임업체들은 액션, RPG(Role Playing Game), 시뮬레이션, 어드벤처 게임 등 다양한 장르의 게임이 개발되면서 외국게임과 비교하여 손색이 없는 게임이 많이 선보였다. 소프트맥스의 '에임포인트', 아디우토의 '디토의 보물을 찾아서', LG소프트의 '돌아온 영웅 홍길동'과 '아기 공룡 둘리', 단비시스템의 '마이러브' 등이 대표적이다. 그리고 '디지털코드', '창세기전', '인터럽트', '충무공전', '샤키', '지클런트', '풀 메달 자켓' 등은 일본, 미국, 캐나다, 유럽 등으로 수출되기도 하였다. 한편 수입되는 주요 품목으로는 비스코가 수입하는 '삼국지 시리즈 5'는 3만 장 이상 판매되었으며, SKC가 세가와 제휴하여 판매하는 '버츄얼 파이터'는 2만 장 이상 판매된 것으로 나타나고 있다.

있다. 게임개발사의 특성상 사업자금의 조달이 여의치 않고, 후원자를 확보하기 어려워 영세한 게임개발사가 양성되고 있는 것이다. 영세한 게임업체들은 인건비를 최소화하기 위해 무리하게 개발 일정을 잡고, 완성도가 낮은 게임을 출시하게 되면서 국산게임의 질적 저하의 근본적인 원인으로 작용할 수 있다. 또한 국내 게임의 경우 출시 후 버그가 발생해 패치 파일을 PC통신으로 제공하는 사례가 빈번한데, 이것 역시 영세성이 근본적인 원인으로 작용하는 것이다. 국내 개발사들이 출시된 게임의 성능검사(베타테스트)에 소요되는 시간은 보통 1개월 안팎이다. 예를 들어, 10억 원대의 판권 계약을 체결한 개발사도 있지만 대부분의 개발사들이 3-5천 카피 정도의 '미니멈 캐런티'(최소판매보장수량)를 제안 받고 있다. 통상 소비자가의 25% 정도가 개발사의 몫인 점을 감안할 때, 1카피당 3만 원 하는 게임이라고 할 때, 게임개발사의 매출 기대 금액은 2-3천만 원 정도에 불과하다. 게임개발사의 평균 개발비가 1억 8,700만 원이라고 할 때, 이러한 매출 예상금액은 투자에 비해 10-15%에 불과한 실정이다. 이러한 게임들은 결국 신작게임임에도 불구하고 잡지 번들용으로 제공되게 된다.

다음으로 온라인게임개발사의 경우는 26개 업체 중 11개사(42%)가 10명 이상의 인력을 보유하고 있고 매출액 조사 응답기업 15개사 중 9개사(60%)가 매출액 규모가 10억 원 이상인 것으로 나타나, 업체의 수에 비해 상대적으로 사업규모가 크다는 것을 알 수 있다. 이것은 온라인게임업체들이 게임서비스 외에 정보통신 부대사업을 하고 있는 경우가 대부분이기 때문인 것으로 분석된다.

그리고 가정용 및 업소용 게임 개발사의 경우는 32%가 10명 이상의 인력을 보유하고 있고 업체의 50%가 10억 원 이상의 매출을 기록하고 있다. 이러한 매출액의 규모는 다른 게임 분야에 비해 상대적으로 게임시장의 규모가 크기 때문에, 일본의 게임기시장에서 경화기에 접어든 8, 16비트 게임기 기술을 사용한 제품이 대부분이며, 제3국으로 게임기판을 수출하기 때문인 것으로 분석된다. 그러나 게임개발사의 개발 의지는 거의 결여되어 있고 주로 복제에 치중하고 있는 실정이며 국내 업체의 진입장벽이 너무 높아서 이 부분에 대한 정책은 없다고 보는 것이 정확할 것이다. 가정용 게임의 경우는 국내시장을 소수의 개발업체가 독과점하고 있지만, 결국 일본 업체의 대리점 역할을 할 뿐 국내개발은 전무한 실정이다.

2000년 현재 국내 게임시장은 1조 원 규모로 추산되며, 항목별로는 아케이드게임이 7,500억 원으로 가장 많고 비디오게임 1,460억 원, PC게임 550억 원, 온라인게임 420억 원 규모로 예상되고 있다. 국내 게임업체는 250개 수준으로 PC게임 253개, 온라인게임 43개, 아케이드게임 60개 등이다. 대부분 중소영세업체이며 대기업의 경우는 외국기업과의 제휴관계(라이센스 업체로 유통에 중점을 둠)를 통해 제품을 생산하는 데 치중하고 있어 선진국에 비해 기술개발능력은 매우 낙후되어 있는 것으로 지적되고 있다.

1999년 12월 말 현재 국내에서 게임개발·제작·유통 등 게임관련 업체[62]는 378여 개로 제작업체 258개사, 배급업체 120개사 가운데 제작 및 배급업체가 158개사가 있다.[63] 이 가운데 PC게임(98개사, 39%) 및 온라인게임업체(43개사, 17%)는 모두 57% 정도를 차지하고 있는 것으로 나타났다. 문화관광부 및 게임종합지원센터(현 게임산업개발원)가 "국내 게임산업 D/B" 구축을 위해 실시한 실태조사 자료에 따르면, 특히 온라인게임업체는 게임종합지원센터에 입주한 42개사 중 43%(18개사)를 차지하고 있어, 신규 진출이 활발한 분야임을 짐작할 수 있다. 반면 가정용게임기와 아케이드게임 개발업체는 모두 42개사에 불과한 정도이며, 생산품목 역시 일본 업체들이 손을 뗀 8비트와 16비트 게임기를 개발, 제작하는 경우가 대부분이며 업소용 게임기 개발업체는 2D 및 경품게임기 개발에 주력하고 있는 것으로 나타났다.

국산게임은 플랫폼별로는 PC기반에, 장르별로는 롤플레잉게임에 지나치게 편중되어 있다. 예를 들어 1999년 3, 6, 9월에 걸쳐 시행한 "우수게임사전

---

62) 게임 개발사는 문자 그대로 게임을 개발하는 회사로서 프로그램, 사운드, 그래픽, 시나리오 및 기획 등 다양한 분야의 전문요원을 필요로 한다. 이들 개발사들은 때로는 컨버전 부문을 동시에 운영하기도 한다.
63) 게임종합지원센터, 〈1999년 국내게임산업동향조사〉를 참고로 함.

제작지원"사업에 참가한 216종의 출품작과 36종의 선정작을 분석한 결과 플랫폼별로는 PC게임이 50종으로 23.1%에 이르는 데 반해 업소용 아케이드게임과 가정용 비디오게임은 각각 12종(5.6%)과 4종(1.9%)에 불과하다. 선정작 36개 작품 중에서 PC게임은 20개(55.6%), 온라인게임 6개, 아케이드게임 4개, 비디오게임 2개 등의 순으로 나타났다. 장르별로는 롤플레잉게임(113종, 52.3%), 액션게임(29종, 13.4%), 전략 시뮬레이션게임(27종, 12.5%), 일반 시뮬레이션 게임(23종, 10.6%), 어드벤처게임(6종, 2.8%)으로 나타나고 있고, 교육용 타이틀의 경우는 18종(8.4%)으로 집계되고 있다. 이러한 출품작의 평균 개발비용은 1억8567만 원, 개발기간은 13.4개월, 개발인원은 9.7명으로 조사되었다.

## 2) 게임시장의 이중성

게임산업의 시장과 규모는 업소용, 가정용 게임기 중심으로 형성되어 있는 데 반해, 게임 개발사는 PC게임과 온라인게임업체에 집중적으로 형성되어 있는 이중적이고 모순적인 현상을 발견할 수 있다. 먼저, 국내 게임시장의 규모를 연간 매출액 증가 현황을 비교하여 살펴보면 다음의 〈표 14〉와 같다.

〈표 14〉 국내 게임시장 매출액

(단위: 억 원, %)

| 매출액 \ 연 도 | 1990 | 1991 | 1992 | 1993 | 1994 | 1995 | 1996 | 1997 | 1998 | 2000 |
|---|---|---|---|---|---|---|---|---|---|---|
| 매출액 | 1,075 | 1,379 | 1,852 | 2,500 | 3,250 | 4,990 | 5,240 | 5,936 | 6,256 | 9,930 |
| 증가율 | – | 28.3 | 34.3 | 35.0 | 30.0 | 53.5 | 5.1 | 13.0 | 5.3 | |

자료: 한국컴퓨터게임산업중앙회(1997), "컴퓨터게임산업 육성발전 세미나".
　　　한국첨단게임산업협회(1998), 〈첨단게임산업 육성을 위한 정책연구〉와 (2000), 〈21세기 꿈의 기술, 온라인게임 현황과 발전방안〉을 참고로 구성함.

144

국내 게임시장의 매출액 규모는 1990년 이후 연평균 30% 이상의 성장을 보이다가 1995년에 53.5%라는 2배 이상의 증가를 보였으나 1996년 이후 그 성장세가 현저하게 감소됨을 알 수 있다. 이렇게 게임산업의 매출액의 성장률이 급격히 둔화된 원인은 경제위축으로 인한 수입의 감소 때문인 것으로 추정된다. 1998년 이후 1999년부터 시장이 다시 확대되고 있다. 한국첨단게임산업협회[64]는 국내 게임시장의 규모가 2001년 16%, 2002년 18% 성장 할 것으로 예상하고 있다.

> 첨단게임산업협회의 J사무국장은 "바람의 나라, 리니지 등 온라인게임은 이용자가 100만 명을 넘어섰고 동시접속자가 1만 명에 이르는 등 엄청난 인기를 누리고 있다. 온라인게임과 PC게임 분야는 일본에 비해 강세라고 볼 수 있으며 특히 PC게임 시장은 98년 60억 원에서 99년 200억 원으로 세 배 이상 증가하였다."고 말했다.
> 또한 "비디오게임과 아케이드게임에 대한 특별소비세가 개발을 가로막는 주요인 이었으나 올해 특소세 폐지와 함께 게임업체들이 비디오와 아케이드게임 개발로 돌아서고 있다"고 말했다. 그는 또 "최근 엄청난 인기를 누리고 있는 DDR 게임기 가격이 자동차 한 대 가격과 비슷하며, 또 이와 관련한 부가산업 측면을 보면 1만 명 이상의 인력 고용 효과를 내고 있다"고 말했다.

현재 오락실용 게임기 및 비디오게임기의 경우에는 일본이, PC게임의 경우에는 미국이 주도하고 있는데 이러한 가정용과 업소용이라는 종래의 구분은 점차 모호해지고 있다. 기존의 오락실이 PC방(99년 현재, 1,5000여 개로 집계됨)으로 대체되어 가고 있는 상황은 이러한 사실을 짐작할 수 있는 충분한 근거가 되며 동시에 온라인게임의 발전가능성을 말해준다. 제품

---

64) 정보통신부 산하기관으로서 한국첨단게임산업협회(www.game.or.kr)는 국내 250개 게임개발업체 중 90개 업체가 회원사로 참여하고 있다.

간의 이분법적인 구분이 모호해지는 상황에 즈음하여 세계 각국의 대기업들은 게임산업을 멀티미디어산업의 주력업종으로 선정하여 주도권 확보를 위한 치열한 경쟁을 전개하고 있다. 최근에는 시장 선점을 위한 표준화(standardization) 활동 및 전략적 제휴관계를 통한 시장 지배력 강화에 주력하고 있는 추세이며, 무한한 시장 잠재력을 가진 영상산업으로 발전시키려는 노력을 하고 있다.[65]

국내시장의 70% 이상은 오락실용 게임이 차지하고 있으나 점차 가정용 게임기와 PC용 게임소프트웨어의 비중이 증가되는 추세에 있다. 특히 PC용 게임의 경우는 1993년 이후 엄청난 속도로 발전하고 있으며 수요층도 청소년층에서 대학생이나 직장인과 같은 성인층으로 확대·발전되고 있다. 그리고 PC게임의 경우는 그 장르와 내용이 매우 다양하여 우리나라에서도 전통적인 소재를 게임화한 제품도 만들어지고 있으며, 영화와 연계된 게임도 제작되는 등 국산게임이 점차 다양해지는 추세를 보이고 있다.

### 게임 상품의 다양화 및 패키지화

현재 일본의 게임산업은 광활한 차세대 통신망과 연계해 기존의 게임과 음악, 그리고 영화를 한데 묶어 판매하는 이른바 '패키지 판매'로 발전하고 있다. 게임기의 고성능화의 대표적인 사례로 소니엔터테인먼트(SCE)의 '플레이스테이션 II'를 들 수 있는데, 소니는 게임, 영화 등 대용량의 정보를 광케이블 망과 TV를 통해서 각 가정의 '플레이스테이션 II'에 직접 연결해 판매하는 사업을 추진하려 하고 있다. 현재 세계 게임기 시장은 일본과 미국, 즉 소니와 마이크로 소프트(MS)가 선두를 놓고 치열한 경쟁을 하고 있는 상황이다.

세계 비디오게임기 시장을 장악하고 있는 소니는 인터넷 접속이나 자료저장 등 PC 기능을 수행할 수 있는 차세대 게임기의 출시를 앞두고 있다. 이러한 첨단기술의 적용과 게임 분야의 통합 경향은 PC용 게임과 온라인

---

[65] 현재 삼성, LG, 현대 등 국내 대형 전자업체들이 컴퓨터게임산업의 주도권을 확보하기 위해 각종 전략을 마련하고 있으나 난관에 봉착하고 있는 실정이다. 외국게임사와의 제휴관계도 성공적이지 못한 편이다.

게임시장을 일본에 내 줄 수도 있다는 위기감과 함께 PC보다 사용하기 쉬운 게임기를 가지고 인터넷과 전자상거래를 더욱 간단하게 할 수 있는 상황이 현실화되고 있음을 말해준다. 게임산업으로 제2의 전성기를 구가하고 있다고 평가되는 소니는 게임시장 진출 4년 만에 3,300만 대의 플레이 스테이션과 2억 3,600만 개 이상의 게임 CD-ROM을 판매한 전력을 갖고 있다. 1997년 플레이 스테이션의 사업규모는 55억 달러로, 소니 총 매출액의 10%를 차지하고 있으며, 일본 국내의 게임시장 규모는 가정용을 포함해서 1조 2,700억 엔으로 닌텐도의 패미컴 이후 1.5배의 성장을 보이고 있다(매일경제신문, 1999. 12. 24.).

국내 게임시장의 규모를 게임 유형에 따라 살펴보면 다음의 〈표 15〉와 같다.

〈표 15〉 국내 게임의 유형별 제작·배급관련 매출액

(단위: 억 원)

| 구 분 \ 연 도 | 1995 | 1996 | 1997 | 1998 | 2002 | 연평균성장률 |
|---|---|---|---|---|---|---|
| PC게임 소프트웨어 | 350 | 390 | 350 | 350 | 550 | 14.3% |
| 비디오게임 (H/W 및 S/W) | 780 | 900 | 1,050 | 1,145 | 2,152 | 22% |
| 온라인게임 | 40 | 50 | 56 | 61 | 130 | 28% |
| 업소용 아케이드게임 | 3,820 | 3,900 | 4,480 | 4,700 | 8,450 | 20% |
| 합 계 | 4,990 | 5,240 | 5,936 | 6,256 | 11,282 | 20% |

자료: 1995-1998년까지 매출액은 통상산업부와 게임종합지원센터의 자료를 재구성.

게임산업의 성장률이 20% 정도로 세계 게임시장 성장률의 36.8%에 못 미치지만, 국내 소프트웨어 산업의 성장률 11.1%보다는 높은 성장률을 기록하며 이러한 수치는 산업의 잠재성을 보여주는 자료로 의미 있다 하겠다. 1999년 말 기준 국내 온라인게임 사업체는 총 19개사로 업체당 평균 11억 원의 매출을 기록하고 있다. 온라인게임 개발비용은 평균 2억 2,800만 원으로 10억 이상은 전체의 23.5%로 나타나고 있다. 개발 인력은 평균 12.8명으로 5-10명의 개발인력을 보유한 업체가 50%가 넘는 것으로 나타났다. 타이틀 개발기간은 평균 14.3개월, 타이틀당 평균 매출액은 7억 5,200만 원인 것으로 조사되었다.

이상에서 볼 수 있는 바와 같이, 국내 게임시장은 업소용 아케이드게임과 가정용 비디오게임기가 주류를 형성하고 있으며, 온라인게임의 경우는 시장의 형성조차도 미흡한 실정(99년, 전체 게임시장의 3-4% 수준)임을 알 수 있다. 그런데 게임산업에 참여하고 있는 기업들의 상당수는 PC게임과 온라인게임에 집중되고 있어, 시장과 기업집중 간의 이중성이 발견된다.

이러한 게임 유형별 시장의 규모는 가정용 및 업소용 게임 분야의 수입 편중성을 짐작할 수 있게 하고 게임산업의 경쟁력이 취약하다는 것을 짐작할 수 있게 한다. 뿐만 아니라 비디오게임의 경우 게임기 사업은 일본의 게임기를 국내에서 부품조립생산하고 있으며, 세가의 '새턴'은 삼성전자에서 조립 생산하여 판매하였지만 밀수품과의 가격경쟁에서 떨어져 판매실적이 부진한 편이다. 소니의 '플레이스테이션'은 수입선 다변화 품목임에도 불구하고 밀수품이 대량으로 유통되고 있는 실정이다. 비디오게임 타이틀의 경우, 불법복제판과 일본어판 밀수품이 시장의 90%를 잠식하고 있으며, 32비트의 경우에는 거의 100% 일본어판 밀수품이 유통되고 있다. 이러한 현황자료는 국내 게임산업의 시장실패 상황을 말해준다.


## 2. 게임시장의 유통구조 특성


게임산업은 반도체산업을 비롯한 일반제조업의 유통구조와는 다른 구조를 형성하고 있고, 게임개발사는 매개조직인 전문유통사를 통해서 게임을 판매한다는 점을 특징으로 한다. 이러한 PC게임 전문 유통회사는 30개사, 가정용 및 업소용게임기 유통업체는 39개사로 조사되었으며, 여기서 게임 전문유통회사란 외국게임을 수입하여 번역 작업을 하거나 혹은 번역 작업 없이 국내에 출시하는 회사를 말하는데, 이들 중에는 순수하게 국내에서 개발된 게임을 유통하는 회사도 있다. 한편 번역 전문회사는 일본과 미국 게임을 주로 다루며 외국어를 한글로 바꾸는 작업이 전체 작업 중 가장 많은 부분을 차지한다. 이들은 유통과 분리되어 번역만 하거나 게임을 자체적으로 유통하기도 한다. 예를 들면 1998년 (주)타프시스템의 "대물낚시광"을 해외에 수출할 때에도 미국의 게임유통회사인 인터플레이사와 판권 계약을 체결하였고, (주)소프트맥스의 "창세기전 Ⅰ"의 수출 시에도 북부 유통공사가 개입되어 일본으로 수출하는 등 게임개발사의 제품은 다른 제조업 상품과는 달리 공급자와 소비자를 연결해 주는 유통전문회사가 역할을 하는 것을 큰 특징으로 한다.

국내에는 외국의 게임유통사들이 진출하고 있는데, 1999년 8월 현재 총 7개의 유통사가 있으며 이 중에서 2개사가 미국, 3개사가 일본, 1개사가 대만, 말레이시아 국적이 1개사로 구성되어 있다. 미국의 게임유통사로는 소프트뱅크 코리아(1988년 진출, "타잔", "벅스라이프" 등이 대표적인 게임), EA코리아(1998년 진출, "파파시리즈" 등)가 있고, 일본의 게임유통사는 TGL코리아(1997년 진출), 한국 후지쓰(1997년 진출), 아도에스엔케이코리아(1999년 진출)가 있으며, 대만의 소프트월드 코리아(1998년 진출), 말레이시아의 일엑트로닉아트코리아(1999년 진출)를 들 수 있다.

유통이란 생산과 소비를 연결하는 활동으로서 생산과 소비에 발생하는 지리적, 시간적 또는 사회적 간격 사이에서 중요한 교량의 역할을 담당한다. 유통의 중심 역할이 생산과 소비 사이에서 특정한 흐름을 발생시킨다는 의미에서 유통의 위상은 생산-유통-소비의 3부문으로 이루어진 전체적인 경제 구도의 맥락 속에서 논의되어야 한다.

특이할 사항은 일반 소비재의 산업 경제구조와는 달리 공급 구조의 첫 단계가 개발과 제작이라는 이원적인 차원으로 이루어져 있다는 점이다. 이는 정보의 집약적이고 제품 라이프 사이클이 짧아 판권이 중요시될 수밖에 없는 게임소프트웨어 자체의 독특한 제품 특성으로 인해 타 업종에서는 찾아 볼 수 없는 제작사라는 공급전문 업체를 만들어 낸 결과라고 볼 수 있다. 특정 PC게임 소프트웨어의 수입 또는 국내 개발로부터 시작하여 상품으로의 제작, 도소매 구조를 통한 유통, 그리고 최종 소비자의 구매, 소비 등으로 이어지는 연결이 상호 밀착되어 있어 전체적으로는 하나의 연속적인 흐름을 생성하고 있는 것이다.

이상에서 살펴본 바와 같이 게임소프트웨어 산업 경제 구조에 있어 유통이란 게임타이틀의 제작, 개발과 관련한 생산, 그리고 게이머들의 수요와 관련된 소비 사이에서 중심적인 가교 역할을 하는 것으로 그 위상은 게임제품의 생산활동과 소비 활동의 중앙에 위치, 이들 간의 연결 작용은 물론 각 단계에서의 산업적 흐름을 촉진, 통합된 경제 구조 전체의 순환적인 발전에 기여하는 것이라고 볼 수 있다.

현재 국내 PC게임 소프트웨어의 유통구조가 산업 전체적인 구조와 관련하여 갖는 특징은 첫째, 시장의 협소, 둘째, 유통망의 미비, 셋째, 공급선의 과잉경쟁 등이다. 이러한 산업전체적인 구조가 시장 경색, 과도한 공급 물량과 막대한 라이센스 비용, 시장의 상황 악화 등의 구조적인 악순환으로 이어져 국내 PC게임 소프트웨어 산업은 혼미를 거듭하고 있는 실정이며, 이에 대한 근원적인 해결책으로 일단은 안정적인 수요의 확보 및 창출이 절실한 실정이다.

그렇다면 한국 게임시장의 안정적인 수요를 확보하는 데 어려움을 겪고 있는 원인은 무엇인가? 첫째, 과도한 공급 물량의 문제는 대기업이 게임업계에 무리하게 진출하면서 단기 실적 위주의 영업 행위, 해외 라이센스 과당 경쟁으로 무리한 계약들이 난립하게 된다. 그 결과 치솟는 라이센스 비용은 게임 가격의 직접적인 상승을 초래하고 실소비를 경색시키게 되어 불법복제의 확산을 가져오는 원인이 되고 과도한 물량은 유통시장에서의 덤핑 난무, 번들 범람, 가격 불신으로 이어져 결과적으로 시장 축소의 우려를 초래하게 된다. 이러한 공급의 실패는 담보능력이 있는 소수의 유통사들만이 판권을 구입할 수 있게 됨에 따라 극소수의 총판, 영세한 도소매상이라는 특수한 유통망의 구조를 형성하고 있다.

둘째, 체계화된 유통망이 형성되지 못하고 유통사들이 영세하기 때문에 최근 한꺼번에 쏟아져 나오는 공급선의 물량을 소화하기 어렵다. 또한 막대한 재고 물량으로 인해 덤핑 판매가 성행하게 되고 가격 체계의 불안정 등으로 다시 유통 질서의 혼란을 초래하게 된다. 더구나 복잡하고 비효율적이고 지나치게 단계가 긴 유통경로로 인하여 소비자 가격은 상승되면서 유통 마진의 배분은 이원적인 모순을 겪게 되고 가격 상승은 물론 일원화된 정보 창구의 부재와 소매상 기반의 미조성 등으로 소비자 편의 제공에 실패하게 된다.

셋째, 시장 협소 및 실수요 경색의 문제, 기성세대의 게임 전반에 대한 인식의 부족으로 건전하고 광범위한 수요가 창출되기 어렵고 주요 소비층이 학생층이기에 게임 상품 가치에 대한 인식이 낮았다.

현재 국내에서 판매되고 있는 게임의 95% 이상은 용산을 거쳐서 사용자들에게 유통된다. 사용자에 이르기까지의 과정을 간단하게 살펴보면, 국내 게임의 경우 개발자들이 자신들과 계약을 맺고 있는 유통업체(대부분 대기업)들에게 모든 판권을 이양함과 동시에 유통업체에서는 자체적으로 케이스 제작과 매뉴얼 작성, 공윤 심의 등의 과정을 거쳐서 자신들의 총판이나 용산에 있는 또 다른 총판에게로 전달된다. 이들 총판 업자들은 자신들과 관계를 맺고 있는 다른 총판과 리베이트(rebate)의 과정을 거친다. 즉 자신이 가지고 있는 물건들이 한정되어 있으므로 다른 총판에서 잘 팔리는 제품들을 가져오고 다른 게임을 주는 것으로 일부 대금을 지불하는 형태를 말한다. 이러한 복잡한 유통과정이 게임시장의 성장에 있어 커다란 장애요인으로 작용하는 것이 현실이다. 대규모 유통업체들은 영세한 유통업체들을 대상으로 하여 잘 팔리는 게임에 인기 없는 게임을 끼워 파는 형식을 취하기도 한다. 역마진 정책, 원가판매, 가격 파괴 등의 바람이 소프트웨어 시장에도 불고 있지만 우리나라 소프트웨어 시장에서는 전체 시장규모의 확대나 소프트웨어 개발 측면에서는 오히려 저해요소로 작용하고 있다.

일반적으로 소비재에 있어 가장 보편화되어 있고 바람직한 유통구조의 모형은 안정적인 구도를 위하고 있는 '피라미드' 또는 '삼각형'의 구도라고 볼 수 있다. 이러한 구도를 가진 유통구조는 생산자로부터 최종소비자로 연결되는 라인에 체계적인 단계를 지니게 되고 불합리하거나 비정상적인 유통경로의 발생이 원천적으로 줄어들게 된다. 또한 안정적인 시장수요가 저변에 받쳐주고 있으므로 지속적인 투자, 개발, 생산이 의욕적으로 진행되어 산업 전체의 발전이 순환적으로 이루어질 수 있는 가능성이 크다. 무엇보다도 최종 소비자의 입장에서는 다양하게 확충된 많은 소매점들을 통하여 상품에의 접근과 선택에 있어 편의를 제공받을 수 있다는 점이 커다란 장점이다.

이러한 게임 유통구조의 문제는 크게 유통환경상의 문제와 유통단계상의 문제로 나누어 볼 수 있다. 첫째, 유통환경은 대기업 유통, 중소기업 유통, 자체 유통 등 세 가지 형태로 구별된다. 대기업 유통의 경우 저가격 납품이 만연하여 개발업체의 수익성이 상대적으로 저하되는 문제를 안고 있다. 한편 중소기업 유통의 경우 대금이 주로 어음결제로 이루어져 개발업체들이 운영 자금을 조달하는 데 어려움을 겪고 있다. 마지막으로 자체 유통의 경우 기존 유통 업체의 반발과 유통상의 경험 부족, 자본의 한계 등으로 매우 어려운 상황에 처해 있다. 둘째, 유통단계와 관련하여 가장 먼저 주목해야 할 점은 '제작사→판권사→유통사→도매점→소매점'에 이르는 복잡한 다단계 구조로 인해 제품가격은 높아지고 제작사의 수익은 떨어진다는 점을 들 수 있겠다.[66]

다음으로는 유통방식의 문제로서 모든 판매 경로상에서 반품 불가가 관행처럼 되고 있다는 점을 들 수 있다. 이로 인해 재고가 있는 중간상 또는 소매상의 경우 재고 처분가격을 형성하게 되고, 이것이 제품가격에 대한

---

66) 일본에서는 게임 유통과 관련된 여러 문제들을 해결하기 위한 방편으로 업체 자체에서 소프트웨어를 우편을 통해 판매하려는 시도가 행해지고 있다. 이미 미국에서는 많은 회사가 실시하고 있는데, 통신판매의 경우 중간 유통 마진이 없기 때문에 우송료를 면제해주고 서비스 품목을 주는 등 다양한 판매 방법을 도입하고 있다.

신뢰도를 떨어뜨리게 된다. 일본의 경우는 반품이 부분적으로 허용되고 있지만, 미국의 경우는 모든 판매단계에서 반품이 허용되고 있다. 이는 재고의 부담을 안고 있는 수입 및 제작사, 유통사의 피해를 줄이고 게임시장의 올바른 가격구조 정책을 확립하기 위한 근본 조치라고 할 수 있다. 유통 마진의 문제는 유통방식과 연관된 것으로 반품이 불가능함에 따른 유통 마진(소비자 가격의 45%)이 높음으로 해서 소매상들의 판매가격이 지역별, 업소별로 차이가 난다는 것이다. 이것이 또한 가격의 신뢰도를 떨어뜨리고 있다.[67]

## 3. 게임개발 및 사업자 특성

### 1) 수요와 공급 측면

1990년대 중반 이후 게임산업에 거대 자본의 참여가 많아지고 있는데, 게임시장에 참여하는 회사들의 특징을 살펴보면 거대자본을 가진 회사들이나 영화나 만화산업에서 많은 노하우를 쌓아 자기 분야 최고의 지위에 있는 회사들, 그리고 하드웨어와 소프트웨어 업계 선두에 있는 회사들이 주로 참여하고 있는 것을 알 수 있다. 이러한 상황은 21세기 컴퓨터산업에서 게임산업의 발전가능성이 무한하다는 것을 입증하는 것이다.[68]

일본 가전업체의 게임기산업의 성공은 국내 가전업체의 게임기 분야 진출의 촉매제가 되었고, 대기업들 간의 경쟁구조는 점차 가열되고 있는 실정이다. 이러한 경쟁 구조는 크게 PC게임과 게임기 게임 분야로 나눌 수 있는데, PC게임 시장은 주로 소프트웨어 제작사들의 주도로 이루어지는

---

67) 정보통신연구관리단(1996), 〈첨단게임산업 기술정책 기획연구〉, p.169.
68) 〈PC ADVANCE〉, 1995년 6월호.

데 반해 게임기 게임시장은 하드웨어 제작사들의 주도로 이루어지고 있다. 최근에는 특히 32비트, 64비트 차세대 게임기 게임시장의 경쟁이 급속하게 확산되면서 게임산업의 양대 라이벌이라고 할 수 있는 미국과 일본 회사들 간의 복잡한 형태의 경쟁관계가 형성되고 있다. 우리나라의 경우도 예외는 아니어서 국내의 재벌이 경쟁적으로 게임산업에 참여하고 있다. LG전자와 LG소프트웨어, 삼성전자 등이 그 대표적인 사례로 LG소프트웨어는 95년에 약 150억 원을 투자하여 PC용 게임 및 3차원 소프트웨어를 개발했으며, 삼성전자 역시 멀티미디어 사업에 대한 투자 가운데 하나로 게임 분야에 상당한 비중을 두고 있다.

이러한 게임산업에의 투자 현상은 1996년 이전까지의 경제적 발전으로 인한 여유자금(slack resource)이 투자의 부가가치가 높을 것으로 예상되는 게임산업에 투입되었고, 1997년 12월 IMF 이후 여유자금이 줄어들면서 게임산업의 불확실성 요인이 크게 작용하여 대기업의 자본이 점차 빠져나갔다. 그러나 1999년 말 이후 현재까지 대기업이 게임산업의 고부가가치에 대한 기대로 다시 게임산업에의 투자를 확대해 나가고 있다. 이상의 대기업 참여와 참여 부문을 살펴보면 다음의 〈표 16〉과 같다.

<표 16> 게임산업에의 대기업 참여와 참여부문

| 참 여 기 업 | 참 여 부 문 |
|---|---|
| 대농그룹 | 가상현실 및 테마파크 |
| 대교컴퓨터 | PC게임 개발 및 유통 |
| 두산동아 | PC게임 유통 |
| 미원정보기술 | PC게임 유통 및 주변기기 유통 |
| 삼성영상사업단 | PC게임 유통 및 테마파크 |
| 삼성전자 | PC게임 개발 및 유통, 게임기 유통 및 게임개발 |
| 쌍용 | PC게임 유통 |
| 세양정보통신 | 가상현실 |
| SKC | PC게임 개발, 유통 및 테마파크 |
| LG소프트웨어 | PC게임 유통 및 개발 |
| LG전자 | 3DO 유통 및 개발 |
| LG 미디어 | PC게임 개발 및 유통 |
| LG 애드컴 | 가상현실 |
| 현대전자 | 슈퍼컴보이 유통 및 게임 유통, 테마파크 운영 |

자료: 〈게임 라인〉, 1996년 10월호.

국내 게임기 사업은 LG전자에서 1994년 12월 중순, 3DO에 천만 달러를 투자하여 3DO 지분의 3.04%를 확보한 가운데, 초기 투자비용 400억 원을 투자하여 32비트 3DO Alive를 출시하였다. 또 다른 한편으로 LG소프트웨어는 자체 교육센터를 두고 개발과 관련한 인력을 계속적으로 충원하고 있다. 국내 게임제작업체인 아블렉스, 에이플러스, 단비시스템 등 5개의 제3의 집단(Third Party)을 두고 사무실 및 장비와 개발자금을 대고 있다. LG는 1995년부터 2-3년 후 기술력 이전을 목표로 해외업체들과의 계약을 체결해 개발과 수입을 병행하고 나섰다.

그런데 LG전자는 대규모 게임센터의 전국 체인망을 구축하고 국산게임 타이틀을 제작하는 등 사업 다각화를 꾀하였지만 1996년 12월 사업을 포기한 상태이다. LG전자는 1996년 25,000대 정도의 판매량을 보였지만, 누적 적자가 200-300억 원에 이르렀고, 회생기미가 보이지 않아 사업을 철수한 것으로 분석되고 있다. LG전자의 실패 원인으로는 로열티를 지불하는 데 대한 정부의 부정적인 시각으로 인해 정부의 지원이 전무했으며, 국내에서 히트한 PC게임들이 비디오게임으로 전환되지 못하면서 초기 타이틀 수가 40개 수준에 머물러서 양적으로나 질적으로 영세했던 소프트웨어의 부족, 그리고 400개 이상의 타이틀을 보유한 플레이스테이션과 새턴이 불법으로 유통됨으로써 가격 및 품질 경쟁력이 저하된 점을 들고 있다. 결국 소프트웨어의 중요성을 도외시한 채 전자제품의 개념으로 게임기를 생산하여 판매하겠다는 안일한 생각으로 시행착오를 겪게 된 것이다.

삼성전자는 세가 새턴과 게임타이틀을 수입하여 국내에서 판매하였지만 밀수제품에 비해 가격경쟁력이 떨어졌기 때문에 열세를 면치 못했다. 닌텐도 64 또한 수입하여 판매하기로 하였지만 수입선 다변화의 해제 등 여건 변화로 1996년 12월 사업을 철수한 상태이다. 현대전자는 닌텐도 패미콤, 수퍼 NES를 국내에서 조립하여 판매하였고, 1995년 10월 대학로에 100평 규모의 게임센터를 개장하였지만 1996년 포기하였다. 그리고 세가와 합작으로 아케이드용 소프트웨어를 수입 판매할 합작사를 설립하였다.

국내 PC게임 산업은 1994년에 들어서면서 매출이 증대하고 국산게임이 국내시장을 주도하는 양상을 보이기 시작해, 한때 국산게임의 점유율이 30%에 이르기도 했다. 그러나 대기업이 게임시장 특히 유통시장에 수입물량으로 대거 참여하면서 현상은 다시 역전되기 시작하였다. 특히 1996년에는 약 1,400여 개의 작품이 시장에 출시되었지만 그 대부분은 수입제품이었다. 그 결과 1년 매출액이 200-300억 원에 불과한 국내시장은 단번에 공급과잉이 되었고, 고질적인 경쟁 수입으로 인해 영화산업과 마찬가지로 외국의 게임 개발사에 지불하는 로열티의 수준만 올렸을 뿐 정작 판매고는 격감하여 수입업체조차도 적자를 면치 못하게 되었다. 1996년 상반기 중 국내에서 제작된 CD-ROM은 전년 동기 대비 124%의 증가를 보여 313종이 제작되면서 출시 면에서는 어느 정도 자리를 잡아가고 있지만 판매액에서는 오히려 전년보다 감소한 것으로 집계되었다.[69] 이 같은 국내 CD-ROM의 판매 부진은 무엇보다도 과당경쟁으로 인한 지속적인 가격인하, 덤핑 판매에서 비롯되는 것이다. 현재 CD-ROM의 판매가격은 제품마다 큰 차이가 있긴 하지만 소비자 가격의 60%선에서 실제 판매가 이루어지고 있는 실정이다. 그러나 외국산 CD-ROM은 현지에서보다 20% 비싼 가격에 판매되고 있으며, 70%에 가까운 시장점유율을 보이고 있다. 이처럼 우리나라 게임산업은 수입업체들의 손에 의해 좌우되고 있다고 해도 과언이 아니다.

〈표 17〉 대기업의 외국게임판권(라이센스) 소유 정도와 수입의존성

| 업체<br>국가 | 쌍 용 | 동 서 | 삼성전자 | KCT | SKC | 다우<br>기술 | LGS/W | 삼성영상사<br>업단 | 게임<br>박스 | LG<br>미디어 |
|---|---|---|---|---|---|---|---|---|---|---|
| 미국 | 8 | 15 | 2 | – | 2 | – | 5 | 1 | – | – |
| 일본 | 8 | 5 | 8 | 10 | 4 | 6 | – | – | 1 | – |
| 유럽 | 4 | – | 1 | – | 1 | – | – | 4 | – | 2 |
| 대만 | – | – | – | – | – | – | – | – | 3 | – |
| 중국 | 1 | – | – | – | – | – | – | – | – | 1 |
| 합계 | 21 | 20 | 11 | 10 | 7 | 6 | 5 | 5 | 4 | 3 |

| 업체<br>국가 | 한겨레<br>정보통신 | OSC | 지관 | 미원정보기술 | 비스코 | 동아출판사 | SBK | 한국컴<br>파일 | 합 계 |
|---|---|---|---|---|---|---|---|---|---|
| 미국 | 3 | – | – | – | – | 1 | – | – | 37 |
| 일본 | – | 2 | – | 1 | 1 | – | 1 | 1 | 48 |
| 유럽 | – | – | – | 1 | – | – | – | – | 13 |
| 대만 | – | – | 2 | – | – | – | – | – | 5 |
| 중국 | – | – | – | – | – | – | – | – | 2 |
| 합계 | 3 | 2 | 2 | 2 | 1 | 1 | 1 | 1 | 105 |

자료: 영상산업신문, 1996년 12월 10일.

---

69) 전자신문, 1996년 8월 12일자.

　전체적으로 일본(45.7%)과 미국(35.2%)의 라이센스 소유가 압도적으로 많은 비중을 차지하고 있고(전체 라이센스 소유 국가 중 미국과 일본의 비중은 80.95%), 일본의 라이센스 소유 비율이 48건인 점은 대기업의 게임산업 참여가 주로 아케이드 및 가정용 게임기 중심으로 이루어지고 있음을 짐작할 수 있게 한다. 즉, 대기업에서 운영하는 게임산업의 중점 사업대상은 일본의 유명 비디오게임기 조립생산 및 소프트웨어의 수입판매와 PC게임 소프트웨어 유통 등에 편중되어 있다. 1년 전부터는 국내 게임의 적극적 육성이라는 취지하에서 영세한 국내 개발사에 자금을 지원하는 사업을 벌이기도 하였으나 아직까지는 외국게임의 국내 판권을 확보해 제조하거나 판매하는 형태가 주를 이루고 있다. 이러한 게임시장의 수입물 편중 현상은 국내 대기업의 게임 선진국 라이센스 소유 정도를 통해서 확인할 수 있다.

　공급사별로 게임S/W의 시장성을 보고 선별하는 과정을 거치게 되기 때문에 실제적인 국내 게임시장의 규모는 유통된 게임S/W의 건수를 조사하여 실제 매출액을 추정해야 한다. 1996년에 비해 1997년의 국내 출시 게임 타이틀의 수는 총 294개로 1996년의 355개보다 적은 수이지만 매출액은 360-430억 원으로 1996년의 매출액 280억 원에 비해 적지 않은 성장을 하였음을 알 수 있다.

〈표 18〉 주요 PC게임 공급업체의 게임출시편수 및 매출액(1996-1997년 비교)

| 1996년 | | | 1997년 | | |
|---|---|---|---|---|---|
| 공급업체 | 출시편수(편) | 매출액(원) | 공급업체 | 출시편수(편) | 매출액(원) |
| 동서게임채널 | 97 | 78억 | 동서게임채널 | 51 | 75-80억 |
| SKC | 38 | 39억 | 비스코 | 10 | 55-60억 |
| 쌍용 | 38 | 37억 | SKC | 23 | 55-60억 |
| 비스코 | 5 | 17억 | 삼성영상사업단 | 25 | 50-55억 |
| 삼성전자 | 20 | 13억 | LG소프트** | 21 | 10-15억 |
| LG 미디어 | 26 | 12억 | 쌍용 | 25 | 25-30억 |
| 삼성영상사업단 | 12 | 12억 | 삼성전자 | 15 | 10-15억 |
| 기타 | 119 | 76억 | 기타 | 124 | 80-120억 |
| 합계 | 355 | 284억 | 합계 | 294 | 360-435억 |

* 〈새영상산업신문〉 자료를 종합하여 도표화한 것으로 출시연도보다는 유통기간을 근거로 작성
** 주: LG소프트웨어와 LG미디어가 LG소프트로 합병됨

특히 PC게임 시장에서는 대기업의 참여가 활발한데, 삼성전자, 삼성영상
사업단, 현대정보기술, 금강기획, LG소프트, SKC, 쌍용정보통신, 두산동아,
두산정보통신, 미도파, 미원정보기술, 해태정보통신 등이 SI업체들이 대거
참여하고 있으나 주로 해외 판권수입에 중점을 둘뿐 게임개발에는 거의 투
자하지 않고 있는 실정이다. 삼성전자, LG소프트, SKC, 쌍용, 삼성영상사
업단 등 5대 PC게임 공급업체를 중심으로 1996년 매출액 기준 약 500억
원, 출시 제품 수 350여 편의 시장규모를 형성하고 있다. 기존의 삼성, 동
서, 쌍용 외에도 대우, 미원, 한글과 컴퓨터, 동아출판사, 쌍용정보통신, 현
대정보, 금강기획 등 신규업체들이 진출하고 있으나 유통 면에서 최근의
연쇄 부도사태로 인해 시장이 급격히 위축되고 있으며 두산동아의 경우 게
임사업을 포기하고 있는 실정이다.[70] 이상의 대기업 외에도 우영시스템, 하

---

70) 허정(1997), "국내외 게임문화 및 게임산업의 현황과 전망", 〈멀티미디어시대의
   게임과 교육〉, 국회가상정보가치연구회 심포지움, 한국첨단게임산업협회 등 공
   동 주최.

이콤, 동서게임, BMG코리아, 비스코 등이 세가제품을 수입하여 한글화 작업 후 시판하고 있으며 데니암, 동성조이콤, 유니코전자 등 중소업체들[71]은 1997년 1월 수입선 다변화가 해제됨에 따라 일본에서 게임기 수입을 한층 가속화할 것으로 예상되고 있다.[72]


## 2) 시장경색 및 악화 요인 측면


외국기업의 국내시장 잠식과 무분별한 외국제품의 수입이 커다란 문제로 작용하고 있다. 현재 국내 컴퓨터게임 시장의 80-90%를 외국제품들이 차지하고 있으며 수입액도 매년 60% 이상씩 증가하고 있어 앞으로 이러한 사태가 지속된다면 국내시장 전체를 외국기업이 장악하는 상황까지 이르게 될지도 모를 일이다. 이러한 상황은 국내기업의 기술개발 능력이 아직까지 선진외국에 비해 열세이기 때문인 것으로 분석된다.

반면에 국내기업들은 기술개발을 통한 경쟁력 강화로써 시장을 보호하기 보다는 외국제품의 수입 판매를 통한 이익확보에만 관심을 두고 있어 기술력 부족과 수입확대의 악순환은 계속되고 있는 실정이다. 특히 게임산업의 발전에 기반역할을 해야 할 대기업들이 자체적인 기술개발 노력보다는 수

---

71) 매일경제신문. 1999. 11. 26.
　　국내 벤처기업인 비테크놀로지(대표 장석원)가 네트워크 게임 기술 분야에서 선두를 점하고 있는 미국의 벤처기업 KALI를 인수했다. 양사는 네트워크 게임을 구현해주는 기술인 게임 유틸리티 분야의 한·미 시장에서 각각 1위를 달리고 있는 업체로 지난 3년간 기술제휴를 유지해왔다. 게임 유틸리티란 네트워크 게임을 할 때, 여러 명이 동시에 접속해 게임을 할 수 있게 해 주는 기반기술이다. 비테크놀로지는 하이텔, 두루넷, 베틀넷, 라임정보통신, 나우콤 등에 게임기반 기술을 제공해 왔으며 올해 매출액이 40억 원, 순이익이 13억 원에 이를 것으로 전망된다.
72) 한편 일본의 고나미가 100% 투자한 현지 법인이 국내에서 활동 중이다. 그리고 PC게임 '창세기전 2'로 성공한 소프트맥스가 플레이스테이션용 게임개발을 추진하고 있는데, 이는 소니의 서드파티와 계약을 맺는 형태로 98년 9월경 출시를 목표로 하고 있다.

입선을 확보하는 데만 경쟁적으로 혈안이 되어 있어 상황을 더욱 악화시키고 있다. 이러한 게임 라이센스 확보경쟁으로 인해 외국기업에 지불하는 로열티만 상승하는 부작용이 발생하고 기술도입 계약 체결 후에도 기술이전은 제대로 이루어지지 않고 단순한 외국업체의 대리점 기능에 그치고 있다. 현재의 게임시장은 불법 복제물 범람이라는 제1단계를 거쳐 현재는 물량 공급의 과잉이라는 제2단계를 맞이하고 있다. 이러한 전환기에서 게임시장이 안고 있는 가장 큰 문제는 실제 매년 30%의 시장 성장률을 보이면서도 실소비 성장률은 그 수치를 밑돈다는 데 있다.

현재 국내 컴퓨터게임시장에는 1,000여 개의 유통업체가 있으나 대부분 영세업체로서 전반적인 유통질서가 문란하여 밀수입된 제품이나 불법복제품이 시중에 유통되고 있으며 이 중에는 건전한 내용이 포함된 부분이 많아 컴퓨터게임에 대한 나쁜 인식을 심어주고 있다. 이들 불법유통 제품들로 인해 정품의 유통질서가 문란해지고 있으며 순수제작업체들에 개발의지를 저하시키고 있는 것이다. 또한 정품유통체계에 있어서도 영세개발업체들이 대부분 자체적인 유통망을 갖지 못하여 유통업체와 불리한 계약을 체결하는 경우가 많은 것으로 알려져 있다.

이러한 불법복제의 문제는 1997년 4월 수입되기 시작한 '스타크래프트'의 사례에서 쉽게 찾아볼 수 있다. 수입사인 한빛소프트는 지난 2년 동안 총 22만 개를 판매했다고 밝히고 있다. 하지만 이 회사의 한 관계자는 판매량의 10배에 가까운 200여 만 개의 불법복제품이 유통되고 있는 것으로 추정하고 있다. 제품의 개당 가격이 32,000원인 것을 감안하면 640억 원의 엄청난 규모인 것이다. 정보통신부는 1999년 3월 현재 국내 불법복제율을 67%(미국 27%, 일본 41%) 정도로 보고 있으며, 특히 국내 게임업계가 상대적으로 강세를 보이고 있는 PC용 게임의 불법복제율이 높은 것으로 밝히고 있다.[73] 이러한 불법복제의 문제는 국내 업체들의 어려움을 가중시키

---

73) 정보통신부 홈페이지 참고.
　　미국 사무용소프트웨어연합회의 1996년 자료에 따르면, 한국의 불법복제율을 미국 수준으로 낮춘다면, 최소 16,000여 개의 일자리 창출 효과와 3,600억 원의

고 있다.

 최근에는 일본의 PC게임 업체 및 외국영화 직배사들까지도 국내기업과의 제휴를 통해 국내 게임 S/W 시장진출을 적극 추진하고 있어 국내 제작업체들을 육성하기 위한 구체적 방안의 확보가 시급한 것으로 지적되고 있다. 한편, 특허청은 컴퓨터의 발명에 대해 특허를 인정하여 온 것과 관련하여 소프트웨어를 기록한 플로피 디스크, CD-ROM 등 컴퓨터가 읽을 수 있는 기록매체도 특허 대상으로 인정하기로 하였다. 이는 미국의 경우 소프트웨어 특허가 지난 1990년에 1,300여 건에서 1996년 3,996건에 이르러 3배 이상 증가한 것과 비교해 볼 때, 한국의 경우 이번 조치로 특허 침해소송이 쉬워져 불법 복제근절과 소프트웨어에 대한 실제적이고 현실적인 보호가 가능한 것으로 특허청 관계자는 말하고 있다.[74]

 이러한 수입의존도를 짐작할 수 있게 하는 또 다른 근거로는 공연예술진흥협의회의 심의를 거친 게임의 비중을 살펴볼 수 있는데, 1996년에 17.3%가 국내 기업에 의해 제작되었고 나머지가 일본산(23.8%)과 미국산(41.7%)으로 이루어져 있다. 특히 일본산 게임 상품 가운데 가정용 비디오게임기의 롬 팩 게임 컨텐트웨어는 전체 수입물의 53.8%, CD-ROM 타이틀은 13.2%를 각각 차지하고 있다. 그러나 미국, 멕시코 등 제3국에서 수입된 롬 팩 게임들 가운데는 일본 업체들이 개발한 것이 많이 포함되어 있어 실제의 일본산 게임 비중은 훨씬 높은 것으로 추정된다.[75] 오락실용 아케이드게임만을 고려할 경우 이러한 편중도는 더욱 심해진다. 게임물에 대한 심의건수와 점검필증 교부 현황 자료로 게임산업의 정확한 매출액 규모를 알 수는 없지만, 전반적인 추세 및 시장의 경향을 파악할 수 있기 때문에 간접적으로 시장의 규모를 확인할 수 있는 근거자료가 된다.

 먼저, 아케이드게임기의 연도별 심의건수를 살펴보면, 1992년 불과 156건에 불과했던 심의건수가 1996년 약 7배가량 증가했으나 1996년까지 지속적

---

 세금수입 증가를 기대할 수 있을 것으로 전망하고 있다.
74) 중앙일보, 1997. 12. 17.
75) 임은모(1998), 〈정보통신콘텐츠, 돈이 보인다〉, 진한도서, p.116.

으로 증가하던 심의건수는 1997년 들어 242건이 감소함으로써 다소 주춤해진 양상을 보이고 있다. 1997년 국내 개발품과 수입품의 심의 현황을 살펴보면, 수입품의 심의건수가 698건으로 국내 개발품의 238건에 비해 3배 이상 많음을 알 수 있다. 하지만 국내 개발품의 심의건수는 수입품이 97년 크게 감소한 데 비해 조금씩 지속적으로 증가하고 있는 추세이다. 국내 개발품과 수입품의 심의 통과 결과를 살펴보면, 전반적으로 수입품의 합격률이 높은 것으로 나타났다. 1997년 한 해 수입품은 심의를 받은 698건 가운데 561건이 통과되어 80%의 합격 판정을 받은 데 비해 국내 개발제품은 238건 가운데 149건만이 통과되어 63%라는 상대적으로 낮은 합격률을 보이고 있다.

〈표 19〉 아케이드게임기의 연도별 심의건수 및 내역(1992-1997년 통계치)

| 연 도 | 총 건수 | 국내개발 | | 합격률(%) | 수입품 | | 합격률(%) |
|---|---|---|---|---|---|---|---|
| | | 건수 | 합격 | | 건수 | 합격 | |
| 1992 | 156 | 24 | 20 | 87 | 132 | 115 | 87 |
| 1993 | 182 | 49 | 40 | 82 | 133 | 123 | 92 |
| 1994 | 237 | 81 | 69 | 85 | 156 | 143 | 92 |
| 1995 | 378 | 81 | 67 | 83 | 297 | 257 | 87 |
| 1996 | 1,178 | 158 | 98 | 62 | 1,020 | 842 | 83 |
| 1997 | 936 | 238 | 149 | 63 | 698 | 561 | 80 |
| 합 계 | 3,067 | 631 | 443 | 70 | 2,436 | 2,041 | 84 |

자료: 한국첨단게임산업협회(1998. 6. 30), 〈첨단게임산업육성을 위한 정책연구〉, p.92.

다음으로 점검필증 교부 현황 자료를 살펴보려 하는데, 이러한 통계자료는 주로 게임장 게임물의 경우에 해당되는 사항으로, 수입품 대비 국내 개발품의 시장 점유 현황을 통해 국내 게임산업의 취약성 정도를 짐작하는 데 의미 있는 자료라 하겠다.

**〈표 20〉 점검필증 교부 현황(1992-1997년 통계치)**

| 연 도 | 국내 개발 | 수입품 | 합계 |
|---|---|---|---|
| | 필증 교부량 | 필증 교부량 | 필증 교부량 |
| 1992 | 4,063 | 36,803 | 40,866 |
| 1993 | 21,934 | 90,065 | 111,966 |
| 1994 | 40,630 | 92,169 | 132,799 |
| 1995 | 11,752 | 99,399 | 111,151 |
| 1996 | 34,385 | 96,647 | 131,032 |
| 1997 | 65,565 | 82,811 | 148,376 |
| 합계 | 178,329 | 497,894 | 676,223 |

자료: 한국첨단게임산업협회(1998. 6. 30). 〈첨단게임산업육성을 위한 정책연구〉. p.93.

연도별 점검필증 교부 현황을 살펴보면, 1992년 40,866개에서 1993년 111,999건으로 약 3배가량 증가한 것을 제외하고는 총 점검필증 교부량에 있어서는 연도별 차이 없이 소폭 증가하고 있다. 1997년 국내 개발제품의 점검필증 교부량은 65,565개로 나타났으며 수입품은 82,811개로 나타나 점점 그 차이가 줄어들고 있음을 알 수 있다. 이는 국내 개발품의 필증교부량은 96년에 비해 약 2배가량 증가했으나, 수입품의 경우 약 14,000개 정도가 감소한 데 기인한 것으로 분석된다.

마지막으로 PC게임과 비디오게임의 심의 건수에 따른 국내시장의 규모를 살펴보면, 1996년에는 1,302건, 1997년에는 826건의 게임소프트웨어가 한국공연예술진흥협의회에 의해 심의 완료된 것으로 나타나고 있다. 이러한 심의건수를 통해서 게임관련 대기업의 동향을 살펴보면, 먼저 1996년 쌍용이 총 134건, SKC가 44건, 삼성전자 36건, LG미디어 25건, LG소프트웨어 21건의 소프트웨어가 심의를 통과한 것으로 나타났으며 중소업체인 동서게임채널의 경우는 115건, 하이콤 총 89건, 와이엔씨 무역이 24건의 심의를 통과한 것으로 나타나고 있다. 따라서 1996년 심의건수를 볼 때, 게임 전문 중소업체가 게임시장 점유율에 있어서 대기업을 앞선다는 것을 짐작할 수 있다. 1997년에는 쌍용은 86건, 삼성전자 38건, SKC는 29건, LG소프트웨어는 25건, LG미디어는 6건의 심의를 통과하였다. 중소업체는 동서가 60건, 카마엔터테인먼트 36건, 정림전자 19건 등으로 나타나고 있다.

이러한 통계는 국내 게임업체의 수입현황과 제작 현황을 짐작할 수 있게 하는데, 거의 대부분이 수입에 의존하고 있으며 수입이 아닌 자체 제작의 경우도 중소 게임전문업체들로부터 판권을 구입한 경우가 대부분이기 때문에 순수하게 자체 제작한 게임소프트웨어는 사실상 전무한 실정이다. 이상의 심의 통계치에서 알 수 있듯이 게임관련 대기업이나 중소기업 모두 자체개발보다는 외국의 게임을 수입하는 데 의존하고 있는 실정임을 알 수 있으며, 이러한 수입 의존도는 국내 게임 발전의 걸림돌로 작용한다.

<표 21> 게임의 제작 국가별 분포와 국내 제작 게임의 비중

| 국가 \ 연도 | 한 국 | 국 외 | | | | |
|---|---|---|---|---|---|---|
| | | 합 계 | 미 국 | 일 본 | 대 만 | 기 타 |
| 1996 | 181 | 1,092 | 537 | 274 | 91 | 190 |
| 1997 | 103 | 723 | 249 | 81 | 21 | 372 |

자료: <'96 심의백서>(1996), <공연예술 진흥>(1997)을 참고로 1996-1997년간 심의건 수를 근거로 하여 구성.

또한 위의 <표 21>에서 보면, 국내 게임제작편수는 외국 수입물의 10% 내외에 불과하고, 심의에 통과된 게임S/W가 모두 국내시장에 유통되는 것은 아니라고 볼 때 국내 게임산업의 열악함을 짐작 가능하다.

이를 종합적으로 살펴보면, 1996년과 1997년 모두 국내 게임시장이 국외에서 제작된 게임소프트웨어에 의존하고 있음을 보여준다. 국가별로 보면, 미국이 가장 많은 국내시장을 차지하고 있으며 일본 역시 시장점유율이 높게 나타나고 있으며 1997년에는 국내 제작 게임이 일본 게임을 앞서고 있는 것으로 나타나고 있으나 이러한 통계는 기타(제3국) 수입 통계가 190건에서 372건으로 증가한 것을 볼 때, 일본의 해외지사에서 생산된 제품이 우리나라에 수입된 것이라는 점을 감안하면 일본 게임물의 수입 비중이 줄어들었다고 판단하는 것은 무리가 있다고 보아야 할 것이다.

## 4. 사회적 환경 및 사회 인식 특성

국산게임의 절대부족과 열악한 유통구조, 개발여건의 미비는 시장형성 초기에 나타날 수 있는 일반적인 문제점이라고도 볼 수 있으나, 국내 게임산업 발전의 가장 큰 장애물은 게임에 대한 우리 사회의 부정적인 인식이라고 할 수 있다. 게임의 부정적인 요인이 지나치게 강조되어 게임소프트웨어 시장이 확대되는 데 한계가 있으며, 게임산업의 첨단화에도 장애가 된다. 이는 주입식 교육과 맞물리면서 국내 게임개발의 가장 큰 약점인 기획력 부재와 연결되고 있다.

매년 컴퓨터게임을 하던 아동들의 광과민성 발작사건이 보도되고, 사행심 조장, 사고체계의 기계화 및 단순화 등 컴퓨터게임에 폐해에 대한 부정적 인식이 사회 전반에 널리 퍼져 있는 것이 사실이다. 또한 컴퓨터게임 오락장도 대부분 영세업자일 뿐 아니라 각종 규제로 인해 시설투자를 외면함으로써 열악한 환경을 유지하게 되어 청소년 유해환경으로 인식되고 있다.

## 게임에 대한 부정적 인식의 사례

최근(2000년 5월) 문화관광부의 '사행성 경품 게임기의 유통 허가'와 관계법률 개정을 통한 '관광호텔의 성인오락실 허용방침'에 대해 시민단체가 강력하게 항의하는 일이 발생했다. 서울 YMCA, 기독교윤리실천운동, 음란폭력성조장매체대책시민협의회 등 10개의 시민단체는 5월 4일 문화부를 방문하여 정부의 〈음반, 비디오 및 게임물에 관한법〉(이하 음비법) 개정안은 게임업계의 이익만을 고려한 산업정책이며 불공정한 법안이라며 18개 항목에 걸쳐 음비법 개정안의 내용 수정을 요구했다. 이들은 문화부에 제시한 의견이 수용되지 않을 경우, 음비법 개정을 요구하는 입법청원을 국회에 제출할 것임을 밝히고 있다. 이들이 문화부에 제출한 의견서에는 ( i ) 일반 게임장과 성인용 게임장의 명시적인 구별, ( ii ) 시민단체 등 중립성이 보장되는 사후관리위원회 구성, (iii) PC방의 음란물 차단장치 설치 의무화 및 청소년 출입시간 제한 등의 내용이 음비법 개정안에 포함되어야 한다고 주장하고 있다.

이와는 별도로 자녀안심하고 학교보내기운동 국민재단(이사장 김수환 추기경)은 문화부가 지난 2월 '경품게임물 처리 지침'을 발표하면서 현행 음비법상 불법인 경품게임기의 유통허가와 성인오락실 허용 방침에 대해 사행심을 조장하는 우민정책의 일환이라며 철회를 요구하고 있다. 이 단체는 성인용 오락실의 허용을 원천 봉쇄하고 사행성 게임기의 유통을 허가한 배경을 조사하고 정책결정과정에서의 이권 개입 등을 조사하고 정부관계자들을 고발할 것이라는 입장을 취하고 있다. 이러한 시민단체의 반발에 대해 시민단체들의 의견을 적극 반영할 것임을 밝히고 있다.

결국 이러한 부정적인 인식은 게임산업의 침체를 가져왔으며 정부의 정책적 접근 역시 제한이나 규제 중심적으로 시행되도록 하였다. 즉, 게임에 대한 이러한 부정적 시각은 정부의 게임정책이 산업 정책적 측면에서 접근하기보다는 규제 정책적 측면에서 접근하는 것을 당연하게 여기게 하였다.

이러한 사례는 게임에 대한 부정적 인식이 사회 저변에 깊게 자리잡고 있으며, 게임방에 대한 청소년 출입 제한 및 게임내용에 관한 규제 등을 시민단체들이 정부에 요구함으로써 경제적인 측면에서의 지원을 어렵게 하고 폭력성이나 공포물에 대한 정부의 심의, 규제를 당연한 것으로 여기게 한다. 결국 게임산업에 대한 발전가능성과 사업성에 대한 인식보다는 게임물에 대한 규제의 필요성에 대한 인식이 확산되어 있으며, 이것이 산업을 활성화하여 게임의 질적 수준이 향상되는 긍정적 방향으로의 변화를 기대하기 어렵게 한다.

최근에는 컴퓨터게임 산업의 중요성이 부각되면서 정부의 시각도 변화되어 일부 부처에서 산업육성정책이 마련되어 있지만 아직까지 전반적인 인식의 변화가 이루어지는 데는 아직까지 미흡하다고 할 수 있다. 그러나 점차 게임산업이 특별한 부존자원이 없는 우리나라에 적합한 전략산업이라는 인식이 높아지고 있다. 즉, 일본의 게임산업이 고도로 성장할 수 있었던 원인은 애니메이션을 비롯한 게임에 대한 사회적 인식이 긍정적이었고 이러한 환경에서 기업이 필요로 하는 인력과 자금이 다량 확보되었고, 게임을 단지 만들고 파는 데 그치는 것이 아니라 캐릭터와 만화산업 등 다각적인 분야로 사업을 전개시켰기 때문이라고 할 것이다. 이러한 게임산업에 기술력이 추가되면서 첨단산업으로 발전시킬 수 있었고 일본의 게임산업의 성공사례는 국내 게임산업에 대한 인식의 변화에 영향을 미치고는 있으나 이러한 인식의 변화는 주로 게임의 사용자인 청소년층에 제한되어 있어 아직까지는 미흡한 실정이라고 할 수 있다.

미국의 경우 헐리우드의 영화산업이 게임제작을 위한 시나리오와 기술력을 제공하고 있다면, 일본의 경우는 만화산업이 그러한 역할을 담당하고 있는 점 등은 사회적, 문화적 환경이 게임산업의 기반으로 작용한다는 사실을 확인시켜 준다. 즉 게임산업이 발전하기 위해서는 사회적 인식을 비롯한 기반이 충분히 갖추어져 있어야 한다.

# 제7장 한국의 게임산업정책과 제도적 기제들

국민의 정부는 문화컨텐트산업을 제조업의 범주에 포함시켜 벤처기업으로 육성, 발전시키려는 의지를 표명하고, 21세기 미래 고부가가치 산업으로 규정하였다. 문화관광부는 높은 경제적 부가가치와 아이디어의 집약성을 특징으로 하는 문화산업을 21세기 국가 기간산업으로 전략적으로 육성하여 21세기 환경변화에 능동적으로 대처하고자 〈문화산업진흥기본법〉(1999년 1월 제정)을 제정하였다.[76] 문화진흥법은 기존의 문화산업 관련 법률들이 문화

---

[76] 이보경(1999. 2), "문화산업진흥기본법 제정의 의미와 주요 내용", 〈출판문화〉, pp.24-31. 문화산업진흥기본법의 주요 내용은 다음과 같다.
　·이 법에 의해 지원받을 수 있는 문화산업의 범위를 출판, 인쇄물, 정기간행물, 영화, 음반, 비디오물, 게임물, 방송프로그램, 캐릭터, 애니메이션, 디자인, 광고, 공연, 미술품, 전통공예품 및 멀티미디어 컨텐트 등과 관련된 산업으로 정의함(제2조).
　·국가와 지방자치단체는 문화산업의 진흥을 위하여 필요한 각종의 시책을 수립, 시행할 책임을 규정함(제3조).
　·정부는 문화산업진흥에 관한 기본적이고 종합적인 중, 장기 기본계획과 문화산업의 각 분야별, 기간별 세부 시행계획을 수립, 시행하고 문화관광부 장관은 연차보고서를 작성하여 다음 연도 1월 말까지 국회에 제출토록 함(제4조, 제8조).
　·문화산업과 관련된 창업을 촉진하고 창업자의 성장, 발전을 위해 필요한 지원을 하고 문화상품을 제작하는 제작자 및 방송 영상프로그램 독립제작사, 유통전문회사에 대한 지원 근거를 규정함(제10조, 제13조, 제14조, 제16조).
　·문화산업에 대하여 투자하는 투자회사의 지원 근거 및 문화산업전문투자조합 결성에 관하여 규정함(제11조, 제12조).
　·우수 전통 공예품 또는 전통식품의 지정표시 제도를 신설하여 우수전통 상품의 진흥을 위하여 노력하도록 함(제17조).
　·정부는 지방자치단체가 문화산업 기반 시설을 확충할 경우 비용의 전부 또는 일부를 보조할 수 있도록 하고 공공시설을 우선하여 설치하도록 함(제18조, 제19조).
　·문화산업 관련 기술의 연구 및 문화상품의 개발, 제작과 전문인력의 양성 등을 통해 문화산업을 통해 문화산업을 효율적으로 진흥하기 위하여 문화산업단지를 조성하고 각종 부담금을 면제함(제20조 내지 25조).
　·문화산업정책의 심의 조정, 문화산업진흥기금의 조성, 문화산업진흥을 위한 연구 조사, 문화산업정책의 개발과 자문 등을 수행하기 위해 문화관광부장관 소속하

산업의 각 영역마다 달리 적용됨으로써 발생하는 개별 법률주의적 한계를 극복하고, 거시적이며 종합적인 관점에서 문화산업 분야 전체를 포괄하고자 하는 취지에서 입법되었다. 그리고 이때부터 '경제장관 간담회'에 문화관광부 장관을 참여시켜, 지금까지 일반 사회부처로 인식되던 문화관광부에 대해 경제부처 기능을 강조하고자 하였다.[77] 이외에도 '문화산업육성개발 5개년 계획'을 마련하여 문화산업[78]을 미래의 첨단기술을 가장 탄력적으로 수용하는 지식집약형 산업[79]으로 적극 지원, 육성하고자 하였다.[80]

---

에 문화산업에 관한 전문성과 경험이 풍부한 인사 및 관계부처 차관들이 참여하는 한국문화산업진흥위원회를 설치함(제26조 내지 28조).

·문화산업진흥에 필요한 재원을 확충하기 위해 문화산업진흥기금을 실시하고 조성재원은 정부의 출연금, 국채관리기금으로부터의 예주금, 문화관광부 소관 기금 또는 공공 단체로부터의 지원금 등으로 하며, 기금의 용도는 우수문화상품과 수출 전략 문화상품의 개발 및 제작, 문화산업관련기업의 창업투자회사나 투자조합의 문화산업 관련 사업, 제작사, 독립제작사 등의 문화상품제작, 유통 전문회사의 설립, 운영 등에 지원하도록 함(제33조 내지 제36조).

·정부는 문화산업진흥을 위하여 국가 공유재산을 대부, 상용, 수익하게 하거나 매각할 수 있도록 하고, 세법이 정하는 바에 따라 각종 세제 지원을 할 수 있고 관세법이 정하는 바에 의하여 관세를 감면할 수 있도록 함(제37조, 제38조).

77) 매일경제신문, 1999. 1. 30.
78) 문화산업이라는 용어가 처음 등장한 것은 1940년대 프랑크푸르트학파 창시자인 호르크하이머와 아도르노가 '계몽의 변증법'에서 '문화산업'을 논의의 대상에 올리면서 영국과 미국으로 건너가 대중화되기 시작하였다. 문화산업이 세계 모든 나라에서 본격적으로 주목받기 시작한 것은 '정보화' 개념이 도입되면서부터였다. 그리고 대부분의 학자들은 '21세기를 문화전쟁의 시대'라고 말하고 있다.
79) 세계일보, 1998. 11. 21.
산업자원부는 지식기반 신산업 발전위원회와 산업연구원(KIET) 등을 통해 〈신산업 발전방안〉을 마련하고 있다. 신산업 발전방안에 따르면 "지식 신산업" 육성에 140조 원을 집중 투자하고 특히 영상, 애니메이션, 게임, 관광, 출판 단지 등 문화관광 산업 진흥에 약 1조 5천억 원의 투자를 할 것으로 계획하고 있다.
80) 매일경제신문, 1999. 1. 26.
정보통신부는 지난해 9억 원의 예산으로 멀티미디어 컨텐트 개발과 마케팅을 지원한 결과 영구아트무비(공상과학 영화인 '용가리'를 13개국과 총 272만 달러의 배급계약을 맺음), 페이스(25일부터 서울방송 인터넷 사이트에서 만화드라마 '붕가부'를 방송하기 시작함), 필름앤웍스양철집(디지털 만화영화인 '원더풀 데이즈' 프로젝트를 완성, 올해 약 200만 달러의 매출 에정임), 지오인터렉티브

# 1. 게임산업정책 추진 체계

　게임산업과 관련된 부처와 단체가 중복되어 있어, 부처 간의 이기주의와 부처 간 정책의 일관성 결여 및 관련단체의 난립으로 인한 업무범위의 모호성 문제와 중복심의의 문제가 제기된다. 현재 컴퓨터게임 산업과 관련해서는 문화관광부, 과학기술부, 정보통신부, 산업자원부, 재정경제부, 중소기업청 등에서 각기 관련 업무를 수행하고 있으나, 각 부처 간 게임산업에 대한 시각차이로 인해 부처 간 정책에 일관성이 없으며 부처이기주의로 인해 부처 간 협력을 통한 산업발전 방안의 제시 및 정책입안을 기대하기 어려운 실정이다.

〈표 22〉 게임산업정책 추진체계: 컴퓨터게임 관련 정부부처 및 단체

| 정부부처 | 관련단체 | 역할 |
| --- | --- | --- |
| 문화관광부 문화산업국 | 한국영상오락물제작자협회 한국컴퓨터게임산업중앙회 | 문화산업육성특별지원금 규제개혁(심의관련기능 담당) |
| 과학기술부 | 한국어뮤즈먼트소프트웨어연구조합 | 소프트웨어 연구개발 및 등록심의 컴퓨터프로그램보호법 근거 |
| 산업자원부 | 한국전기전자유기산업협회 | 게임기기 육성, 인터넷 상거래 |
| 정보통신부 | 한국첨단게임산업협회 | 정보화 촉진기금, 공공연구 개발자금 기술개발사업 관련(S/W산업육성 및 프로그램, 지적 소유권) |
| 중소기업청 | – | 벤처기업육성특별조치법상의 자금지원 및 세제 지원 |
| 보건복지부 | 한국컴퓨터게임산업협회 | 공중위생법에 근거하여 업소용 게임에 대한 심의 담당 |

자료: 일간 신문과 정부 관련 자료를 종합하여 구성.

---

　(정보통신부에서 1억 원을 지원받아 인터넷 온라인게임인 '범핑카'를 개발, 범핑카를 한일간 네트워크 게임으로 발전시켜 올해 135만 달러의 매출을 계획함) 4개사가 국외시장 진출에 성공했다고 밝혔다.

위의 〈표 22〉에서 보는 바와 같이 문화산업과 관련된 업무 분담이 복잡하게 얽혀있는 시스템의 비효율성을 그대로 드러내고 있다. 예를 들어, 문화관광부는 컴퓨터게임의 문화적, 산업적 가치를 인정하고 이를 산업적 차원에서 건전한 놀이 문화로 적극 육성하고자 1995년 '영상진흥기본법'에 게임에 관한 조항을 포함시키고 1995년 '음반및비디오물에관한법률'을 개정하여 컴퓨터게임에 대한 법적 근거를 명확히 함으로써 이에 대한 육성지원정책의 근거를 마련하고 있다. 그리고 정보통신부는 '97년 제정한 〈벤처기업육성을위한특별조치법〉에 문화산업을 포함시켜 기업 창업 시 금융, 세제, 인력 등을 지원받을 수 있는 제도적 기반을 구축하고 있다.

또한 컴퓨터게임 업계에서는 제도적으로 가장 시급히 개선될 필요가 있는 부분으로 심의제도를 들고 있다. 현행 컴퓨터게임 심의제도는 문화관광부와 보건복지부로 이원화되어 있어 효율적인 심의가 이루어지지 않고 있으며 심의내용에도 모순점이 있는 것으로 지적하고 있다. 제작업체의 등록, 내용심의, 인력도입, 시설제한, 형식승인 등 관련 법률별, 부처별 중복된 사업 규제로 인한 애로가 발생하고 있다. 또한 소프트웨어 내용 규제제도의 불합리성 즉, 소프트웨어 내용에 대한 심의기구의 전달 매체별, 소관부처별 다원화와 심의기준의 애매모호함과 검열의 일관성 결여 및 중복심의 등의 문제가 제기되고 있다.

문화관광부에서는 음반 및 비디오물에 관한 법률에 근거하여 가정용 게임에 대한 심의를 공연예술진흥협의회(이하 공진협)에서 하고 있다. 그리고 보건복지부는 공중위생법에 근거하여 업소용 게임에 대한 심의를 맡고 있는 있는데, 이를 산하단체인 한국컴퓨터게임산업협회에 위임하여 처리하고 있다. 이와는 별도로 과학기술부에서는 컴퓨터프로그램보호법에 의해 게임소프트웨어의 등록을 심의하고 있으며 정보통신부에서는 PC통신망을 이용하는 게임에 대한 규제를 담당하고 있다. 이렇게 다원화되고 분산된 심의과정의 문제로 인해 심의의 일관성이 결여되어 있으며 심의의 공정성 문제도 심각하게 제기되고 있다. 뿐만 아니라 심의 미필제품이 버젓이 유통되고 있어도 이에 대한 규제 및 처벌규정이 제대로 마련되어 있지 않고 있다.

통상산업부(현재 산업자원부)는 프로그래머 육성을 위한 교육을 실시하고 있고, 정보통신부는 IBM-PC용 부문에 개발지원금을 마련하고 일부 개발업체들에게 금융지원을 실시하는 등 게임산업을 활성화시키기 위한 많은 시도들이 이루어지고 있다. 그러나 아직까지는 관련 부처들의 협력이 제대로 이루어지지 않고 있으며, 특히 문화관광부의 경우 게임 분야에 대한 예산이 책정되지 않았기 때문에 일련의 계획들이 실현될 수 있을 것인지는 불투명한 실정이다.[81] 또한 현재 각 부처에 등록되어 있는 5개의 게임관련 단체 외에, 비등록 단체인 PC게임개발사연합회(KOGA)[82] 등 총 6개의 단체가 존재한다. 이 단체들은 각 등록 부처에서 위임한 프로그램 심의를 담당하고 있는데, 바로 이러한 점이 게임산업 자체의 응집력과 결속력을 약화시키는 기본 요소이며 게임산업계의 분열을 초래한다는 비판이 제기되고 있다.

정부의 정책방향은 업계의 현실을 반영한 실질적인 지원방안이 부족한 것으로 평가되고 있으며, 특히 기술개발사업의 지원은 영세제작업체인 업계의 사정을 무시하고 있다. 그리고 기술개발지원을 위한 자금지원 대상의 선정에 있어서는 공정하고 객관적인 선정기준의 마련이 우선되어야 우수한 제작업체의 기술개발노력을 지원할 수 있으며 형식적인 자금지원을 방지할 수 있을 것이다. 또한 사업추진의 주체선정에 있어서도 기존에 난립되어 있는 각 부처의 관련단체들에 대한 기능조정 혹은 역할 정립이 선행된 후에 업계의 의견을 수렴하여 결정해야 할 것이다.

---

81) 한국문화정책개발원(1996), 〈게임의 문화정책적 접근방안〉, p.69.
82) KOGA는 영세 제작자들의 판로문제를 해결하기 위해 설립되었으며, 국내 개발 타이틀을 직접 영업방식으로 판매하는 적극적인 영업 방식을 채택하고 있다. KOGA는 1994년 10월 국내 5개의 PC게임 개발사들이 모여 결성한 단체로, 현재 회원사가 40여 개로 늘어났다. 결성 당시 KOGA가 내세운 목표는 "국산게임 개발을 통한 국가 경제의 기여, 회원사 간의 정보 교류 및 친목도모, 건전한 게임문화 창달" 등이었으며, 현재 신규 회원사의 영입과 국산게임에 대한 홍보와 개발을 수행 중이다.

## 2. 금융지원정책과 제도적 기제

  게임산업과 관련하여 최근 정부는 게임산업을 우리나라의 21세기 고부가
가치 첨단문화산업 및 건전 레저산업으로 육성하기 위해 각종 지원책을 육
성하고 있다.[83] 정부는 문화산업 관련 벤처기업에 대해 정부에서 시행 중
인 중소기업 대상의 조세 혜택을 받도록 하였으며,[84] 각종 금융지원을 받
을 수 있도록 하고 있다. 이러한 금융지원은 지금까지 업종이 서비스업으
로 분류되어 있던 게임 등 관련 문화산업을 제조업으로 전환시켰기 때문에
가능한 것이다.[85] 그런데 정부의 지원이 투자가 아닌 융자 중심으로 되어

---

83) 매일경제신문, 1999. 2. 4.
  문화부는 국내 게임업체를 종합적으로 지원하기 위한 게임 종합지원센터를 설
  립하여, 첨단 게임산업을 국가기간산업으로 육성하기 위해 서울 구의동 테크노
  마트에 게임종합지원센터를 설립하기로 했다. 게임종합지원센터에는 게임기획,
  제작, 기술개발보급, 수출지원 등의 기능이 함께 들어서 게임업체를 종합 지원
  하는 첨단기지 구실을 하게 된다. 이주 대상기업은 60여 개 회사이며 공모를
  거쳐 6월 말 설치를 완료하게 된다. 또한 게임제작에 필요한 장비를 공동으로
  사용하는 공동장비실이 운영되며 예비창업자를 위한 벤처창업 준비실, 국산게
  임 홍보를 위한 국산게임 전시장, 전문인력 양성을 위한 게임 아카데미 등도
  운영되며, 임대료도 시세보다 싸게 제공할 예정이다. 이 센터에는 벤처기업들
  이 저렴한 비용으로 활용할 수 있는 초고속 통신망과 첨단 공동 연구시설이
  들어서며 24시간 근무 가능한 시설운용체제도 갖추게 된다. 문화부는 이 같은
  게임산업의 지원을 통해 2003년 게임산업 수출을 3억 달러까지 끌어올릴 계획
  이다.
84) http://www.designnews.co.kr/d244/news1.html
  정부와 여당은 최근 문화관광부 장관과 각 정책위원장 등이 참석한 가운데 당
  정회의를 열어 게임, 영상, 출판 등 각종 문화산업을 벤처산업으로 규정, 이의
  재정지원과 함께 세제감면 등의 혜택을 주는 것을 골자로 하는 '문화산업진흥
  기본법'을 제정하고, 3천억 원 규모의 문화산업 지원자금을 기금형태로 조성해
  이들 산업에 집중 지원하기로 했다. 당정은 이와 함께 애니메이션과 각종 게임
  물 제작산업을 활성화하기 위해 중소기업진흥공단과 영화진흥금고가 공동출자
  한 1백억 원의 자금으로 '벤처영상빌딩'을 설립, 육성하기로 했다.
85) 94년까지 영화제작 관련 업종은 국제적으로 통용되고 있는 기준인 〈한국표준
  산업분류〉에서 "서비스업"으로 "오락, 문화 및 운동 관련 산업"으로 분류되어
  있어 세제 및 금융 지원의 혜택을 받지 못했다. 그러던 것이 95년 3월 영화제

있어서 자금을 지원 받으려면 은행에 신용담보를 제출해야 하는 등의 문제
점이 제기되면서 실효성에 의문이 제기되고 있다.

〈표 23〉 1999년도 문화산업진흥기금의 융자조건 및 접수기관(게임관련 기금)

| 융자조건＼분야 | 게임업체공간확충 | 게임제작장비 구축 | 게임개발 및 제작 |
|---|---|---|---|
| 융자규모 | 20억 원 | 45억 원 | 50억 원 |
| 융자대상 | 문화관광부에 등록된 게임물 제작자 | 문화관광부에 등록된 게임물 제작자 | 게임물 제작자, 투자회사 |
| 업체당융자한도 | 2억 원 | 5억 원 | 3억 원 (프로젝트당 융자한도) |
| 융자금리 | 4.5% | 4.5% | 3.5% |
| 융자기간 | 5년(2년 거치) | 5년(2년 거치) | 3년(1년 거치) |
| 신청 및 접수기관 | 게임종합지원센터 | 게임종합지원센터 | 게임종합지원센터 |

자료: 게임종합지원센터(현재 한국게임산업개발원)의 '정보탐방' 자료에서 구성.

게임종합지원센터에 접수된 업체는 별도의 심사과정을 거쳐서 문화관광
부와 해당 은행에 통보되며 심의를 통해 융자 여부가 결정되게 된다. 게임
종합센터는 신청업체의 사업성과 경영상태, 장래성 등을 종합적으로 평가
하여 우수업체를 선정한다는 방침을 밝히고 있으나 자금의 융자를 최종 결
정하는 은행은 선정된 업체의 사업성보다는 담보능력을 중시하기 때문에
비록 우수한 프로젝트를 가지고 있더라도 융자를 받을 수 있는 경우는 드
물다.[86] 은행이 기업에 담보를 받고 융자를 해주었을 경우에는 회사가 망

---

작 관련 업종에 대한 세제상으로 "제조업" 적용을 받게 됨과 동시에 이에 수
반하는 모든 혜택의 대상이 되었다.

86) 게임지원센터의 한 관계자는 "영세한 게임개발업체는 까다로운 조건으로 인해
융자를 받기 어려울 뿐 아니라 설사 융자를 받더라도 부채비율이 높아져 경영
상태의 악화를 초래할 뿐"이라고 밝히면서 현재 기금의 운용방식의 문제점을
지적하고 있다. 실제로 1-2년 전 경제위기 당시 금융권으로부터 융자를 받은
게임개발회사들의 상당수가 부도처리되기도 하였다.

해도 자금을 회수할 수 있기 때문에, 업체관리에 자연히 소홀해질 수밖에 없다. 그러나 투자방식에 의할 경우에는 확실한 업체관리가 이루어질 뿐 아니라 업체의 인지도 및 신용도가 함께 높아져서 금융권으로부터 자금을 조달하기가 쉬워질 수 있을 것이다.

<표 24> 중소기업지원시책의 기능별 구분

| 유 형 | 목 표 | 시 책 |
|---|---|---|
| 투입요소지원 | 자금, 인력, 토지의 원활한 공급을 통해 비용구조의 개선 및 과학기술정보 제공 | 각종 투융자, 보조금 및 조세감면 공단조성, 병역특례, 지도연수 |
| 시장 활성화 | 시장기능의 활성화 및 공정거래질서 확립 | 독과점 금지 등 시장구조조정 계열화, 고유업종제도, 정부구매 |
| 간접자본조성 | 공공재화의 공급, 간접비용 절감 | 각종 시상 및 인증제도, 정보은행, 물류센터, 국가사업, 규제완화 |
| 대외 무역 | 수출입 업무의 활성화, 무역마찰 해소 | 수출입 금융 등, 통상마찰 해소 |

자료: 중소기업청 내부자료.

위의 <표 24>에서 볼 수 있는 바와 같이, 벤처기업 지원제도는 기능별로 매우 다양하게 구축되어 있음을 알 수 있다. 그러나 이러한 시책들의 상대적 비중에 있어서는 일반적으로 많은 차이가 있다. 각 유형들 간의 적정한 자원배분이 이루어지고 있는지를 일률적으로 평가하기는 어렵다.

---

1998년 8월 7일 전자신문의 기사를 인용하면, 게임관련 업계에 따르면 98년 게임시장이 작년에 비해 40% 이상 축소된 가운데 대기업들의 잇따른 게임사업 정리와 중견유통업체들의 부도로 인해 영세한 게임개발업체들이 도산사태에 놓여있다. 시장위축으로 인해 게임개발사들이 겪는 가장 큰 어려움은 판로확보가 어려워 신작 출시가 지연되면서 자금회수 및 후속게임 개발에 차질을 빚고 있다는 점이다. 특히 97년 매출 실적이 100억 원 이상이던 종합게임업체인 (주)하이콤이 자금난을 원인으로 부도처리되면서, 게임업계에 상당히 큰 파문으로 작용하였다.

<표 25> 정보화 촉진 기금

| 구 분 | 정보화 촉진 기금 | 멀티미디어산업 지원 자금 |
|---|---|---|
| 지원대상 | 정보통신연구·개발 과제를 수행하려는 자 | 중소기업기본법에 의한 중소기업으로서 창업일로부터 7년 이내에 속하는 멀티미디어 관련 창업중소기업 |
| 지원조건 | 대출금리: 연 6-6.5%<br>대출기간: 2년 거치 5년 상환 | 융자금리: 연 6%<br>융자기간: 2년 거치 5년 상환<br>지원범위: 소요자금의 80% 이내<br>지원한도: 업체 당 10억 원 |
| 담당부서 | 정보통신부산업 지원과 | 정보통신연구관리단 연구관리2부 융자사업관리실 |

자료: http://www.mic.go.kr

그런데 이러한 벤처지원 시책이 마련되어 있기는 하지만, 투자 중심적이어야 할 지원 자금의 성격이 융자 중심으로 시행되면서 일반 금융기관과 다를 바 없다는 점이 벤처기업 자금 지원과 관련하여 가장 큰 문제점으로 지적되고 있다. 이러한 자금지원정책의 한계를 극복하기 위해 IMF 이후 게임수출 관련 제도 및 관련법과 게임개발 자금의 사전지원(게임 기획서 평가를 통한 자금지원 방법 등)을 통한 게임수출진흥을 위한 정책개선을 시도하고 있으며, 수정된 제도는 다음의 <그림 4>와 같다.

<그림 4> 게임산업에 대한 정책지원제도의 변화

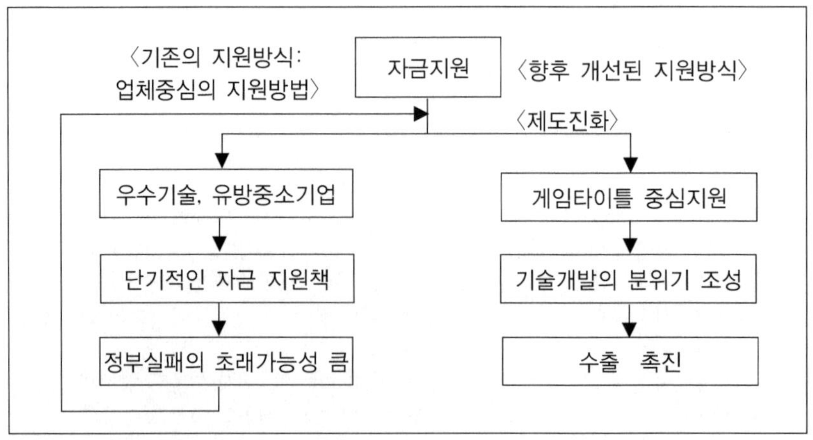

# 3. 법적 지원정책과 제도적 기제

'벤처기업육성에관한특별조치법(1997년 제정)' 중 게임 분야에서 신기술 개발에 의한 작품제작에 한하여 벤처자금을 지원하고 있다. 통상산업부는 1997년 제정한 벤처기업특별법에 문화산업을 포함시켜 기업 창업 시 금융, 세제, 인력 등을 지원 받을 수 있는 제도적 기반을 구축하고 있다. 먼저 세제 및 금융지원제도 개선의 측면을 살펴보면 1995년 1월 5일 문화관광부, 통상산업부, 정보통신부, 과학기술처, 공보처 등 5개 부처가 공동으로 발의하여 〈영상진흥기본법〉(법률 제4882호)을 제정하였다.

그런데 벤처특별법은 온통 예외조항으로 구성되어 있는데, 예외조항이 많다는 사실은 법 집행에 있어 부작용이 많을 것이라는 점을 내재하고 있다. 우선 법 적용의 대상인 "벤처기업"의 정의에서 문제가 제기될 수 있다. 벤처기업이라는 용어는 '벤처 캐피탈리스트(venture capitalist)'에서 따온 듯한데, 실제 "모험기업"이라고 번역되기도 하였다. 그런데 모험투자가라는 개념은 아무 문제가 없으나 '모험기업' 혹은 '모험산업'이라는 정의는 모호하다.

모험투자가는 고위험·고수익의 투자를 전문으로 하는 자본가를 가리키는 말이다. 그들은 발전가능성이 많은 신생기업에 주로 투자한다는 특징은 있지만, 투자대상 업종이 별도로 정해져 있는 것은 아니다. 신생기업은 기존업체보다 실패할 위험이 크다. 그 대신 성장가능성이 훨씬 높아서 국가경제 발전에 기여할 잠재력이 크다. 그런 이치는 업종이 다르다고 차이가 나는 것은 아니다. 식당이나 소매상이라고 해서 국가나 사회에 대한 기여의 정도가 첨단산업보다 적다고 단정지을 수는 없다.[87] 그렇기 때문에 다

---

87) 안영도(1999), 〈국가경쟁력 향상의 길〉, 비봉출판사, pp.299-301.
　　식당이나 소매업이라고 혁신을 하지 못하라는 법은 없다. 미국의 패스트푸드 업체인 McDonald's나 대형 유통 할인점인 Wal-mart의 경우는 업종의 구별없이 기업의 경쟁력과 이윤추구, 그리고 혁신가능성은 있다는 점을 말해준다.

른 국가들은 신생기업의 등장을 장려하고 있으나 업종을 특별히 구분하지는 않는다. 그렇다면, '모험기업'이건 '벤처기업'이건 업종별로 특별히 구분하여 그 조건이나 형식에 맞으면 지원하겠다는 식의 사고는 무리가 있다고 보여진다.[88]

이렇게 적용대상의 선정에서부터 개념적인 무리가 있다 보니, 벤처기업 육성법은 "창업투자회사는 벤처기업[89]에 투자하고 창업투자회사가 투자하면 벤처기업이 되는 식"의 순환논리를 초래하고 있다. 현실적으로 법을 적용하기 위해서는 구체적으로 벤처기업 업종을 나열할 수밖에 없었고 일부 건설업, 운수창고업, 패션 디자인, 사진 및 영화제작, 게임산업까지 포함되어 육성대상이 무엇인지 그 초점이 애매하게 되고 말았다.[90] 억지로 조건과 형식에 끼워 맞추는 식의 법 적용이 이루어지고 있는 것이다. 또한 이 법은 공공자금 관리기금, 공무원 연금기금 등 73개의 공공기금이 벤처기업에 투자하는 것을 장려하고 있다. 그러나 공공기금은 '수익성'보다는 '안정성'을 위주로 해야 하는 것이 상식이다. 그리고 벤처육성법 이전에 만들어진 중소기업 지원에 관한 여러 법규들 역시 일종의 특별법이다. 특별한 지원대상이 되는 중소기업들 중에서 더욱 특별한 지원·육성의 대상으로 벤처기업이 지정되고 이들에 대한 지원이 이루어지는 것이다. 중소기업 육성을 위한 법규나 정책들이 중소기업의 시장경쟁력을 갖게 하는 데 얼마나 기여했는가의 문제에 대해 상당 부분 실패했다고 평가할 수 있다. 그렇다면 실패한 정책 속에서 또 다른 수혜 그룹을 만들어내고 또 다른 특별법을 만든다는 것은 이미 실패를 충분히 내재하고 있다고 분석할 수 있지 않을

---

88) 드러커(P. Drucker)는 고용창출이나 경제성장 촉진을 위해 첨단기술산업만을 정책적으로 집중 육성하는 것은 어리석은 일이라고 지적하고 있다. 정부가 심혈을 기울여서 마련해야 할 것은 기업에 유리한 전반적인 환경이다. 열악한 기업환경을 두고 첨단산업이 발전할 것이라고 기대하는 것은 중턱 없는 산꼭대기처럼 허망하다는 것이다.

89) 한국과 일본을 제외한 다른 나라에서는 "venture business"라는 말을 잘 쓰지 않는다. 대신 '영리를 목적으로 시작하는 사업' 정도의 뜻인 'business venture'라는 말은 있다. 참고로 'venture firm'은 'venture capitalist'와 같은 말이다.

90) 통상산업부 고시 제1997-201호 참조.

까? 벤처육성법을 비롯한 제반 정책과 문화컨텐트산업 특히 게임산업이 벤처기업육성의 대상에 포함된다는 사실에 대한 정책의 효과는 극히 회의적이라고 평가할 수밖에 없다.

특정기업에 대한 투자 또는 융자는 해당 업체의 현재와 미래의 수익성이 가장 중요한 판단의 근거가 된다. 그러나 한국의 중소기업을 보면 경영 여건이 매우 어렵고 중소기업인들 역시 참신한 아이디어가 있거나 뛰어난 경영 능력이 있다고 평가받지 못해왔다.(기업은행: 중소기업청) 게다가 기업이 성장하여 장외시장(KOSDAQ)에 등록되어도 부실기업이 과대 포장된 경우가 많아 투자자들이 큰 손실을 보는 것이 우리의 현실이다. 중소기업의 내·외적 상황의 개선 없이 세제상의 혜택이나 절차상의 편의성을 제공하는 것만으로 벤처기업이 성공하리라고 기대하는 것은 처음부터 무리이다.[91] 복잡한 확인절차가 불가피한 특혜조항을 만들어봐야, 장래가 불확실한 신생기업이나 중소기업들은 절차나 서류상의 하자를 빌미로 금융기관으로부터 거절당하기 쉬운 것이 제도권 금융의 현실인 것이다. 벤처캐피탈리스트의 활성화가 이루어지지 않은 환경에서 벤처기업육성법이 제정되었다는 이유만으로 신생기업에 적극적으로 투자할 자본가들이 많아질 것이라고 기대하기도 어렵다. 결국 벤처기업육성법은 의도했던 결과나 효과보다는 기대하지 않은 부작용을 초래할 가능성이 더 크다고 결론지을 수 있을 것이다.


## 4. 조세정책과 제도적 기제


게임산업과 관련되는 조세제도에 정부의 게임산업 육성정책이 어느 정도 반영되고 있으며 제도적인 기반을 형성하고 있는지를 다음의 몇 가지 주요

---

91) 우수 벤처기업, 성공한 벤처기업으로 선정된 미래산업의 정문술 사장은 매일경제신문*1999. 11. 22)의 인터뷰에서 그의 경영 전략을 '정부시책과 반대로 행동했다'고 밝히고 있다.

세제를 중심으로 살펴보도록 한다.

우리나라의 부가가체세 제12조에서는 다음과 같은 문화상품 및 문화서비스에 대하여 (1) 도서, 신문, 잡지, 관보, 통신 및 방송으로서 대통령령이 정하는 것(광고는 제외), (2) 예술창작품, 순수예술행사, 문화행사와 비업무 운동경기로서 대통령령이 정하는 것, (3) 도서관, 과학관, 박물관, 미술관, 동물원 또는 식물원의 입장 등을 면세조항으로 규정하고 있다.

<표 26> 창업 벤처기업에 대한 조세지원

| 지원대상 | 관련 규정 | 지 원 내 용 |
|---|---|---|
| 법인세 (소득세) | 조세감면법 제6조 | · 농어촌지역 중소기업창업자, 수도권 지역(과밀지역 및 성장관리권지역 일부 제외) 기술집약형 중소기업 창업자<br>· 최초소득발생 과세연도와 그 다음 과세연도 개시일로부터 5년 내에 종료하는 과세연도까지 소득세 50% 감면 |
| 등록세 | 조세감면법 제113조 | · 창업일로부터 2년 이내에 취득한 사업용 재산에 대해 등록세 75% 감면 |
| 취득세 | 조세감면법 제114조 | · 창업일로부터 2년 이내에 취득한 사업용 부동산에 대해 취득세 75% 감면 |
| 재산세 및 종합토지세 | 조세감면법 제115조 | · 사업을 영위하기 위해 소유하는 사업용 재산에 대해 창업일로부터 5년간 재산세 및 종합토지세 50% 감면 |

자료: <한국 벤처기업 총람>(1998), p.97.

이상의 벤처기업 창업과 관련된 조세지원 이외에도 창업투자회사와 창업투자조합에 대한 법인세, 소득세, 증권거래세, 등록세 등의 비과세 또는 감세조치가 시행되고 있다.

우리나라의 조세제도에서 문화산업 관련 세제 중 가장 중요한 것은 부가가치세법상의 면세조항으로서 부가가치세법에 포함되는 범위는 좁은 의미의 문화산업보다는 다소 넓은 범위(오락서비스 분야는 제외)에 대하여 면세를 허용하고 중간의미의 문화산업 분야보다는 다소 좁게 면세를 허용(광고업과 기타 제조업 제외)하고 있다. 이는 우리나라 부가가치세법의 해당

조항의 법 취지가 문화산업 전체를 지원한다는 의도보다는 비영리목적의 순수예술, 학술활동, 문화 분야 공공서비스나 신문, 방송 등의 언론 서비스에 대하여 각각 개별적인 세제 지원사유를 인정하여 면제범위에 포함시키는 것이라고 볼 수 있다.

둘째, 특별소비세를 근거로 할 때, 우리나라의 특별소비세 제1조에서는 1) 영사기, 촬영기와 동 관련제품, 2) 텔레비젼 영상 투영기 및 동 스크린을 제1종의 과세품목으로 지정하여 동 과세품목의 세율을 물품가격의 20/100으로 하여 특별소비세를 과세하고 있다. 또 제18조에서는 영사기와 촬영기(고속사진기를 포함한다)로서 방송, 신문, 통신용 또는 학교 교육용의 것에 대해서는 특별소비세를 면제한다고 규정하고 있다.

국내 게임기의 80%는 외국 제품의 수입물이 차지하고 있다. 게임산업의 발전 및 기술력 확보를 위해 완제품보다는 반제품, 부분품, 핵심 부품 위주의 수입을 통해 완제품을 제작 판매해야 함에도 불구하고 특소세 부담을 줄이기 위해 완제품 위주의 수입이 주를 이루고 있는 실정이다. 왜냐하면 완제품의 경우에는 수입 통관 시에만 특소세를 부담하고 통관 후에는 이익금에 대한 특소세는 제외되기 때문이다. 그리고 부분품, 핵심 부품 통관 시 특소세 부과 대상에서 제외되지만 국내 반입 후 제작, 판매할 때에는 판매가에 특소세(제조 원가＋경비＋회사 이익금＝특소세 부과＝이익금까지 특소세 부과)가 부담되기 때문이다.[92]

그런데 지금까지 전자오락실용 게임기에 부과되던 특별소비세에 대해, 재정경제부는 특별소비세법 개정 법률안이 1999년 11월 19일 국회를 통과함에 따라 12월부터 폐지할 예정이다. 개정안에 의하면, 고부가가치 첨단산업으로 평가되는 게임산업을 육성하기 위하여 컴퓨터게임장에서 사용되는 전자게임기구에 대해서는 현행 30%의 특소세를 폐지하도록 한다는 것이다.[93]

셋째, 우리나라의 종합토지세 제도(지방세법 제234조의 12)에서는 대통령령으로 정하는 비영리사업자가 제사, 종교, 자선, 학술, 기예 기타 공익사업

---

92) 한국어뮤즈먼트S/W연구조합(1997), "게임산업 발전 방안" 참고.
93) 재정경제부 홈페이지(http://www.mofe.go.kr)

을 목적으로 그 사업에 직접 사용하는 경우에는 종합토지세를 면제하고 있다. 그 사업에 직접 사용할 건축물을 건축 중인 경우와 건축 허가 후 행정기관의 건축규제 조치로 인하여 건축에 착공하지 못한 경우에도 그 건축예정 건축물의 부속 토지는 이를 그 사업에 직접 사용하고 있는 것으로 보아서 종합토지세를 면제하고 있다. 또 도시계획세와 공동시설세도 이에 준 한다.

넷째, 우리나라의 지방세법에서는 제107조의 1, 제127조의 1, 제163조, 제184조의 1, 그리고 제245조의 2에서 제사, 종교, 자선, 학술, 기예 기타 공익사업을 목적으로 하는 대통령령으로 정하는 비영리사업자가 그 사업에 사용하기 위한 부동산의 경우 재산세, 취득세, 등록세, 그 사업에 직접 사용하기 위한 면허에 대하여는 면허세를 면제하고 그 사업자에 대하여는 사업소세를 면제하도록 되어 있다. 우리나라의 현행 지방세법에서는 신문, 방송업에 대하여는 특별한 감세규정을 두고 있다. 지방세법 제272조에서는 정기간행물의 등록 등에 관한 법률 또는 방송업의 적용을 받는 신문, 방송 및 통신업에 대하여는 사업소세의 50/100을 경감하도록 한다고 규정하고 있다.

문화산업 관련 세제 중 부가가치세 다음으로 중요한 것은 지방세법상의 취득세, 등록세, 종합토지세 등의 규정이다. 지방세법 시행령 제79조에서 정하는 비영리사업자의 범위는 종교 단체, 교육단체, 사회복지단체, 정당, 국가유공자단체 등으로 제한되어 있어서 종교나 교육 분야의 사업을 위한 부동산 취득에 대한 취득세 면제가 가능하지만, 예술이나 학술 분야의 사업을 위한 부동산 취득에 대한 취득세 면제는 어려운 실정이다.

이상에서 살펴본 바와 같이, 전체적으로 우리나라의 세제상에 나타난 문화산업 관련 지원 조항은 다른 종교, 교육 등의 활동에 비하여 그 지원 강도가 미약하다고 보여진다. 따라서 부가가치세법상의 문화산업 관련 조항에서는 그 면세 범위를 소폭 조정할 필요가 있다. 예를 들어 예술행사의 경우 순수 예술행사와 기타 예술 행사의 구분을 없애고 운동 경기의 경우 비업무 운동경기와 직업적 운동경기의 구분을 없애며, 또 공예품 등도 부가가치세의 면세 범위에 포함시키는 것도 바람직할 것이다.

아울러 멀티미디어 시대에 정보 전달의 핵심이 되는 CD-ROM 제작 등

전자출판물에 대한 부가세를 면제하는 조항을 추가해야 할 것이다. 그리고 취약한 문화산업의 기반 강화를 위해 관련 학과 학생이나 예비 영화인들이 사용하는 영화제작 기자재 등에 대한 특별소비세를 인하해야 할 필요가 있다.

## 5. 규제정책과 제도적 기제

지금까지 멀티미디어 컨텐트산업을 포함한 문화산업은 문화관광부를 중심으로 규제, 심의를 주로 하여왔다. 그렇다면 정부의 접근이 주로 규제에 초점을 맞추어 왔던 이유는 무엇인가? 문화를 산업으로서 인식하기보다는 문화로 인식하였기에 문화의 부정적 측면을 예방하고 규제하는 데 중점을 두어왔다. 규제 중심적 접근의 대표적인 정책수단은 심의제도라고 할 수 있으며 문화산업부문의 산업들 대부분이 검열과 심의의 대상으로 취급되어져 왔으며 사전 검열 제도가 사후심의로 완화되기는 하였지만, 여전히 심의제도의 문제점이 제기되고 있다.

국내 PC게임은 '음반및비디오물에관한법률'(이하 '음비법')에 따라 1993년 7월부터, 비디오게임은 그 이전부터 공연예술진흥협의회(이하 공진협, 당시 공연윤리위원회)의 심의를 통과해야만 시판이 가능했다. 음비법에 따른 게임심의는 게임시장에 많은 변화를 가져왔다. 게임심의권을 가진 공진협은 국민적 정서에 따라 1990년 초부터 '일본어 자막이나 대사가 들어가는 게임의 심의통과 불허' 정책을 취했는데 이러한 정책은 한편으로는 PC게임 분야가 일본 게임소프트웨어의 기술을 얻어올 수 있는 계기를 만들어 주었고, 다른 한편으로는 비디오게임 분야에는 일본 게임물의 밀수와 불법복제를 부추기는 상반된 결과를 초래했다. 이러한 결과는 일본 내 게임시장 상황과 밀접한 관련이 있었다. 1990년대 초반 일본 PC게임 분야는 소니, 세가, 닌텐도 등 거대 자본에 의해 제작되는 비디오게임소프트웨어들에

눌려 시장이 매우 협소했었다.[94]

그런 상황에서 국내의 심의 제도를 의식한 일본 PC게임 개발사들은 자신들의 게임을 정식으로 판매하기 원하는 국내 유통사들에게 한글화에 필요한 소프트웨어의 핵심인 '소스코드'를 순순히 제공해준 것이다. 따라서 국내 PC게임 개발사들은 그 소스코드를 이용하여 일본의 PC게임을 한글로 컨버젼 시키면서 일본이 우세했던 롤플레잉 장르의 게임제작 노하우를 얻었다. 더불어 국내 유통사들은 세계 PC게임의 주도국인 미국과 유럽의 개발업체들 중에서 좋은 게임을 개발했지만 그 규모가 크지 않은 신생개발사들과 판권교섭을 하면서 시장확대 차원에서 한글화의 필요성을 인식시켜 그들로부터 소스코드를 얻어내어 기술을 축적해 나갔다. 이러한 일련의 노력으로 국내 PC게임 개발기술은 급속도로 발전해 미국과 일본의 기술에 근접해갔다.

또한 1996년 6월부터 음비법에 대한 개정안이 시행되면서 게임에도 등급별 심의제도가 적용되게 되었다. 개정 '음비법'상의 게임에 대한 직접적인 정의는 없지만, 제2조 비디오물에 관한 정의에서 '컴퓨터프로그램에 의한 것'에 게임 항목이 추가됨으로써 게임이 본격적인 심의 항목에 오르게 된 것이다. 이러한 게임 매체별 심의기구와 관련 법률을 살펴보면 다음의 〈표 27〉과 같다.

<표 27> 매체별 심의기구 및 관련법률

| 매 체 | 관련법 | 심의기구 |
|---|---|---|
| 플로피디스크, CD롬팩, 게임기판 등 | 음반및비디오물에관한법률 공중위생법 | 문화관광부 산하 공연예술진흥협의회 |
| 온라인게임 | 전기통신사업법 | 정보통신부 산하 정보통신윤리위원회 |

자료: 구문모(1998), pp.44-45에서 재구성.

---

94) 1998년 10월 말 현재 국내 비디오게임 시장은 98%가 복제품으로 밀수품들조차도 값싼 불법복제 게임에 밀려나 있는 상태이다.

위의 〈표 27〉에서 보는 바와 같이 문화부에서 가정용 게임기를 심의하고 있으나 매체에 의한 것만 심의를 하고 있어 통신을 이용한 음란, 퇴폐, 폭력물에 대한 규제는 하지 못하고 있으며, 같은 내용의 제품이라 할지라도 저장 매체(롬 팩, CD-ROM 등)에 따라 심의 및 검사기관이 분리되어 산업체에 이중으로 부담을 주고 있다. 심의에는 게임 내용뿐 아니라 포스터, 자켓, 광고 등도 심의대상에 포함된다.

게다가 공진협에서 심의기간을 2-3개월 지연하게 되면 개발사는 엄청난 피해를 입게 된다는 점을 감안하여 심의의 일관성을 위해 통합심의를 고려하고 공청회 개최로 현 업계의 고충에 관심을 기울이는 등의 노력이 필요하다. 아울러 음비법과 공진협의 심의 문제는 개발업자들이 가장 심각한 문제점으로 지적하고 있는 사항이라는 점을 주지해야 할 것이다.

〈표 28〉 현행 게임관련 심의 검사

| 구 분 | 가정용 게임 | 전자 유기장업 | 기타,<br>종합유원시설업 | 통신게임 및 영상물 |
|---|---|---|---|---|
| 관련부처 | 문화관광부 | 보건복지부 | 보건복지부 | 정보통신부 |
| 심의·검사기관 | 공연예술진흥협의회 | 한국컴퓨터게임산업중앙회 | 한국종합유원시설업협회 | 정보통신윤리위원회 |
| 심의·검사내용 | 영상물 확인 | 영상물, 사행성 사용여부 | 안정성 검사 | 청소년정서유해여부 |
| 심의·검사방법 | 사전심의 | 사전심의 | 사전검사 | 사후관리 |

자료: 한국어뮤즈먼트 소프트웨어연구조합(1997), "게임산업 및 발전 방안".

이상의 논의에서 살펴본 바와 같이 게임산업의 심의 및 규제와 관련하여 일관된 판단 기준이 없고 이중적이며 모순된 기준이 적용되고 있으며, 심의 기관의 전문성과 매체에 대한 이해의 문제도 회의적일 수밖에 없다. 또한 동일한 내용이라 하더라도 저장 방법이나 매체에 따라 각기 다른 심의 기관의 심의대상이 된다는 문제와 저장방법이 CD-ROM이라고 해서 모두 컴퓨터프로그램으로 유권 해석하는 식의 분류는 심의기관의 중복과 난립의 문제와 더불어 불법복제의 문제를 더욱 심화시키는 원인으로 작용하게 될 것이다.

1999년 현재 게임에 대한 심의는 각 분야별 수정, 무수정, 반려 등의 3가지 결과로 나눠지며, 수정·무수정에 관계없이 수요자의 연령층에 따라 전체 이용가, 12세 이상 이용가, 18세 이상 이용가, 등급 외로 구분하되 그 분류 기준과 절차는 영상물등급분류위원회의 규칙으로 정한다. 다만 컴퓨터게임장에서 사용하는 게임물은 전체 이용가, 18세 이상 이용가, 등급 외로 구분한다.[95] 그리고 수정 및 반려의 이유를 외설, 폭력, 퇴폐, 마약, 기타로 분류하여 제시하고 있으며,[96] 1997년 7월 1일 청소년 보호특별법이 시행되면서, 사후심의가 이루어지고 있다.

그런데 이러한 심의는 같은 오락기구라 할지라도 사용장소에 따라 명칭에 차이가 있고, 심의대상이 되거나 되지 않는 등 많은 폐단이 있다. 예를 들어 '농구게임'의 경우 컴퓨터게임장업에 의할 경우에는 체련용으로 공중위생법 제12조 2에 의거, 검사대상이 되며 심의를 받게 된다. 그런데 종합유원시설업에 이를 설치할 경우 스포츠 관람형 유기기구로 검사대상과 심의대상에서 제외된다. 이외에도 영상물이 있는 시뮬레이션 게임의 경우 컴

---

95) 참고자료: 〈영상산업 진흥을 위한 영상 관계법 개정 방향〉(1998. 7), 새정치국민회의 정책위원회.

동 법은 제18조의 등급 분류 조항 제1항에 비디오물 또는 게임물을 유통·시청제공 또는 오락제공하고자 제작하거나 수입하고자 하는 자는 미리 당해 비디오물 또는 게임물의 내용에 관하여 영상물등급분류위원회의 등급분류를 받아야 한다. 다만, 대통령령이 정하는 경우에는 그러하지 아니하다고 규정되어 있다. 제3항은 누구든지 제1항의 규정에 의해 등급분류를 받지 아니하거나 등급 분류를 받은 비디오물 또는 게임물과 다른 내용의 비디오물 또는 게임물을 제작·유통·시청제공 또는 오락제공 하여서는 아니 되며, 제1항 및 제2항의 규정에 의한 등급분류의 연령에 미달되는 자에게 유통·시청제공 또는 오락제공을 하여서는 아니 된다고 규정되어 있다. 그런데 게임소프트웨어의 경우는 심의가 이상의 등급 분류에 따라 이루어진다고 하더라도 실제로 이를 통제, 관리하기 어려운 특성을 가진다.

96) 〈공연예술진흥〉, 한국공연예술진흥협의회, 1999. 5. 심의 통계를 참고로 함.

퓨터게임장에 설치될 경우에는 프로그램으로 분류되어 검사대상 및 심의대상이 되지만, 종합유원시설에 포함될 경우에는 명확한 명칭도 없이 검사대상에서 제외되는 이중적인 심의제도가 시행되고 있다.

또한 보건복지부의 점검필증 부착제도는 보건복지부 고시 89-50호에 의거, 전자 유기기구의 프로그램 및 체련용 유기기구에 대해 점검합격필증 부착이 의무화되고 있으나, 점검필증 부착제도는 불법 제품에 대한 규제수단이 아닌 한국컴퓨터게임산업협회를 운영하기 위한 수익수단으로 변질되고 있는 실정이다. 그리고 불법 제품이 유통, 판매된다 하더라도 변조 여부를 확인할 수 없는 상태에서 한국컴퓨터게임산업중앙회가 무조건 제품마다 필증을 부착하는 것은 비경제적인 규제수단이라고 볼 수 있다.

그리고 현행법에 따르면 투전기, 오락용 사행기구, 기타 오락용품에 대해서 특소세를 부과하고 있는데, 재정경제원의 전자유기기구에 대한 특소세 부과 방침 역시 게임산업의 발전을 저해하는 규제요인으로 작용하고 있어 문제가 제기될 수 있다. 왜냐하면 단순 놀이에 이용되는 전자 유기기구를 경찰청에서 허가하고 있는 호텔 오락실 도박용 기구(슬롯머신 등)와 동일시하여 특소세를 부과하는 것은 다소 문제가 있으며, 같은 기종이라 할지라도 설치 장소에 따라 명칭이 다르며 과세, 비과세로 분류되는 혼선을 빚고 있다는 것이다. 예를 들어 '두더지'와 '농구게임'의 경우 컴퓨터게임장에 설치될 경우 체련용 전자유기 기구로 분류되어 과세의 대상이 되는 데 반해, 종합유원시설물에 설치될 경우 스포츠 관람형 유기기구로 분류되어 비과세의 대상이 되는 등 동일한 게임물에 대해서 이중적인 기준이 적용되고 있다.

새 영상물 중 무수정, 통과되는 비율이 국내 제품보다는 외국 제품의 비중이 높으며 국내 영상물의 경우 수정 및 반려되는 비율이 외국산에 비해 다소 높게 나타남을 알 수 있다. 그리고 유기기구의 경우 국내 제품의 무수정 비율이 40-50% 정도로 낮게 나타나고 있으며 특히 반려되는 비중이 37% 이상 높게 나타남을 알 수 있다. 이러한 비율은 외국의 수입제품과 비교해 볼 때, 더욱 분명해진다. 이러한 심의 통계는 정부가 게임산업에 대한 육성책을 발표하고 있으면서도 한편으로는 게임산업이 심의의 대상이라는 근본입장을 바꾸지 못하고 있음을 단적으로 드러내고 있는 근거가 된다. 게임을 문화라는 접근에 의하기보다는 산업이라는 시각에 의존하여야만 게임산업의 시장경쟁력이 확보될 수 있음을 고려할 때, 규제정책적 접근의 수정이 무엇보다 우선되어야 할 필요가 있다.

　다음으로 국내 게임에 대한 심의가 외국게임물에 비해 더욱 엄격하게 시행되고 있으며, 왜 이러한 심의결과 간의 차이가 나타나는지를 수정 및 반려된 영상물의 사유(외설, 폭력, 퇴폐, 마약 등)를 살펴보면, 대부분 '폭력'이 수정의 원인으로 제기되며 기타 항목에 포함되는 경우가 대부분인 것으로 나타난다. 〈영상물 등급위원회 규정〉 중 "가정용게임물 수입추전 및 등급분류기준" 제3장 제8조에 의하면, 범죄, 폭력 및 마약 취급 등을 지나치게 자세히 묘사하여 범죄 심리 또는 모방심리를 부추기거나 사회질서를 문란하게 할 우려가 있는 경우에는 등급 분류를 보류할 수 있다고 규정하고 있다. '외설'에 해당하는 경우는 저속 또는 외설적 언어를 사용하거나 음란한 행위를 묘사한 내용을 의미하는 것으로 제3장 제9조의 성묘사에 근거를 두고 있다. 그리고 제3장 14조는 '기타'에 해당하는 경우를 '영화, 음악, 사진, 퍼즐 등의 내용을 수록한 게임물은 상호작용성 정도를 고려하여 등급분류기준을 적용한다.'고 규정하여 이에 해당하는 경우에는 등급분류를 보류할 수 있다.

## 6. 기타 정책과 제도적 기제

　시설·기반 조성 측면에서 게임종합지원센터(현 한국게임산업개발원)의 설립하고, 게임산업의 기초인력 양성을 위한 '게임 아카데미' 개설을 추진하고 있으며, 우수게임제작 지원을 위한 게임 공모전을 개최하여 선정된 우수제품에 대해서는 제작비 일부를 보조하고 장기저리의 벤처자금 제공을 주선하고 있다.[97] 현재 정부가 발표한 문화산업정책을 보면,[98] 외견상의

---

97) 구문모(1998.11), 같은 자료, pp.30-31.

틀은 어느 정도 갖추어졌으나 아직 구체적인 시행방침 등은 마련되지 않고 있다. 가장 큰 원인은 국민과 정부의 인식 부족 때문이다. 따라서 문화산업을 육성하기 위해서는 몇 가지 해결해야 할 문제가 있다. 첫째, 발상의 전환이 필요하다. 게임은 단순한 오락으로, 만화는 아이들이나 보는 심심풀이로 여기는 구시대적인 인식을 버려야 한다. 문화는 지식형 응용산업이라는 점을 인정해야 한다. 둘째, 정부 차원의 공조체제다.[99] 문화산업은 지식복합산업이다. 문화상품이 탄생하기까지는 우선 창의력이 있어야 하고 산업적인 장치 기기와 유통구조가 필요하다. 즉, 예산을 기획 조정하는 부서, 통상, 교육, 국민복지에서부터 지방자치단체에 이르기까지 효율적인 공조체제가 이루어져야 비로소 빛을 볼 수 있는 것이다. 셋째, 전문인력의 양성이 시급하다. 문화부가 애니메이션, 게임학과 등을 증설하고 각종 전문교육기관을 만든다는 안을 내놓고는 있지만 실현되기 위해서는 교육관련 부처와 대학의 협조가 필요하다. 넷째, 산업적인 측면에서 문화를 분석하는 작업이 필요하다. 고용효과나 매출분석, 재무분석, 산업조정 문제, 타당성 조사 등 경제적인 측면에서의 문화연구가 절실하다. 아울러 저작권에 대한 제도적인 뒷받침과 보호대책도 논의되어야 할 것이다.[100]

이외에도 벤처기업의 창업과 관련된 사항으로 창업 인큐베이터(창업 보육센터)의 현황에 대해 살펴보면 다음의 〈표 29〉와 같다.

---

98) 문화산업진흥기본법 제정, 2000년까지 문화관련 규제 70% 폐지, 2,500억 원을 투자한 각종 문화산업단지 조성, 전문인력 양성체제 구축 등.

99) 영화진흥공사와 중소기업진흥공단은 1998년 6월 18일 '영상산업 진흥을 위한 기본협약'을 체결했다. 이 협약은 영화, 애니메이션, 게임, 캐릭터 등 영상관련 산업진흥에 필요한 기술개발과 지원 등에 대한 5개 사항을 담고 있다. 영상산업을 벤처산업으로 육성하겠다는 계획을 담고 있다.

100) 매일경제신문, 1999. 1. 13.

<표 29> 전국 창업보육센터 현황(1999년 3월 말 현재)

| 구 분 | 현 황 | | | 입주업체 | 소관 부처 |
|---|---|---|---|---|---|
| | 계 | 가 동 | 건설 중 | | |
| 창업보육센터 | 66 | 21 | 45 | 297 | 중소기업청 |
| 신기술보육센터 | 29 | 11 | 18 | 28 | 산업자원부 |
| S/W지원센터 등 | 35 | 26 | 9 | 264 | 정보통신부 |
| 기술창업보육센터 | 1 | 1 | - | 29 | 과학기술부 |
| 기 타 | 2 | 2 | - | 13 | 충남대 전력연구원 |
| 계 | 133 | 61 | 72 | 631 | - |

자료: 중소기업청(1999. 4) 내부자료.

각 지역별, 대학별로 창업보육센터가 운영되고 있지만, 서울지역을 제외하고는 성과가 미미한 실정이다. 결론적으로 문화의 산업화는 가시적인 제품이나 산업영역의 개발도 중요하지만 상업화하는 과정이 더욱 중요하다. 일반상품에서도 창업의 어려움은 제품 아이디어의 부족보다는 사업타당성에 대한 과학적 접근의 결여와 그에 따른 자금 조달의 어려움에서 찾을 수 있다. 개인 또는 기관 투자자가 막대한 자금을 특정 분야에 투자할 때에는 그럴듯한 몇 가지 아이디어에 의해 의사결정을 하기보다는 구체적인 실행 프로그램에 의해 투자결정을 내리게 된다. 이런 점에서 문화산업의 경우 정부가 창업과 벤처자금의 취득이 용이하도록 제도적 뒷받침을 하는 것은 의미 있는 정책이라고 할 수 있을 것이다. 문화산업의 경우 제품 및 기술 수명 주기가 짧고 선진국의 경우 창업자의 평균 연령이 매우 낮기 때문에 젊은 인재들이 보다 일찍 창업할 수 있도록 창업에 대한 지원이 필요하다. 또한 단순한 창업자금 지원에 머무르지 말고 경영, 교육, 마케팅에 이르는 폭넓은 지원을 해야 할 것이다.[101]

이상에서 살펴본 정부의 문화산업 지원정책 수단을 통해 정부의 문화산업에 대한 제도들을 일괄적으로 살펴보면 다음과 같이 정리할 수 있다. 다음의 <표 30>은 1993년 2월부터 1999년까지의 문화산업 지원 정책수단을 범주에 따라 분류한 것이다.

---

101) http://www.kcaf.or.kr/zine

## 〈표 30〉 문화산업 지원 정책수단에 따른 정책변화의 과정

| 제도<br>유형 | 문화지원 정책수단 | 구체적인 시행 내용 |
|---|---|---|
| 제도적 측면 | 법제 측면 | ·〈청소년보호를 위한 매체물 규제에 관한 법률〉(1996. 10)<br>·〈문화산업진흥기본법〉,〈음반및비디오물,게임물에관한법률〉,〈영화진흥법〉 등의 관련법(1999년) |
| | 금융지원,<br>세제 측면 | ·만화산업진흥방안 발표, 만화영화를 벤처자금지원대상에 포함(1997)<br>·한국은행은 영화, S/W수출 등을 무역금융지원대상에 포함(1998년)<br>·문화산업을 벤처산업으로 규정, 재정지원과 세제감면혜택부여(1998)<br>·지식기반산업집중육성, 2003년까지 5조8천억 원 투자계획(1998년 12월): 애니메이션, 게임, 영상 및 관광진흥을 위해 1조 5천억 원을 지원하기로 함 |
| | 제작기술 측면 | ·정보통신부, 게임관련 D/B 구축 및 제공(1999년 10월) |
| | 제작시설 측면 | ·통상산업부, 춘천 애니메이션 타운조성사업에 20억 원 지원(1996년)<br>·서울 종합 촬영소 건립사업 등 영상산업에 첫 국고 지원(1996년)<br>·소프트웨어지원센터(1997년)<br>·벤처영상빌딩 조성: 영화, 애니메이션, 게임 S/W 벤처기업체 60여 개 입주 예정(1998년 8월 개관)<br>·게임지원센터 설립(1999년) |
| | 유통 측면 | ·불법복제, 무자료 거래 감시 체제 마련 |
| | 인력양성 측면 | ·대졸 미취업자를 대상으로 멀티미디어 컨텐트 전문교육 실시, 정부가 비용의 70%를 부담(1998년 8월)<br>·경기영상만화고등학교 설립 예정(1998년 9월)<br>·정보통신부, 유망직종교육프로그램 마련－멀티미디어컨텐트과정 (1998년 10월)<br>·중기 직업훈련 기본 계획안(1999-2003년), 문화산업 전문대학 설립 계획(1999년 3월) |
| | 지원 주체 및 지원체계 측면 | ·'지식기반 문화산업 육성'<br>·문화예술분야 예산 증액: 1998년 6227억 원, 1999년 6365억 원 특히 고부가가치 문화산업에 27.4% 증가된 4525억 원 지원(게임, 만화, 애니메이션, 캐릭터 170억 원, 영화산업 183억 원 지원 편성) |
| 비제도적 측면 | 문화산업마인드의 형성 및 활성화 | ·문화산업 육성에 대한 인식 확산(1997년)<br>·대기업, 구조조정으로 문화산업 축소(1999년) |
| | 재원조달 측면 | ·2000년부터 문화복권 발행<br>·방송영상산업 진흥 대책 발표<br>·문화산업 지원 3,000억 원 펀드 조성(1999-2003년) 계획(1998년)<br>·문화산업 진흥 기금 5천억 원 조성 계획(1998년 10월) |
| | 기 타 | ·미디어사업 점진적 개방, 일본 문화개방 시사(1998년10월)<br>·문화관광부 장관, 경제장관 회의에 참석(1999년) |

자료: 문화체육부(1997),〈문화산업백서〉, pp.24-26의 분류를 참고로 하여 1993년-1999년까지의 정부 보도자료 및 신문자료를 근거로 구성.

이상의 〈표 30〉에서 볼 수 있는 것과 같이 문화산업에 대한 정부의 지원 정책 수단으로 법적인 측면과 제작시설 측면에 중점을 두고 지원이 이루어지고 있음을 알 수 있고, 아직까지 실천단계라기보다는 계획단계임을 알 수 있다. 그리고 문화벤처산업이 자유롭게 기업을 할 수 있는 환경 내지는 시스템의 구축에 대한 지원정책은 전무한 실정이며 기술개발 관련 지원은 형식적임을 발견할 수 있다. 이러한 문화산업 관련 예산 및 정책 내용의 변화과정을 시간의 경과에 따라 연도별로 나타내면 다음과 같이 정리할 수 있다.

### 〈그림 5〉 문화산업 예산과 정책 내용의 변화과정

---

**규제 중심적 접근**

**1994년**  **문화관광부예산:** 2,851억 원(문화산업국예산: 87억 원, 전체 예산의 3.1%)

**1995년**  **문화관광부예산:** 3,838억 원(문화산업국예산: 153억 원, 전체 예산의 4.0%)

**1996년**  **문화관광부예산:** 4,591억 원(문화산업국예산: 196억 원, 전체 예산의 4.3%)
**법제도 측면(규제정책):** 〈청소년보호를위한매체물규제에관한법률〉
**제작시설지원 측면:** 춘천 애니메이션 타운 조성사업 200억 원 지원
　　　　　　　　　　서울 종합 촬영소 건립사업 지원

**1997년**  **문화관광부예산:** 6,531억 원(문화산업국예산: 132억 원, 전체 예산의 2.0%)
**제작시설 지원 측면:** 소프트웨어 지원센터
**금융·세제지원 측면:** "만화산업진흥방안"(벤처자금지원대상에만화산업을 포함)
**문화산업 마인드의 형성 및 활성화:** 문화산업 육성에 대한 인식 확산

**1998년**  **문화관광부예산:** 7,074억 원(문화산업국예산: 168억 원, 전체 예산의 2.4%)
**금융·세제 지원 측면:** 영화, S/W 수출 등을 무역지원 대상에 포함
　　　　　　　　　　문화산업을 벤처산업으로 규정(문화산업 지원 3,000억 원 펀드조성)
　　　　　　　　　　지식기반산업 집중 육성(2003년까지 5조 8천 억 원 투자 계획)
**재원조달 측면:** 문화산업진흥기금 5,000억 원 조성 계획
**제작시설 지원 측면:** 벤처영상빌딩 개관
**인력양성 측면:** 경기영상만화고등학교 설립 예정
　　　　　　　　대졸 미취업자, 멀티미디어컨텐트 전문교육실시(비용의 70% 정부부담)
**기타:** 미디어 산업 점진적 개방 및 일본 문화 개방 시사

**1999년**  **문화관광부 예산:** 6,943억 원(문화산업부문 예산: 971억 원)
**인력양성 측면:** "중기직업훈련계획안(1999-2003년)",문화산업전문대학설립
**문화산업 마인드의 형성 및 활성화:** 방송영상산업진흥대책 발표
**기타:** 경제 장관 회의에 문화관광부 장관이 공식적인 참여자가 됨.

**2000년**  **문화관광부예산(안):** 8,653억 원(문화산업부문예산: 1,782억 원, 1999년 대비
　　　　　　　　　　83.5% 증액)
**재원조달 측면:** 문화복권 발행

**지원 중심적 접근**

---

자료: 1994년-2000년 현재까지의 문화산업 관련 정부 보도 자료와 일간신문 자료를 종
　　합하여 전반적인 흐름을 구성.

# 제3부

## 산업과 국가혁신시스템

# 제8장 한국의 국가혁신시스템

1980년대를 거치면서 정보기술을 비롯한 기술혁신이 사상 유래가 없을 정도로 급속하게 진행되면서 제품의 수명주기가 급속히 축소되고 있다. 동시에 경쟁체제가 국가 내부시장의 경쟁에서 세계시장의 경쟁으로 변화되고 있다. 또한 소비자들의 선호도 다양화되고 복잡해지고 있다. 이러한 경쟁환경의 성격 변화에 대응하기 위해서는 무엇보다도 먼저 유연성(flexibility)의 확보가 핵심적인 측면으로 부상하게 된다. 급속한 기술의 변화, 수요 패턴의 다양화, 복잡화, 경쟁의 세계화라는 환경의 지속적인 변화에 부응하여 필요한 능력을 지속적으로 확보하는 것이 중요하게 되는 것이다.

본 연구에서는 게임산업의 시장경쟁력이 취약한 원인을 다른 무엇보다도 기업이 움직이는 환경이 되는 혁신시스템이, 게임산업의 특성을 제대로 반영하고 있지 못하기 때문이라는 문제의식에서 출발한다. 예를 들어 기존의 혁신체제는 투자보다는 융자 위주의 자금지원 시스템과 시설물 구축에 중점을 두는 지원정책과 기업 양산화 정책, 하드웨어산업 중점육성정책 등을 특징으로 하며, 정부 주도적이고 인위적인 혁신시스템의 성격을 강하게 띠고 있다. 이러한 특성은 대기업 중심의 대량생산 및 모방전략의 전통적인 산업에서는 성과를 발휘할 수 있지만, 문화산업이나 벤처산업처럼 산업의 창조성 내지는 자율성, 개연성, 인력공급의 탄력성을 필요로 하는 분야에서는 성과를 발휘하기 어렵다. 결국 혁신시스템의 형식화와 획일화는 계획단계 이상의 의미를 가지기 어렵고 현실화되기 어렵기 때문에 전반적인 산업의 실패를 초래하게 된다.

따라서 한편으로는 한국의 국가혁신시스템은 지금까지 국가의 전략산업으로 육성되어온 반도체산업 또는 중화학 공업 등이 제대로 움직일 수 있는 토대로 작용하였다고 할 수 있다. 그러나 다른 한편으로는 중소규모의 벤처성이 강한 문화산업이 움직이는 데 긍정적인 기여를 하기가 어려울 수 있다는 예상이 가능할 것이다. 이러한 예상은 국가혁신시스템과 산업 특성[1] 간의 조화 또는 부조화 여부가 산업의 경쟁력에 긍정적 또는 부정적 영향요인으로 작용할 것이라는 가설을 가능하게 한다. 경제성장이나 기업의 경쟁력 확보는 단순히 투자된 자원의 크기만이 아니라 활용 가능한 인적·물적 자원들이 효과적으로 관리되고 조직되는 방식이나 제도에 의해서 가능해진다. 기술변화와 경제발전은 새로운 문제를 만들어내고, 참여자의 수, 자원, 조직을 변화시키게 되며, 이로 인해 제도의 우위가 변하게 되고, 제도 간의 관계 유형 곧, 구조의 변화(시스템의 변화)를 초래하게 된다. 따라서 산업발전과 산업 내 기업의 발전은 그 나라의 산업구조, 제도구조, 제도 간의 관계 또는 정치·경제적 역사에 대한 시각에서 분석되어야 한다.

## 1. 정책 변수

혁신활동에 투입자원으로서의 기능을 담당하는 부문으로 기술개발시스템과 기술자금지원시스템으로 나누어, 전자에서는 기술개발을 위한 외국 기술의 도입과 확산, 산학협력에 관해 분석한다. 그리고 후자에서는 기술자금 지원을 위한 기술금융시스템에 중점을 두고 분석하도록 한다.

---

1) 첨단기술산업의 특성을 비교하여 〈표〉로 나타내면 다음과 같다.

| 구 분 | 생명공학산업 | 컴퓨터산업 | 반도체산업 | 소프트웨어산업 |
|---|---|---|---|---|
| 성장단계<br>자본의존도<br>제품개발기간<br>규제정도 | 초기<br>높음<br>길다<br>심한규제 | 성숙기<br>중간<br>짧다<br>무 | 성숙기<br>높음<br>짧다<br>무 | 성장기<br>낮음<br>매우 짧다<br>규제<br>(문화소프트: 심한규제) |

자료: Ernst & Young LLP, Biotech 96 Pursuing Sustainability, 1995, 〈과학기술정책〉, 1998. 1, p.35에서 재인용.

## 1) 기술개발시스템

### (1) 기술공급정책: 소극적인 정보자원 공급정책

한국의 혁신시스템이 형성되는 시기에는 시스템 내부에 고급 과학기술인력이 없었기 때문에 외국에서 활동하는 인적자원을 국내로 유인하는 정책을 사용하는 동시에 잠재력 있는 한국의 우수 인력을 해외 유학시키는 방법을 통하여 지식을 습득하였다. 혁신시스템이 발전하는 시기에는 고급인력의 양성을 위한 정부정책이 계속 추진되었으나 시스템의 형성기와는 달리 과학고등학교, 과학기술대학 등 인력양성기관의 수직적 계열화가 이루어졌다. 또 광주과학원 등과 같이 지방에 유사교육기관을 신설하고 이공계 대학원을 내실 있도록 지원하는 등 시의적절한 기술공급정책이 있었다. 이러한 정부정책은 외국기술을 실용화하고 소화·모방 전략을 구사하기 위해 산업에 필요한 많은 기술인력을 양성하는 데 주효했다고 여겨진다.

재무자원의 공급 측면에서는 시스템의 형성기에 기관의 설립·운영 지원, 시스템의 발전기에는 국가연구개발사업을 통한 지원에 초점이 맞추어졌다. 형성기에는 활동할 수 있는 연구 주체가 우선적으로 필요했기 때문에 정부가 이를 신설·지원하는 방향으로 재무자원을 공급하였다. 또 한국이 중화학공업을 육성할 시점인 70년대에는 정부가 1978년에 중화학공업의 기간기술 자립화를 위한 종합연구기관 설립을 구체화하는 등 국가의 기술전략에 부합하는 노력을 한 것으로 평가된다.[2] 시스템의 발전기에 재무자원의 공급정책은 혁신시스템 내의 모든 연구 주체를 대상을 연구역량을 강화시키는 것은 물론, 국가 기술전략에 부응하는 연구사업을 실시하도록 유도하였다.

그러나 정보자원 공급정책은 상대적으로 소극적으로 추진되었다. 시스템의 형성기에 기업에게 기술도입을 할 수 있도록 지원한 것 이외에는 혁신

---

2) 임윤철, 1997, "국가혁신체제의 다섯 가지 기능 - 국가혁신체제의 개념적 분석틀 개발," 〈기술혁신연구〉, 5(1), pp.150-180.

시스템 내 다른 개별 주체들이 정보자원을 손쉽게 입수하도록 지원한 정부
정책은 특별히 없었다. 다른 자원의 기술공급정책과 비교할 때 정보자원
공급정책은 시스템의 발전과정과 국가의 기술전략 변화 내용에 적합한 대
응을 하지 못했다고 판단된다. 아울러 국가의 기술전략인 실용화 전략 추
구에 있어서도 정부의 기술공급정책은 많은 기여를 했다고 판단된다. 하지
만 이러한 투입에 의한 효과는 소위 경제학의 한계체감의 법칙과 같이 점
점 감소하고 있다.

### (2) 기술수요정책 : 비공식적 기술습득방법

국가혁신체제에 있어 기술에 대한 최종 수요자는 재화와 서비스를 생산
하는 생산자 즉, 기업이며 중간 수요자는 대학과 연구소 등이다. 기술수요
정책이란 기술수요에 직·간접적으로 영향을 미치는 제반 환경요인에 관한
정책이라고 할 수 있다. 다시 말하면 기업이 기술을 필요로 하는 동기 유
발과 아울러 그 기술수요를 현실적으로 실천할 때 직면하게 될 다양한 요
인에 관한 정책이다. 그 정책의 예로는 기술이전정책, 시장경쟁정책, 공공
구매정책, 그리고 수출정책 및 산업 지원정책 등을 들 수 있다.

기술습득방법 측면에서 산업화의 초기단계에 한국의 기업은 단순한 생산
기술조차도 외국으로부터의 도입에 의존할 수밖에 없는 상황이었다. 그러
나 정부의 기술도입정책은 국제수지를 고려하여 극히 제한적으로 이루어졌
고, 전략적 육성산업으로 선정된 특정 경공업과 중화학공업 부문에서도 수
입대체 효과나 수출증대 효과가 명시적으로 예상되는 기술의 도입만이 허
용되었다. 당시 기술수요의 유형은 기술이나 노하우보다는 생산설비의 도
입에 치중한 것이어서 주로 턴키방식, 자본재 수입, 그리고 OEM 등의 비
공식적인 경로를 통한 기술이전, 특히 역엔지니어링(reverse-engineering)
방법에 주력해 왔다.

기술수요의 형태 중 외국인 직접투자나 라이센싱은 상대적으로 미약하였
고 기술의 도입유형은 업종과 기업규모에 따라 다양하게 나타났다. 먼저

업종별로 보면 석유화학, 시멘트, 철강, 비료, 제지 등은 주로 턴키방식에 따른 공급자의 기술훈련과 기술자문에 의존하였고 전자, 기계부품 등 업종은 OEM방식에 의한 기술습득이 주류를 이루었다. 반면에 자동차, 조선, 공작기계 부문 기술은 라이센스나 기술자문 등 공식적인 채널을 통해 주로 이전되었다.

그리고 한국은 선진국에서 이미 경화기에 접어든 성숙기술을 일괄 도입하여 값싼 숙련 노동자를 비교우위로 하여 세계시장에 진출할 수 있었던 것으로 특징으로 한다. 사업화 초기단계에 이러한 기술을 신속히 소화하고 모방하는 과정에서 고급 인력자원이 큰 역할을 담당했다.

## (3) 기술확산정책 : 산학협력

기술확산은 국가혁신시스템에서 어떤 매개 기구나 채널을 통하여 기술지식이 교류됨으로써 경제활동의 주체가 혁신된 지식을 공유해 가는 과정으로 정의할 수 있다.(Rogers, 1971) 기술지식의 공급 측 주체와 수요 측 주체가 상호 연계됨으로써 양자가 동일한 지식의 보유자로 수렴해 가는 메커니즘이라고 할 수 있다. 그런데 이러한 연계과정은 일방적인 정보의 흐름이 아닌 두 개 이상의 주체가 개입하는 상호작용적 수렴의 과정이라는 특성을 가지고 있다.

이러한 기술확산정책은 미국식 경제정책의 기반이 되었다고 볼 수 있으며, 한국에서는 이러한 부문에 대한 인식이 매우 낮으며, 기술확산만을 주목적으로 하는 정책프로그램을 찾기가 쉽지 않다. 그리고 기술확산을 목표로 하는 정책프로그램은 산업계의 수요에 가장 근접하여 수요지향적으로 운용되어야 하지만, 기술확산과 관련된 프로그램의 규모가 너무 작거나 비공개로 추진됨으로써 산업계의 수요에 적절하게 반응하지 못한다. 게다가 산업중심형 확산정책이 특히 부족하다고 할 수 있는데, 동종 산업 내에서의 산·학·연간 기술확산이 산업의 기술혁신과 국제경쟁력 향상에 매우 중요함에도 불구하고 기술확산정책은 미흡한 실정이다. 산업계의 인력수요는 기술혁신에 따라 갈수록 다양해지고 있으나 정규교육기관이 이에 신속하게 대응해주지 못하고 있어 인력훈련형 프로그램의 부족 문제가 제기되기도 한다.

그러면 기술확산의 대표적인 방법으로서 산학협력[3]에 대해 좀더 구체적으로 살펴보면, 우선 산학협력활동은 기술지도, 자문과 더불어 기술혁신체제에 있어 중소기업 기술집약화의 가장 중요한 수단이다. 중소기업들은 자체 연구개발을 수행할 수 있는 충분한 재원이 없기 때문에 최소한의 자원으로 충분한 연구성과를 얻기 위해서는 산학협력에 참가한다.

미국의 대학은 사립, 주립을 막론하고 지역의 산업발전과 밀접한 관계를 맺고 있다. 즉, 대학은 지역의 발전에 기여하는 길을 찾아 공존하지 않으면 대학의 존립이 위태롭게 된다고 여긴다. 왜냐하면 해당 지역 출신의 신입생 비중이 가장 높고, 지역 소재 기업과 정부의 재정적 지원이 지역 소재 대학을 중심으로 이루어지기 때문에 지역 발전에 대학이 기여하는 것은 당연하게 여겨졌다. 또한 미국의 대학은 광대한 토지를 소유하고 있는 경우가 많은데, 이러한 토지를 기업을 유치하기 위해 사용하거나 창업보육센터, 하이테크 파크를 설립하기도 한다. 예를 들면, 루트 128의 근처에는 하버드대학과 MIT가 있으며, 실리콘 밸리에는 스탠포드대학이 있어, 첨단산업단지가 있는 지역은 대학과 밀접한 관계를 갖고 발전하고 있다.

산학협력에 의한 종합적인 중소기업지도를 목적으로 하는 중소기업개발센터(Small Business Development Center, SBDC) 프로그램은 정부와 대학, 경제단체 등이 협력하여 설립한 것으로 중소기업에 대한 금융, 마케팅,

---

3) 문화산업의 경우 기술확산이론의 사례는 정부 중심으로 움직이기보다는, 대학과 기업체 간의 자발적인 협력의 일환으로 나타나고 있으며 대학이 장소와 자금을 제공하고 기술력을 가진 기업체가 대학 내의 벤처지원센터에 입주하는 유형과 반대로 대학이 기술과 인력을 공급하고 기업체가 자금을 가지고 입주하는 유형 등을 발견할 수 있다. 서울대 벤처지원센터 내에는 애니메이션, 게임 등 문화산업 관련 벤처기업이 입주해 있으며, 학교 측이 자금을 제공하고 기업체가 기술력과 인력을 제공하는 유형을 드물게 발견할 수 있다. 예를 들어 입주업체 중 '스튜디오 사일렌' 등은 이러한 유형에 속한다. 그러나 대부분의 경우는 대학이 기술과 인력을 제공하고 기업체가 자금을 제공하는 형태를 띠고 있다.

생산, 조직, 기술, 사업성 조사 등 모든 분야에 대해 상담과 교육, 기술적 지원 등 포괄적인 서비스를 제공하는 제도이다. 또한 수출입 업무, 특허관련업무, 벤처금융 등과 같은 전문분야에 대한 지원도 하고 있다.[4] 대학에서 연구에 참여한 연구원이 산업계로 이동함으로써 대학으로부터의 지식과 기술의 이전을 용이하도록 하고 있다. 미국은 대학과 기업 간의 인적이동이 잘 이루어지고 있어 산학 간의 기술교류가 활발하게 이루어지는 것을 특징으로 하며 대학에서 발명한 기술이 기업에서 활용되는 예가 흔하다. 미국은 다른 어떤 산업 지원제도보다 산학협력에 정부가 많은 노력을 하고 있음을 알 수 있다.

이에 반해, 한국의 경우는 대학의 재정이 열악함에 따라 정부가 산학협동에 직접 참여하거나 자금지원, 토지대여 등의 간접적인 방법으로 참여하고 있다. 정부가 테크노파크 사업에 대학을 참여시켜 대학의 기술연구개발 능력과 기업의 산업기술개발을 연계시켜주는 교량 역할을 하고 있다. 미국의 기술개발과정에서 산학협동연구가 대학의 적극적인 역할을 특징으로 한다면, 한국의 산학협동연구는 미국에 비해 상대적으로 대학의 적극성이 약하며 정부가 주축이 되어 추진되는 경우가 흔하다. 또한 기술개발과 관련한 테크노파크사업의 경우에도 민간에 의해 주도되는 미국과는 달리 한국에서는 공공부문이 주도하는 특성을 보이고 있다.

## 2) 기술자금지원시스템

### (1) 정부의 역할과 지원시스템의 전반적인 특성: 인위적 지원시스템

미국은 산업정책과 관련하여 각종 정책이나 제도를 세계에서 처음 도입(선도적 역할)함으로써 성공을 거두고 있다. 벤처산업의 경우를 예로 들면, 공적벤처캐피탈회사, 스톡옵션제, 엔젤세제, 창업보육센터, 장외주식시장,

---

4) 산업연구원(1998. 2), 〈벤처기업을 위한 자금확충 방안〉, p.108.

투자조합, 연금기금의 벤처자금투자허용 등을 처음으로 벤처산업에 도입하여 벤처산업의 발전에 기여하고 있다. 미국의 벤처산업은 민간 위주로 되어 있고 정부의 역할은 단지 산업이 원활하게 움직이도록 하는 제도적 지원에 그치고 있다. 따라서 정부의 산업에 대한 간섭이 최소한에 그치고 있고 민간의 자율성은 최대한 보장하는 "사회시스템으로서의 지원"을 특징으로 하고 있다.

이러한 미국의 발전에 영향을 받은 한국은 미국의 제도를 한국에 도입하여 모방하거나 답습하는 형태("모방적 추구")를 취하고 있다. 그런데 한국의 경우는 산업에 대한 정부의 개입이 심하고, 산업정책의 결과가 부진할 경우 정부의 책임 문제가 제기될 수 있기 때문에, 제도 운용에 있어서 "보수적"인 경향을 띠게 된다.

선도적 역할을 특징으로 하는 미국은 자금지원보다는 세제지원을 통해 기업 투자에서 발생되는 투자자의 위험을 경감시키는 간접지원방식을 주로 택하고 있다. 이에 반해 한국의 자금지원방식은 기업에 정부가 직접 지원하는 방식을 취한다. 미국은 벤처캐피탈과 엔젤이 활성화되어 있어 사업성이 있고 기술력 있는 기업에 대해서는 높은 수익을 쫓아 투자가 이루어지기 때문에 자금에 대해 정부가 개입할 필요가 없다. 따라서 정부는 자금이 기업으로 갈 수 있도록 투자자에게 세제상의 혜택을 부여하는 간접적인 방법을 취한다. 이에 반해 한국은 세제지원보다는 정부에 의한 자금공급에 중점을 둔 지원, 즉 융자, 융자보증, 보조금 등의 방식이 주로 이루어지고 있다.

그런데 미국의 지원정책은 한국에 비해 다양성과 강도 면에서 미약함에도 불구하고 정책의 효과가 크다. 예를 들면, 미국 연방정부가 벤처산업의 진흥을 목적으로 1978년과 81년 두 차례에 걸쳐 자본이득에 대한 과세경감 조치를 취하였다. 세율을 1978년 49%--〉28%로, 1981년 28%--〉20%로 인하한 결과 벤처캐피탈의 자금량이 급속히 증가하였다. 인하하기 이전인 1977년 벤처캐피탈에 위탁된 자금은 3,900만 달러에 불과하던 것이 자본이득세가 20%로 낮아진 82년에는 18억 달러로 증가하였다. 이러한 자본이득세율의 인하는 시간이 경과함에 따라 주식에 대한 투자 증가, 국민소득 증가, 노동생산성 향상 등으로 이어졌고, 이러한 현상은 제도개선으로 투자 환경이 유리해지면 유휴자금이 신속하게 벤처자금으로 이동하여 모험을 통한 수익에 익숙해져 있는 국민성과 조화(match)가 잘 이루어져 상승효과가 나타난 것으로 볼 수 있다.

그리고 정부의 지원정책과 관련하여 신기술의 개발지원을 위해, 미국은 시험연구비에 대한 세액공제, 공동연구에 대한 독점방지법(Anti Trust Law)의 적용 완화, 기업의 지적 소유권 강화 등의 조치를 취하였다. 1980년대 이전에는 민간 분야에서 할 수 없는 분야인 기초연구, 국방, 에너지, 우주 등에 지원이 이루어졌으나, 1990년대에는 국방기술의 민간 활용, 민군 겸용기술의 개발, 중소기업에 대한 정부 예산의 배정 등 정부가 산업기술의 개발에 적극적인 정책을 펴고 있다.

## (2) 기술금융시스템: 정부 주도적 신용시스템

기술혁신의 성과는 여러 가지 요인에 의해 좌우되지만, 그중에서도 가장 핵심적인 요인 중의 하나는 기술혁신활동에 소요되는 재원을 조달하는 금융시스템의 효율성이다. 현대의 기술혁신은 어느 한 개인의 창의에 의존하기보다는 복합적이고 시스템적인 성격이 강하기 때문에 막대한 비용이 소요되며, 그에 따른 투자의 위험도 높다.

일반금융과는 별도로 기술개발 금융을 특별히 다루어야 하는 이유 다음과 같다. 첫째, 기술개발 금융은 일반금융에 비해서 불확실성이 높으며 기술개발 과정에는 금융시장이 평가하고 관리할 수 없는 불확실한 요소들이 산재해 있다. 기술개발 자체의 성공 여부와 함께 제품화한 후 시장상황에 대한 불확실성이 크기 때문이다. 둘째, 기술개발 금융은 일반금융에 비해서 정보의 비대칭성이 강하다. 자금의 수요자인 기업이나 신기술 창업가는 개발될 기술의 상업적 성공가능성을 높게 평가하고 자금을 유치하기 위하여 과대포장하기도 한다. 그러나 자금의 공급자인 은행이나 벤처캐피탈 회사가 이를 공정하게 평가하기가 어렵다. 기술의 내용상 비밀이 유지되어야 하는 경우에는 자금의 수요자가 이를 노출하기를 꺼리기 때문에 자금 공급자의 판단은 더욱 어려워진다. 정보의 비대칭성이 존재하는 경우에는 이자율이라는 단순한 가격지표에 의해서 자금 중개기능이 이루어지기 어렵다. 이러한 정보의 비대칭성 문제를 완화하기 위해 금융기관이 기술의 가치나 위험도를 정확히 평가할 수 있는 능력을 갖추어야 하며, 자금 유치자인 기업의 도덕적 해이를 감시하는 기능이 있어야 한다. 셋째, 기술혁신활동은 외부경제 효과가 큰 행위라는 점에서 기술금융은 적극적인 산업정책의 수단으로 활용된다.

기술혁신과 관련된 금융시스템5)에 대한 논의는 크게 두 가지 영역으로 구분된다. 첫째, 기술혁신을 둘러싼 전반적인 금융시장 여건, 즉 한국의 금융제도와 금융시장이 과연 기술혁신의 필요 재원조달의 측면에서 제대로 기능을 발휘하고 있느냐는 것이다. 둘째, 기술개발지원 정책금융이 기술혁신활동의 외부경제효과를 감안하여 이에 대한 인센티브를 부여한다는 측면에서 활용되고 있는가 하는 것이다.

먼저, 우리나라는 증권시장을 통한 외부자금의 공급보다는 은행의 대출을 통한 자금조달이 큰 비중을 차지하고 있다. 따라서 기업의 은행부채비율이 높다. 우리나라의 상장법인 부채비율은 243%(1995년)인 데 반해서 미국 45%, 일본 69%이다. 또한 기술수요지원을 위한 자금조달의 방법으로

---

5) 국가금융시스템은 크게 시장시스템(영·미형)과 신용시스템으로 나누어진다. 시장시스템은 증권시장을 통한 직접금융이 산업자금을 공급하는 주된 역할을 한다. 시장시스템의 특징은 기업의 장기자금은 주로 증권시장에서 조달되며 단기자금은 은행을 통해 공급된다. 시장시스템하에서는 기업의 주식이 분산되어 소유되기 때문에 소유와 경영이 분리되는 경향을 보인다. 신용시스템에서는 산업자금의 조달이 주로 은행의 대출을 통해서 조달된다. 은행이 단기자금뿐 아니라 단기자금의 공급에서 중요한 역할을 담당한다. 따라서 기업경영의 동반자로서 은행의 역할이 중요하다. 신용시스템은 정부개입의 정도에 따라 정부 주도형 신용시스템(일본, 프랑스)과 금융기관주도형 신용시스템(독일)으로 구분한다. 정부 주도형은 자금 배분의 우선순위 결정에 정부가 깊이 개입하는 데 반해, 금융기관주도형은 금융기관에 의한 자금배분에 정부가 개입하지 않는다.

정부는 외국인 직접 투자보다는 장기차관(외자도입 방법)을 통해 선진국의 생산설비를 도입을 지원하는 데 주력하였다. 기업의 기술수요가 주로 외국으로부터의 플랜트수입에 치중함에 따라 이들 플랜트 수입에 소요되는 자금 지원을 위해 외자도입의 방법을 취하였고 이것은 한국의 높은 외채비율의 원인이 된다.

기술금융시스템의 정부 주도적 특성이란 자금의 공급에 정부의 간섭이 크다는 의미이다. 정책금융이 전반적으로 축소되고 있기는 하지만 아직도 전체금융에서 정책금융이 차지하는 비중이 높다. 또한 금융기관, 특히 은행의 경영 및 인사에 정부의 영향력이 크다. 한국의 금융체제하에서 중소기업은 그 성격상 은행과 장기적인 결속관계를 형성하기가 매우 어렵다. 중소기업이 회계의 불투명성, 경영자의 자질과 능력에 대한 평가의 어려움 등으로 인해 기업에 대한 정보의 확보와 효과적인 감시도 쉽지 않다. 주거래은행제도가 있기는 하지만, 기업경영의 동반자가 아니라 감독기관으로서의 성격이 강하다고 할 수 있다.

은행의 자금조달 기능이 중요한 신용시스템으로 운용됨에도 불구하고, 기업에 대한 정확한 정보를 바탕으로 한 신용대출 기능은 매우 취약한 편이다. 그러므로 은행의 대출이 주로 담보 위주로 이루어지고 있으며 이는 기술혁신활동에 대한 자금조달의 근본적인 문제점을 발생시킨다. 기술혁신활동은 유형투자보다는 무형투자가 주축을 이루고 있기 때문에 담보 위주의 대출에 의해서는 자금을 조달하기 어렵다.

한국도 최근 들어 점차 자본시장을 통한 자금조달이 활성화되고 있다. 즉, 한국의 금융시스템은 점차 신용시스템과 시장시스템을 혼합하는 방향으로 나가고 있다. 그러나 이와 병행하여 추진되어야 할 금융기법의 혁신은 아직 충분히 이루어지고 있지 않다. 주식시장을 통한 창업기업의 자금조달도 매우 어려운 실정이며 장외거래제도가 도입되어 있기는 하지만, 주식시장에 상장하는 자체가 어렵기 때문에 한계가 있다.

## 2. 환경 변수

외형적으로는 다 같이 자본주의 경제질서를 채택하고 있어도 미국, 독일, 일본, 그리고 한국에서 나타나는 경제행위는 상당히 다를 수밖에 없다. 이는 한 나라의 국가혁신체계 있어서도 마찬가지다. 한 국가의 내재적인 사회문화는 그 나라의 국가혁신체제를 구성하는 각종 제도와 행위의 매용과 배열에 커다란 영향을 미치는 일차적인 환경으로 기능하게 된다. 한 나라의 사회·문화 환경은 기술혁신활동에 영향을 미치며, 그 나라의 독특한 기술혁신 패턴을 형성하는 데 영향을 미친다.

사회문화라는 개념은 일상적으로 그 내포와 외연이 매우 불분명한 채로 사용되고 있다. 사용하는 사람에 따라 사회문화는 종교와 같은 무형의 신념체계를 의미하기도 하고 사람들의 생활방식을 의미하기도 한다. 여기에서는 사회문화를 무형의 사회적 가치체계뿐만 아니라, 사회구성원들의 제도화된 행위양식까지를 포함하는 개념으로 사용할 것이다. 환경적 변수는 혁신활동에 환경으로서의 기능을 담당하는 부문으로 기업문화, 교육시스템, 연계시스템, 기술보호제도의 특성을 중심으로 살펴보도록 한다.

### 1) 국민성과 기업문화

미국인들은 개척자 정신이 강하며 모험에 익숙해있으며, 수익을 향해 자금과 인력이 신속히 이동하는 시스템을 형성하고 있다. 이에 반해 한국은 정부가 산업의 성공요인에 인위적으로 개입하여 지원하는 형태를 주로 취하고 있다. 이러한 특성은 국민성과 관련되어 나타난다고 할 수 있는데, 특히 기업의 경영에 있어 미국인에 비해 한국인은 독립심이 강해 외부인의 경영 간여를 기피하는 경향이 강하다. 이에 따라 창업투자회사가 피투자기업의 경영 및 기술정보를 정확하게 파악하는 것이 힘들어 지속적인 투자를 하기가 어렵다. 이러한 특성은 외부 협력자의 지속적인 지원이나 개입을 어렵게 하고 협력관계의 구축을 어렵게 하는 요인으로 작용하고 있다.

우리나라는 사회 문화적 특성상 모험보다는 안정성을 추구하고, 모험에 의한 수익을 높게 평가하지 않는다. 이러한 모험 회피적인 성향을 가진 국민성을 벤처자금으로 유인하기 위해 세제상의 혜택을 부여하게 된다. 즉, 이러한 사회·문화적 환경은 자본가로 하여금 모험적 투자보다는 안전한 예금과 같은 금융상품을 선호하게 하고, 벤처캐피탈 회사는 자금지원방식에서 투자보다는 융자에 의존하게 한다. 이러한 상황하에서 국민들의 낮은 모험성을 보완하기 위해, 정부가 주도권을 쥐고 제도적 유인을 제공하게 된다.

이러한 특성은 기업 간 또는 자본가간의 신뢰문제로 연결되어, 투자자는 피투자기업의 도덕적 해이(기업이 의도적으로 투자자금을 빼돌려 부실화시킨 후 파산하는 경우)를 우려하게 되어 투자가 원활하게 이루어질 수 없고 융자 중심의 자금지원과 담보설정을 요구하게 된다. 따라서 미국의 지원체계를 시장을 중심으로 한 '사회시스템적 지원체계'라고 한다면, 한국의 지원체계는 정부에 의한 '인위적 지원체계'라고 할 수 있다.

한 사회의 조직문화는 그 사회의 기술혁신을 적극적으로 촉진하기도 하고, 반대로 제작하는 기능을 하기도 한다. 아울러 조직문화는 한 나라의 국가혁신체제의 짜임새와 작동방식을 다른 나라의 그것과는 구별되는 특징을 가지게 한다. 한국의 조직문화의 특징은 미국과 같은 개인주의도 아니고, 일본과 같은 집단주의도 아닌 (유사)가족주의라고 말한다. 이러한 조직문화는 연공서열, 종신고용, 관리직 중심의 경영 등의 기업 특성으로 연결되며, 이러한 기업특성은 기업환경의 신축성과 능률성을 떨어뜨려, 급변하는 현대적 경영에 효과적으로 대응할 수 없게 한다.

한국의 경제적 발전이 비정상적으로 성장한 원인은 한국의 급격한 사회변동에 기인한 사회적 신뢰기반의 결여와 그에 따라 발생하는 사회·경제 활동에서의 높은 거래비용 때문이라고 할 수 있다. 즉, 급격한 사회변동을 경험하면서 사람들이 서로에 대한 안정적인 신뢰를 가질 수 없게 된 결과 사회활동이나 경제활동을 하는 데 발생하는 높은 거래비용을 줄이기 위해서는 학연, 지연, 혈연으로 맺어진 일차적인 연줄망에 의존하는 것이 더 합리적인 것이다. 이처럼 사회적 연줄망이나 개인적 "인맥"은 저신뢰에서 발생하는 높은 거래비용을 줄이는 긍정적인 기능을 수행하기도 하지만, 역으로 연줄망들 사이의 관계에서는 다시 팽팽한 긴장과 갈등, 그리고 사회적 박탈감과 좌절, 즉 높은 거래비용을 산출시키는 부정적 기능도 수행한다.

유교적 온정주의와 가부장적 권위주의에 기반한 동원문화와 남성문화는 지금까지 한국이 전략적으로 추진해 온 동원형·중화학형 기술혁신과는 비교적 잘 조응하였다. 특히 한국에서 그동안 수행한 동원형·중화학형 기술혁신은 대규모의 훈련된 인력과 자원을 조직적으로 투입하여 빠른 시일 내에 목표를 달성하기 위해 군사작전과 같은 일사불란한 방식으로 추진되어 왔다는 점에서 본질적으로 유교적 조직문화와 친화력이 강했다.

그러나 이러한 대규모의 동원형·관료주의형 기술혁신모델은 기본적으로 개인의 창의적 활동을 제약한다는 점에서 앞으로 중시될 창의적 기술혁신에는 부적합하다. 아울러 사회적 연줄망 문화가 일부 긍정적인 기능을 해 온 것도 사실이지만, 권력을 가지고 있는 소수의 사회적 연줄망은 결과적으로 단지 그 연줄망에 속해 있지 않다는 이유로 능력 있는 많은 사람들을 배제함으로써 사회에 산재해 있는 능력 있는 인재들을 제대로 활용할 수 없도록 만든다.


## 2) 교육시스템


미국 행정부는 기존의 교육훈련체계에서는 평균적인 질 저하 및 이에 따른 고용기회의 불평등이 야기된다는 비판에 따라 꾸준한 교육개혁과 산학협력체제의 구축을 통해 미래의 세계경제를 주도할 높은 기술수준의 인력개발에 주력하고 있다. 클린턴 행정부는 1994년에 〈Goals 2000 – The Educate America ACT〉를 제정하여 세계 최고 수준의 교육기준과 직업교육을 정립하고 이를 지표로 교육개혁을 추진하고 있다.6) 또한 미국 행정부는 1994년에 〈School To Work Opportunities Act〉를 제정하여 주정부와 교육계, 재계, 노동계 등 민간단체가 현재 및 미래의 세계 경제를 주도해 나갈 고임금, 고기술의 인력양성과 교육개혁을 위해 유기적이고 협력적인 노력을 추구하는 데 필요한 시드 머니(seed money)를 제공하고 있다.

우리나라의 교육문화는 상대적으로 높은 교육열과 그에 따른 국민들의 높은 교육수준을 특징으로 한다. 김인수(1997)는 우리나라 사람들의 높은 교육열은 이미 세계적으로 정평이 나 있으며 상대적으로 자연자원이 빈약한 우리나라의 기술혁신체제를 지탱시켜 온 근간이 되었다고 평가된다. 그런데 기술인력 양성에 있어 가장 중요한 점은 창의력 있는 인재를 육성하는 데 있다. 그러나 한국은 학교교육이 입시 위주로 되어 있어 학생들의 평균적인 지적 능력은 향상시킬 수 있으나, 창의력 있는 인재를 육성하는 데에는 한계가 있다. 따라서 한국의 기술인력양성제도는 "획일화", "서열화"를 특징으로 한다.

기술인력양성은 국가의 사회, 문화적 환경과 국가의 교육제도에 의해 크게 영향을 받는다. 한국의 입시 위주의 교육시스템에서 치열한 경쟁을 통한 대학입학과 교육은 기술인력의 평균적 능력을 높여 기존 기술의 습득에는 도움이 되고 있으나, 창의력 있는 인재를 양성하는 데는 문제가 있다. 치열한 입시제도가 각 개인의 특성을 발굴하고 개발하는 데 비효율적이고 창의력을 감소시키게 되며, 대학에서의 학점 중심의 교육은 폭넓은 교육과 창의적인 교육을 어렵게 한다. 특히 고급인력의 '양적 팽창' 위주의 정책은 '고급인력의 질적 저하'의 문제를 초래하였고, 이에 따라 고급인력의 실업률 증가와 함께 생산인력의 부족현상이 심각한 사회문제로 나타나게 되었다. 이런 점에서 지식집약적인 고부가가치의 신기술을 개발하는 데 있어 한국의 교육제도는 적지 않은 문제점을 지니고 있다. 한국은 미국과 같이 점진적으로 산업화가 진행됨에 따라 생산기술이 노동시장에서 자생적으로

---

6) 삼성경제연구소(1997. 9), "산업수요에 부응하는 인력개발체계 확립", p.170.

발전되었다기보다는 급속한 산업화추진을 위해 필요한 선진기술 및 기능이 정규교육기관을 통해 도입된 이후 노동시장으로 전달되는 과정을 거쳤다고 볼 수 있다. 따라서 정부가 정규교육을 통해 기술인력을 양성하게 되고 자연히 미국에 비해 정부의 역할이 클 수밖에 없다.

### 3) 연계시스템

한국은 산업계 차원에서 공동이익을 위하여 기업들이 상호협력하는 기술혁신 네트워크의 발달은 여전히 대단히 미약한 실정이다. 종래의 발전이 개별기업 단독으로 성장해 온 패턴이라면 이제는 연계를 핵심 개념으로 하여 산업계 전체의 시스템 발전에 보다 많은 노력을 기울여야 할 시점이다. 원칙적으로 연계 노력은 시장 원리에 따라 상호 니드가 맞는 기업들이 스스로 이루어지는 것이지만, 이를 중계할 수 있는 연계조직이 산업계에 잘 발달되어 있으면 보다 활발한 네트워크의 발전을 기대할 수 있다.

연계조직이란 간단히 말하면 기업들의 개별노력이 보다 쉽게 연결되거나 결집되도록 지원하는 중간 매개조직이다. 그렇다면 연계조직이 왜 중요한가? 기술개발 경쟁력 구조를 연구할 때 전통적으로 중시되어 온 관점은, 대기업과 중소기업 간의 하청계열관계 또는 사용자와 생산자의 패러다임에서 이해되었다.

한국에도 기업의 기술혁신 협력을 도모하는 산업계 조직이 있지만, 아직 연계기능이 조직의 중심기능으로 활성화되어 있는 경우를 발견하기란 쉽지 않다. 한국의 연계기관의 특징을 요약하면 다음과 같다. 연계조직으로는 거래 모기업과 하청기업들이 협력하기 위한 수탁기업협의회, 이업종 교류그룹, 산업기술연구조합, 그리고 법인성격으로 결성된 업계단체가 있다. 그런데 한국의 연계조직 중에서 업계단체는 산업계에서 기업들의 가장 보편적인 조직이라고 할 수 있으며 연계조직에는 사단법인, 재단법인, 그리고 특별법에 의거한 업계단체의 세 유형이 있다. 특별법에 의거한 업계단체는 대개 주된 일차적인 업무가 회원기업 간의 협력보다는 산업 그 자체의 진흥에 관련된 사업을 수행하는 경우가 더 많다. 이러한 사업들은 물론 회원기업에 이익이 되는 정보나 서비스를 제공하는 것이지만 많은 부분은 업계단체가 산업진흥을 주관하는 정부정책의 기획과 집행에 도움을 주기 위한 사업들로 구성된 것이라 할 수 있다.

다음으로 업계단체의 조직구조가 사무국 중심으로 운영되고 있는 반면 연구회 성격의 위원회는 거의 전무하다. 여기서 말하는 사무국이란 협회 자체의 운영과 협회사업을 수행하기 위하여 조직된 각 정규부서를 총칭한 것이다. 이들 사무국은 협회 지원으로 채용된 인력으로 운영되고 있으며, 회원기업으로부터의 파견인력은 없다. 협회가 업계의 종합형 대정부 창구 역할을 많이 할수록 또한 각종 정부 위임사업이 많을수록 이를 담당하는 사무국 체제는 크다. 업계단체는 산업진흥업무가 총괄적으로 요구되고 있으며 자연히 이런 진흥업무가 협회업무의 중심이 되고 조직운영도 그렇게 되어 왔다. 이러한 모습은 업계단체가 업계를 대변하는 조직으로 발달한 것으로 보일 수 있으나, 사실은 회원기업 간의 연계를 도모하는 기능을 발달시키는 것으로 연결되지 않고 사무국 중심으로 조직이 발달되어 외형만 커지는 상황을 발생시키고 있다는 점을 주목해서 보아야 할 것이다. 예를 들면 일본의 업계단체는 사무국보다는 연구회의 성격이 강한 위원회가 중심이 되어 있고 그 숫자가 대단히 많다. 그리고 사무국 직원은 회원기업들이 인력을 상호 순환하는 형식으로 자사 직원을 일정기간 파견시키는 직원들의 비율이 더 높다. 위원회의 경우도 회원업계의 경영기반 및 기술적 기반을 향상시키는 데 공통으로 관련되는 기술과제를 중심으로 운영되는 위원회가 훨씬 많다. 예를 들어, 일본에서 1985년에 공장자동화기술 분야에 성립된 (재)국제 로봇·FA기술센터는 주요 대기업을 포함하여 다종다양한 업종으로부터 99개사 회원으로 결성된 업계단체이다. 이 협회는 사무국이 8개의 부로 구성되어 있지만, 지원은 18명에 불과하고 그중 5명은 회원기업들로부터 파견된 직원이다. 이에 비해 기술, 제품, 기업 등 FA에 관련된 각종 정보를 수집하고 연구하는 위원회의 수는 15개나 된다.[7] 이들 위원회는 3-5년간 활동하며 회원기업만이 아니라 정부관료, 학계, 국립연구소 연구자, 관련되는 타 업계단체들이 멤버로 참여하고 있다.

이에 비해 한국의 업계단체는 연구중심의 위원회가 업계단체의 조직체계 속에서 중심축으로 체화되어 있지 못하다는 점에서 업계단체의 기능이 크게 제한되어 있다고 할 수 있다. 그리고 업계단체와 회원사의 관계는 단지 개별적으로 연결된 방사형이라고 할 수 있다. 즉, 업계단체가 하는 사업들이 성격상 대개 회원기업들에게 서비스를 제공하거나 자료협조를 받는 식으로 이루어지는 일방적인 지도자형으로 되어 있으며, 회원기업들 스스로가 공동으로 직접 수행하는 사업이 적다. 우리나라의 업계단체는 회원사들의 회비로 운영되면서도 회원사와는 별개의 준공공조직으로 되어있다.

또한 업계단체는 조사연구사업도 일부 수행하고 있으나 그 실태는 주로 경제문제 또는 제도문제에 관한 것이며 기술문제를 전문적으로 조사하고 연구한다는 개념이 들어있지 못하다. 따라서 한국의 업계단체는 아직 회원기업들 상호간의 협력이 만들어지고 키워지는 배양지(incubator)로 운영되지 못하고 있다는 것을 의미한다. 게임산업의 특성상 산업 간 연계효과가 크기 때문에 게임산업의 연계시스템이 활성화되어 있어야만, 게임의 발전이 가능하다.

## 4) 기술보호시스템

지적재산권 보호제도는 기업들이 개발한 기술에 대해 독립적인 소유권을 보장함으로써 기술개발에 대한 인센티브를 제공하는 역할을 담당한다. 또한 지적재산권 보호제도를 통해 수립, 정리되고 공표되는 정보들은 기술혁신과정에서 사용할 수 있는 정보이기 때문에 이러한 정보들의 효과적인 공급과 활용은 기술혁신을 촉진하는 결과를 가져오기도 한다. 지적재산권은

---

7) 김갑수(1996), 〈일본 공동연구개발시스템의 구조와 발전메커니즘〉, STEPI 정책연구 96-14.

토지, 건물, 상품 등 유체물에 대한 소유권과는 다른 무체 재산권으로서 유체물에 체화되어 있는 지적 요소(기술사상, 지적표현, 지적 정보) 등을 그 소유의 대상으로 한다. 이러한 지적재산권의 권리는 지적 생산물 그 자체(발명이나 창작)가 아니라 이것들이 구체적으로 활용되고 실용화되어 유형적 형태로 나타날 때 권리의 대상이 된다. 이러한 지적재산권은 산업발전을 주요한 목적으로 하는 산업재산권과 문화창달을 목적으로 하는 저작권으로 구별된다. 산업재산권의 경우는 기술, 고안, 의장, 표장 등의 아이디어나 기술들의 실질적 내용을 보호하는 것인 데 반해, 저작권의 경우는 아이디어나 기술 그 내용 자체는 보호대상으로 설정하지 않은 채 그 표현만을 보호대상으로 설정한다는 점에 있다.

현재 한국의 정부 조직하에서는 지적재산권 정책의 수립, 집행 전반을 관장하는 별도의 기구는 없으며, 각각의 권리 내용에 따라 관장하는 기관이 정해져 있다. 즉, 특허·의장·상표는 특허청, 저작권은 문화관광부, 컴퓨터프로그램은 정보통신부, 식물종자법은 농림부, 반도체 집적회로 배치설계권은 통상산업부, 기술이전에 관한 경쟁 제한적 행위의 규제는 공정거래위원회에서 맡고 있다. 이렇게 지적재산권 보호제도는 각 부처별로 관장사항이 분산되어 있어 전체적으로 기획과 조정이 이루어지지 못하고 있다. 그리고 지적재산권의 심사 및 심판이 외국과 비교할 때, 상당기간 지체되면서 지적재산권의 효과적인 보호와 권리행사가 제약되고 있다. 따라서 한국은 높은 불법복제율을 기록하고 있으며 사업재산권은 어느 정도 보호된다고 볼 수 있는 데 반해 저작권에 대한 보호는 아직 정착되고 있지 못한 실정이다.

이상의 혁신시스템의 특성을 근거로 하여, 반도체산업과 게임산업 특성이 어떤 점에서 조화를 이루고 어떤 점에서 부조화되는지를 구체적으로 분석하도록 한다. 즉, 우리나라의 혁신시스템이 어떤 특성을 가지고 어떻게 움직이는가를 살펴보면, 자유롭고 빠르게 변하며 창의적인 정보통신 분야이며 문화산업 분야 벤처기업인 게임산업의 기술혁신이 어느 정도 가능한가를 판단할 수 있을 것이다.

# 제9장 산업과 국가혁신시스템의 조화(match)

다음으로 연구의 핵심 사례가 되는 게임컨텐트산업을 중심으로 산업 특성과 혁신시스템이 조화가 잘되는 사례로서 미국의 게임산업과 조화가 잘 안되는 한국의 게임산업을 비교 분석하여, 산업 특성과 혁신시스템 간의 조화 여부가 시장경쟁력에 영향을 미치는 원인변수로 작용한다는 것을 입증하도록 한다.

이상의 분석과정을 통해 게임산업의 시장경쟁력이 취약한 원인을 현재의 혁신시스템이 게임산업의 특성과 부조화됨으로써 게임산업의 성장에 부정적인 영향을 미치게 된다는 것을 증명하도록 한다. 미국의 게임산업을 분석과정에 포함시킨 이유는, 국내 게임산업에 대한 현실적인 정책이 미흡하고 아직까지 산업의 성과도 불확실한 실정이기 때문에 비교자료를 통해 부족한 부분을 보완하여 입증하기 위함이다. 그러면 이하에서는 먼저 게임산업과 관련되는 상위개념으로서 멀티미디어 시장에서 게임컨텐트가 차지하는 위상을 살펴보고, 다음으로 한국과 미국의 게임산업정책과 혁신시스템에 대한 구체적인 분석을 하도록 한다.

## 1. 멀티미디어시장의 계층성과 게임산업

게임산업의 경우 기술혁신이 대부분 신생 모험기업(벤처기업)에 의해 주도되고 있는 현상(특히 PC게임과 온라인게임 분야의 경우)은 무엇 때문인가? 여러 가지 원인이 있겠으나 게임산업의 자체적 특성이 가장 크게 작용하는 것으로 파악되고 있다. 게임산업은 발전단계상 넓게는 소프트웨어 분야로서 발전가능성이 무궁무진하며, 산업 초기에서 성장기로 막 진입한 단계에 속한다. 이러한 기술 특성은 대기업보다 소규모 기업의 적합성을 말해주며, 그것은 소규모 기업이 "인력활용에 대한 유연성"이 크기 때문이다. 따라서 산업 전반적으로 볼 때, 상업화가 어느 정도 진전되기까지는 연구개발 능력(제품개발력)이 시장 개발력이나 제조능력 그리고 규제에 대한 대응력, 경험 등에 비해 훨씬 중요한 경쟁요소로 작용하게 된다. 또한 게임산업에 참여하는 기업이 부담하는 비용이 많으며 다양한 규제, 사회적 수용성 등으로부터 불확실성이 아주 높게 작용한다. 이것은 결국 제품이 시장에서 성공할 수 있는 확률이 그만큼 낮다는 것을 의미하는 동시에 벤처적인 산업 특성에 해당되는 점이다.

높은 불확실성을 전제로 하는 벤처기업에 적합한 산업으로서 게임프로그램을 소프트웨어인 동시에 컨텐트웨어 개념으로 이해하고 그러한 개념의 틀내에서 멀티미디어의 독특한 메커니즘을 이해할 필요가 있다. 게임프로그램은 그 자체가 하드웨어와 소프트웨어에 의해 운용되고 작동되어지는 하위체계로서, 상위체계에 의해 지정된 환경이 직접적으로 지배하는 컨텐트웨어이기 때문에 상위체계에 대한 종속력이 상대적으로 높다고 볼 수 있다.

그런데 국내의 게임산업을 바라보는 시각들은 대부분 소프트웨어적 시각에 매몰되어 있고, 국가 예산의 기획은 하드웨어에 편중되어 있다. 물론 하드웨어와 소프트웨어의 변혁 속도가 빨라지고 기존 운영체계의 상품수명주기가 단기화되면서, 컨텐트웨어의 시장장악력이나 상품수명은 상대적으로 축소되고 그에 따라 시장의 상품경쟁력은 그만큼 약화되어 가고 있다고 볼 수 있다. 이는 결국 하드웨어와 소프트웨어, 그리고 컨텐트웨어로 이어지는 미디어 체계의 층위구성이 계층적 체계(hierarchy system)를 이루고 있으며, 하드웨어와 소프트웨어를 지배하는 국가의 경제 지배력에 컨텐트웨어는 당연히 종속되어야만 한다는 논리를 강화시켜주는 실례로 작용하고 있는 것이다.[8] 아래의 〈그림 6〉은 게임산업의 계층적 체계를 단순하게 나타낸 것이다.

---

[8] 국내 멀티미디어 산업은 실제 하드웨어와 소프트웨어, 그리고 컨텐츠웨어로 불리는 멀티미디어의 구성체계 간 연계가 모호하며, 그로부터 시장에 소개되고 판매되는 각각의 부품과 운용체계, 프로그램 등에 대한 패러다임이 중복되기 때문

<그림 6> 멀티미디어 시장에서 각 층위가 갖는 계층체계의 특징

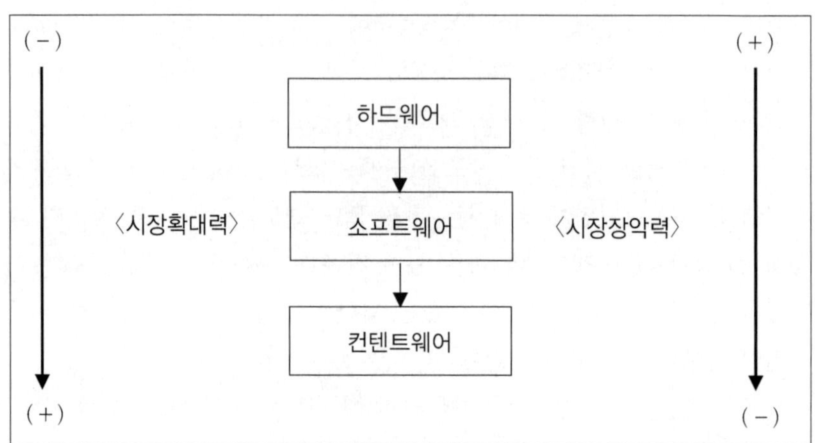


　〈그림 6〉에서 말하는 멀티미디어정책이란 게임연관 산업 분야로서 게임에 직접 관련되는 산업은 H/W, S/W, 정보통신 및 정보화 관련 산업 등을 의미한다. 그리고 시장장악력이란 시장고정이란 뜻으로 사용자 인터페이스나 가격 등 어떤 이유에서건 많은 사용자를 먼저 확보해 놓으면 제품의 질이 다소 떨어지더라도 시장표준으로 고정되는 록 − 인(Lock-in) 원리와 비슷한 개념이다. 이외에도 유사 개념으로 시장 집중(market concentration) 또는 시장지배력(market power)이 있으며, 이는 제품 선점의 우위, 즉 이미 기존시장을 형성하고 있고 기존시장에 침투하기 어려운 경우를 의미한다.(예: 농심 라면의 브랜드 파워, MS-dos의 시장 선점) 그리고 시장점유율(market share)이나 시장 확산(market expansion)을 유사개념으로 하는 시장확대력이란, 시장의 규모와 관련된 개념으로 기존의 시장에 신시장을 합한 개념으로 정의할 수 있다. 시장확대의 방법으로는 기존의 시장은 시장개발을 통해서 시장을 확대할 수 있고, 신시장은 신제품의 다양화를 통해서 시장확대가 가능하며, 대외적으로는 시장변화를 통해 수출 대상국을 늘여가는 전략이 사용된다.[9]

---

에 선진국과 같이 실제적인 수요시장을 추론하기가 어렵다.

위의 〈그림 6〉에서 보는 바와 같이 하드웨어와 소프트웨어,[10] 컨텐트웨어로 하위 연계되는 계층체계는 하위체계로 내려올수록 시장확대력은 커지나, 시장장악력은 감소하고 상위 층으로 올라갈수록 시장장악력은 커지나 시장확대력은 감소하는 형태로 나타난다. 즉, 게임프로그램으로 대변되는 컨텐트웨어는 시장장악력이 큰 하드웨어에 의해 통제되는 시장확대력을 본질적으로 내재하고 있다고 볼 수 있다.

국내 게임산업의 직접적인 문제점은 또한 '상호 작용적'(전통산업은 일방적 생산-판매의 속성을 지니는 데 반해, 게임산업은 다른 어떤 산업보다 사용자의 기호와 선호가 중요하게 작용하는 상호작용적 성격을 강하게 띠고 있다. 이것이 전통적 산업과는 다른 점이며 시장 밀착성이 보다 크게 작용한다.)이라는 게임산업의 원천적 속성을 간과하고 있다는 것인데, 쌍방향 커뮤니케니션이 우선적으로 작동하는 게임프로그램은 "수용자의 기호도"에 따라 상품판매의 결과가 극심한 차별성을 갖게 된다. 즉, 기존 시장의 수용자층을 확보하기 위해서는 기존에 유행되는 일본산이나 미국산 게임 유형의 영역 분석이 반드시 필요하며, 선진국 게임 상품에 대한 유형 및 질적 분석을 통해 국내 게임 개발상품의 시장성을 고려할 필요가 있다. 그리고 가상시장을 현실화하기 위해 게임 사용자들이 바라는 프로그램이나 게임 유형에 대한 시장 조사가 필요한 것이다. 즉, 끊임없이 시장 내 수용

---

9)  정구현(1997), 〈국제경영학〉, 법문사, pp.273-282.
10)  산업연구원(1997), 〈한국의 산업〉, p.323. 국내소프트웨어 기술개발단계를 선진국과 비교해 보면 소프트웨어 기술개발이 상당히 미흡한 수준에 머무르고 있음을 알 수 있음. 이러한 기술격차의 원인은 정부의 하드웨어 중심적인 지원, 육성의 결과임.

|  | 기술개발단계 | | | | 우리나라의 기술 내용 |
|---|---|---|---|---|---|
|  | 기초 | 개발 | 상업화 | 확산 |  |
| 시스템 S/W | 한국 | 일본 |  | 미국 | K-DOS 개발, DBMS 및 타이컴 II용 일부개발 |
| 응용 S/W |  | 한국 | 일본 | 미국 | 개발경험축적, 일부 상용화 |
| S/W 생산기술 | 한국 | 일본 | 미국 |  | 개발지원도구 분야 초기 상품화 |
| 인공지능 S/W | 한국 | 미국<br>일본 |  |  | 신경망, 전문가 시스템 등에 대한 기초연구 |

자와 제작자, 그리고 게임 프로그래머 사이에 직접적인 피드백 메커니즘이 작동되어야 하고 이러한 메커니즘의 움직임을 통해 게임 상품이 개발되고 발전되어야 한다. 그런데 실제로 이러한 사회적 역할은 국내에서 게임 전문 잡지들만이 부분적으로 수행하고 있을 뿐 정부가 이러한 게임시장에 관련된 중요한 정보에 대한 제공자 역할 내지는 D/B를 구축하고 있지 못한 실정이다. 또한 일반 수용자는 항상 유동적이고 다양한 기술의 발전가능성 앞에 수많은 정보의 탐색비용과 새로운 운용체제를 배우고 익혀야 하는 교육비용을 부담해야 한다. 바로 이러한 탐색비용(searching cost)과 학습비용(learning cost), 즉 멀티미디어 체제에 쉽게 다가설 수 있는 접근비용 자체가 지속적으로 요구되기 때문에 우수한 인력양성에 대한 관심이 고조될 수밖에 없다.

현재 국내 게임산업에 대한 정부정책은 통상산업부 중심의 하드웨어 논의의 구조(정보 통신기기 및 반도체 중심)와 문화관광부 중심의 소프트웨어(컨텐트웨어 포함) 논의 구조가 항상 개별적으로 진행되어 실질적인 효용성의 확대를 가져오지 못하고 있다. 그리고 실질적인 논의는 소프트웨어의 문화적 문제 제기로부터 출발하는 프로그램의 개발과 그와 같은 구조를 활성화시킬 수 있는 인력구조로부터 시작되어야 함에도 불구하고, 현재까지의 논의과정과 중앙정부의 예산 편성 또한 하드웨어 측면에 집중되어 온 사실은 게임산업에 대한 정부정책의 구조적 모순점이라고 할 수 있다.

소프트웨어의 논의 구조를 담당하고 있는 문화관광부에 할당된 예산과 하드웨어 측면의 논의 구조를 담당하고 있는 통상산업부의 예산이 극히 편향적으로 편성되어, 그로 인한 산업의 구조적 지원 불균형의 문제를 양산시킨다고 볼 수 있는 것이다. 실질적인 프로그램의 개발은 게임시나리오와 독특한 캐릭터의 디자인, 즉 컨텐트웨어의 특화 전략으로 제기될 수 있는데도 불구하고 고품위의 하드웨어와 특수한 운영체계의 개발에만 역점을 두는 정책으로 인해 실제적인 상품으로의 현실화가 이루어지지 않는 구조적 모순이 반복되고 있는 것이다.

결론적으로 현재 정부는 게임산업을 중점 육성산업으로 지정하고 이에 대한 지원을 시행 또는 계획하고 있으나 게임산업정책의 전반적인 틀이 될 수 있는 멀티미디어산업정책에 있어 하드웨어 중심적인 지원체계를 구축함으로써, 정책 간의 모순을 드러내고 있다. 즉 게임정책의 상위 개념으로서 멀티미디어산업정책은 하드웨어 중심으로 지원되고 있는 데 반해, 하위 정책으로서의 게임정책은 소프트웨어 중심으로 지원한다는 것은, 결국 게임산업 관련 문화컨텐트산업 정책이 이중의 모순된 정책 방향을 내재하고 있다고 결론을 가능하게 한다. 상위정책과 하위정책 간의 지원대상 내지는 포커스가 다르다는 것은 결과적으로 정책의 실패를 초래할 수밖에 없고, 정책 자체가 이미 실패를 노정하고 있다고 할 수 있을 것이다.

이러한 가설과 관련하여 먼저, 게임 선진국인 미국은 어떤 시스템하에서 게임산업이 성장할 수 있었으며, 성공요인이 무엇인가를 살펴보고, 이를 토대로 현재 우리나라의 게임산업이 취약한 이유가 무엇인지를 비교 분석하도록 한다. 그래서 우리나라의 멀티미디어 관련 산업정책이 하드웨어와 특수한 운영체계의 개발에만 역점을 두고 있기 때문에 소프트웨어 및 컨텐트웨어의 개발 정책이 미흡하고 실제적인 상품으로의 현실화가 이루어지지 않는 구조적 모순[11]이 반복될 수밖에 없음을 연구하도록 한다.

---

11) 문화산업의 지원정책은 제작, 유통, 상영의 3단계로 수행될 수 있다. 흔히 과거 산업체제의 연장선 속에서 제작부문만을 강조하고 유통과 상영부문을 소홀히 하는 경우가 많으나, 문화산업은 종합적인 산업이므로 총체적으로 접근해야 한다. 그리고 문화산업은 유통에 의해 부가가치가 끊임없이 재생산되는 산업이기 때문에, 생산과 소비가 직접적으로 연결되는 일반 제조업의 생산체제와는 매우 다른 양상을 띠고 있다. 다시 말해서 문화산업은 한번 제작된 상품이 다양한 창구로 유통되면서, 이전 단계의 소비를 감소시키지 않고 새로운 부가가치를 재생산하는 것을 특징으로 한다. 따라서 제작단계뿐 아니라 유통구조의 개선과 촉진이 무엇보다 중요하게 작용한다는 것이다.
현재 문화산업의 세계시장에서 우위를 차지하고 있는 미국은 그 경쟁력이 유통에서 발생한다고 볼 수 있다. 일본 역시 유통구조의 합리화를 실현하고 있는데, 애니메이션 부문에 있어서 안정된 시장구조를 조성하고 경쟁우위를 보이고 있으며 다양한 윈도우 효과로 탄탄한 산업기반을 형성하고 높은 부가가치를 창출하고 있다. 미국과 일본의 사례에서 볼 수 있듯이 문화산업이 발전한 국가들은 유통부문의 발전을 전제로 하고 있는 데 반해, 문화산업의 후발국들은 유통부문의 비합리적 구조 등의 문제점들을 안고 있다. 대부분 문화산업의 후발

## 2. 산업과 국가혁신시스템의 조화 사례 Ⅰ : 미국 게임산업

예술과 인문학에 관한 대통령 위원회가 1997년 클린턴 대통령에게 제출한 〈크리에이티브 아메리카〉에 따르면 미국 문화정책의 핵심은 밀레니엄 주도권 쟁취에 있다는 것이다. 위원회는 이를 위해 미래 대비 청소년 교육, 문화자본에의 투자, 자선 활동 부활, 공공부문 역할 강화, 국제 문화교류 확대 등 5개 분야에 걸쳐 지속적인 사업을 추진 중이다. 'Goal 2000'에 의한 체계적인 예술 교육, 문화자료 디지털화 사업, 예술 및 인문학에 대한 기업 후원 확대, 새로운 자금원 개발 등의 사업을 집중적으로 추진하고 있다.

미국의 게임산업에 대한 정책 흐름은 매우 안정적인 구조를 보이고 있다. 이는 곧 하드웨어와 소프트웨어로 이어지는 시장연계가 자율적인 시장구조 내에서 이루어지고 있으며 이것은 완전히 독립적인 산업구조를 내재하고 있음에 기인한다. 또한 각 하드웨어 회사와 소프트웨어 회사가 미래에 예상되는 시장규모를 선점하기 위해 컨텐트웨어에 집중된 투자를 기획하고 실행하고 있어서 보다 더 경쟁적인 상품성이 기대되는 구조를 형성하고 있다. 미국 시장은 다른 나라에 비해 하드웨어의 구축률이 상대적으로 높기 때문에 정부에서도 하드웨어와 컨텐트웨어를 중심으로 하는 정책을 추진하고 있으며, 대부분의 시장이 정부의 독점적 시장을 예방하기 위한 견제 속에서 소프트웨어 산업에 의해 좌우되고 있다.

이러한 구조는 결국 하드웨어의 진보 속도보다 소프트웨어의 진보 속도를 강화시켜 일본에 의한 하드웨어의 시장변혁이 소프트웨어에 의한 시장변혁 속도를 조종할 수 없도록 조작해 버리고, 일본의 하드웨어시장이 독립적인 발전을 추진해도 전혀 그 시장의 설정과 확대가 현실화되지 못하게 막아내는 사회 경제적 역할[12]을 하게 되는 것이다. 이렇게 정부와 업계의

---

국들은 제작부문에만 관심을 둘 뿐, 유통부문에 대한 관심이 상대적으로 적어서 영세 유통업자들이 전통적인 방법으로 문화산업 시장을 형성하고 있는 실정이다.

자율적 정책 추진 내에서 미국 게임산업은 시장의 헤게모니를 장악하고 있다고 말 할 수 있다. 즉, 일본이 아무리 다양한 프로그램을 개발해도 그에 따른 운영 소프트웨어를 변화시켜 호환성의 시장 주기를 감소시켜 버리면, 그 프로그램은 시장 내에서 자연적으로 소멸될 수밖에 없기 때문이다.

미국의 게임 제조업체는 이러한 정부의 거시적 정책 틀 내에서 항상 보장된 컨텐트웨어의 기술혁신을 추진할 수 있게 되는 것이다. 또한 미국 시장이 지니고 있는 헐리우드 중심의 시나리오 창의력과 캐릭터 디자인 기술은 다양한 컨텐트웨어의 생산을 가능하게 함으로써, 시장 내 잠재적 우위의 역할13)을 해내고 있다. 또한 소프트웨어의 판매율을 상승시키기 위한 전략으로 감행되고 있는 번들소프트웨어의 무차별적 무상공급전략은 결국 소프트웨어 제작회사가 컨텐트웨어 제작을 활성화할 수 있는 사회적 동기를 강화시키게 된다. 이러한 경제적 시도가 주기적으로 확대된다면, 미국의 게임산업 또한 차별적 시장분할에 성공하게 될 전망이 가능하다.

미국 정부는 하드웨어와 컨텐트웨어에 중점을 두는 정책으로 하드웨어에 의한 시장장악력을 강화하는 동시에 컨텐트웨어에 의한 시장확대력을 강화하여, 기업들로 하여금 소프트웨어의 개발에 중점을 둘 수 있도록 하여 호환가능성을 증대시키는 전략을 취하고 있는 것이다. 이러한 전략은 결국 다른 국가에 의한 소프트웨어의 진입을 막게 되는 장벽이 형성되게 되어 미국의 소프트웨어 개발업체들이 새로운 프로그램을 개발하는 데서 오는 시장의 불확실성을 낮추는 데 정부가 기여하고 있는 것이다. 즉, 새로운 프

---

12) 미국은 일본이 미국에 대항해 개발한 새로운 하드웨어 시스템을 미국 내 소프트웨어의 다양성과 호환성으로 조정하여, 결국 미국 중심의 소프트웨어 체제를 지속해 오고 있다.

13) 미국의 게임산업의 잠재적 우위는 90년대 중반 이후 강화되고 있는 PC게임의 프로그램만을 상정할 때 가능한 해석이다. 기존 80년대의 패미콤과 비디오게임의 환경 내에서는 현재와 같은 일본 주도의 시장 판도가 지속적으로 유지도리 전망이지만, 지금과 같은 추세로 PC게임이 확대되어 간다면, 미국 주도의 게임산업이 가능해질 전망이다. 그리하여 일본의 세가와 닌텐도가 미국 시장 내 프로그램 개발 자회사를 설립하고 게임대학을 세우고 마이크로소프트사와의 전략적 제휴를 도모하고 있는 것이다.

로그램을 개발하여 시장에 배포되는 과정에서 소프트웨어 개발업체는 높은 부가가치의 이익을 향유할 수 있는 기반을 조성하는 동시에 게임산업이 불확실성을 축소하고 움직일 수 있는 시스템을 만들어 주는 역할을 정부가 하고 있는 것이다.

현재 세계 게임산업에 있어 미국은 PC용 게임시장의 70% 정도를 점유하고 있어 대규모의 자본과 영상 및 영화산업에서의 우위를 기반으로 풍부한 컨텐트와 아이디어로 우수한 게임소프트웨어를 제작하고 있다. 미국의 소프트웨어 분야 우위성을 짐작할 수 있는 근거로 현재 미국의 게임시장의 분야별 매출액에 관한 통계자료를 살펴보면 다음과 같다.

〈표 31〉 미국의 게임시장 현황 및 전망

(단위: 백만 달러)

| 구　분 ＼ 연　도 | 1995 | 1996 | 1997 | 1998 | 1999 |
|---|---|---|---|---|---|
| PC게임 및<br>오락소프트웨어 | 1,433 | 1,666<br>(성장률:16.3%) | 1,973<br>(18.4%) | 2,313<br>(17.2%) | 2,700<br>(16.7%) |
| 비디오게임 콘솔 | 1,127 | 1,882 | 2,145 | 1,162 | 1,939 |
| 비디오게임소프트웨어 | 2,182 | 1,265 | 3,337 | 4,862 | 4,781 |
| 합　　계 | 4,742 | 4,813 | 7,455 | 8,337 | 9,420 |

자료: *Next Generation*(1997. 4. 17)

위의 〈표 31〉에서 볼 수 있듯이, PC게임을 비롯한 오락 소프트웨어 분야는 계속해서 증가되고 있는 데 반해, 비디오게임 기기(콘솔)분야는 1997년을 기점으로 하락하고 있으나 비디오게임소프트웨어 분야는 1997년을 정점으로 2배가량 상승하고 있음을 알 수 있다. 따라서 미국의 게임산업은 소프트웨어를 중심으로 시장이 형성되고 있음을 확인할 수 있으며, 이러한 시장의 성격은 인터넷을 기반으로 하는 온라인게임의 성장에 영향을 받은 것이라 여겨진다.

결과적으로 정부는 소프트웨어 산업 및 게임산업에 직접적으로 개입하지 않고도 게임업체가 고수익을 기대할 수 있는 환경을 조성하는 데 성공하고 있는 것으로 평가할 수 있으며, 미국 헐리우드의 창의성과 기술력이 결합하여 고품질의 게임 출시가 가능한 시스템이 구축되게 되는 것이다. 따라서 미국의 이러한 게임정책 사례는 간접적인 관련 분야 및 인프라 조성을 통해 정책대상이 되는 게임산업을 간접 지원하는 시스템을 구축하는 대표적인 사례가 되는 것이다.

미국의 영상소프트웨어는 기본적인 규모의 경제에서 오는 이점으로 인해 세계 어느 국가보다 국제경쟁력이 높다. 그러나 미국에서는 유럽 국가들에서 볼 수 있는 다양하고 대규모의 영상소프트웨어 조성 진흥책은 거의 존재하지 않는다. 특별한 이유로 의도적으로 보호, 육성해야 할 대상 영역에의 조성사업은 있으나 그 외의 일반적 영상제작 활동에서는 어디까지나 시장원리에 제작과정을 맡기면서 자금을 조달하여 작품을 만들어내고 있다.14)

먼저, 영상제작부문에서 확고한 위치를 점하고 있는 미국은 영상제작에 대한 교육부문이 가장 발달되어 있기도 하다. 영상제작이 발달한 도시에는 행정 기관에 영상제작 지원 담당부서가 있는 것이 통례이다. 그리고 민간부문의 영상제작 지원 비중이 공적 부문의 지원보다 10배가량 크다는 점을 특징으로 한다. 미국의 경우는 정부 차원의 산업 지원 정책은 거의 찾아보기 어렵다. 그러나 전문교육과 신인들에 대한 보조정책은 예술적인 차원에서 연방정부부터 주정부, 시정부에 이르기까지 체계적으로 이루어지고 있다. 개별 산업은 주로 사업자들이 자체적으로 구성한 협회를 통해서 자신들의 이익을 보호하고 정부정책에 영향력을 발휘하며 전문인력 양성을 위한 교육프로그램을 실시하고 있다.

둘째, 문화산업 분야에서 우위의 경쟁력을 지니고 있는 미국은 민간이 주도하고 정부는 측면지원(간접지원)을 해주는 시스템이며, 연방정부나 주정부에서 문화산업을 규제하거나 지원하기보다는 면세혜택을 받는 비영리 민간재단이 문화산업을 지원해 주는 역할을 하는 시장 중심적인 시스템이

---

14) 통신개발연구원(1995. 12. 30), "세계 각국의 방송, 영상산업 제도 및 통계 조사"에서 미국의 영상산업정책에 관한 자료를 참고로 함.

발달되어 있다. 미국 정부는 문화산업을 키우기 위한 기초적인 환경조성에
주력한다. 클린턴 정부가 추진하고 있는 '정보고속도로'나 연방통신위원회
의 방송, 통신 간 영역파괴 등도 모두 문화산업 육성을 위한 것이다. 또한
미국의 문화산업 육성정책은 정부 부처 간의 교류가 잘되는 것을 특징으로
한다. 예를 들면, 상무부가 수집된 정보와 분석 자료를 민간단체나 문화관
련 기업에 제공하면 국무부는 자국의 시장보호와 국외진출을 지원한다.[15]

<표 32> 미국의 산업에 대한 지원(1980-1988)

(단위: 억 달러)

| 지원 수단 | 1980 | 1982 | 1984 | 1986 | 1988 |
|---|---|---|---|---|---|
| 직접지원 | 250 | 267 | 275 | 157 | 185 |
| 조세감면 | 206 | 246 | 536 | 680 | 475 |
| R&D 보조 | 236 | 179 | 233 | 285 | 330 |
| 총　계 | 692 | 692 | 1,044 | 1,122 | 1,085 |
| GNP 대비 | 2.5% | 2.1% | 2.7% | 2.6% | 2.2% |

자료: Bucaille, Alain, de Beauregard & Berold Costa(1988), *Les Etats acteurs de la concurrence industielle*, Paris; Economica. p.101, 김세원·안세영(1996), <산업정책론>, 박영사, p.166에서 재인용.

셋째, 미국은 전 세계 영화관 수입의 80%를 점유하고 영화를 통해 얻은
수익이 '96년 55억 달러, 수출 50억 달러를 기록하고 있다. 미국은 영화에
서 비디오, 방송매체로 순차적으로 이어지는 창구(window) 효과를 극대화
할 수 있는 대형업체들 간의 전략적 제휴가 많이 이루어지고 있으며,[16] 디

---

15) 매일경제신문, 1999. 1. 12.
16) 이러한 방대한 잠재시장 규모와 정보기술의 발전 및 고부가가치 특성으로 인
　　해 기존의 컴퓨터게임 업체들 외에도 소니, 마쓰시다, 도시바 등의 전자업체,
　　월트디즈니, 파라마운트, MCA 등의 영화업체, AT&T, 벨 아틀랜틱 등의 전화
　　통신업체들도 앞 다투어 게임시장에 진출하고 있다. 특히 이들 기업들은 서로
　　간의 전략적 제휴를 통해 각 분야의 기술을 결합한 고급형 미래게임시장의 확
　　보를 노리고 있으며 이는 결국 미래 멀티미디어 시장의 주도권을 확보하기 위
　　한 노력으로 판단된다.

즈니를 중심으로 만화영화분야에서도 세계시장을 선도하고 있고 캐릭터 산업으로의 연관 효과를 아주 잘 활용하고 있다. 또한 세계 최고의 멀티미디어 저작기술 보유국가로서 멀티미디어 CD-ROM 타이틀 분야를 선도하고 있는 실정이다. 아울러 인터넷의 급성장으로 통신형 전자출판물에 대한 관심이 증대하고 있으며 인터넷 기술과 광대한 정보네트워크를 강점으로 기존 및 신규 출판물의 디지털화를 통한 국가적 전자도서관 구축을 추진하고 있다.[17] 게임시장의 경우 세계시장의 80%를 일본이 점유하고 있으나 PC 게임은 미국이 70% 시장점유율을 기록하고 있으며 게임산업 분야에 대한 미국의 관심이 점차 증가하고 있다. 컴퓨터게임산업의 경우 게임소프트웨어 제조업체인 일렉트로닉 아트사와 영상미디어 업체인 타임워너, MCA사, 통신업체인 AT&T사 등이 공동으로 출자해 설립한 3DO사는 게임시장에서 새로운 차세대 선발업체로 주목받고 있는데 1993년에는 일본의 마쓰시다사와 제휴관계를 맺고 하드웨어는 마쓰시다, 게임소프트웨어는 3DO사가 공급하기로 업무분담을 하는 등 업계의 노력이 가중되고 있다.

<표 33> 국가별 GDP 대비 산업보조금과 산업 지원금 비중

|  | 일본 | 프랑스 | 영국 | 미국 | 독일 | 이탈리아 |
|---|---|---|---|---|---|---|
| 산업보조금(1985년) | 1.15% | 3.01% | 2.22% | 0.58% | 2.01% | 3.43% |
| 산업 지원금(1986년) |  | 1.6% | 1.8% | 2.7% | 1.3% | 3.0% |

자료: 산업보조금(1985년 기준)에 관해서는 OECD, *National Accounts*, vol.1, Main Aggregates(Paris)/산업 지원금(1986년기준)에 관해서는 Yvez, Moran(1991), *Fonderments d'Economie Industrielle*(Paris: Economica), p.432, 김세원·안세영(1996), <산업정책론>, p.167에서 재인용.

---

17) http://www.mcc.or.kr/softnet/jang.html 미국은 정보컨텐트 시장에서 출판물 시장의 비중이 가장 크며, 점차 텍스트 형태에서 영상형태로 전환되고 있다. 예를 들어 '94년의 경우 텍스트 형태가 41.5%이고 영상형태가 23.9%를 차지하고 있는 것으로 추정되고 있다.

이상에서 살펴본 바와 같이 미국은 문화산업 분야에 대한 정부의 개입은 표면적으로 적으나 '보이지 않는' 지원이 상당한 수준임을 확인할 수 있다. 그리고 무엇보다 미국 정부는 문화산업 관련 민간부문을 적극 활용하고 그들 간의 연계성 있는 협력체제 구축에 힘쓰고 있음을 알 수 있다. 따라서 미국은 벤처성이 강하고 기존의 산업체제와는 다르게 움직이는 문화산업 분야에서의 경쟁력 확보를 위한 시스템[18]이 이미 작동하고 있으며 그들 간의 관계를 더욱 강화하는 데 중점을 두고 있음을 알 수 있다. 무엇보다도 미국의 시스템에서 강조하고 있는 부문은 교육 및 인력 양성 시스템의 구축이 확고하다는 점이다. 미국의 혁신시스템은 유연성을 특징으로 하며, 정부의 지원도 인위적인 것이 아니라 "사회시스템으로서의 지원"의 성격이 강하여 정부의 역할도 주도적이기보다는 "촉매적"인 성격을 띤다고 할 수 있다.

이렇게 미국이 직접적인 산업 지원정책을 꺼리는 이유는 무엇인가? 자유

---

18) 벤처기업의 발흥지인 미국의 벤처기업은 4단계로 발전했다. 50-60년대에 항공우주국의 프로젝트에 참여했던 연구원들이 대학과 기업으로부터 전직(spin-off)해 벤처기업을 설립한 것이 출발이다. 70년대에는 인텔 등 반도체기업 40여 개가 실리콘 밸리를 무대로 탄생했고 78년 이후 투자촉진정책에 자극을 받아 반도체, 유전공학, 컴퓨터 등에서 3차 벤처붐이 일어났다. 90년대에 들어서는 정보통신과 PC 분야를 중심으로 벤처기업이 확산되었다. 넷스케이프가 급성장했고 마이크로소프트는 쾌속성장을 거듭했다. 이 과정에서 벤처기업은 미국경제에 커다란 업적을 남겼다. 첨단산업에서 빠른 속도로 성장하여 미국경제의 구조조정을 촉진했고 고도화를 선도했다. 또한 대기업의 리스트럭처링으로 인한 대량의 실업 인력을 흡수하였다. 89-92년의 불황기에 100-1,000명의 기업고용은 20만 명이 감소했으나 벤처기업이 속해있는 100명 이하의 소기업은 100만 명 이하의 신규고용을 창출하였다. 특이한 것은 육성책이라고 할 만한 정책적 배려가 없었다는 점이며, 정부 지원보다는 벤처기업과 투자자들이 시장원리를 적극 활용한 것을 특징으로 한다.
이에 비해 일본은 90년대 중반부터 정부가 벤처기업을 집중적으로 육성하고 있다. 우리나라처럼 중소기업 지원정책에 주력했으나 포괄적인 정책으로는 일본적 한계를 돌파하기 어렵다고 판단하고 우수한 벤처기업에 집중적으로 지원하는 방식으로 전환하였고 제2의 장외시장(95년), 엔젤에 대한 감세(97년) 등이 그 예이다. 이스라엘의 경우는 실리콘밸리를 건설해 하이테크 벤처기업을 대대적으로 지원하고 있다. 특히 'TI(technology incubater)'제도에 따라 사업비의 85%를 무이자로 융자하고 원금도 사업에 실패한 경우에는 상환하지 않아도 되는 파격적인 지원책을 구사하고 있다.

주의 경제론에 입각한 미국은 산업에 대한 선별적 정부개입에 대해 부정적인 시각을 가지고 있으며 그 이유는 다음과 같다. 첫째, 정부는 각기 다른 이해관계를 가진 이익집단을 모두 만족시킬 수 있는 최적의 정책결정을 할 수 없다. 특히 의회정치가 발달되어 있고 정책결정과정에 의회가 큰 역할을 하며, 지역주민이나 이익집단이 그들의 이익을 정치적 영향력을 통해 행사하려는 사회는 더욱 그렇다. 예를 들어 미연방정부가 항공산업과 자동차산업 중 어느 하나를 전략산업으로 지원하려 한다고 가정해 보자. 지역적으로 볼 때, 항공산업은 캘리포니아주, 자동차산업은 미시간주에 집중되어있다. 이에 두 주는 자기지역에 유리한 결정이 내려지도록 지역출신의 상·하원의원을 통해 치열한 로비를 하게 될 것이고, 결국 산업 간의 비교를 통한 결정보다는 지역 출신의원의 의회 내에서의 정치적 영향력에 의해 좌우되기 쉽다. 둘째, 미국에서는 프랑스나 일본과 같이 사회적으로 가장 우수한 인재가 관료가 되지 않는다. 더욱이 고위 관료직은 정치적 임명직이기 때문에 대통령에 따라 수시로 바뀐다. 따라서 이들은 기업이나 국제경제 환경에 능통한 자들이 아닌 경우가 대부분이며, 주로 대통령 선거 운동이나 정치자금모집에 큰 공헌을 한 법률가나 직업정치인 출신이 대부분이다. 설령 경제학자가 있다 하더라도 자유주의적 성향이 강하기 때문에 정부의 개입을 반대한다. 그러므로 미연방정부 관료는 미국 산업계의 동향을 파악하고 산업 간의 비교우위를 분석하여 주력업종을 선별하고 지원하려는 의지를 가지고 있지 않다. 셋째, 앵글로 색슨계의 사회, 문화적 특성을 바탕으로 하는 미국에서는 인권보호와 개인의 자유와 권리가 중요시되는 반면에 관료주의에 대한 저항감이 강하다. 그러므로 산업정책이 초래할 국가의 관료주의화를 극도로 경계한다.[19]

---

19) 김세원·안세영(1996), 앞의 글, pp.61-63.

## 3. 산업과 국가혁신시스템의 조화 사례 Ⅱ
##    : 한국 반도체산업

전통적인 산업 특성에 기반을 둔 혁신시스템의 움직임과 성공산업의 사례로 반도체산업에 대한 분석을 하였다. 우리나라의 반도체산업은 대표적인 고부가가치산업으로 80년대 후반부터 90년대 초반에 이르기까지 정부의 적극적인 개입을 특징으로 한다. 반도체산업은 대기업 중심의 미션산업으로 정부가 대규모 연구개발투자에 주도적 역할을 담당했으며, 대기업 3사(삼성, 현대, 금성)가 반도체산업에서 성공할 수 있도록 제반 제도들이 수정되기도 하였으며, 기술혁신이 경쟁력의 핵심이 되었으며 해외 시장점유율(수출)을 시장경쟁력으로 여겼으며, 대기업 3사의 독과점체제를 정부가 적극 보호하였다는 점을 특징으로 한다. 이상의 분석 내용을 간단하게 정리해 보면 다음의 〈표 34〉와 같다.

## 〈표 34〉 반도체산업의 산업 특성과 혁신시스템의 조화

| 한국의 국가혁신시스템 특성 | 반도체산업의 특성 |
|---|---|
| **I. 정책 변수**<br><br>1. 기술개발시스템<br><br>( i ) 기술공급정책<br>　－선진국의 성숙기<br>　－경화기 기술<br>　－소화·모방전략<br>(ii) 기술수요정책<br>　－비공식적 기술습득<br>　　(역엔지니어링 방법)<br>(iii) 기술확산정책<br>　－산학협력<br><br>2. 기술자금지원시스템<br><br>( i ) 정부의 역할 및 지원시스템<br>　－주도적 역할<br>　－인위적 지원시스템<br>(ii) 기술금융제도<br>　－정부 주도형 신용시스템<br>　－대기업 중심의 대출시스템과 높은 기업 부채비율<br>(iii) 중소기업 대상 주거래은행제도<br>　－협력자관계보다　감독기관의 성격 강함 | 1) 기업 특성<br><br>· 정부는 반도체 3사(삼성, 현대, LG) 중심체제를 구축하여 과점체제를 보호·육성함.<br>· 대기업 중심 산업(재벌중심체제), 재벌 자체의 신용 때문에 외부로부터의 자금조달이 쉽고, 내부 자금의 규모가 크기 때문에 투자효율의 악화를 무릅쓰면서도 막대한 규모의 투자 자본을 감당할 수 있었음. 이러한 재벌 중심적인 특징은 개별 기업이 견디기 어려운 불황의 충격을 완화시키는 완충장치로서의 기능을 함.<br>· 반도체산업은 그 특성상 대규모 연구개발비를 필요로 함. 이에 정부의 자금지원 및 협동연구개발 투자의 규모 아주 막대함<br>· "제2 금융권 민영화조치"로 재벌이 진출할 수 있도록 허용함으로써 재벌의 자금동원능력을 향상시킴<br><br>2) 제품특성과 기술 특성<br><br>· 산업의 특성상 성숙기에 속하는 산업: 메모리 분야 중 주문형 반도체의 생산과 비메모리분야의 기술이 미흡한 실정이며, 반도체 분야 중 지식집약성이 가장 낮은 노동집약적인 메모리 분야에서 우위를 확보하고 있음<br>· 반도체산업은 제품의 수명주기가 아주 짧고 시간의 경과에 따른 가격의 차이가 큰 첨단산업적인 특성이 강함<br>· 그러나 우리나라의 중점 생산 분야인 메모리 표준형의 경우, 첨단산업 분야이면서도 노동집약적인 분야<br>· 기술력이 곧 제품의 가격과 연결되며 제품의 질적(quality) 수준에 대한 고려가 우선됨<br><br>3) 산업 특성과 시장 특성<br><br>· 1990－95년 반도체산업의 세계시장 증가율이 24%인 데 비해, 국내시장의 증가율은 61%로 3배 정도 높게 나타나 반도체산업의 성과를 알 수 있음 |

| | |
|---|---|
| (ⅳ) 기업회계의 불투명성<br>　-담보 위주의 대출 기능<br><br>(ⅴ) 금융기관의 독립성 문제<br>　-특히 은행에 대한 정부의 경<br>　　영 및 인사에 대한 영향력 큼<br><br>　-대기업 중심의 지원으로<br>　　대기업 편중현상과 산업<br>　　간 불균형이 심화<br><br>　-외국인 직접투자보다는 외자도<br>　　입의 방법으로 기술 자금 마련<br><br><br>Ⅱ. 환경 변수<br><br><br>1. 국민성과 기업문화<br><br>　-개인적 인맥 중시<br><br>2. 교육시스템<br><br>　-획일적, 입시 위주의 제도<br><br>3. 연계시스템: 비효율성<br><br>4. 기술보호시스템<br>　-높은 불법 복제율 전담기구 | ·메모리 중심의 생산체제로 인해 반도체 주변 산업이 취약하고 설계 및 응용능력이 취약하기 때문에 DRAM이 불황에 빠지면 그 충격은 개별기업에 한정되지 않고 국민경제 전반에 파급되기 쉬움<br>·시장경쟁력의 척도: 대외수출 및 해외시장 점유율 반도체 총생산의 90% 이상을 수출하면서도 총 수요의 70%는 수입에 의존하고 있으며, 총 생산의 92% 정도가 메모리제품이며 수입의 80% 이상은 비메모리 제품임<br>·전자핵심 부품을 생산하는 첨단산업이면서 제조업, 공산품(제품)의 의미가 강하게 작용하며, 일반제조 상품과 동일한 유통구조임.<br><br>4) 기술개발시스템: 협동연구<br><br>·관·민 협동 연구개발체제 구축 및 전문연구소 설립 등의 기술혁신시스템 전반에 대한 지원을 함<br>·반도체 개발초기에는 개별 연구를 바탕으로 한 공동연구를 특징으로 하며, 총괄연구기관의 역할을 전자통신연구소(ETRI)가 담당<br>·기술이 고도화되는 후기에 접어들면서, 합동연구를 기반으로 하는 공동연구, 〈반도체연구조합〉이 총괄연구기관으로 민간 중심체제로 전환되면서 네트워크의 변화를 보임<br>·결과적으로 혁신시스템의 구성이 분절적, 정태적인 성격에서 유기적, 동태적인 성격으로 변화되었고, 국가중심적이던 협동연구가 민간협동체제로 변화하게 됨<br>·정부의 "적극적인 위험 부담 행위"와 "국가-자본(재벌) 우위적인 제도형성의 시기"를 특징으로 하며, 기업과 정부의 관계는 "호혜적 상호성"으로 개념화할 수 있음<br><br>5) 환경 변수: 사회적 인식<br><br>·반도체산업에 대한 사회적 인식은 깨끗하고 고부가가치의 첨단산업 |

반도체산업의 기술혁신(＝경쟁력 확보)을 위해서 정부는 과감한 자금 투자와 공공연구기관의 기술력을 바탕으로 민간기업과의 네트워크를 구축하는 데 "주도적" 역할을 하였고, 이러한 네트워크에서의 정부의 역할 강도를 DRAM 기술의 발전과정에 따라 조정하고 축소시켜나가는 등 적극적인 역할을 담당하였다. 이러한 "인위적" 또는 "조장적" 시스템의 특성과 대기업－정부－연구소 3자간의 관계를 중심으로 구축된 협력관계는 전반적인 혁신시스템의 특성과 잘 조화를 이루게 되었고, 이러한 "정부 조장적" 시스템에 적합한 산업임을 확인할 수 있다. 반도체산업정책에서의 정부의 역할은, 크래즈너(1978)의 "국가의 목적에 따라 이에 상반되는 이익을 격리시키는 능력"을 최고로 발휘한 사례라고 할 수 있다.

먼저 기술개발지원시스템 측면에서 "반도체공동연구조합"을 결성하고 전자통신연구소와 삼성, 금성, 현대 3사가 공동으로 연구개발을 추진하고, 생산과 마케팅은 개별기업체가 알아서 하는 방식을 특징으로 하고 있다. 예를 들면, 정부는 자금지원정책에서 반도체산업에 대한 연구개발지원금을 1989년 580억 원, 1990년 972억 원, 1991년 1,738억 원으로 점차 그 규모가 커지고 있다. 그리고 공업기반기술자금, 공업발전기금 등의 운용에 있어 전자산업에 대한 정책금융 규모가 전체 지원액의 30%(1990년)에서 42%(1991년)로 급격하게 확대되고 있다. 이러한 기술금융 규모는 반도체산업에 대한 정부의 지원 규모를 짐작할 수 있게 한다. 따라서 반도체산업에 대한 정부 지원시스템의 성격은 Lucian Pye(1985)의 말처럼 정부의 "적극적인 위험부담 행위"라 정의할 수 있다. 즉, 기술개발이나 시장에서 발생할 수 있는 불확실성과 위험을 정부가 민간기업 대신 떠안겠다는 적극적인 의지의 표현으로 볼 수 있다. 그리고 중화학공업 육성정책의 시기가 "국가 우위적 제도형성의 시기"였다면, 반도체산업육성정책의 시기는 "국가－자본(재벌) 우위적인 제도 형성"의 시기로 개념화할 수 있으며, 기업과 정부와의 관계는 "호혜적 상호성"을 특징으로 한다.

둘째, 정부의 지원시스템과 관련하여, 우리나라의 금융시스템은 발전국가 시기에 국가 주도의 경제성장을 이루기 위한 유통수단으로 국가에 의해 창

출되었고, 70년대 중화학 공업 위주의 성장과 80년대 산업구조조정의 과정
을 거치면서 정형화되어 왔다. 그 형태는 Zysman의 분류에 의할 때, 정부에
의해 관리되고 가격이 결정되는 신용 위주의 은행 지향 금융시스템
(credit-based financial system with Government-administered Prices)이라
고 할 수 있다. 이 시스템은 국가신용자원을 독점하고 있는 상태에서 선별적
인 정책에 의해 집중적으로 자원을 투자함으로써 산업목표를 효과적으로 달
성할 수 있게 하였다. 하지만 경제가 자유화, 개방화되는 시점에서 국가에
의해 관리되는 여신관리체제는 기업과 은행의 도덕적 해이를 유발시켜, 산
업의 합리적 투자와 조정을 곤란하게 하는 등 부적합한 시스템이 되고 있다.
　그러나 정부 주도형 신용시스템의 운영에 있어서 은행의 대출이 대기업
중심으로 이루어지고 담보 위주로 이루어지는 특성은 반도체산업의 혁신
주체인 동시에 담보능력이 있는 대기업의 자원동원능력을 향상시켰다는 점
에서 긍정적으로 작용하고 있다고 평가할 수 있다. 이러한 융자중심의 기
술금융시스템 특성은 반도체산업의 혁신 주체인 대기업의 기업특성과 잘
조화되면서 대기업의 자금조달과 반도체산업의 시장경쟁력 향상에 긍정적
인 역할을 한 것으로 평가된다.
　셋째, 기술혁신 관련 정부의 역할과 정책이 인위적이고 주도적인 리더의
성격을 강하게 띠고 있는데, 이러한 혁신시스템의 특성은 반도체산업의 성
공을 위한 정부의 직접적인 개입과 기술공급정책과 잘 맞아서 결과적으로
반도체산업의 기술력 향상에 기여한 것으로 평가받고 있다. 특히 소화・모
방 전략에 적절한 인적, 재무자원 공급정책은 선진국의 성숙기 산업기술을
도입한 반도체산업과 조화되었고, 역엔지니어링을 통한 비공식적 기술습득
과 외국 기업의 직접투자보다는 외자도입의 방법으로 기술자금을 마련하는
방법은 반도체 3사의 독점적 지위를 확보하는 데 기여하였다고 할 수 있다.
　넷째, 우리나라의 "주입식" 교육과 높은 교육열, 고급인력의 양적 증대에
치중한 기술인력 양성시스템 등의 교육제도와 학연, 지연, 혈연을 통한 "개
인적 인맥"을 통한 거래비용 감소 등의 사회・문화적 환경 특성은 동원
형・중화학형 기술혁신을 특징으로 하는 메모리 표준형 반도체산업의 노동

집약적인 생산방식에 유리하게 작용하였다. 그리고 획일적인 기술인력 공급과 고급 과학기술인력 양성정책은 빠른 시일 내에 목표를 달성할 수 있도록 일사불란한 방식으로 추진될 수 있었다. 기술혁신과정에서 노동자 배제적인 특성은 반도체 기술의 도입과 개발의 목표 달성에 기여한 것으로 평가할 수 있다.

반도체 메모리 칩 개발에 있어서 "기술력"은 중요 변수로 작용하게 되고, 이를 위해 공공연구소와 민간기업체가 협동연구시스템을 도입하여 대규모의 자금 동원이 원활하게 이루어졌고, 가전 3사에 제한하여 독점체제로 이익을 향유할 수 있게 하였으며, 이를 통해 수출지향적 목표를 추구할 수 있었다. 또한 반도체산업을 활성화하기 위해 민간과 공공연구소 간의 협력 네트워크가 일시적으로 인지되고 있다. 이러한 특성은 반도체산업 특성과 혁신시스템이 상호 조화된다는 것을 보여준다.

# 제10장 산업과 국가혁신시스템의 부조화(mismatch)

## 1. 한국 국가혁신시스템의 주요 변수와 관련 사례

1970년대 말 미국의 전자 오락기가 일본과 한국에 동시에 수입되면서 게임산업은 시작하였다. 초기에는 한국과 일본의 기술 수준이 대등한 상태였으나 한국은 게임에 대한 부정적인 사회 인식과 규제 위주의 정부정책, 전문 개발업체의 영세성 등으로 투자 및 기술개발을 위한 환경이 조성되지 못하였고 현재의 심각한 대 일본 무역역조 현상이 심화되고 있다. 이에 비해 일본은 출판 만화가 발전한 상태였고, 게임에 대한 사회적 인식이 나쁘지 않아 전자오락의 문화적·상업적 가치를 인정하고 건전한 놀이 문화로 유도함으로써 오늘의 게임왕국으로 부상하게 되었다.

초기의 게임산업은 전자오락실용 게임기산업에 국한되어 성장하고 산업 전반의 발전을 도모하지는 못했다. 90년대 이후 일본의 닌텐도와 세가사의 가정용 비디오게임기가 국내 대기업에 의해 수입·판매되고, PC의 급속한 보급에 따른 PC게임용 소프트웨어의 수요가 증가함에 따라 가정용 게임에 대한 관심이 폭발적으로 늘어났다.[20] 특히 청소년층을 중심으로 수요의 확산이 크게 이루어지기 시작했으며 국내 제작업체의 미성숙으로 외국산 게임이 국내에 무차별적으로 수입되게 되었다. 이러한 한국의 게임시장은 전

---

20) 문화관광부는 컴퓨터게임의 문화적·산업적 가치를 인정하고 이를 산업적 차원에서 육성하고자 1995년 12월 "음반 및 비디오물에 관한 법률"을 개정하여 컴퓨터게임에 대한 법적 근거를 마련하였다.

국내 게임시장은 '90년 이후로 연평균 30-40%의 성장을 거듭했으나 '96년에 이르러 10%대로 성장이 둔화되었다. 통상산업부의 자료에 의하면, 1998년 비디오게임은 소프트웨어를 포함하여 1,145억 원, 아케이드게임은 전국 25,000여 개의 업소에서 4,700억 원, PC게임 시장은 350억 원, 온라인게임 61억 원의 수준으로 추산되고 있다.

반적으로 "불완전성"을 특징으로 한다고 할 수 있다.


## 1) 정책 변수관련 사례

한국 게임산업의 특성에 관해서는 4장에서 집중적으로 살펴보았다. 본 절에서는 한국 게임산업의 특성에 대한 구체적인 기업 사례를 분석틀의 정책적 변수와 환경적 변수로 분류하여 분석하도록 한다. 이러한 사례연구를 통해 게임산업의 네트워크의 미흡함을 확인하고, 기존의 혁신시스템이 변화되어야 할 필요성에 대해서 살펴보도록 한다.

### (1) 자금지원시스템

다음의 사례는 게임개발을 비롯한 자금조달과 개발과정에 대해 보다 구체적인 논의를 하는 과정에서 의미 있는 자료이며, 동시에 게임개발업체의 자금조달의 어려움을 비롯한 한국 게임산업의 네트워크 결여 현상에 대한 실제적인 자료를 제공한다. 아울러 자금조달 시스템이 원활하게 작동하지 않는 문제는 소규모의 자본과 인력으로 창업하는 게임업체의 개발능력을 제한할 뿐 아니라 게임산업 전반의 영세성 문제의 원인으로 작용하게 된다. 따라서 자금의 동원능력 또는 자체조달능력이 떨어지는 게임업체가 창의성 있는 게임개발을 위해 필수적인 요소인 자금을 원활하게 동원할 수 있도록 정부의 혁신시스템이 구축되어야 할 필요성 문제를 제기하게 된다.

### [사례기업 1]

PC게임을 주요 생산품으로 하고 있는 T사의 경우, 1992년 2월 설립되었으며 1994년 불모지나 다름없던 게임시장에 게임 "K-1 탱크"를 개발했고, 1995년에는 "낚시광 시리즈"를 출시하였으며, 1998년 "대물낚시광"의 개발로 미국에 700만 달러의 수출실적을 올렸다. 1998년 매출액은 18억 원으로 이 중에서 수출은 1,470만 달러에 이른다. "대물낚시광"은 국산게임으로서는 처음으로 풀3D 스포츠게임으로 이 게임이 완성되는 데 걸린 개발기간은 2년, 기획작업에만 6개월이 소요되었다. 이 회사의 대표인 J사장은 서울대 미대[21]를 졸업하고 영화 조감독의 경력을 갖고 있으며, 게임의 수출을 위해 미국 LA에 임시사무소를 설립하고 현지 변호사와 마케팅 전문가를 영입해, 미국환경에 적합한 사업제안서를 작성하는 등 철저한 현지화 전략을 채택하여 판로를 개척하였다고 한다. "남들이 시도하지 않은 아이디어로 틈새시장을 공략하는 것과 치밀한 마케팅 전략을 세우는 것이 필요하다. 국산게임이 미·일 등 선진국에 비해 기획력과 연출력이 뒤떨어지는 것은 게임개발사가 대부분 영세하여 기획의도가 제약을 받는데다 전반적인 문화 인프라가 취약하기 때문이다. 그리고 92년 게임회사를 설립할 당시에 비해 게임에 대한 인식이 크게 호전되고 있는 점이 큰 힘이 되고 있다."고 말하고 있다. 또한 J사장은 "개인적으로 일본의 세가사를 벤치마킹 모델로 삼고 있다. 저희 회사의 핵심기술인 3D 랜더링은 오락뿐 아니라 군용·산업용 등에 이르기까지 응용 분야가 무궁무진해 기대를 걸고 있다.". "게임산업은 고도의 컴퓨터기술과 3차원 그래픽 영상, 창의적인 아이디어가 결합하지 않으면 경쟁이 불가능한 지식산업이다."고 말하고 있다.

위의 [사례 기업 1]은 게임개발업체의 자금부족의 문제와 게임산업의 인프라의 취약성으로 창의성이 제대로 발휘될 수 없으며, 게임산업의 첨단기술 "융합"적인 특성을 잘 보여주고 있다.

---

21) 게임개발사의 사장이 미대 출신인 경우는 (주)타프시스템, 클릭엔터테인먼트, 게이브미디어 등이 대표적이며, 이들의 제품은 화려한 그래픽으로 사용자들의 눈길을 휘어잡고 있다는 점이다. 특히 기획단계에서부터 실제로 예술작품을 만들던 경험을 살려 기발한 아이디어가 돋보인다는 점을 특징으로 한다. 그러나 컴퓨터프로그램과 회계학 분야에 대한 지식이 부족한 점도 특징으로 한다.

---

**[사례기업 2]**

PC게임 전문개발사인 S사는 .1994년 12월에 설립되었고 2000년 현재 21억 원의 자본금, 개발인원 50명, 1999년 매출액 35억 원을 기록하고 있다. "창세기전 시리즈"와 "템페스트"(1998년 말, 출시 4개월 만에 75,000 카피의 판매를 기록함. 국내 게임 평균 2만 카피 판매)의 국내시장에서의 성공을 발판으로 세계시장에 진출할 계획이며, 일본의 이스코트사와 제휴관계를 체결하여 "창세기전 II"를 플레이스테이션 게임용으로 개발해 일본 시장 판매를 준비하고 있다. S사는 주로 일본과 대만에 전문 유통사를 통해 게임을 수출하고 있다.

---

[사례 기업 2]는 게임산업의 개발사 및 제작사와 유통사의 이원화된 특성과 특이한 유통구조를 짐작할 수 있게 한다. 게임의 판매를 위해서는 게임개발사가 직접 판매망을 개척하지 않고, 전문 유통사를 통해서 판매를 대행하는 구조가 일반화되어 있다.

---

**[사례기업 3]**

온라인게임 전문개발사인 M사는 1994년 7월 설립되었고, 1999년 12월 현재 자본금 은 18억 8천만 원으로 대표이사인 J사장이 52%의 지분을 소유하고 있다. 지난 91년 KAIST 출신 6명과 함께 "단군의 땅"을 개발하였고, 96년 장영실 상을 수상하였다. 1997년에는 단군의 땅 후속편인 "아사달 시대"를 출시하였고 94년 천만 원 정도에 불과하였던 매출액이 95년 6억 5천만 원, 96년 12억 원, 97년 25억 원으로 해마다 2배 이상 매출액의 증가를 기록하였다.

그런데 국내에서의 성공을 뒤로 하고 M사는 1997년 하반기부터 해외진출을 위해 핵심개발요원 5명과 미국의 실리콘 밸리로 진출하였다. J사장에 의하면, "PC통신업체에 이용료의 75%를 지불하는 잘못된 분배구조로 인해 경영의 실속이 없었고, 그래서 능력만큼 대접받을 수 있는 해외시장에서 활로를 찾으려고 했다."고 말했다. 또한 "백만 개의 회사 중 대여섯 개 만이 승리의 월계관을 쓴다. 이기는 자에게만 투자가 이루어지고 관심이 집

---

중되는 게 미국의 현실"이라는 점을 강조하였다. 미국에서 개발한 게임은 웹 기반의 네트워크 시뮬레이션 게임인 "아크메이지(Archmage)"로 시장 적합성 테스트를 받는 데만 1년 6개월이 걸렸고 프로그램을 수정 보완하는 작업이 계속되었고 당초 구성안 중 3/4을 수정하여야 했다. 이러한 실리콘 밸리 진출의 과정에서 가장 어려웠던 점은 개발자금의 문제였으며, 현재 아크메이지는 미국 게임시장 접속건수 1-2위를 다투고 있다. 별도의 프로 그램을 다운받거나 구입할 필요없이 누구나 인터넷에서 무료로 이용할 수 있다는 특성 때문에 접속률이 높으며, M사로서는 광고 수입만으로도 월 7만 달러 이상의 매출을 올리고 있다.

[사례 기업 3]의 M사는 국내 온라인게임 분야에서 장영실상을 수상하고 벤처기업대상업체로 선정되는 등 선두그룹에 속하는 기업이었음에도 불구하고, 97년 해외진출을 선언하고 실리콘 밸리로 진출했다. 그런데 이러한 진출이 단순히 시장확대에 있는 것이 아니고, 능력만큼 대접받을 수 있는 환경을 게임업체가 직접 찾아 나선 것이라는 데 문제가 있는 것이다. 당시 J사장은 그 당시 회사 상황을 "속빈 강정"이라고 표현하고 있다. 국내 게임 업계의 선두주자로서 국내시장을 포기하고, 결국에는 국내 본사를 매각하고 미국에서 새롭게 시작하였다. 그렇다면 국내 환경은 게임업체가 사업을 운영하기에 적합하지 않다는 문제를 제기할 수 있지 않을까? 정책자금을 지원받고 우수게임업체로 선정되기까지 한 게임업체가 국내시장을 포기하고 미국을 산업환경으로 선택한 이유는 국내 게임산업 환경이 문제가 있다는 것을 간접적으로 말해준다.

정부의 지원을 받은 적이 있는 기업으로서 국내시장에서 성공한 기업이면서도 국내의 사업기반을 포기하고 해외로 사업기반을 이전한 것은 결국 정부지원 시스템에 문제가 있다는 것을 말해준다. 따라서 현재 혁신시스템 기반에서 이루어지는 정부의 지원은 문제가 있으며 많은 한계를 가지고 있음을 지적할 수 있다. 또한 M사의 매출액 증가를 통해서 게임산업의 고수익성과 고부가가치를 통해 "벤처적"인 특성을 짐작할 수 있고, 게임업체의 자금조달의 곤란성 정도를 실감할 수 있다.

### [사례기업 4]

온라인게임개발회사인 K사는 LG 게임스쿨 동기생 4명이 5천만 원의 창업자금으로 1997년 설립되어 현재 17명의 인력을 보유하고 있다. 첫 게임 타이틀인 "드로이얀"이 1997년 12월 출시와 동시에 영국에서 개최된 유럽 컴퓨터 무역 전시회(ECTS)에 참가해 호평을 받으면서, 세계 13개국으로 수출되었다. 업 그레이드 버전인 "드로이얀 넥스트"는 정보통신부에서 주관하는 신소프트웨어 대상을 수상하고 1997년 매출액 2위 업체로 선정되기도 하였다. 독일 종합 S/W 유통사인 CDV사와 5만 달러 상당의 계약을 체결하고 미국, 캐나다, 스위스, 오스트리아, 프랑스 등 30만 달러의 수출실적을 올렸다. 또 대만, 홍콩, 말레이시아 등의 게임업체와도 판권계약을 체결하는 등 활발한 활동을 통해, 1998년 6억 원의 매출을 달성했으며 1999년 20억 원의 증가를 예상하고 있다.

K사의 P사장(20대, 고졸)은 "직원들 간의 가장 큰 공통점이 있다면, 공감대거든요. 게임에 대한 공감대가 형성되어 있기 때문에 모든 울타리가 그 쪽으로 쳐져 있습니다. 고민이 있어도 형처럼 …… 또 저보다 제 또래와 많이 의논하죠. 의논을 많이 하고 마인드 자체가 우리는 개발자가 아니라 이 회사의 주인이라는 생각을 많이 심어줍니다."라고 말하면서 "그런데 드로이얀 2는 수출용과 국내용을 서로 다르게 제작했습니다. 심의 때문에 ……, 그러니까 국내판 하고 외국판은 달라요. 외국판은 아무래도 좀 더 현실적으로 사실감에 굉장히 주력하죠. 부담이 없으니까, 저희가 표현하고 싶은 것을 다 표현할 수 있으니까요. 이렇게 두 번 일을 하다 보니 제작비가 더 들어요."라고 심의의 문제점을 지적하고 있다.

[사례 기업 4]는 창업한 지 불과 1-2년 만에 고도성장한 기업으로서 게임업체의 조직 내부적인 특성이 "비공식적"이고 "가족적"이며 유연한 시스템을 가지고 있다는 것을 보여주는 사례이다. 동시에 심의의 문제점과 이

중 제작(해외용과 국내용)의 어려움과 형식성을 말해주고 있다. 또한 게임 업체의 창업자금이 5천만 원-1억 원 이하가 대부분인 영세성을 특징으로 하며, 이러한 영세성은 곧 개발자금의 위기로 연결되어 결국에는 창의성 있는 제품 개발의 한계요인으로 작용하고 있음을 알 수 있게 한다. 따라서 한국 게임업체의 자원동원 능력이 취약하기 때문에 혁신시스템을 기반으로 한 관련 주체 및 자원들 간의 협력관계 내지는 네트워크의 구축이 무엇보 다도 필요함을 보여준다.

---

### [사례기업 5]

온라인게임 개발을 주력사업으로 하고 있는 Ko사는 1996년 6월 자본금 5천만 원. 8명의 대학생이 게임회사를 설립하였고 99년 현재 자본금 2억 원, 98년 매출액 1억 5천만 원이다. 97년 4월 "Gun Chase"를 독자 개발하 였고, 10월에는 정보통신부장관상을 수상, 98년 2월에는 '네트워크 게임용 프로토콜 기술'로 정보통신부 지정 우수신기술업체로 선정되어 9천만 원의 지원금을 받았다. 지금까지 정부정책지원금을 2억 9천만 원가량 지원 받았 으며, 그중에서 이자가 없는 출연금 성격의 지원금은 98년 2월 정보통신부 로부터 '우수신기술지원사업'의 일환으로 9천만 원을 지원받은 것이 있고, 1999년 3월에는 산업자원부로부터 '공업기반기술개발사업에 의한 기술개발 비지원'의 일환으로 1억여 원을 지원받은 것이 있다. 그리고 98년 10월에 정보통신부의 '정보화촉진기금 융자사업'제도를 이용해 1억 원의 기술신용 보증기금의 보증서로 융자받은 것이 있다. 1999년 6월 현재 15명의 직원으 로 구성되어 있다.

대표이사인 H는 이상의 지원금을 받을 당시의 상황을 다음과 같이 말하 고 있다. "처음 창업 당시 8명의 대학 2년생들이 주축이 되어 창업한 벤처기 업으로서 1999년 8월 현재 나는 S대 4학년에 재학 중이다. 그러다보니 경영 관리 및 마케팅에 취약해서 신제품을 개발하고도 매출신장으로 이어지지 않 아 어려움이 많았다. 겨우 5천만 원의 자금으로 8명의 창업자가 모두 개발에 매달렸지만, 창업 6개월 만에 첫 번째 자금난을 만났다. 다행이 이때는 엔젤 의 도움으로 1억 원을 마련하여, 자사 신제품 개발에 매달리면서 개발용역 사업으로 1997년 여름까지는 회사를 정상적으로 운영할 수 있었고 네트워크 슈팅 게임 "건 체이스"를 개발하였다. 그러나 제품이 상용서비스가 되기도

전에 다시 자금난에 직면한 와중에 그해 가을에 연거푸 상을 받았다 ……
그러나 이러한 수상경력이 있다고 해서 정부지원금 주관부서나 시행단체가
직접 나서서 정부지원금을 받아가라고 하는 곳은 없었다. 우리는 무엇인가
여러 형태의 정부지원금이 있을 거란 기대를 갖고 융자 아닌 지원금 시행단
체 및 기관을 수소문하여 찾아보기도 했고, 신문공고를 통해서 알기도 했다.
결과적으로 '기술개발제안서'만으로 두 번에 걸쳐 정책지원금을 받을 수 있었다."

Ko사가 이러한 정부의 정책지원금을 받을 수 있게 된 데는, 2번의 수상경
력과 우수신기술 지정업체 확인서가 우선적으로 작용하였다. 또 수혜대상에
포함될 수 있었던 이유는 정보통신부와 산업자원부가 연구개발 및 기술혁신
을 통해 사회 각 분야의 정보화 및 공업기반 기술을 촉진하기 위해 선정한 특
정연구개발과제를 고지하였을 때, 관심 있는 업체가 개발제안서를 올려서 심
사에 채택되면 지원금을 받는 경우, 관련 프로젝트에 참여 주체가 됨으로써
받는 지원금을 받는 경우, 시행기관의 프로젝트를 이미 성공하여 기술의 상업
성을 인정받는 경우에 모두 해당되어 지원금을 받을 수 있었다. 이러한 정책
지원금의 시행기관은 정보통신부의 경우 대전의 과학기술원 내에 있는 정보
통신연구진흥원(전 정보통신연구관리단)이었고, 산업자원부의 정책자금은 한
국산업기술평가원(전 산업기술정책연구원)이었다.

지원금 신청의 주된 목적에 대해 H사장은, "자금조달과 정부정책 관련 프
로젝트사업을 한다는 두 가지에 의미를 두었다. 그것은 우리 회사의
Name-Value를 올리는 데 기여하였다."고 말하고 있다. 그리고 "산업자원
부와 정보통신부의 정책자금의 상환조건이 서로 다르다. 공통점은 이자가
없다는 점이고 제안서에 밝힌 과제를 상품화하는 데 실패하였을 경우, 물
론 실패의 사유가 객관적으로 인정될 경우에는 상환이 면제되는 것이었
다."며 "98년 초에 받은 정통부 지원금의 경우는 원리금 상환이 면제되는
무상 지원금이었다. 그 대신에 정부의 기술개발과제를 성공리에 완성하였
을 경우 그 기술에 대한 지적 소유권을 정부와 기업이 공동 소유한다는 약
정이 따랐다. 기술개발과제는 통신 프로토콜이었고 상용화하였을 경우 매
년 매출액의 5-10%씩 지원 원금을 갚아나가는 식이었다. 그러나 과제의
성격과 업체의 개발조건에 따라 15-20%의 선급 기술료를 계약금 형식으로
집행기관에 먼저 주는 경우와 러닝메이트 방식의 상환방법도 있다. 그리고
99년 3월 초에 산업자원부로부터 받은 1억 원의 공업기반기술지원금 역시
이자 없는 출연금의 성격이 강했는데, 개발과제가 성공한 후에 지원금 총
액의 30%만을 3년에 걸쳐 10%씩 갚으면 되었다."고 지원금의 상환조건에
관해 덧붙였다.

> 융자금 형태로 받은 정통부의 정책자금은 정보화촉진기금을 연 6%, 2년 거치 3년 상환의 조건으로 받았고, 목적은 두 번째 자사 제품인 "스타체이스" 개발자금을 확보하고자 함이었다. 제안과제는 "분산객체화 인공지능 시스템기술을 이용한 3D 온라인게임 엔진 및 저작도구 개발계획"이었고, 정보통신연구진흥원이 시행기관이었으며 담보 대신에 기술신용보증기금의 보증서가 필요했다고 한다.

[사례 기업 5]는 현재의 정책자금 지원이 게임개발과 직접 연결된 지원이 아닌 경우가 많고, 기업의 모럴 해저드의 문제를 야기하게 되고, "투입 중심의 자금 지원"의 문제점을 말해준다. 결국 Ko사의 사례는 정부의 지원이 있었음에도 게임개발과 매출액 증가로 연결되지 못하고 있음을 말해주는 것으로, 현재 혁신시스템에 기반을 둔 게임산업에 대한 정부의 지원정책에 문제가 있음을 말해주는 사례이다. 그리고 외부 조력자의 적극적인 개입이나 간여를 꺼리고 문제점을 자체적으로 해결하려는 성향이 강하다는 것을 확인할 수 있다. 사례5의 경영자는 공학도로서 마케팅이나 회계관련 지식을 직접 공부하여 해결해 나가는 방식을 취하고 있어, 모든 것을 혼자서 하려는 외부인력 배제적인 특성을 강하게 띠고 있다.

### [사례기업 6]

> 1997년 설립한 온라인 머드게임업체인 B사는 총 17명의 인력으로 구성되어 있으며 1998년 8억 원의 매출실적을 기록하고 있으며 2000년 게임관련 벤처기업으로서 KOSDAQ에 등록된 2개 게임업체 중 하나이다. 국내 유일의 네트워크게임 플랫폼 개발업체인 B사는 전 세계에 4개뿐인 인터넷 게임공간[22]인 "게임넷"을 운영하고 있으며, 100여 종의 인터넷 게임들이 원활히 작동하도록 수시로 게임용 공간에 들어가 사용자들과 게임도 하고 점검하는 업무를 게임플랫폼디렉터[23]인 J씨가 담당하고 있다. 게이미 플랫폼은 인터넷에서 여러 명이 게임을 즐기는 데 필요한 서버용 소프트웨어로

인터넷 통신업체나 인터넷 서비스 공급업체(ISP)가 주요 고객이다. 이들 업체들은 이 소프트웨어를 서버에 설치해야 인터넷을 통해 접속한 수많은 네티즌에게 네트워크게임을 동시에 제공할 수 있다. B사는 99년에 31억 3,400만 원의 매출을 올렸고, 순이익은 9억 4,600만 원을 기록하고 있다. 99년 국내 게임플랫폼 시장이 60억 원 정도로 예상되는 점을 고려할 때 상당한 액수임을 알 수 있다. 이 회사의 한 관계자는 "외국산에 비해 가격이 80% 정도 저렴하고 사용자 환경을 우선적으로 고려해서 기술을 개발한 점이 주효했다."고 말한다.

또한 2000년 3월, B사는 네트워크 온라인게임의 컨텐츠 능력을 확보하기 위해 인터넷 컨텐츠 서비스업체인 I사와 제휴하여 온라인게임 서비스를 제공하기로 합의했다. 2000년 현재 자본금은 10억7,900만 원이고 99년 부채비율은 68.6%에서 2000년 13.8%로 축소될 예정이다. 주요주주는 대표이사인 J씨가 39.8%의 지분을 소유하고 있으며 아시아벤처금융 12.5%, LG창업투자 7%, 디지털조선일보 5%의 지분을 확보하고 있다. 게임업체로서 처음으로 코스닥에 등록된 B사는 2000년 5월 3일부터 거래가 시작되어 7일 만에 96.65%의 높은 상승률을 기록하고 있다. 같은 기간 코스닥지수가 0.18% 상승한 것과 비교할 때, 상당한 상승률임을 짐작할 수 있다. 해외 수출에 있어서도 2000년 4월 일본 게임플랫폼 개발회사인 '돌핀넷'사에 게임 플랫폼 기술이전을 하기로 하고 계약금 10억 원과 매년 기술이전 로열티를 받기로 하였으며, 5월에는 이스라엘의 인터넷 서비스 공급업체인 베제크 인터내셔널사와 20만 달러의 계약금과 연간 유지보수비 3만 달러를 받는 조건으로 게임용 소프트웨어 완제품을 수출하였다.

---

22) 세가의 "히트넷", 마이크로소프트의 "게이밍 존", 미국의 게임프로리그협회의 "텐"이 있다.

23) 게임PD 또는 게임마스터로 약칭하기도 한다. 인터넷 게임에 관련된 모든 일을 기획하고 관리하는 일을 담당하고 인터넷게임대회 기획 및 준비, 운영은 물론이고 게임테스트 공간이 되는 네트워크의 점검까지 담당한다.

자금조달의 창구로서 장외시장(KOSDAQ)에 게임업체가 등록된 것은 2000년 5월에 들어서야 2개 업체가 등록되어 있다. 결국 게임업체가 자금조달의 창구로서 장외시장을 활용하지 못하고 있음을 알 수 있고 이것은 한국 기술금융시스템의 한계를 보여주는 것이다. 미국의 경우는 장외시장이 거래소시장과 관계없이 자율적으로 움직이면서 투자의 활력소가 되고 있고 게임업체의 상당수가 자금조달의 창구로 활용하고 있는 데 반해, 한국의 장외시장은 거래소시장에 등록하기 위한 준비단계로서의 의미가 강해 사실상 독자적으로 움직인다고 보기 어려우며, 원활한 자금조달과 투자의 구조를 형성하기에 아직 미흡하다고 할 수 있다.

이상의 게임개발업체 사례를 통해서 알 수 있는 점은, 문화관광부의 경우는 정책지원금보다는 수상제도를 주로 활용하고 있는 단계에 머물러 있는 데 비해, 정보통신부나 산업자원부의 경우는 기존의 산업정책 지원정책을 바탕으로 한, 정보통신 및 소프트웨어 기술 부문에 대한 정책지원금 제도가 활성화되어 있음을 확인할 수 있다. 그런데 이러한 정통부의 지원금은 게임개발 자체에 대한 지원금이라기보다는 정보통신 기술 관련 지원금의 성격이 강하게 작용하고 있다. 정부의 정책자금지원과 관련하여 게임개발사 관계자들은 "1-2년 전까지만 해도 게임개발사들이 벤처캐피탈의 투자는 물론 정부나 각종 공공기관으로부터 저리융자조차 받기 어려웠던 것에 비하면 ……"이라면서 "1억 원 이하의 자본금으로 창업하는 개발사가 대부분이다 보니 창업 초기에 신작개발자금 조달의 어려움을 많이 겪었다."[24]고 말하고 있다.

최근 들어 이렇게 게임산업에 대한 투자가 점차 증가하면서 투자조건이 지분투자보다는 투자한 결과물을 통해 얻은 수익을 일정한 비율로 분배하는 "프로젝트 파이낸싱(pro-ject financing)"이 많아지고 있다. 한 벤처 투자회사의 관계자는 게임개발업체인 J사에 투자한 배경에 대해, "게임산업에 투자

---

24) 게임개발업체를 대상으로 한 1999년 3월 인터뷰 내용 중 일부임.
특히 게임업체의 업력이 7년 이상 된 기업일수록 자금조달의 어려움에 더욱더 공감하고 있음을 확인할 수 있었다.

하는 데 따른 위험부담은 크지만, 장기적인 가능성을 볼 때 게임산업에 대한 투자가 필요한 시점이라고 판단했다.”고 말하고 있다. 벤처캐피탈이 게임업체에 투자하는 데 있어 우선적으로 작용하는 기준은 해외에서 인정받을 수 있는 “기술력”이라고 하면서 외국으로의 수출계약이나 작품성의 인정 등이 투자 유치에 결정적인 역할을 하고 있음을 알 수 있다. 그러나 게임업계의 한 관계자는 “매출실적 없이 아이디어만으로 정부지원을 받기란 쉬운 일이 아닙니다.”[25]라고 자금지원시스템의 문제점을 지적하고 있다.

## (2) 게임산업정책시스템

미국에 비해 한국의 게임산업에 대한 정책은 상대적으로 하드웨어 편향적인 구조를 보이고 있다. 즉 국내시장 대부분을 장악하고 있는 하드웨어 부문에 정책을 집중시키고 있기 때문에 실질적인 시장인 소프트웨어와 컨텐트웨어의 육성이 어렵다는 사실이다. 이러한 하드웨어 중심의 정책은 국내 게임시장에서 별 다른 효과를 보이지 않는다. 가정용 게임기시장에서 성공한 일본의 경우도 하드웨어보다는 컨텐트웨어 중심으로 시장확대 전략을 취하고 있는 점으로 미루어 볼 때, 보다 발전적인 전략을 위해 하드웨어 산업계가 소프트웨어를 개발하고 컨텐트웨어까지도 시도해 보려고 하지만 이는 대부분 해외업체와의 제휴 차원에 그치고, 비공식적인 수입라인만을 확대해 간다는 비판을 면하기 어렵게 되어 있다.

정부의 하드웨어 중심적인 정책으로 인해, 소프트웨어와 컨텐트웨어로의 연계확산효과를 기대할 수 없으며, 시장 역시 하드웨어 중심으로 형성되어 있는 한계를 발견할 수 있다. 우리나라의 게임산업 관련 정책구조가 하드웨어 중심의 정책에 일관되어 왔기 때문에 반도체산업은 이러한 정책시스템하에서 비교적 성공적으로 성장할 수 있었다. 그러나 부가가치가 높고 향후 시장 전망이 있는 소프트웨어와 컨텐트웨어 분야를 성장시킬 수 있는 기반이나 시스템이 존재하지 않음으로써 정책 흐름 전반에 대한 수정 내지

---

25) PD 수첩(1999. 3), “게임, 게임방, 게임토피아”, 대본에서 재인용.

는 재구성의 필요성이 제기되고 있다. 정보통신 및 소프트웨어 분야의 잠재 기술 능력과 고급인력이 있으므로 컨텐트웨어 분야가 성장할 수 있는 가능성이 충분하기에 게임산업이 움직일 수 있는 시스템의 구축이 무엇보다도 필요하다는 것이다.

또한 우리나라의 게임산업 정책구조는 결국 정부의 게임 정책이 일관성을 유지할 수 없게 만들고, 정책목표가 무엇인지도 제대로 인식할 수 없는 상황을 초래하게 만든다. 따라서 게임산업을 활성화하기 위해서는 더 이상 하드웨어에만 집중된 예산 배정을 해서는 안 될 것이다. 그리고 현재의 상황을 개선시키고 실질적으로 게임산업의 육성을 도모하기 위해서는 미국의 정책 사례를 국내 실정에 맞게 재해석한 게임산업 정책시스템이 무엇보다 우선적으로 필요하다고 하겠다.

하드웨어와 특수한 운영체계의 개발에만 역점을 두는 정책 흐름을 우선 하드웨어를 중심으로 한 자본의 수평적 이동을 통해서 하드웨어를 생산하고 있는 거대 대기업의 양성 자본을 활용한 소프트웨어와 컨텐트웨어의 개발전략이 필수적으로 선행되어야 하며, 이를 통해 국내시장도 컨텐트웨어가 주도하는 시장구조로 전환되어야 할 필요성을 말해준다. 그리고 이러한 전반적인 시장구조를 관리하기 위해 정부 차원의 정책도 소프트웨어와 컨텐트웨어로 예산편성이 집중되는 방향으로 변해야 할 것이며 이와 더불어 인력조직의 결합이 연계되어야 할 것이다. 실제 소프트웨어와 컨텐트웨어의 정책적 육성은 대부분 전문인력의 양성과 복제 문화를 배제시킬 수 있는 사회적 패러다임의 전환작업으로 대변되는데 이러한 과정을 담당할 정부의 정책 부서가 보다 전문적으로 체계화되고, 정책 실무자 또한 게임에 대한 전문성을 시급히 확보해야 됨에 따라 재교육의 기회가 우선 전제되어야 할 것으로 분석된다.

우리나라는 한국적 상황에 적합한 컨텐트웨어 측면을 활성화시켜 컨텐트웨어 분야를 통해 시장을 창출하고 확대하는 전략을 취해야 한다. 결국 하드웨어에 대한 개발이나 신제품의 출시는 현재로서는 어려운 실정이고 미국이 구축해 놓은 하드웨어 시장에의 진입이 사실상 너무나 큰 위험 부담을 가지고 있으므로, 정부는 소프트웨어의 지원을 통한 컨텐트웨어의 발전 가능성 경로를 모색해야 할 것이다. 즉 시장장악보다는 시장확대의 측면에 목표를 두고, 잠재적 인력과 성장가능성을 상대적으로 확보하고 있는 소프트웨어 분야 및 컨텐트웨어 분야의 성장 발전에 중점적으로 지원하여야 할 것이다.

## 2) 환경 변수 관련 사례

### (1) 기술인력 양성시스템

최근 들어 국산게임의 스케일이 커지면서 개발사들의 인력수요가 기존에 비해 세분화, 전문화되는 경향을 보이고 있다. 특히 온라인 네트워크 및 Full-3D 게임의 비중이 크게 높아지고 있으나 이 분야의 핵심기술인력은 부족한 실정이다.

J 소프트사의 한 관계자는 "PC 통신을 통해 신규 채용을 공고한 결과, 경력자들이 상당수 지원하였으나 단기간 내에 이직한 사람들이 대부분이었다. 국내 개발사들의 근무환경과 보수가 열악해 인력 이동이 잦아지는 악순환이 계속되고 있는 것 같다."고 말하고 있다. 롤플레잉게임개발사인 A사의 P사장은 "대학이나 게임전문 사설학원의 커리큘럼이 일선 현장과 거리가 있어, 신입사원을 채용한 후 최소 1년 이상의 재교육이 불가피하지만, 개발시간에 쫓기는 입장이어서 충분한 재교육을 시킨다는 것이 너무 부담스러운 일이다."라고 말했다. V사의 K사장 역시 "게임 분야가 다른 분야에 비해 비교적 창업하기가 쉽다는 인식 때문인지, 전문교육기관을 졸업한 사람들이 곧바로 회사를 설립하는 경우가 많아 기존 업체들이 유능한 인력을 선택할 수 있는 기회가 갈수록 좁아지고 있다."며 이러한 분위기 속에서 일부 개발사들은 인력을 직접 충원하기보다는 필요인력을 갖춘 업체와 제휴하거나 공동 개발을 추진하는 등의 대안을 모색하고 있다고 밝히고 있다.

> 한국첨단게임산업협회의 J 사무국장은, "일본과 한국의 게임산업의 차이는 기술의 일부분도 있겠지만 특히 기획력에 있을 것 같습니다. 일본이나 외국게임을 보면 게임의 재미성이라든지 그 다음에 다양성이라든지 상당히 놀라운 수준에 이르고 있습니다. 역시 우리나라는 지금 게임의 시나리오 등에 대한 기획력이 상당히 부족한 것 같습니다."[26]

게임개발업계의 인력 수급의 불균형의 문제와 관련하여 업계의 한 관계자는 "최근 정부가 게임산업과 관련된 다양한 지원을 약속하고 있는 것은 고무적인 일이지만, 장기적인 안목에서 산업기반을 다지기 위해서는 치적을 빛낼 수 있는 물리적인 투자 못지않게 전문인력 양성에 보다 많은 투자와 지원을 해야 한다."[27]고 지적하고 있다.

게임제작에 필요한 기술과 영역에는 컴퓨터 기술, 반도체 기술, 컴퓨터그래픽, 게임제작(게임디자인, 시나리오 구성, 게임그래픽, 게임프로그램 등), 게임소프트웨어, 멀티미디어 기술, 엔터테인먼트 미디어 등 여러 분야가 있다. 현재 국내 게임개발업계는 저임금, 열악한 근무조건 등으로 고급인력 유치에 어려움을 겪고 있으며, 공인된 정규인력 양성기관을 통해 배출되는 인력이 제한되어 있어 초보적인 기술수준을 가진 인력을 실제 제작에 투입해야 할 뿐 아니라 이들의 재교육조차 사업장이 부담하고 있는 실정이다.[28] 게임산업의 경우 사용자의 니드를 정확하게 파악하기 위해 저연령층 개발자의 확보가 필수적이지만, 병역특례 대상이 프로그래머와 법인사업체에 제한적으로 운영되어 시장의 요구를 파악하여 게임개발에 반영할 수 있는 능력 있는 인재의 활용을 제한하게 된다. 따라서 일부 개발사들은 인력을 직접 충원하기보다는 필요인력을 갖춘 업체와 제휴하거나 공동 개

---

26) http://mail.ekudos.co.kr
27) 1999년 게임업계 관계자(익명요구)의 인터뷰 내용 중 일부.
28) 게임개발업계의 인력 수급의 불균형의 문제와 관련하여 업계의 한 관계자는 최근 정부가 게임산업과 관련된 다양한 지원을 약속하고 있는 것은 고무적인 일이지만, 장기적인 안목에서 산업기반을 다지기 위해서는 치적을 빛낼 수 있는 물리적인 투자 못지않게 전문인력 양성에 보다 많은 투자와 지원을 해야 한다고 지적하고 있다.

발을 추진하는 등의 대안을 모색하고 있는 실정이다.[29]

무엇보다 IMF 이후 게임산업에 대한 정부의 적극적인 산업육성 정책이 추진되면서, 게임관련 교육기관과 훈련기관이 급격히 증가되었고 제도화되었다. 국내 게임교육기관으로는 2002년 현재 중앙대학교 첨단영상대학원 영상공학과 게임전공을 비롯한 5개의 대학원(서강대, 세종대, 중앙대, 호서대)이 있다. 4년제 대학은 홍익대학교 S/W 게임학부와 동서대, 영산대, 중부대, 탐라대, 호남대, 호서대 등 7개 대학이 게임전공학과를 운영하고 있다. 이외에도 사이버게임대학교(4개교)와 2년제 전문대학(22개교), 사설 교육기관 및 학원(게임스쿨, 게임아카데미 외 10여 개) 등이 현재 개설 운영 중에 있다.(한국게임산업개발원, 2002)

## (2) 사회·문화적 인식과 규제시스템

게임산업의 경우 반도체산업에서 볼 수 없는 또 다른 정책적 특성을 발견할 수 있다. 그것은 반도체산업과는 달리 게임산업이 "내용(contents)"을 다루는 특성 때문에 사회적, 문화적 측면에서 규제의 대상[30]이 되어왔고

---

29) 최근 들어 국산게임의 스케일이 커지면서 개발사들의 인력수요가 기존에 비해 세분화, 전문화되는 경향을 보이고 있다. 특히 온라인 네트워크 및 Full-3D 게임의 비중이 크게 높아지고 있으나 이 분야의 핵심기술인력은 부족한 실정이다. J 소프트사의 한 관계자는 "PC 통신을 통해 신규 채용을 공고한 결과, 경력자들이 상당수 지원하였으나 단기간 내에 이직한 사람들이 대부분이었다. 국내 개발사들의 근무환경과 보수가 열악해 인력 이동이 잦아지는 악순환이 계속되고 있는 것 같다."고 말하고 있다. 롤플레잉게임개발사인 A사의 P사장은 "대학이나 게임전문 사설학원의 커리큘럼이 일선 현장과 거리가 있어, 신입사원을 채용한 후 최소 1년 이상의 재교육이 불가피하지만, 개발시간에 쫓기는 입장이어서 충분한 재교육을 시킨다는 것이 너무 부담스러운 일이다."라고 말했다. V사의 K사장 역시 "게임 분야가 다른 분야에 비해 비교적 창업하기가 쉽다는 인식 때문인지, 전문교육기관을 졸업한 사람들이 곧바로 회사를 설립하는 경우가 많아 기존 업체들이 유능한 인력을 선택할 수 있는 기회가 갈수록 좁아지고 있다."

30) 한국문화정책개발원(1996)은 전자오락게임의 실태 파악을 위해 게임사용자에 대한 설문조사를 게임경력 1년 이상의 서울시 중, 고교 재학생 685명을 대상으로 1996. 10. 25-11. 5에 걸쳐 실시하였다. 선호하는 게임 개발 국가에 대한

이러한 규제의 문제는 문화산업에서 항상 사회적 이슈가 되어왔다.

> "게임에 대한 사회적 인식의 차이는 일본과 한국의 게임산업에 엄청난 격차를 가져왔다고 할 수 있습니다."고 게임업체 관계자는 말하고 있다. 또 "이 게임은 수출용과 국내용을 서로 다르게 제작합니다. 심의 때문이지요. 외국판은 아무래도 좀더 현실적으로 사실감에 굉장히 주력하죠. 부담이 없으니까, 저희가 진짜 표현하고 싶은 거 다 표현할 수 있으니까, 근데 국내에서는 아무래도 심의 때문에 그런 게 있습니다. …… 결국 두 번 일을 하게 되니까 제작비가 더 들게 되죠."[31]
>
> 게임산업의 발전을 위해 보다 중요한 것은 게임에 대한 국민의 인식이 근본적으로 바뀌어야 한다며, (주)소프트맥스의 최현규 기획팀장은 "미국이나 일본 같은 경우는 게임을 놀이문화의 하나로 정착시키고 하나의 문화현상으로 육성 발달시키는 데 비해서 우리나라는 ……. 일본은 게임이 하나의 생활문화로 자리잡았습니다. 결국 게임에 대한 인식의 차이는 두 나라의 게임산업에 엄청난 격차를 불러왔다고 할 수 있습니다."[32]

그런데 게임산업의 심의기관인 공연예술진흥협의회의 심의 합격 또는 불합격의 기준에 문제가 있다는 지적이 제기되고 있고, 특히 게임물의 외국수출과 관련해서 게임제작업체는 국내용과 수출용을 따로 제작해야 하는

---

질문에서 일본 게임 선호도가 73.1%, 미국 17.2%, 한국 6.2%의 순으로 나타났고 그 이유는 일본 게임을 어릴 때부터 접했기 때문에 익숙하고 낯설지 않아서라는 것이었다. 그리고 국산게임에 대한 질문에서, 국산게임의 전체적인 수준을 외국게임과 비교했을 때, 낮은 편(55.9%), 매우 낮은 편(26.4%)으로 82.3%가 수준이 낮다고 평가하고 있다. 따라서 앞의 질문 가운데 게임에 대한 선호도 조사에서 한국 게임이 인기가 없는 가장 큰 이유는 게임의 수준이 낮기 때문이라는 설명이 가능해진다. 이상의 결과는 국내 게임 소비자에게 국산게임의 신뢰도가 낮으며, 게임의 수준에 대한 압력 행사를 할 수 있는 여건이 충족될 수 없음을 말해준다.

31) PD 수첩(1999, 3), "게임, 게임방, 게임토피아" 대본에서 인용.

32) 소프트맥스 홈페이지(www.softmax.co.kr) 자유토론광장에 질문을 하여 이에 대한 답변을 받은 결과임.

이중고에 시달리고 있다. 심의에 불합격한 사례 중에서 가장 비율이 높은 불합격 사유인 공포성·잔인성 사유와 안보적 사유의 사례를 통해 심의의 비경제성을 살펴보도록 한다.

---

### [심의 사례 1: 공포성·잔인성 사유]

공윤은 지난 96년 "리퍼", "판타스", "마고리아", "가브리엘 나이트", "퀘이크", "A-10 Tank Killer 2" 등 세계적인 밀리언셀러의 국내 유통금지를 결정했다. 이유는 게임의 '잔인성' 때문인데, "윙커맨더 4", "듀크 뉴켐 3D" 등은 부분삭제 및 변경을 거쳐서야 심의를 통과할 수 있었다. 97년 상반기 최대 히트작인 "디아블로"는 몇 장면을 삭제한 채 4개월 정도가 지난 후에 국내 유통이 가능했다. 그러나 대부분의 PC게임 매니아들은 심의에 통과할 때까지 이를 기다리지 못하고 타이틀을 직접 수입함으로써, 당시 "디아블로"의 수입사인 국내유통사 SKC는 적자를 면체 못했다.

국내에 "듀크 뉴켐 3D"가 수입되었을 때, 공윤은 '피'를 붉은 색으로 표현한 것을 수정하기를 요구했고, 유통사는 붉은 색을 흰색으로 바꿈으로서 동일한 게임에 대한 심의를 통과할 수 있었다. 이와 같은 심의 사례는 최근에 미국 수출로 유명해진 "대물낚시광"의 경우에도 그대로 적용되어 국내용은 피를 초록색으로 표현한 데 비해, 수출용은 그대로 붉은 색으로 표현하는 이중 작업을 통해 심의를 통과하였다. 이와 같은 이중 제작은 시간과 비용 면에서 비경제적이다.

그리고 무엇보다도 3차원 그래픽의 표현에 있어 국내 '심의용'의 경우는 사실적 묘사를 조금 단순화시켜 덜 잔인하고 덜 폭력적인 것으로 만드는 데 중점을 두고, '수출용'의 경우는 사실적인 묘사와 그래픽에 신경을 많이 쓰는 편이라고 한다. 이외에도 "윙커맨더 4"의 심의에서는 공윤과 게임개발사인 미국 오리진사와의 갈등현상이 나타나기도 하였는데, 게임 중에 나오는 잔인한 동영상 장면을 삭제해야 출시할 수 있다는 공윤의 방침에 대해 미국 오리진사는 "이렇게 게임자체의 본질을 왜곡하면서까지 출시하고 싶지 않다."는 입장을 밝혔다. 결국에는 어렵게 심의를 통과한 "윙커맨더 4"는 게임 중간에 나오는 동영상 장면이 삭제된 채 출시되었다. 동영상이 탑재되어 있는 인터랙티브 무비게임은 한편의 영화와 같이 스토리 라인을 지니고 있어, 삭제될 경우 스토리의 연결이 무난하지 못하게 된다.

> **[심의 사례 2: 군사게임에 대한 안보적 사유]**
>
> 공윤의 심의에서는 군사게임에 대한 '안보상의 이유' 또한 엄격하게 적용된다. 사실적인 비행 시뮬레이션 게임으로 최근 전 세계적으로 호평을 받았던 "A-10 TANK Killer"는 부드러운 스크린과 다양한 미션, 정교한 지형묘사로 출시와 함께 상당한 호응을 받은 게임이지만, 국내 공윤의 심의에서는 한국 지형이 포함되었다는 이유로 유통불가 판정을 받았다. 그러나 인터넷을 통한 매수주문으로 게임을 쉽게 구할 수 있는 점에 미루어 볼 때, 이러한 규제는 현실적이지 못하다. 이외에도 디지털 인터그램사의 "아파치"는 심의과정에서 한국전을 삭제했고, 스펙트럼 홀로 바이트사의 "탑건"은 한국의 지형을 중국 지명으로 수정한 후에 심의를 통과하였고 출시가 가능했다.

이렇게 공진협의 심의과정에서 유통불가 판정이나 삭제판정을 받은 게임이 부분 삭제되어 출시될 경우, 많은 PC게이머들은 인터넷 거래나 수입 CD매장을 통해 직접 매수하거나 불법복제 등의 방법으로 원본 게임을 구입한다. 이러한 과정에서 판권료를 지불한 라이센스업체와 유통사들이 직접적인 피해를 입게 되고, 매출액의 감소로 시장의 활성화가 이루어지기 어렵게 된다. 현재 국내 게임시장의 유통구조는 라이센스 업체가 일단 판권을 갖고, 그 판매권을 유통사에 다시 넘기는 방식으로, 시장의 기대가 높을수록 수입가가 높아지게 된다. 라이센스 업체들의 무분별한 수입경쟁으로, 국산게임의 소프트웨어가 성장하기 어려울 수도 있으나, 국내시장의 규모가 협소한 데 비해 게임관련 업체수가 지나치게 많은 점을 고려할 때, 일단 국내 게임시장의 규모를 확대한다는 측면에서 외국의 우수 게임물에 대한 수입은 긍정적인 측면이 있다.

## 2. 산업과 국가혁신시스템의 부조화 사례: 한국 게임산업

미국의 지원제도는 산업의 설립에서부터 성장까지 모든 단계가 하나의 시스템화되어 있어 효과적이다. 이에 비해 한국의 경우에는 정부가 산업의 성장에 필요한 분야에 인위적으로 개입하여 지원하는 체계이다. 즉, 미국은 정부의 지원보다는 시장경제원리에 따라 산업에 대한 지원이 이루어지고 있는 데 반해, 한국은 정부의 정책적인 의지로 산업에 대한 다양한 지원이 이루어지고 있다고 할 수 있다.

미국의 지원정책은 "사회시스템적" 또는 "자연발생적" 지원체계라 할 수 있는데, 미국에서는 기술개발단계에서 창업보육센터가 활성화되어 있고 첨단 연구단지나 대학의 연구소로부터의 기술이전이 쉽게 이루어질 수 있다. 새로운 아이디어와 기술력 있는 기업이 출연하였을 경우, 벤처캐피탈과 엔젤이 고수익의 목표로 몰려들어 자금조달이 손쉽게 이루어진다. 성장단계의 기업은 나스닥을 통해 용이하게 자금을 조달할 수 있고, 투자자도 투자자금의 회수와 자본이득을 얻을 수 있다. 즉, 궤도에 진입하여 순조롭게 순항하는 인공위성과 같이, 미국의 벤처캐피탈은 준비된 제도에 따라 순조롭게 기업에 지원됨으로써 기업은 성장하고 난 후에는 장외주식시장에 상장되어 투자자금이 원활하게 회수되는 것이다.

이에 비해 한국은 기업의 성장과정에 필요한 지원요소에 대해 정부가 일일이 개입하여 지원하는 것을 특징으로 한다. 기업이 자금을 조달할 수 있도록 각종 융자와 융자보증제도를 마련하여 지원하고 있고 자금조달, 기술이전, 인력, 투자자금회수 등 여러 요소에 인위적으로 정부가 개입하여 지원하고 있다. 따라서 한국의 기업지원정책은 "인위적" 지원체계의 성격을 강하게 띤다. 정부가 인위적으로 개입함으로써 지원정책은 유연성보다는 "경직성"을 특징으로 하는 데 비해, 미국의 기업지원정책은 보다 "유연한" 시스템을 특징으로 한다.

이상의 분석결과, 미국의 경우는 궁극적으로 문화산업이 자유롭게 움직이고 관련 분야와의 연계성이 정착되어 있으므로 혁신시스템과 게임산업의 산업적 특성이 상호 조화를 이루게 되어 게임산업의 시장경쟁력을 상승시키는 효과를 가져왔다고 평가할 수 있다. 이에 비해 한국의 혁신시스템은 반도체산업의 시장경쟁력을 향상시키는 데 긍정적인 역할을 하였지만, 게임산업에 있어서는 부정적인 역할을 하는 것으로 분석된다. 특히 게임산업의 특이한 유통구조와 "내용(contents)"을 핵심으로 하는 상품 특성, 게임 사용자와 제작자 간의 상호작용적 특성 등은 기존의 혁신시스템에서 고려되지 않은 특성이라는 점에서 산업의 환경 및 특성이 변화하고 있다는 것을 알 수 있게 하는 점이다.

결국 게임산업에의 투자 자체는 문제없다. 그러나 부처 간 역할분담이 제대로 되지 않아 중복투자와 아이디어의 중복현상이 우려되고 있다. 또한 게임관련 정부기관(정보통신부, 문화관광부)이 모두 가시적인 성과에만 너무 집착하고 있다. 충분한 사전 준비없이 연구소나 아카데미를 설립하는 사례 등이 이에 해당된다.[33] 이러한 한국의 혁신시스템 특성과 게임산업의 특성을 대비시켜 살펴보면 다음의 〈표 35〉와 같다.

---

33) http://www.sw.or.kr/kor/event/press__view 한국소프트웨어산업협회 보도자료.

〈표 35〉 한국의 혁신시스템 특성과 게임산업 특성 간의 부조화 분석

| 한국의 국가혁신시스템 특성 | 게임컨텐트산업의 특성 |
| --- | --- |
| Ⅰ. 정책 변수<br><br>1. 기술개발시스템<br><br>( i ) 기술공급정책<br>　－선진국의 성숙기<br>　－경화기 기술<br>　－소화·모방전략<br>(ii) 기술수요정책<br>　－비공식적 기술습득<br>　　(역엔지니어링 방법)<br>(iii) 기술확산정책<br>　－산학협력<br><br>2. 기술자금지원시스템<br><br>( i ) 정부의 역할 및 지원시스템<br>　－주도적 역할<br>　－인위적 지원시스템<br>(ii) 기술금융제도<br>　－정부 주도형 신용시스템<br>　－대기업 중심의 대출시스템과 높은 기업 부채 비율<br>(iii) 중소기업 대상 주거래은행제도<br>　－협력자관계보다 감독기관의 성격 강함 | 1) 소비자 특성<br><br>·반도체산업의 소비자 특성을 일방적 생산－판매의 관계라고 정의한다면, 게임산업은 상호 작용적 성격을 특징으로 함. 따라서 제품의 성격상 소비자의 선호나 유행경향 등에 민감<br><br>2) 산업 특성과 게임업체 특성<br><br>·벤처성: 게임산업은 연구개발인력의 비중이 높음, 기업의 업력이 짧고 성장기산업으로서 S/W산업인 동시에 기술의 첨단성을 특징으로 함. "벤처성"이 강한 산업 분야<br>·창의성, 유연성(특히 인력활용 측면에서의 유연성)과 함께 관련 산업 간 연계효과가 큰 것을 특징으로 함(window effect, "one-source, multi-use", "cross-over" effect) 게임업체는 중소규모의 조직으로서 전통적 조직과는 달리 수평적 조직구조, 유연성과 연구개발 중심 구조를 강점으로 함<br>·국내 게임시장의 협소성과 게임개발업체의 영세성에 비해 연구개발비의 비중은 상대적으로 높은 편임<br>·생산비용 특성: 초판생산비용에 비해 재판의 경우 생산비용이 거의 들지 않는 특성을 가짐<br>·반도체는 제품의 질(quality, 기술 수준)을 대상으로 하는 산업인 데 반해, 게임은 제품의 "내용(contents, 기술력과 흥미 유발)"이 강조되는 산업<br><br>3) 비합리적인 유통구조 특성<br><br>·반도체산업은 제조 회사가 곧 유통을 담당하는 데 비해, 게임산업은 제품특성상 빠른 제품 개발과 시장 확산을 필요로 하며, 상품의 생명주기가 매우 빠르고 시장의 불확실성이 큰 분야 |

258

| | |
|---|---|
| | ·게임상품의 제작 및 개발사와 유통사가 이원화되어 있음 |
| (ⅳ) 기업회계의 불투명성<br>-담보 위주의 대출 기능<br><br>(ⅴ) 금융기관의 독립성 문제<br><br>-특히 은행에 대한 정부의 경영 및 인사에 대한 영향력 큼<br>-대기업 중심의 지원으로 대기업 편중현상과 산업 간 불균형이 심화<br>-외국인 직접투자보다는 외자도입의 방법으로 기술 지금 마련<br><br>Ⅱ. 환경 변수<br><br>1. 국민성과 기업문화<br>-개인적 인맥 중시<br><br>2. 교육시스템<br>-획일적, 입시 위주의 제도<br><br>3. 연계시스템: 비효율성<br><br>4. 기술보호시스템<br>-높은 불법 복제율 전담기구 | **4) 기술 특성**<br><br>·첨단 정보통신 관련기술을 기반으로 첨단기술 "융합적"인 특징을 가지고 있기 때문에 기술의 특성상 "유동적"인 지원시스템과 관련 기술 및 관련 주체 간의 "네트워크화"를 필요로 함<br>·게임산업은 1960년대 이후 미국주도(1970년대) --〉일본게임기 주도(1980년대) --〉국산게임개발(1990년대 전반) --〉온라인게임의 등장(1990년대 후반)으로 변화되어옴<br>·PC게임, 온라인게임을 중심으로 기술개발이 이루어지고 있으며, 연관산업으로의 파급효과나 산업 간 윈도우 효과 다소 미흡<br>·게임업체를 중심으로 하는 공식적인 네트워크가 구축되어 있지 않고 게임업체가 개별적이고 정태적으로 움직이는 단계. 그러나 점차 외국업체와의 협력관계, 정부의 지원, 대기업의 투자, 벤처캐피탈의 자금지원의 네트워크가 서서히 형성됨<br><br>**5) 지원정책의 보수성**<br><br>·문화관광부의 자금지원제도 중 우수게임개발업체에 지원하는 액수가 너무 적고, 문화산업진흥기금이 투자가 아닌 담보력을 바탕으로 한 융자중심으로 이루어져 게임업체들의 자금조달에 별 도움이 되지 못함<br>·시장실패 조정자로서의 정부: 게임의 오락, 폭력성으로 인한 유해환경 조성 가능성을 막기 위해 심의제도가 지속적으로 운영되고 있는 한편, 지원·육성의 대상이기도 함<br>·심의는 반도체산업에서 볼 수 없는 게임산업의 특성임. 그런데 실제로 불법복제 및 유통의 시장실패 상황에 대한 조치 미흡<br>·문화를 "산업"보다는 "문화"로 인식, 문화(특히 대중오락물)의 부정적인 측면을 예방하고 규제하는 데 중점을 두며, 게임에 대한 사회 전반적인 인식이 매우 부정적임 |

먼저, 한국의 혁신시스템의 특성은 '각 혁신 주체 간의 연계가 약하고 시스템의 유연성이 떨어진다'고 말할 수 있다. 반도체산업의 경우 산학연협동연구와 정부의 주도적 역할, 기술개발과 수출중심전략으로 혁신시스템 하부 구성요소들 간의 연계가 약하더라도 성공할 수 있었다. 특히 반도체산업의 주체가 되는 대기업이 산업 관련 경제 요소들을 동원할 수 있는 능력이 뛰어난 집단이어서 산업목표가 추진력 있게 진행될 수 있었다.

게임산업은 소비자의 "상호 작용적" 특성으로, 시장 정보나 기술정보 또는 소비자의 선호나 유행경향 등에 대한 정보를 필수적으로 한다. 끊임없이 시장 내 수요자와 제작자, 그리고 게임 프로그래머 사이의 직접적인 피드백 메카니즘이 작동되어야 하고 이러한 메카니즘을 통해 게임상품이 개발되고 발전되어야 한다. 그런데 이러한 사회적 역할을 게임전문잡지들이 부분적으로 수행하고 있을 뿐, 정부가 중요한 정보에 대한 제공자 역할을 하지 못하고 있다. 한국의 혁신시스템은 연계시스템이 활성화되어 있지 못하고, 정부가 정보제공자로서의 역할이나 데이터베이스를 구축하고 있지 못하다. 결국 게임산업의 상호작용적 특성은 한국의 혁신시스템과 잘 맞지 않아서 게임산업의 시장경쟁력을 취약하게 하는 원인으로 작용하게 된다. 또한 게임산업의 중심 주체인 중소규모의 기업들은 자원동원능력이 떨어지고 시장에 대한 정보능력이 취약하기 때문에 게임산업의 구성요소 간 연계성 및 협력관계는 성공의 필수 조건이 된다. 또한 한국에서의 "주도적"인 정부의 역할과 "인위적" 지원시스템 특성은 대기업 중심의 산업 지원에는 적합하다고 할 수 있으나, 조직의 유연성과 신축성을 특징으로 하는 중소 벤처기업에 적용하기에는 효과가 적다고 할 수 있다.

둘째, 국내 게임산업은 국내시장의 협소성과 더불어 혁신의 주체가 되는 게임업체의 "영세성"을 특징으로 한다.[34] 그렇다면 게임산업이 신생 모험

---

34) 국내 게임업체는 종업원 10인 이하가 57.5%, 자본금 1억 원 미만인 40% 이상이며 대부분 설립 5년 미만의 업체인 것으로 정보통신부는 분석하고 있다. 또한 복잡한 유통체계로 제품가격의 50-60%가 유통마진이 된다. 10인 이하의 영세한 게임개발업체가 상당수에 이르고 국내시장이 협소하기 때문에, 국산게임의 확산에 한계가 있다고 판단하여 수출에 중점을 두는 중견업체가 서서히 성장하고 있는 단계에 있다.

기업(벤처기업)에 의해 주도되고 있는 이유는 무엇일까? 게임산업은 넓게는 소프트웨어 산업으로서 기술발전 단계상 성장기산업에 속하며, 정보통신 관련 기술이 복합적으로 관련되는 첨단성을 특징으로 한다. 이러한 기술적 특성은 대기업보다 인력활용의 유연성이 큰 소규모 기업이 적합하다고 할 수 있다. 즉, 게임산업은 신산업 분야이며 전 직원의 연구개발 참여, 수익성에 대한 불확실성이 큰 점 등의 벤처성을 특성으로 한다. 이러한 영세성은 곧 기업의 자금조달의 문제로 직결되고 자금은 기술개발의 핵심변수가 된다. 게임업체는 일부 기업을 제외하고는 평균 연구개발비 1-2억 원을 자체조달하기 어려울 정도로 신용도가 낮다. 그런데 융자 중심의 자금지원시스템은 신용도가 낮고 담보능력이 없는 게임산업체의 특성에 적합하지 않다. 따라서 융자중심의 보수적인 기술금융시스템하에서 게임업체는 자금조달의 어려움을 겪을 수밖에 없는 것이다. 결국 반도체산업의 혁신 주체로서 대기업의 자원동원능력이 뛰어나고 위기발생에 대해 완충 역할을 할 수 있는 것에 비해서, 게임산업의 혁신 주체인 중소 벤처기업의 자금동원능력은 저조하며 위기발생에 완충작용을 하지 못한다. 예를 들어 IMF 위기발생을 기점으로 상당수의 개발업체와 유통업체가 부도처리되었으며, 게임업계가 크게 위축되었다. 이것은 곧 게임업체가 위기발생에 완충작용을 할 요소가 결여되어 있음을 보여준다. 이러한 혁신 주체의 제한적인 자원동원능력은 게임산업의 발전을 어렵게 할 뿐만 아니라 융자중심의 보수적인 지원시스템이 적용되기에는 문제(부조화)가 있음을 말해주는 것이다.

그리고 은행의 대출이 대기업 중심으로 이루어져 기업의 부채비율이 외국에 비해 아주 높으며 중소기업은 은행과 장기적인 결속관계를 형성하기 매우 어렵고, 주거래은행제도가 있으나 협력자관계보다는 감독기관의 성격이 강하다는 특성을 지닌다. 그리고 기업회계의 불투명성 등 원인으로 은행은 기업에 대한 정확한 정보를 바탕으로 한 신용대출기능을 취약하기 때문에 은행대출이 주로 담보 위주로 이루어진다는 특성은 반도체산업에 비해 "유연성"을 필요로 하는 게임산업의 지원시스템으로서는 적합하지 않다고 할 수 있다.

최근 들어 점차 정책금융이 축소되기는 하지만, 금융기관 특히 은행에 대한 정부의 경영 및 인사에 대한 영향력은 여전히 크다고 할 수 있으며, 점차 자본시장을 통한 자금조달이 활성화되고는 있으나 게임산업의 경우 올해 들어 처음으로 2개의 업체만이 코스닥시장에 등록되고 있는 점 등을 미루어 볼 때, 아직은 미흡한 실정이라 하겠다.

셋째, 제품의 성격상 가격보다는 품질이나 내용에 의해 시장점유율이 결정되는데, 기술력 요인과 '흥미유발'이라는 요인이 작용하여 시장경쟁력이 결정되기 때문에 정부가 지원대상을 선정하는 데에도 어려움이 따른다고 할 수 있다. 이것은 곧 현재의 지원 기준이 게임산업에 적용되기 어려운 동시에 보다 효과적인 새로운 지원시스템과 지원 기준을 마련해야 할 필요성이 있음을 의미한다. 게임산업정책에 있어서 게임 관련부처인 정보통신부(하드웨어 중심 논의구조: 정보통신기기 중심)와 문화관광부(컨텐트웨어 중심 논의구조) 간의 갈등관계와 소관업무가 중복되어 정책의 효과성이 떨어진다. 문화부는 게임소프트웨어산업이 문화예술적인 성격이 강한 산업으로 문화산업에 속하는 분야라고 하는 데 반해, 정통부는 게임 분야가 소프트웨어의 한 분야로 정보통신산업과 관련된 분야이기에 정보통신산업 관련 업무에 속한다는 주장이다. 그런데 감사원의 감사에서 문화부의 게임종합지원센터가 설치한 창업지원실과 개발장비지원사업 등은 정통부의 사업과 중복되는 것으로 지적하고 있다.[35] 반도체산업이 산업자원부와 과학기술처에 의해 주도적으로 추진되고 일시적이나마 협력관계를 구축한 데 비해 게임산업은 전담기관이 불분명하고, 부처 간 갈등과 정책의 중복성 문제로 정책의 일관성 결여됨에 따라 지원정책의 효과성을 기대하기 어렵다.

결국 혁신 주체들 간의 연계에 의한 시너지 창출에 비효과적인 혁신시스템으로는 관련 산업 간 연계성을 바탕으로 하는 게임산업의 발전을 기대하기 어렵다. 즉, 정책추진 과정에서 소외되었던 분야의 낙후성이 시스템 전체의 발전을 저해하는 요인으로 작용하게 되면서 산업 간 연계효과를 특징

---

35) 감사원, 1999년 감사결과 참고.

으로 하는 게임산업을 현재의 혁신시스템으로는 발전시키기 어렵다는 것이다. 또한 다양한 기술의 통합, 다양한 산업 분야 간의 연계가 많아지는 산업 및 기술 고도화의 현실에서 기존의 혁신시스템은 수평적 상호작용을 통한 학습에 장애요인으로 작용한다.

넷째, 정책변수 이외의 간접지원시스템이라고 할 수 있는 환경적 변수와 관련하여, 게임산업은 '창의성'을 바탕으로 한 '컨텐트(내용)'를 강조하는 산업이므로 반도체산업에 비해 상대적으로 복제생산이 쉽고 복제비용이 거의 들지 않는다. 이러한 특성은 지적재산권 보호제도의 구축 정도와 밀접한 관련을 갖는데, 한국의 경우는 지적재산권에 대한 보호조치가 미흡하여 게임산업의 발전에 적합하지 않다.

높은 교육열과 교육수준에 비해 상대적으로 교육의 질적 수준이 낮고 주입식으로 이루어지는 교육제도 역시 창의성을 바탕으로 하는 게임산업의 기술인력공급을 원활하게 할 수 없다. 그동안의 동원형·중화학형 기술혁신이 유교적 조직문화에 적합하였고, 빠른 시일 내에 목표를 달성할 수 있도록 일사불란한 방식으로 추진되었다면 개인적이고 개성이 뚜렷한 수평적 조직으로서의 게임업체가 원활하게 활동하기에는 한국의 사회·문화적 환경이 적합하지 않다. 이러한 사회·문화적인 특성은 게임산업에 대한 부정적 인식으로 확대되어 중복적이고 다양한 심의제도로 귀결되어 나타나고 있다. 이러한 심의제도는 반도체산업에서는 찾아볼 수 없는 사회·문화적 특징이다.

이상에서 살펴본 바와 같이, 게임산업정책은 인력과 자금을 기술개발에 투입하기만 하면 기술혁신이 촉진된다는 "투입중심"의 성격을 강하게 띠고 있으며(대표적인 예: 문화진흥기금, 우수게임제작지원) 관련 산업 간의 네트워크 구축이나 기업 간의 관계, 기술지원제도 등에 대한 정책이 보이지 않는다.

그렇다면 혁신시스템을 도입하는 각국의 산업 지원정책이 변화하게 되는 요인은 무엇일까? ( i ) 민간의 성공을 제도화하는 경우 즉, 민간부문에서 먼저 사업을 실시하여 성공함에 따라 정부가 이를 지원하기 위해 제도를 도입하는 경우, (ⅱ) 선도입국의 성공사례를 모델로 하여 신규로 제도를 도입하는 경우, (ⅲ) 환경변화에의 대응: 기업환경이 변하여 이에 대응하여 제도를 변경하는 경우, (ⅳ) 국민 또는 기업 등 수요자의 요구에 부응하는 경우, (ⅴ) 경기침체를 극복하기 위한 방안으로 제도를 도입하는 경우 등으로 나누어 살펴볼 수 있다.36)

제도가 변하게 되는 동인(動因)은 개별 국가가 처한 상황에 따라 상이하게 나타나는데, 미국은 위의 동인 중에서 (ⅰ), (ⅲ), (ⅳ)가 해당된다고 할 수 있다. 제도도입의 선발국가로서 미국은 시장경제원리가 잘 지켜지고 기업환경이나 사회적 제도가 기업에 유리한 경우에는, 정부의 지원이 적더라도 정책의 효과는 크게 나타날 수 있다. 그러나 선진국의 지원제도를 도입하였거나 국민들의 산업에 대한 이해가 적은 후발국가의 경우에는 산업의 경제적 효과를 고려한 정부의 역할이 증대되어, 정부가 주도적인 입장을 취하게 된다. 따라서 한국의 경우는 산업정책 변화는 주로 (ⅱ), (ⅴ)의 요인이 작용한 결과라고 할 수 있으며 상당히 직접적인 수단을 사용하게 된다.

한국과 미국의 혁신시스템의 전반적인 특성을 비교해볼 때, 미국의 지원이 사회시스템을 중심으로 이루어져 '유연성'을 특징으로 한다면, 한국의 지원은 '인위적'으로 조장되었다는 점에서 사회 전반적인 분위기가 아직 덜 성숙되어 있으므로 해서 지원시스템의 유연성이 떨어진다고 할 수 있다. 즉, 미국 정부의 산업정책은 시장경제 원리에 입각하여 실시되고 있고 정부의 민간에 대한 지원은 환경조성 등의 간접적인 정책수단을 주로 사용하고 있다. 그럼에도 불구하고 정책의 효과성은 높게 나타난다. 이것은 미국이 다른 나라에 비해 높은 기술수준을 가지고 있고, 기업이 변화에 신속하고 효율적으로 대처하고 있으며, 모험을 즐기는 국민성 등의 산업환경과 정부의 지원정책이 잘 조화를 이루고 있기 때문이다. 미국의 지원정책은 한국에 비해 다양하거나 빈번한 정책의 수립과 집행은 없지만, 효과가 큰 것을 특징으로 한다. 이는 정부의 정책이 민간의 성장여건이 충분히 성숙

---

36) 중소기업청(1998. 5. 20), 〈벤처기업 창업 및 육성대책〉을 참고로 재구성.

되어 있어 정부의 지원정책을 기업이 효과적으로 활용하기 때문이라고 할 수 있다.

다음의 기금 운용의 사례는 한국의 자금지원시스템의 보수성과 형식성을 그대로 보여주고 있다.

---

### [정책지원 실패 사례: 문화진흥기금 운용의 보수성]

정부는 1999년도 문화산업진흥기금 중에서 게임물 제작자 및 주·자회사 등을 대상으로 총 115억 원을 연 금리 4.5%, 1-3년 상환조건으로 융자하기로 하고 신청접수를 받았으나, 접수기관인 게임종합지원센터에 접수된 건수는 상당히 저조한 것으로 나타났다. 문화관광부는 당초 게임업체 공간확충 부문에 20억 원, 게임제작장비 구축에 45억 원, 게임개발과 제작에 50억 원을 배정해 시중은행을 통해 저금리로 융자할 계획이었다. 그러나 접수결과 공간확충과 제작장비분야에 신청한 업체는 각각 5개사와 8개사에 불과하였고, 게임개발 및 제작에는 24개 업체가 신청한 것으로 나타났다. 게임종합센터는 신청업체의 사업성과 경영상태, 장래성 등을 종합평사해 우수업체를 선정하게 된다. 그러나 자금융자를 최종 결정하는 은행은 선정된 업체의 사업성보다는 담보 능력을 중시하기 때문에 비록 우수한 프로젝트를 가지고 있다 하더라도 융자를 받을 수 있을지는 확신할 수 없다.

게임종합지원센터의 한 관계자는 "영세한 게임개발업체는 까다로운 조건으로 인해 융자받기도 어려울 뿐 아니라 설사 융자를 받더라도 부채비율이 높아져 경영상태의 악화를 초래할 뿐"이라고 밝혀 현재 기금운용방식의 문제점을 지적하고 있다. 실제로 1-2년 전 경제위기 당시 금융권으로부터 융자받은 게임개발회사들이 무더기로 도산사태를 맞기도 하였다. 은행이 기업에 담보를 받고 융자를 해주었을 경우에는 회사가 망해도 자금을 회수할 수 있어 업체관리에 소홀해질 수밖에 없다.

---

이러한 결과는 문화산업진흥기금이 투자방식이 아닌 융자방식을 채택하고 있어 게임업체의 담보능력이 중요해짐에 따라 대부분 영세한 게임업체들이 혜택을 받기가 불가능하기 때문인 것으로 분석된다.

# 제4부

## 정책과 제도의 진화

# 제11장 한국 게임산업정책의 진화과정
## : 제도적 지체와 경로 의존성

## 1. 정책의 구조적 경쟁력으로서 NIS

특정 산업의 경쟁력을 확보하기 위한 국가의 역할을 거시적인 관계와 접근의 틀로서 국가혁신시스템(National System of Innovation, 이하 NIS)과 산업경쟁력의 상관관계에 대한 이론적 논의를 한다. NIS에 대한 연구는 한 나라의 기술혁신특성을 파악하고, 여기에 적합한 정책대안을 찾아내는 연구를 시스템적인 차원에서 수행하는 것이다. 기술혁신의 과정에서 나타나는 복잡성은 기본적으로 체제라는 개념을 도입하지 않고서는 설명하기 어려운 특성을 가진다. 다양한 주체와 요소들이 한데 어울려서, 마치 교향악단이 한곡의 교향곡을 연주하는 것처럼, 기술혁신의 에너지를 생산하기 때문이다.

이러한 국가혁신시스템으로부터 도출되는 정책목표는 효과적인 기술지식의 창출·확산·사용을 통해 국가의 경쟁력을 제고하고 생산성을 증대시킬 수 있는 혁신시스템을 설계하는 것이다. 즉, 기업조직, 기업 간 관계, 기업·대학·공공연구소의 관계, 기업과 금융시스템 및 교육훈련 시스템의 관계, 그리고 이들 전체의 결합구조에서 기술혁신을 촉진시킬 수 있는 제도들을 형성해 나가는 것을 목표로 한다. 이러한 접근법은 인력과 자본을 기술개발에 투입하기만 하면 기술혁신이 촉진된다는 투입중심적 사고와 근본적으로 다른 접근법이다. 예를 들어 동일한 질과 규모의 연구비와 인력을 투입한다고 해서 반드시 동일한 혁신성과를 얻는 것은 아니다. 한 국가의 기술이 발전하기 위해서는 이러한 투입요소들뿐만 아니라, 구성요소들을 유기적으로 결합시키는 체제(system)와 체제가 잘 작동할 수 있도록 지원해주는 사회제도가 정비되어 있어야 한다. 이처럼 기술혁신을 개별 투입요소의 함수로서가 아니라 시스템적 관점에서 바라보고, 특히 혁신과정에서의 사회제도의 중요성을 크게 부각시킨 것이 네오 슘페테리안 계열의 혁신이론가에 의해 발전된 국가혁신체제라는 개념이다.

결국 각 나라마다 제도적인 특성이 다르기 때문에 각국의 특성을 반영한 혁신시스템이 존재하게 되고 이러한 혁신시스템의 역할은 기존의 네트워크를 강화하고 네트워크가 결여된 영역에서는 네트워크의 발전을 촉진할 수 있는 외부효과를 제공하는 역할을 하게 된다. 한국의 경우도 정책적 특성을 포함한 혁신시스템이 존재하고 있으며, 정책의 수단이나 제도의 성격이 정책대상이 되는 산업의 특성과 조화될 때 해당 산업의 발전이 가능하다는 가설로 연결된다.

경제성장이나 기업의 경쟁력 확보는 단순히 투자된 자원의 크기만이 아니라 활용 가능한 인적·물적 자원들이 효과적으로 관리되고 조직되는 방식이나 제도에 의한 것이라는 인식이 등장하기 시작하면서 국가혁신시스템에 대한 논의가 본격화되었다. 결국 기술변화와 경제발전은 새로운 문제를 만들어내고, 참여자의 수, 자원, 조직을 변화시키게 되며, 이로 인해 제도의 우위가 변하게 되고, 제도 간의 관계 유형 곧, 구조의 변화(시스템의 변화)를 초래하게 된다. 따라서 산업발전과 산업 내 기업의 발전은 그 나라의 산업구조, 제도구조, 제도 간의 관계 또는 정치·경제적 역사에 대한 시각에서 분석되어야 한다(Zysman, 1977).

프리만은 국가의 기술변화의 속도나 세계적 경쟁에서 산업의 경쟁력은 단순히 R&D나 기타 기술적 활동의 규모에 의존하는 것은 아니라 이용 가능한 자원들이 기업이나 국가 수준에서 관리되고 조직되는 방식에 의존한다. 또한 효율적인 혁신체제는 제한된 자원을 가진 국가로 하여금 기술도입과 국내의 적응, 발전 능력을 적절히 결합시킴으로써 급속한 진보를 이룩하게 할 수도 있다. 예를 들어 독일과 일본이 기술혁신을 왕성하게 추진하고 그것을 경제성장과 성공적으로 연계시킬 수 있었던 것은 기술혁신을 원활하게 추진할 수 있도록 관련 제도를 먼저 혁신했기 때문이라는 것이다. 그는 기술혁신 과정에서 지금까지 고려하지 않았던 제도적 요인의 중요성을 강조한다. 일본과 독일의 비교 분석을 통해 경제성장의 원천에는 기술혁신제도의 혁신이 무엇보다 중요한 요인으로 작용하고 있음을 입증하고 있다. 이러한 프리만의 주장은 산업의 경쟁력과 제도적 지체 간의 상관성을 보여주는 하나의 이론적 근거가 되는 동시에 본 연구의 이론적 기초가 된다.(Freeman, 1992)

 이러한 국가혁신체제[1]는 국가들마다 상이한 결합양상을 보이고 있으며 NIS의 하위 구성요소들은 시스템적 성격을 가지고 있다. NIS의 개념을 제시한 학자들은[2] 지식이 현대 경제의 가장 근본적인 자원이며, 이러한 지식을 학습하고 확산하는 과정이 경제사회의 제도와 문화에 밀접하게 연관되어 있다는 가정으로부터 설명을 시작한다. 따라서 차별적으로 일어나는 국가별 기술혁신의 차이가 각 국가의 특수한 제도와 문화적인 차이 및 기술혁신에 참여하는 주체들 간의 학습강도에 따라 달라진다는 점에서 NIS의 중요성을 강조하고 있다.(OECD편, 1995: 397-399.) 그렇다면 급변하는 정치·경제·기술 환경 속에서 이 같은 변화 및 혁신의 물결에 대응하기 위해 어떠한 제도적 구성을 가지고 있어야 하는가?(Johnson, B., 1992: 24-44.) 본 연구의 사례가 되는 게임산업을 지원하기 위한 정부의 지원정책이나 제도가 효과적으로 관리되고 조직되는가? 정부의 게임산업 관련 제도의 관리 및 조직방식을 통해 게임산업의 기술혁신 및 산업경쟁력에 영향을 미치는 요인으로서 NIS에 대해 분석한다.

 정책에 대한 설명변수로 제도주의의 등장은 행위자를 중심으로 하는 기존의 설명방식의 한계를 극복하고, 중요한 원인변수로 제도를 강조한다. 즉, 제도주의는 거시적이고 복합적인 사회, 정치제도의 구조적 틀을 파악함으로써 정부정책이나 사회현상의 특성을 설명하고 있다. 정책을 설명하는

---

1) OECD편, 이근 외 기술과 진화의 경제학연구회 역(1995), 〈과학과 기술의 경제학〉, p.119. '국가혁신체제'라는 용어는 일본에 관한 프리만의 연구(1987a)에서 처음으로 사용되었으며, 이후 도시 등(Dosi et. al., 1988)의 연구에서도 사용되었다.
2) 대표적인 학자로는 Christoper Freeman, Bengt-Ake Lundvall, Richard Nelson, Esben Sloth Anderson 등이 있다.

기존의 논의는 대부분 정책행위자에서 발현(emergent)되는 결과로서 정책을 분석하였다. 지금까지 정부정책이라고 하는 종속변수는 정책행위자의 전략적 행위를 주도한 중요한 독립변수로 설명이 가능하다고 여기고, 정책행위자를 둘러싸고 있는 제도와 사회구조는 정책행위자에게 간접적으로 영향을 미치는 하나의 환경적 조건으로만 이해되었다.

일단 형성된 제도는 개인의 행위를 전적으로 규제하지는 못하지만 상당한 정도로 행위의 폭을 제한하는 기제로 작용한다. 따라서 제도는 정책을 형성하고 집행하는 정부의 능력을 제약할 뿐 아니라 정책행위자들의 행위를 제약하는 역할을 수행한다. 그리고 일단 형성된 제도는 그 형성배경이 되었던 기저의 환경조건들이 달라진다고 하더라도 잘 변화하지 않고 그대로 지속되는 경향(경로 의존성 또는 관성)을 특징으로 한다. 일단 형성된 제도는 그것이 좋은 제도이든 나쁜 제도이든 한번 형성되면 장기간 지속성을 띠게 된다는 특성을 가지게 된다.

그러나 제도는 그것이 내부선택요인이든 외부선택요인이든 간에 변화의 조건이 주어지면, 제도 역시 고정적이지 않고 변화하게 된다. 여기서 변화란 단순히 이전에 비해 새로운 변화를 의미하며, 이것을 제도진화[3] 또는 경로의존적 변화(path-dependent change)라고 한다(North, 1990).


## 2. 게임산업정책의 제도적 지체와 경로 의존성


게임산업정책의 변화를 시기별로 구분해 보면, 먼저, 게임이 청소년을 대상으로 하는 대중오락으로 등장하게 된 1980년대, 게임이 단순한 아이들의

---

3) 제도진화의 다양한 유형으로는 (ⅰ) 제도변화가 특정시점에 폭발적으로 일어나는 현상(빅뱅효과), (ⅱ) 사소한 사건이 제도변화로 이어지는 현상, (ⅲ) 제도변화가 시도되다가 실패로 귀결되는 현상, (ⅳ) 구제도와 신제도가 충돌함으로써 벌어지는 현상 등이 있다.

오락물만이 아니라 고부가가치 산업으로 인식하게 된 1990년대, 게임에 대한 적극적인 산업정책(국가전략육성산업)의 시기인 1990년대 후반부터 현재까지의 세 단계로 분류할 수 있다.

## 1) 1980년대: 규제정책 및 게임확산 억제단계

### (1) 새롭게 진입하는 시장과 시장실패 상황

국내에 게임이 처음으로 소개된 것은 1980년대 이전이다. 70년대에 TV 수상기와 연결하는 단순한 게임기가 있었고, 70년대 후반에는 '스페이스 인베이더'가 당시 많은 인기를 끌면서, 게임물에 대한 관심이 서서히 증가하기 시작했다. 1980년대 '갤러그'의 보급으로 게임은 보다 대중적인 오락물이 되었다. 이외에도 제비우스, 슈퍼마리오, 팩맨 등이 당시 가장 인기 있는 게임이었으며, 동네 게임장(오락실)은 청소년들이 가장 많이 이용하는 공간이 되었다.

국내 게임시장의 매출액 규모는 90년 이후 연평균 30% 이상의 성장을 보이다가 1995년에 53.5%라는 2배 이상의 증가를 보였으나 1996년 이후 그 성장세가 현저하게 감소되고 있다. 경제위기로 수입이 감소되다가 1998년 이후 1999년부터 시장이 다시 확대되고 있지만 매출액 증가와 게임산업의 증가폭이 일정하지 않고 매우 불안정한 구조를 형성하고 있다.

그런데 이러한 게임환경은 외국산 수입게임(거의 대부분이 일본산)이 주류를 이루면서, 사회적으로 게임과 게임장에 대한 부정적인 인식을 확산시키는 원인으로 작용하였다. 이것은 게임 내용 그 자체에 의한 것이라기보다는 청소년들의 게임장 출입에 대해 부모들이 부정적으로 인식하였기 때문인 동시에 당시 게임장 시설 및 주변환경의 열악함과 청소년 탈선의 저급한 공간이라는 요인이 작용한 때문이다.

## (2) 정부 – 민간의 관계: 일방적 규제 및 심의 지향적 관계

당시 게임은 해외수입 게임물에 전적으로 의존하는 생산구조를 특징으로 하였으며, 사행심과 음란성을 조장하는 저급한 것이라는 윤리적 평가와 부정적 인식이 강조되었다. 그래서 가능한 게임의 확산을 제한하는 것을 정책의 목표로 하였고, 청소년 규제강화 및 수입게임물 콘텐츠 심의를 강화하는 규제지향적 방향으로 추진되었다.

따라서 이 시기는 적극적인 규제자로서의 정부와 규제정책 대상집단으로서 게임수입업자와 게임사용자가 중요한 정책 행위자로 등장하고 있다. 1980년대 게임정책은 특화된 산업분야정책이라기보다는 청소년문화정책, 여가문화정책, 전통문화정책, 영상 및 만화예술 진흥정책 등 포괄적인 문화규제정책의 일부로서 추진되었다. 그래서 정부는 수입게임물에 대한 내용규제 및 심의 강화, 청소년범죄 예방 및 규제강화 등의 정책을 강력하게 추진하는 가운데 적극적인 시장실패 해결자로서의 역할을 강조하였다.

## (3) 게임산업정책의 제도적 지체

당시의 게임산업은 자생력을 상실하고 수입의존도 80-90%, 국내 게임개발업체 미약, 불법복제, 불법유통 등의 문제점이 심각하였고, 이러한 게임산업 환경은 '시장실패' 상황이었으므로 정부가 이를 해결하기 위해 나서는 것이 정당화되었다. 그런데 시장실패의 상황을 해결하기 위해 해결자로 나선 정부의 관리와 규제 중심적 정책이 오히려 게임에 대한 부정적인 사회인식 문화를 가속시켰고, 게임산업의 음지화와 영세화를 촉진하여 결과적으로 게임산업의 시장경쟁력 저하의 결정적인 영향요인으로 작용하였다. 이러한 게임산업에 대한 정부의 통제지향적 개입은 게임을 산업정책의 영역으로서가 아닌 문화정책의 영역으로 접근하는 기존의 정책 접근방식을 그대로 유지하는 제도적 지체현상 및 관성적인 성향을 그대로 보여주고 있다.

그러므로 게임산업은 처음 국내시장이 개척되고 게임이 국내시장에 진입하는 초창기부터 정부에 의해서가 아닌 민간 주도적으로 산업 기반을 형성하면서 성장한 대표적인 산업사례라고 할 수 있다. 이러한 게임산업 성장기반 및 구조적 특성은 대부분의 고부가가치 국가전략산업들이 정부 주도적으로 지원·육성되었던 것과는 다른 성장과정을 보여주고 있다.

## 2) 1990년대: 소극적 산업정책 및 국내제작단계

### (1) 수입의존적 시장

1990년대는 게임산업의 성장가능성에 대한 긍정적인 인식 형성되기 시작하면서, 국내 게임제작이 서서히 나타나기 시작하는 시기라고 할 수 있다. 게임의 산업적 부가가치에 대한 기대가 증가함에 따라 정부 각 부처가 게임에 대한 산업정책적 접근을 수립하기 시작하였다. 이러한 배경에는 일본이 1995년 컴퓨터게임산업으로 같은 해 한국 반도체 수익금 약 3조 원의 수익을 올렸고,[4] 미국의 영화 '쥬라기공원'의 흥행수입(약 8억 5,000만 $)이 한국 자동차 150만 대를 수출한 수익과 같다는 성공사례 등이 있다(서울신문, 1998. 2. 4.). 게임산업에 대한 고부가가치 신산업적 인식의 확산과 국제적 성공사례는 한국 정부로 하여금 게임산업에 대한 인식을 전환하는데 결정적인 계기가 되었다.[5]

한국게임산업개발원이 조사한 국내 게임사용자와 게임 분야 특성에 따르

---

4) 전 세계 TV애니메이션 시장의 70%, 전자오락산업의 90% 정도를 지배하고 있는 일본의 문화적 영향력은 막대하다. 일본의 문화산업에 종사하는 인구는 1,600만 명으로 일본 국내 산업 고용인구의 30%에 해당한다. 문화체육부의 98년도 예산안에 따르면, 컴퓨터게임 산업 발전 기반 구축에 2억 3천만 원, 만화센터와 만화의 집 건립 지원에 25억 원이 책정되어 있다. 그러나 문화산업 관련 단체에 대한 지원 예산은 지난해보다 오히려 줄어든 규모이다.
5) 쥬라기 공원(1994) 영화 한 편으로 미국이 벌어들인 수입은 같은 해 한국이 자동차 1백만 대를 수출해서 벌어들인 수입보다 많음. 그리고 7500만 달러를 투입한 애니메이션 '토이 스토리'는 15억 달러의 수익을 창출함.

면, 국내 게임시장은 주로 PC게임(72.9%), 온라인게임(39.9%), 아케이드게임(36.1%), 비디오게임(18.1%), 모바일게임(4.4%)을 즐기고 있는 것으로 조사되었다. 게임 분야별 이용기간은 온라인게임의 경우 하나의 온라인게임을 즐기는 기간이 1개월이라는 응답이 23.3%로 가장 많았다. 다음으로 3개월(18.2%), 2개월(16.7%), 6-7개월(13.8%), 13개월 이상(6.7%)으로 나타나 온라인게임 사용기간이 평균 5.2개월 정도에 불과함을 알 수 있다. 그리고 국내 게임 사용자(user)는 국산게임보다 외국산 게임을 선호하는 것으로 조사되었으며, 외국산 게임에 대한 선호 비율은 PC방 62.1%, 게임장 64.1%로 조사되었다. 국가별로는 PC방의 경우 미국 게임(76.5%), 게임장의 경우 일본 게임(55%)이 더 선호되고 있어 미국과 일본 게임의 높은 시장점유율을 알 수 있다(한국게임산업개발원, 2001).

세계 및 국내 게임산업은 시장의 규모가 업소용 아케이드게임과 가정용 게임기를 중심으로 형성되어 있는 데 반해, 국내 게임개발사는 PC게임과 온라인게임에 집중되어 있어 전체 게임물에 대한 수입 비중을 확대하는 결과를 초래하고 있다.[6] 또한 국산게임의 스케일이 커지면서 개발사들의 인력수요가 기존에 비해 세분화, 전문화되는 경향을 보이고 있다. 특히 온라인 네트워크 및 Full-3D 게임의 비중이 크게 높아지고 있으나 이 분야의 핵심기술인력은 부족한 실정이며,[7] 게임업계의 인력공급 및 양성 메커니즘

---

[6] 1999년 3, 6, 9월 우수게임사전제작지원 사업에 참가한 216종의 출품작과 36종의 선정작을 분석한 결과, 게임제작 분야가 주로 PC기반에 집중되어 있다. 선정작 36개 작품 중 PC게임 20종(55.6%), 온라인게임 6종, 아케이드게임 4종, 비디오게임 2종으로 게임업체의 편중 현상을 보여주고 있으며, 장르별로는 롤플레잉게임(113종, 52.3%), 액션게임(29종, 13.4%)으로 게임장르별 편중되어 있다.

[7] 전문인력 육성 및 유치, 훈련제도와 관련하여, J 소프트사의 한 관계자는 "PC통신을 통해 신규 채용을 공고한 결과, 경력자들이 상당수 지원하였으나 단기간 내에 이직한 사람들이 대부분이었다. 국내 개발사들의 근무환경과 보수가 열악해 인력 이동이 잦아지는 악순환이 계속되고 있는 것 같다."고 말하고 있다. 롤플레잉게임개발사인 A사의 P사장은 "대학이나 게임전문 사설학원의 커리큘럼이 일선 현장과 거리가 있어, 신입사원을 채용한 후 최소 1년 이상의 재교육이 불가피하지만, 개발시간에 쫓기는 입장이어서 충분한 재교육을 시킨다는 것이 너무 부담스러운 일이다."라고 말했다. V사의 K사장 역시 "게임 분야가 다른

이 비공식적이고 개별적으로 이루어지고 있다.

이 시기를 대표하는 게임으로는 '스트리트파이터2', 국내 최초의 온라인 게임인 '바람의 나라', 국내 게임산업의 신화를 창조한 '리니지'가 있고, 특히 'DDR'과 이후의 '펌프'는 게임장의 폭발적인 증가를 가져왔고, '스타크래프트'는 PC게임방과 프로게이머라는 새로운 직업을 창출하는 데 기여하였다. 이상 몇몇 인기 게임물의 등장으로 게임이 단순한 오락물이 아닌 새로운 여가활용의 수단으로서 상업적 이익창출이 가능한 영역으로 인식되기 시작하였다.

## (2) 정부 - 민간의 관계

1996년 이전까지 경제성장으로 인한 대기업의 여유자금(slack resource)이 부가가치가 높을 것으로 예상되는 게임산업에 투입되었고, 1997년 IMF 이후 기업의 여유자금이 줄어들면서 게임산업에 대한 투자자본이 급격히 축소되었다. 그러나 1999년 말 이후 게임산업의 수익률에 대한 기대감과 게임 분야 벤처기업의 활성화를 계기로 대기업의 게임 분야 투자를 다시 확대되기도 하였다. 그런데 대기업의 게임산업 참여가 주로 외국게임물에 대한 수입 및 유통을 중심으로 이루어지면서, 지나친 수입경쟁으로 인한 로열티 비용의 상승과 과다한 공급물량으로 인한 국내기업 간의 경쟁과잉 및 공급초과의 문제점이 제기되었다.

당시 대기업이 소유한 외국게임 판권의 대부분이 일본(45.7%)과 미국(35.2%)의 게임물이었고, 일본[8] 게임의 라이센스 비율이 높다는 점은 대기업의 게임산업 참여가 주로 아케이드 및 가정용 게임기 중심으로 이루어

---

분야에 비해 비교적 창업하기가 쉽다는 인식 때문인지, 전문교육기관을 졸업한 사람들이 곧바로 회사를 설립하는 경우가 많아 기존 업체들이 유능한 인력을 선택할 수 있는 기회가 갈수록 좁아지고 있다."

8) 지금까지 한국어 버전만 수입이 허용되던 게임물의 경우, 게임기용 비디오게임을 제외한 PC게임, 온라인, 업소용 게임물 등의 일본 원판 수입이 허용되는 '일본 대중문화 3차 개방조치'(2000년 6월)가 발표되었다.

졌음을 알 수 있다. 즉, 대기업의 게임산업의 중점 사업대상이 일본의 유명 비디오게임기 조립생산 및 소프트웨어의 수입판매와 PC게임 소프트웨어 유통 등에 편중되어 있었고, 이것은 게임산업 전반의 높은 수입의존성과 국내 게임제작 기반 불안정의 원인으로 작용하였다.

게임산업에 참여한 대기업들이 게임의 수입유통에만 중점을 두면서, 전체 게임물량의 초과공급으로 인한 가격하락은 소규모 게임개발업체의 생존에까지 영향을 미치게 되었고, 국내 게임업체의 경쟁력을 약화시키는 원인으로 작용하였다. 예를 들어, 비디오게임의 경우 일본 세가의 '새턴'을 산성전자에서 조립 생산하여 판매하였지만 밀수품과의 가격경쟁에서 밀려나 판매실적이 부진하였다. 소니의 '플레이스테이션' 역시 수입선 다변화 품목임에도 불구하고 밀수품이 대량으로 유통되었고,9) 결국 밀수품과 대기업의 수입중심적 공급전략으로 게임물이 지나치게 과잉공급되면서 시장이 제대로 움직이지 못하는 실패 상황이 지속되었다.

### (3) 게임산업정책의 제도적 지체: 심의제도의 지속성

1990년대 중반까지도 게임산업은 문화관광부와 보건복지부에 의한 규제, 심의 위주의 정책집행 대상이었고, 여전히 게임의 문화적·사회적 파급효과에 대한 부정적 인식이 남아 있었다. 이러한 규제지향적인 접근의 대표적인 정책수단으로 심의제도가 강도 높게 사용되었다. 1993년 7월에 '음반및비디오물에관한법률'이 제정되면서 PC게임에 대한 심의규제10)가 시행되었고, 비디오게임은 그 이전부터 영상물등급위원회의 심의대상이었다.

지나친 심의로 인한 비용상승과 이중제작의 문제점을 그대로 보여주는

---

9) 비디오게임 타이틀의 경우, 불법복제판과 일본어판 밀수품이 시장의 90%를 잠식하고 있으며, 32비트의 경우에는 거의 100% 일본어판 밀수품이 유통되고 있다.
10) 국민적 정서와 사회질서 유지라는 명분하에 1990년대 초부터 일본어 자막이나 대사가 들어가는 게임에 대해 '심의통과 불허정책'을 취하였다. 이러한 정책은 한편으로 PC게임 분야에 일본 기술을 직접 들여올 수 있는 계기로 되었으나, 다른 한편으로는 일본 비디오게임물의 밀수와 불법복제를 범람시키는 원인으로 작용하였다.

사례로서, 온라인게임개발사인 K사[11] (1997년 설립)는 국내 심의를 통과하기 위해 국내용을 다시 제작해야 하기 때문에 수출용 게임과 국내용 게임을 이중으로 제작하였다. 그리고 PC게임 개발업체인 T사(1992년 설립, 1998년 대물낚시광 개발 및 대미 수출)의 J사장은 "국산게임이 미국, 일본 등 게임 선진국에 비해 기획력과 연출력이 떨어지는 것은 게임개발사가 대부분 영세하여 기획의도가 제약을 받기 때문"이며, "게임산업은 고도의 컴퓨터 기술과 3차원 그래픽 영상, 창의적인 아이디어가 결합하지 않으면 경쟁이 불가능한 지식산업"이라고 말하고 있다(PD 수첩 대본, 1999. 3). 그러므로 창의성을 기반으로 하는 게임물에 대한 심의를 강화하는 것은 게임산업의 경쟁력을 저해하는 결정적 요인으로 작용한다는 것이다. 그리고 무엇보다 영등위에서 게임심의 기간을 2-3개월 지연하게 되면 게임개발사는 게임제품의 라이프 사이클이 짧기 때문에, 시장 선점에서 엄청난 피해를 입게 되는 등 많은 피해사례를 초래하는 원인이 되어 왔다.

또한 동일한 내용의 제품이라 하더라도 저장매체(Rom-Pack, CD-Rom 등)에 따라 심의 및 검사기관이 분리되어 있어 게임업체에 이중으로 부담을 주고 있으며, 심의대상에는 게임컨텐츠뿐 아니라 포스터, 자켓, 광고 등도 포함하고 있다. 그리고 동일한 오락기구라 하더라도 사용 장소에 따라 명칭에 차이가 있거나 심의의 대상에 포함되거나 되지 않는 등 심의기준이 모호한 문제점이 제기되었다. 예를 들어 '농구게임'의 경우 컴퓨터게임장에 설치할 경우에는 체련용으로 공중위생법 제12조 2에 의거하여 검사 및 심의대상이 되는 데 반해, 종합유원시설에 이를 설치할 경우 스포츠 관람형 유기기구로 검사와 심의를 받지 않도록 되어 있다. 이외에도 시뮬레이션 게임의 경우 컴퓨터게임장에 설치될 경우에는 프로그램으로 분류되어 검사대상 및 심의대상이 되지만, 종합유원시설에 포함될 경우에는 검사대상에서 제외되고 있다.

---

11) 1997년 정보통신부 주관 신소프트웨어 대상 수상, 매출액 2위 업체로 선정되었다.

## 3) 1990년대 후반 – 현재: 적극적 산업정책 및 자체개발단계

### (1) 급변하는 게임시장 환경

IMF 이후 정부는 부족한 달러를 벌어들이기 위해, 고부가가치 수출중점 산업 육성의 필요성을 인식하고, 보다 적극적인 산업정책적 시각에서 게임 산업정책을 추진하였다.[12] 이러한 배경에는 1997년 후반부터 불기 시작한 일본의 '다마곳치(1997, 일본 반다이, 680억 엔(96~99년)'과 '포켓몬스터'의 열풍, 그리고 댄스 게임기인 'DDR(Dance-Dance Revolution)' 등에 의해 시장이 확산되는 결정적인 원인이 작용하고 있다. 특히 미국의 PC게임 소프트웨어인 '스타크래프트'(1997, 미국 벤처기업 블리자드사, 전략시뮬레이션게임)가 국내에 소개되고 인기를 끌게 되면서 국내 게임시장을 확장하는 데 커다란 기여를 하였다. 결국 1998년 '스타크래프트'의 성공은 게임산업에 대한 인식을 비판적인 것에서 고부가가치의 전략산업으로 육성하는 방향으로 바꾸는 데 결정적인 계기로 작용하였다. 이것은 제도의 경로의존적 변화를 유발하는 원인 중에서 '사소한 사건이 제도변화로 이어지는 현상'으로 설명할 수 있다.

'스타크래프트'와 같은 게임물의 국제적인 성공사례는 국내 게임제작사들의 동기부여 요인 및 개발의욕 확산요인으로 작용하였을 뿐 아니라 IMF 이후 수출촉진을 통한 경제위기 극복을 목표로 하는 정부의 산업정책적 관심의 대상이 되었다. 그러한 맥락에서 스타크래프트의 성공과 PC방의 확산은 정부의 규제지향적 게임정책의 방향이 일부 선회하는 데 결정적인 계기(triggering event)로 작용하였다.

1998년 말 3,000여 개였던 PC방이 1999년 말에는 15,150개로 440% 이상

---

12) 1998년에 게임관련 주무부처가 보건복지부에서 문화관광부로 이전하면서 본격적인 게임산업 진흥정책이 추진되기 시작하였다. 1998년 문화의 날에 대통령 연설문에서 "21세기의 기간산업인 영상산업·애니메이션·컴퓨터게임·회의산업·관광산업 등을 국가경제 발전의 보고로 만들어야 할 것"을 발표하여 게임 산업을 국가기간산업으로 육성할 것이란 정책의지를 표명하였다.

급증하였고, 2000년 말에는 21,460여 개로 42% 증가, 2001년도에도 22,548개로 전년도에 비해 5%가 증가하였다. 1998년부터 1999년 1년 동안 400% 이상의 폭발적인 증가 원인은 당시 전국적으로 '스타크래프트' 열풍이 불었기 때문이었고, 한편으로 인터넷 PC방의 증가가 '스타크래프트'의 전국적 확산을 가속화시켰다. 최근 들어 고사양 PC를 필요로 하는 게임콘텐츠의 변화로 인해 기존의 소규모 저사양 PC를 보유한 영세업소는 경쟁력을 상실하면서 폐업을 하는 사례가 늘어나고 있는 반면에 중대형의 고사양 PC를 보유한 신규 업소가 확연히 증가하는 추세를 보이고 있다.[13]

이 시기는 온라인게임 이용상의 부정적 파급효과인 게임중독 등의 사회적 문제들에 대한 인식과 더불어 게임 사용자들의 상호작용성과 다수성 등의 긍정적 산업효과까지 동시에 논의되는 특징을 보이고 있다.

## (2) 정부 – 민간의 관계

그동안 게임개발 벤처기업을 중심으로 민간(시장) 주도적으로 성장한 게임산업 분야에 정부가 보다 적극적인 행위자로서 역할을 구체화하기 시작하였다. 먼저, IMF 이후 정부는 지금까지 한국 표준 산업분류상 서비스업으로 분류되던 게임산업을 제조업으로 분류함에 따라 게임산업 관련 벤처기업에 대한 조세혜택을 실시하였다. 한국게임산업개발원이 신청업체의 사업성과 경영상태, 장래성 등을 종합적으로 평가하여 우수업체를 선정하여 문화관광부와 해당 은행에 통보하면 심의를 통해 융자여부가 결정된다. 그런데 자금의 융자를 최종 결정하는 은행이 선정업체의 사업성보다는 담보능력을 중시하는 등 전통적인 금융지원제도의 성격을 유지함에 따라 제도의 실효성에 한계가 노출되고 있다. 결국 영세한 게임개발업체[14]는 까다로

---

13) 인터넷 PC방 업소당 평균 37대의 PC를 보유(2000년, 32대)하고 있는데, 1대의 PC에서 1일 매출평균이 5,000원 정도로 산출되고 있다. 이에 따라 월평균매출액을 계산하면 555만 원 정도이다. 이를 근거로 한 2001년 PC방 매출액 규모는 1조 2,014억 원이 된다.

14) 정보통신부는 1998년 첨단산업육성정책연구에서 국내 게임업체는 종업원 10인

운 조건으로 인해 융자를 받기 어려울 뿐 아니라 설사 융자를 받는다 하더라도 부채비율이 높아져서 경영상태의 악화를 초래할 가능성이 크게 된다. 실제로 IMF 경제위기 당시 금융권으로부터 융자를 받은 게임개발회사들의 상당수가 파산하였고, 1998년 게임시장이 97년에 비해 40% 이상 축소되었다. 대기업들이 게임사업을 정리하는 등 게임시장이 위축되면서 게임개발사들의 판로확보가 어려워지자, 신작 게임의 출시 및 후속 게임개발이 지연되었다. 다음의 〈표 36〉은 국내 게임개발업체의 규모와 게임개발자금의 영세성을 어느 정도인지를 분명하게 보여주고 있다.

### 〈표 36〉 게임 분야별 제작기간, 제작인원, 제작비용 및 제작편수

(단위: 편, 월, 명, 백만 원)

| 게임 유형 | 총제작편수 | 평균제작기간 | | 평균제작인원 | 평균제작비용 |
|---|---|---|---|---|---|
| | | 기획 | 제작 | | |
| 업소용 게임 | 75 | 3.2 | 5.1 | 7.1 | 42.8 |
| PC게임 | 76 | 3.9 | 7.5 | 10.2 | 47.9 |
| 온라인게임 | 34 | 4.2 | 7.4 | 9.4 | 48.4 |
| 가정용게임 | 8 | 2.5 | 4.0 | 5.3 | 5.3 |
| 계 | 193 | 3.6 | 6.4 | 8.7 | 44.3 |

자료: 한국게임산업개발원(2002), 「2001 대한민국 게임백서」.

이러한 게임업체의 영세성은 곧 게임개발자금의 위기로 이어지고 창의적인 게임개발을 어렵게 하는 요인으로 작용하고 있다. 예를 들어, 온라인 전문게임개발사인 M사(1994년 설립)는 국내에서 게임 선두기업으로 성장했으나, 1997년 사업기반을 미국으로 이전하였다. 문제는 M사가 사업기반을 미국으로 옮기는 이유가 PC 통신업체에 게임 이용료의 75%를 지불해야 하는 게임시장의 구조적 병폐 때문에 수익성이 보장되지 않는다는 데 있다

---

이하가 57.5%, 자본금 1억 원 미만인 40% 이상이며 대부분 설립 5년 미만의 업체이며, 복잡한 유통체계로 제품가격의 50-60%가 유통마진이 되는 것으로 분석하고 있다.

는 것이다. 그러므로 정부가 게임산업을 육성하기 위해 적극적인 산업정책을 취하려면 이러한 국내 게임산업의 기업환경의 구조적 폐단을 해결해야 함에도 불구하고 정부의 게임산업정책은 대부분 기존의 단기적이고 근시안적인 정책의 성격을 벗어나지 못하고 있다. 그렇기 때문에 지금까지 많은 게임업체들은 시장개척을 비롯한 전반적인 기업환경적·구조적 문제를 개별적으로 개척하고 해결해왔다. 또한 게임개발 주체들 간의 협력 네트워크가 구축되어 있지 않아 규모가 작은 게임제작사들이 첨단기술 융합적 특성15)을 가지는 현대적 게임개발과정에서 많은 어려움을 겪고 있다.

### (3) 게임산업정책의 경로의존적 변화

#### (가) 게임개발자금지원시스템의 제도적 지체와 관성

게임산업정책을 담당하고 있는 정부부처로는 문화관광부, 과학기술부, 정보통신부, 산업자원부, 재정경제부, 중소기업청 등이 있다. 이외에도 재정경제부는 게임기에 대한 특별소비세를 인하하는 정책을 시행하고 있다. 다음의 〈표 37〉은 게임관련 정부부처의 게임정책과 역할을 정리한 것이다.

---

15) 게임제작에 필요한 기술 분야는 컴퓨터 기술, 반도체 기술, 컴퓨터 그래픽, 게임제작(게임디자인, 시나리오 구성, 게임그래픽, 게임프로그램 등), 게임소프트웨어, 멀티미디어 기술, 엔터테인먼트 미디어 등.

<표 37> 게임관련 정부부처의 게임정책 및 역할

| 정부부처 | 게임정책 및 역할 | 관 련 단 체 |
|---|---|---|
| 문화관광부[1] | 문화산업육성특별지원금, 게임관련 법령·제도 개편, 게임산업에의 투자 지원, 게임심의담당 | 한국게임산업개발원 영상물등급위원회 |
| 과학기술부 | 소프트웨어 연구개발 및 등록심의 컴퓨터프로그램보호법 근거 | 한국어뮤즈먼트소프트 웨어연구조합 |
| 산업자원부 | 게임산업단지 조성, 인터넷 상거래 게임관련 하드웨어, 부품 및 게임기기 육성 | 한국전기전자유기산업 협회 |
| 정보통신부[2] | 정보화촉진기금 지원 망고도화사업, 유무선통신기술개발사업 관련 (S/W산업육성 및 프로그램, 지적 소유권) | 한국첨단게임산업협회 |
| 중소기업청 | 벤처기업육성특별조치법(자금지원 및 세제지원) | – |

자료: 한국게임산업개발원(2003). 「2001 대한민국 게임백서」.
　1) 1999년 문화산업발전 5개년 계획, 2000년 문화산업 비전 21, 2001년 콘텐츠 코리
아 비전 21(Contents Korea Vision 21)
　2) 1995년 정보화촉진기본법 제정, 1999년 국가 정보화 비전 'Cyber Korea 21'

상기의 <표 37>에서 보는 바와 같이 게임관련 정부부처는 여러 부처에 중복되어 있고, 담당업무에 대한 비전문성과 게임에 대한 부처 간 시각의 차이로 인한 정책일관성이 결여되어 있다. 게다가 게임업체를 지원하기 위한 기술 및 내용에 대한 평가제도가 제대로 마련되어 있지 않아, 게임개발업체의 수상경력 등을 기준으로 지원여부가 결정되고 있다. 이렇게 정책자금지원 기준이 마련되어 있지 않음으로써, 정부의 지원자금이 연구개발 비용이나 매출액의 증가로 연결되지 않는 한계상황에 직면하고 있다.

예를 들어, 온라인게임개발사인 Ko사(1996년 설립, 자본금 5천만 원)는 1997년 정보통신부 장관상 수상, 1998년 네트워크 게임용 프로토콜 기술로 정보통신부 지정, '우수 신기술 지원사업체'로 선정되어 9천만 원의 정부자금을 지원 받았다. 그리고 1999년 산업자원부로부터 '공업기반기술개발사업에 의한 기술개발비 지원사업'에 의해 1억 원 지원, 1998년 정보통신부

'정보화촉진기금융자사업'에 의해 1억 원을 지원받았다. 이러한 사례는 정보통신부와 산업자원부의 경우 기존의 산업정책지원제도를 근거로 게임컨텐츠에 대한 시장성 평가에 의하기보다는 정보통신 및 S/W 기술부문을 중심으로 지원이 이루어짐으로써, 정부의 정책이 여전히 변하지 않고 지속되고 있음을 알 수 있다. 다시 말해서, 정보통신부와 산업자원부의 지원금이 게임개발 또는 컨텐츠에 대한 지원이라기보다는 정보통신기술 관련 지원의 성격을 강하게 띠고 있다는 것이다. 이것은 전통적인 제조업 중심의 기술금융제도와 재정지원제도를 산업의 성격이 다른 - 컨텐츠의 개발과 시리즈물의 업그레이드 생산방식(one-source, multi-use)을 주로 하는 - 게임산업에 그대로 적용하고 있음을 의미하는 것으로 '제도적 지체' 혹은 '경로의존성'을 띠고 있는 사례로 설명할 수 있다.

따라서 현재 기술 평가를 중심으로 하고 있는 게임산업에 대한 정부지원방식은 게임개발 및 내용에 대한 평가에 의한 것이 아니라는 점에서 정책의 성공을 기대하기 어렵다. 그럼에도 불구하고 정부의 게임산업 지원정책은 과거 다른 제조업 분야에서의 성공에 도취된 채, 제도의 경로 의존성을 그대로 유지하고 있으며, 이것은 또 다른 '성공의 실패'를 초래하게 될 것이다.

(나) 심의제도의 지속성

문화관광부 영상물등급위원회는 '음반및비디오물에관한법률'(1993년 7월 제정)에 근거하여 가정용 게임에 대한 심의를 담당하고 있으며, 보건복지부 산하단체인 한국컴퓨터게임산업협회는 공중위생법에 근거하여 업소용게임에 대한 심의를 맡고 있다. 이와는 별도로 과학기술부에서는 컴퓨터프로그램보호법에 의해 게임소프트웨어의 등록을 심의하고 있으며, 정보통신부에서는 PC통신망을 이용하는 게임에 대한 규제를 담당하고 있다. 게임에 대한 규제 및 심의의 일관성과 공정성 문제를 해결하기 위해 '음비법'이 1999년 '음반,비디오물및게임물에관한법률'(2001년 일부 개정)로 개정되면서, 문화부 산하 영상물등급위원회가 게임에 대한 심의를 총괄하고 있다.

일단 외형적으로 심의기관의 단일화는 확보되었지만, 여전히 심의기준과 심의의 비경제성에 대한 문제는 제기되고 있다.

1999년 '음비게법'이 개정된 이후 문화관광부 산하 영상물등급위원회가 게임에 대한 심의를 총괄하고 있지만, 재심의에 걸릴 경우 재심의 절차와 소요기간이 길어서 제품의 수명주기가 짧은 게임업체의 애로요인이 되고 있다. 그리고 동일한 게임이라 할지라도 가정용과 업소용으로 심의를 두 번 받아야 하고, 심의료를 이중으로 내야 한다는 것과 심의 방법상의 문제가 여전히 제기되고 있다. 예를 들어, 영등위에서 심의를 할 때, 한번에 여러 개의 게임을 심의하고, 특정 장면을 위주로 짧은 시간에 심의를 하기 때문에 게임내용이나 특성을 세밀하게 살펴보기 어렵다. 또한 게임심의 결과를 폭력장면 과다, 잔혹장면 과다 등으로 간단히 기술하고 있는데, 문제가 된 부분이나 장면을 정확하게 지적하지 않고 있다. 그래서 심의결과 불가판정을 받았거나, 18세가 등급을 받을 경우 게임개발업체는 왜 그런 결과가 나왔는지 정확히 알기를 원하고, 재심을 요청하기보다는 수정을 해서라도 희망등급을 받고자 하기 때문에 심의결과를 보다 구체적이고 정확하게 제시할 필요가 있다.

## 3. 게임관련 정책의 형성 및 변화의 과정

게임산업은 NIS가 환경변화에 대응하지 못하고, 민간 주도적 발전을 이룬 대표적 사례이다. 그런데 게임산업 초기에 비해 정부가 점점 중요한 행위자로서 개입이 확대되고 있다. 정부의 개입정도를 알 수 있는 지표로서 규제정책과 지원정책을 살펴보면, 정부가 주변부에서 핵심영역(core)으로 정책적 변화와 진입이 서서히 나타나고 있음을 발견할 수 있다. 다시 말해서, 게임산업의 경우 초기에는 민간 주도적으로 성장하면서 정부가 게임확산 억제 및 심의의 규제자 역할을 담당하다가 서서히 게임문화 조성 및 산업 지원정책을 추진하면서 게임의 시장경쟁력 향상에 중요한 지원자 역할로의 전환을 꾀하고 있다. 이러한 민간과 정부의 역할 정도의 변화과정을 제도의 경로 의존적 변화의 과정으로 설명할 수 있다.

<그림 7> 게임정책과 정부-민간의 역할의 변화과정

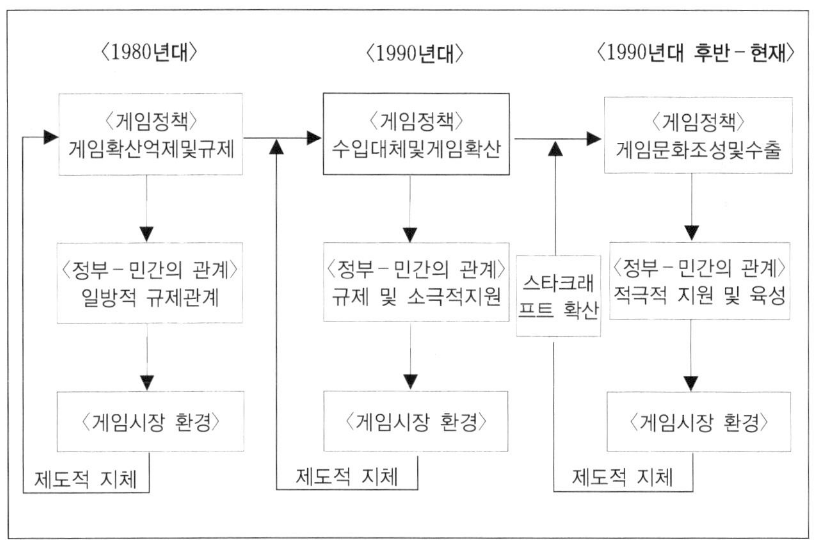


정부의 정책적 개입이 성공적이지 못함에도 불구하고, 게임산업은 성장할 것이다. 왜냐하면, 게임산업은 정부 주도적이기보다 민간 주도적인 성장을 이루어왔기 때문이다. 즉, 비정부부문의 역량 및 활용 가능한 자원의 측면에서 볼 때, 게임기술의 개발에 적합한 인재와 창업벤처기업의 기술개발 수준과 정보통신 및 광통신망 기반구축 및 사용자 점유율이 세계적인 수준이기 때문이다. 결국 제도로서 게임정책이 게임산업을 주도적으로 이끄는 독립변수로 작용하지 못하고, 게임시장 환경을 비롯한 제도적 환경과 민간 주도적 게임시장에 뒤따라가는 현상을 보이고 있다.

IMF 이후 새롭게 들어선 김대중 정부는 1998년부터 4년 동안 창조적 지식기반국가 건설을 위한 정보화 비전을 설정하고, 이를 범정부적으로 추진하였다. 1998년에는 대통령이 직접 주재하는 ‘정보화전략회의’를 구성하여 다수 부처가 관련된 정보화정책을 종합 조정하도록 하였다. 또한 1999년에는 창조적 지식기반 국가 건설을 위한 정보화 비전인 □□Cyber Korea 21□□프로젝트를 수립·추진함으로써 인터넷 등 IT기술의 발전과 확산을 위한 기반을 조성하는 데 중점을 두었다. 정보통신부를 중심으로 추진되었던 인터넷망 구축사업의 성과는 첫째, 세계 최초로 전국 144개 중·소도시를 잇는 초고속정보통신망(155Mbps~2.5Gbps)을 2000년에 완성하였으며, 2001년 말에는 인터넷 이용자가 2,438만 명, 초고속 통신망 이용가구가 781만 가구에 달함으로써 세계 최고수준의 초고속인터넷 이용환경을 보유하게 되었다. 2001년 말 현재 국민의 51.5%가 인터넷을 이용하고, 총가구의 54.3%가 초고속인터넷에 가입함으로써 인터넷 이용률은 세계 5위, 보급률은 세계 1위를 기록하고 있다. 특히, 100가구당 초고속인터넷 보급률 면에서 한국은 54.3가구로 영국 0.8가구, 미국 13.1가구, 일본 6.3가구 등을 크게 압도하고 있어 정책의 성과를 짐작할 수 있다. 둘째, 2001년 모든 초·중·고교(1만 400개)에 무료 인터넷서비스를 제공하고, 주부·장애인·군장병 등 816만 명에 대한 정보화교육을 실시하는 등 다각적인 노력을 하였다(정보통신부, 2002. 6).

1990년대 후반, 정부가 산업정책 차원에서 게임에 적극적으로 접근하면서 게임산업의 발전 및 산업경쟁력 향상에 긍정적으로 기여한 것으로 평가되는 배경이나 환경요인을 요약하면 다음과 같다. 첫째, 정부가 주도적으로 초고속인터넷 통신망 구축 및 확산정책을 추진했다는 것이다. 정보통신부는 고속 인터넷 회선 도입에 소극적이었던 한국통신을 자극하기 위해 신규 사업자인 하나로 통신을 적극적으로 지원하는 경쟁시스템 전략을 사용하였다. 둘째, 97년 외환위기 이후, 스타크래프트의 수입과 PC방의 급증은 인터넷 인프라를 보급하는 데 크게 기여하였다. 셋째, 전체 인구의 4분의 1 이상이 서울과 수도권에 거주하고 있다는 점도 초고속 인터넷 회선 보급에 기여한 원인으로 작용하였다. 수도권에 밀집된 전화국 교환기의 보급망은 고속데이터 전송이 용이한 ADSL 회선의 보급에 적합한 기술환경 기반으로 작용하였다. 이외에도 높은 교육열과 국민성이 인터넷보급에 긍정적으로 기여하였다. 학교에서 교사가 인터넷 이용을 장려하거나 학교 숙제를 하기 위한 자료 검색이 늘어나면서 학생들을(인터넷 이용률은 초등학생 88.4%, 중학생 99.8%, 고등학생 99%) 중심으로 인터넷이 자연스럽게 확산되었다. 그리고 저작권이나 초상권에 대한 규제가 다소 느슨하고 많은 동영상 컨텐츠가 인터넷상에 존재한다는 점 역시 IT라이프스타일 보급에 크게 기여했다고 할 수 있다(일본세계주보, 2002. 9. 14).

한국의 게임산업은 게임수입 및 유통업체를 중심으로 국내시장이 확산되는 민간 주도적 성장산업의 특징을 뚜렷하게 보이고 있다. 그러나 게임산업의 고부가가치에 대한 국제적 인식이 확산되면서, 한국 정부의 게임정책이 시장확대 억제 및 규제정책에서 점차 육성산업정책과 하부인프라 구축작업을 추진하는 것으로 변화하고 있다. 그런데 문제는 정부의 역할이 급변하는 게임산업의 기업환경과 게임업체의 영세성, 게임의 대작화 추세로 인한 개발자금 등의 게임산업 특성을 반영하지 못하고 있다는 데 있다. 정보통신부를 중심으로 하는 적극적인 인터넷기반 구축프로그램은 일단 게임환경을 조성하는 데는 지대한 역할을 한 것으로 평가할 수 있다. 하지만, 세계적인 경쟁밀도가 높은 게임 분야에 대한 정책이 국내 게임시장의 특징 -소규모 영세성과 업체의 편중성 등-을 반영하고 있지 못하고, 과거의 정책에서 벗어나지 못하고 단기적이고 비일관적인 정책을 유지하고 있다. 이것은 과거에 성공적 결과를 가져왔던 제도를 그대로 유지함으로써 산업과 시장의 성격이 전혀 다른 게임산업에도 적용할 수 있다고 여기기 때문이다.

이상의 게임산업정책의 형성과정에서 나타나는 정부의 역할 및 정책의 제도적 지체와 경로 의존적 변화의 과정을 정리한 것이 다음의 〈표 38〉이다.

〈표 38〉 게임관련 정책 형성 및 변화의 과정

| 년도 | 1980년대 | 1990년대 | 1990년 후반 – 현재 |
|---|---|---|---|
| 시장상황 | 수입의존단계 | 수입대체단계 | 자체개발 및 수출단계 |
| 정부지원 | 규제 및 확산억제<br>단계 | 벤처지원 및 소극적<br>산업화단계 | 확산장려 및 적극적<br>산업화단계 |
| 게임정책<br>기본방향 | 윤리적 측면에서 게<br>임에 대한 규제 | 민간기업주도, 게임의 산업적<br>인식과 정부의 소극적 개입 | 게임의 산업경쟁력 강화를 위<br>한 적극적 지원과 육성 |
| 추진<br>정책 | 청소년 규제강화<br>수입게임물심의강화 | 민간 벤처투자의 촉진, PC방<br>규제 완화, 콘텐츠수입심의제<br>폐지 및 추천제 도입 | 게임기술 개발<br>게임업체 인큐베이팅 지원<br>게임문화진흥협의회 구성 |
| 주요<br>행위자 | - 정부: 규제중심적<br>　개입과 게임확산<br>　억제(심의담당)<br>- 기업: 게임수입 및<br>　유통업체<br>- 소비자: 청소년층<br>- 기타: 오락실 | - 정부: 문화관광부, 보건복지부<br>- 기업: 벤처기업,<br>- 소비자: pc방 확산<br>- 기타: 불법복제, 벤처활성화 | - 정부: 문화관광부(한국게임<br>　산업개발원, 영상물등급위<br>　원회), 정보통신부<br>- 기업: 온라인게임업체, 대기업<br>- 소비자: 프로게이머 등 다양화<br>- 기타: 프로게임대회 |
| 추진<br>방향 | 게임 확산 제한 및 규제단계 → 게임의 산업적 인식단계 → 게임의 산업육성 및<br>게임문화 조성단계 | | |
| 대표<br>게임 | 갤러그, 제비우스,<br>벽돌격파, 슈퍼마리오,<br>팩맨 등 | 스트리트파이터2, 바람의 나라,<br>리니지, 스타크래프트, DDR,<br>펌프 | 하얀마음백구, 뮤, 마그나카르타,<br>BNB, KOF2001 등 |
| 기타 | - 민간 기업 주도적<br>　시장확대<br>- 오락실 중심의<br>　저급한 게임환경 | - 벤처특별법제정 및 지원제도<br>　(시장중심적 생산시스템 구축과정)<br>- 게임의 경제성에 대한 국제적<br>　인식 확산(인터넷 발달 초기)<br>- 대기업의 게임수입참여 및 공<br>　급과잉현상 | - 음반,비디오물및게임물에관<br>　한법률 개정 이후 심의기관 일<br>　원화<br>- 국산 온라인게임의 수출 증가<br>- 대기업의 투자확대 |

　상기의 〈표 38〉에서 보는 바와 같이, 한국 게임산업은 정부의 노력에 의해서라기보다는 다분히 민간 주도적으로 성장하였으며, 산업 초기에는 오히려 정부의 규제정책이 게임산업의 성장에 제약요인으로 작용하였음을 알 수 있다. 그러나 경제위기(IMF) 이후 미국 블리자드사의 '스타크래프트'가 국내에 소개되면서 게임산업에 대한 인식이 변하는 계기가 되었고, 과거에

비해 적극적인 지원정책이 추진되었다. 특히 한국 게임산업의 성장가능성이 큰 온라인게임 분야의 발전에 정보통신부의 인터넷기반구축 및 초고속 통신망 사업의 성과는 긍정적으로 평가할 수 있다.

그러나 정부의 게임산업정책은 여전히 온라인게임 이용상의 부정적 파급효과인 게임중독 등의 사회적 문제들을 방지하고 해결하는 소극적이고 규제적인 정책을 유지하고 있다. 이러한 정책의 한계를 극복하기 위해 첫째, 영세한 게임개발사들 간의 협력 관계 또는 공동작업을 위한 커넥션이 가능하도록 정부는 Connect & Development 차원의 정책적 노력을 해야 한다. 즉, 게임개발자 - 유통담당자 - 수요자 간의 공식 또는 비공식적 협력 네트워크를 구축하여 게임기술 및 시장 정보 제공을 통한 게임업체 간 공동연구개발을 활성화하는 NIS 차원의 총제적인 접근을 해야 한다. 둘째, 게임벤처기업의 경우 내부적인 문제점이 발생하더라도 이를 자체적으로 해결하려는 성향이 강하기 때문에, 정부는 이러한 조직 운영 및 경영상의 폐쇄성이나 외부개입에 대한 불신관계로 인해 발생하는 거래비용을 낮추기 위한 정책적 개입을 하여야 한다. 셋째, 게임개발 관련 프로그램 소프트웨어 지원정책과 더불어 수출품과 국내물의 이중제작의 문제점을 해결하기 위해 정부의 적극적인 심의제도 개혁이 이루어져야 한다.

# 제12장 참여정부의 게임산업정책: 참여정부의 게임산업 관련 정책과 제도적 기제

참여정부의 게임산업정책은 게임문화조성 및 지원의 성격을 분명히 하고 있다. 그러나 문제는 게임산업정책(처방)이 산업의 특성과 급변하는 게임기술과 시장환경, 국내 게임산업의 경쟁력 등을 거시적이고 종합적으로 분석해서 접근하고 있는가 하는 것이다. 만약 나눠주기식의 예산지원이나 임시방편적인 정책수단을 사용하고 있다면 문제는 매우 심각해질 것이다.

무엇보다 일단 형성된 정책은 일정 기간 변하지 않고 유지되는 제도적 지체 혹은 경로의존적인 성격을 가진다는 점을 고려할 때, 이러한 문제는 장기간에 걸쳐서 더욱 심각하게 나타날 것이다. 또한 제도의 경로의존성과 제도적 지체현상은 제도가 과거에 성공적이었을 경우 더욱 심하게 나타날 것이다. 즉, 산업의 고도화와 급변하는 정치·경제·기술 환경에의 대응력을 확보하기 위해서는 산업 지원정책의 기저가 되는 NIS도 같이 변해야[16) 하는데, 변하지 못하거나 산업의 변화속도를 따라 잡지 못하는 제도적 지체 혹은 부조화(mismatch) 현상이 발생할 수 있다. 제도는 경직성을 주요 인자로 하기 때문에, 제도변화도 기술 및 시장환경의 변화를 뒤따르는 경우가 흔히 발생한다. 이러한 제도적 관성은 종종 제도적 지체현상의 원인으로 작용하고, 이것이 곧 정책실패로 이어질 수 있다.[17)

이러한 문제의식을 바탕으로 본 연구는 첫째, 현재의 제도적 시스템으로

---

16) 이러한 제도변화를 제도의 '진화과정' 또는 '공진화의 원리'라고 명명한다.

17) 예를 들어, 반도체산업을 육성하기 위한 제도적 시스템으로서 국가혁신체제(NIS)가 커다란 성공을 이루었기 때문에, 동일한 NIS하에서 유사한 방식으로 게임산업 육성정책을 추진하는 것이 반드시 유사한 성공을 가져올 것이라 기대하기 어렵다는 것이다. 즉, 산업환경이나 제반 특성이 다르고, 민간 주도적인가 혹은 정부 주도적인가에 따라서 정책의 방향이나 제도적 기제가 달라질 필요가 있다.

서 국가혁신체제(NIS) 기반하에서 정부의 게임산업 지원정책이 성공적으로 추진될 수 있을 것인가. 기존의 NIS가 새로운 산업의 특성을 고려하여 변화되어야 함에도 불구하고 변하지 않고, 과거의 성공에 도취되어 기존의 정책과 시스템을 고수함으로써 환경과 산업특성의 변화에 대응하지 못하고 실패를 자초하고 있지는 않는가. 둘째, 정부는 게임산업정책을 추진함에 있어서 게임산업의 특수한 특성에 대한 고려를 전제하고 있는가. 셋째, 참여정부의 게임산업정책을 이전 정부의 정책과 비교했을 때, 어떤 따른 특징을 발견할 수 있는가 등을 연구의 질문으로 삼고자 한다. 이상의 문제를 바탕으로 본 연구에서는 참여정부의 게임산업정책과 정책기제를 통해 게임산업의 진화과정에 따라 정부의 정책이 공진화하고 있는지 아니면 제도적 지체의 문제점을 안고 있는지를 살펴보도록 한다. 그리고 게임산업정책 추진을 위한 세부 정책수단으로서 제도적·조직적·재정적 기제 등을 주로 분석하였다.

## 1. 게임 기술 및 운영기반의 급격한 변화

게임산업의 기술 및 운영 기반이 되는 정보통신기술의 혁신이 빠른 속도로 전개되고 있다. 기존의 IT제품(컴퓨터, 통신기기 등), 생활기기, 일상적인 제품과 사물 등에 IT기술을 적용하여, 일정 수준의 정보처리 및 정보저장 등의 컴퓨터 기능에 준하는 기능들이 부여되는 유비쿼터스 시대가 도래하고 있는 것이다. 이러한 컴퓨팅 파워의 변화는 고기능화, 소형화로 이어져 하나의 제품에 여러 다른 기능들을 융합하거나 일상생활 속에서 휴대하는 것(portability)을 가능하게 한다. 또한 휴대성을 한층 개선하여 언제 어디서나 인터넷 혹은 일상 컴퓨팅 시현이 가능하도록 하고 있으며, 모바일 시스템의 혁신을 가져왔다. 이렇게 새로운 형태의 컴퓨팅 파워의 수요가 발생함으로써 기존의 시장과 더불어 게임시장이 더욱 확대될 것으로 기대된다.

이러한 IT기술혁신의 방향을 특징적인 것을 중심으로 간단하게 정리하면 다음과 같다. 첫째, 모든 computing power가 서로 연결되고 통합되는 네트워크(networking)의 가능성이 커짐에 따라 네트워크의 문제뿐만 아니라 주고받는 정보의 소통가능성(communicability) 및 다양한 수준의 대화방식의 개발로까지 연결될 수 있다. 둘째, 다양한 기능의 통합과 네트워크는 변화의 핵심 기제인 컨버전스로 이어지게 될 것이다. 또한 멀티미디어를 중심으로 기존 PC와 관련된 기능이 확장되면서 다양한 기능들이 부가될 것이며, 특히 멀티미디어의 기능 확장과 함께 기존의 엔터테인먼트 기능이 급속하게 흡수되어가고 있다. personal system이 개인의 생활 전반과 연계되면서 이동성과 휴대성이 강조되고, 다양한 형태, 다양한 기기 등으로 발전하였고 고도의 통신기능을 갖추게 됨에 따라 인터넷 접속 등 통신의 단말장치로서의 중요한 역할을 수행하고 있다. 이러한 personal system의 진화 및 확장은 과거 데스크탑이나 PC, 노트북 컴퓨터의 차원을 넘어 다양하게 그 존재방식이 변화였고, personal IT의 컨버전스의 혁명을 가져오고 있다. 셋째, 네트워크에 의하여 기능적으로 통합되면서 특정한 제품의 기능 혹은 서비스가 다른 제품에 의해 제공되는 transfer of function이 가능하다. 시간, 장소, 단말기기, 서비스의 내용 등에 구애받지 않고 제공될 수 있는 네트워크 환경의 본질적 변화는 곧 게임시장의 규모를 결정하는 주요 변수로 작용하게 된다. 넷째, 컴퓨터의 보유 측면에서 한 사람이 하나의 개인용 컴퓨터를 소유하던 PC의 시대에서 점차 한 사람이 여러 개의 컴퓨터(전형적인 PC, 모바일, PDA, 휴대폰 등)를 소유하는 시대로 접어들고 있다. 이것은 일상생활의 모든 제품에 컴퓨터 기술이 접목될 수 있음을 의미하는 동시에 user intent(사용자 의도, 취향) 정보에 대한 수용능력이 상당히 중요하다는 것을 의미한다. 다섯째, 컨버전스를 통해 서로 다른 기술 혹은 제품들이 유사화(기존에 서로 다른 고객가치를 제공하던 기술 또는 제품들로부터 유사한 고객가치가 제공됨) 혹은 복합화(서로 다른 기술 혹은 제품들이 결합되어 새로운 고객가치가 창출됨)되면서 시장영역 간의 경계가 불분명하게 되는 현상이 발생한다.

이러한 정보통신기술의 발전을 기반으로 하는 온라인게임이란 '컴퓨터 및 정보통신기술의 기능을 활용하여 영상과 음향을 입체적으로 제공함으로써 사용자로 하여금 쌍방향(interactive) 커뮤니케이션에 의한 즐거움을 갖도록 하는 컴퓨터의 종합예술 내지는 대중문화의 한 장르'라고 할 수 있다(이정원, 1994). 또 컴퓨터 기능을 활용하여 움직이는 영상이나 지정된 텍스트로 쌍방향(interactive) 커뮤니케이션을 통해 미리 정해진 스토리 게임을 사용자가 해결해 나가며 그에 따른 오락적 감흥을 느끼는 대중문화상품을 말한다(구문모, 1998). 따라서 IT 분야 기술혁신은 게임 기술환경의 변화와 직결되며, 시장의 확대 가능성을 높이는 요인으로 작용한다. 또한 이러한 산업 기술환경의 변화는 정부 역할 변화의 필요성 근거가 된다.

## 2. 게임산업의 시장환경 변화

최근에 상당수의 게임업체들이 생존을 위해 해외시장으로 진출하고 있다. 이것은 국내시장규모의 한계와 국제화의 필요성 때문인 동시에 국내 게임업체들 간의 과열경쟁이 원인으로 작용한 결과이다. 또한 점차 대규모의 자본과 인력을 투입한 블록버스터급 프로젝트가 아니면 시장 진입에서조차 어려움을 겪고 있는 현실 때문이다. 초기에는 주로 중국, 일본, 대만 등 동남 아시아권으로 진출하였고, 웹젠의 뮤, NCSoft의 리니지, 그라비티의 라그나로크 등이 성공적인 성과를 올리면서 해외진출이 확대되었다(www.gametime.co.kr, 2005. 4. 3).

다음의 세계 게임시장의 규모와 세계시장에서 한국게임 시장의 비중에 대한 관련 통계자료인 〈표 39〉과 〈표 40〉를 통해서, 해외 진출을 통해 경쟁력을 확보하려는 전략적 시도의 필요성을 충분히 알 수 있을 것이다.

〈표 39〉 세계 게임시장 규모 및 전망

(단위: 억 불)

| 구 분 | | 2001 | 2002 | 2003 | 2004 | 2005 | 2006 |
|---|---|---|---|---|---|---|---|
| 아케이드게임 | 금액 | 280 | 294 | 293.7 | 300.2 | 309.2 | 321.5 |
| | 성장률 | – | 5% | −0.1% | 2.2% | 3% | 4% |
| PC게임 | 금액 | 37 | 35 | 34 | 33.2 | 33 | 33.6 |
| | 성장률 | – | −4% | −3.8% | −2.3% | −0.5% | 1.6% |
| 비디오게임 | 금액 | 186.5 | 215 | 193.8 | 139 | 160 | 232 |
| | 성장률 | – | 15.3% | −9.8% | −28% | 15.3% | 45% |
| 온라인게임 | 금액 | 5.3 | 10.9 | 20 | 32.3 | 46.8 | 62 |
| | 성장률 | – | 105% | 85% | 60% | 45% | 33% |
| 모바일게임 | 금액 | 2 | 5.8 | 9.2 | 14 | 20.6 | 28.6 |
| | 성장률 | – | 178% | 60% | 53% | 46% | 39% |
| 부가 매출 | 금액 | 29 | 52 | 70 | 92 | 121 | 150 |
| | 성장률 | – | 79% | 35% | 31% | 32% | 24% |
| 총 계 | 금액 | 539 | 613 | 621 | 611 | 691 | 828 |
| | 성장률 | – | 13.7% | 1.3% | −1.6% | 13% | 19.8% |

〈표 40〉 세계시장에서 한국 게임시장의 비중*: 2003년

(단위: 백만 불)

| 구분 | 온라인게임 | | 모바일게임 | | PC게임 | | 비디오게임 | | 아케이드게임 | |
|---|---|---|---|---|---|---|---|---|---|---|
| | 매출액 | 순위 | 매출액 | 순위 | 매출액 | 순위 | 매출액 | 순위 | 매출액 | 순위 |
| 일본 | 82 | 5 | 211 | 1 | 231 | 5 | 4,865 | 2 | 7,703 | 2 |
| 미국 | 465 | 2 | 89 | 3 | 1,526 | 1 | 7,293 | 1 | 8,902 | 1 |
| 영국 | | | 68 | 6 | 351 | 2 | 2,232 | 3 | | |
| 프랑스 | | | 56 | 8 | 247 | 4 | 1,003 | 4 | | |
| 독일 | 353 | | 86 | 4 | 338 | 3 | 852 | 5 | 9,730 | |
| 이탈리아 | (유럽) | – | 74 | 5 | 169 | 6 | 492 | 6 | (유럽) | – |
| 스페인 | | | 40 | 9 | 143 | 7 | 485 | 7 | | |
| 스웨덴 | | | 11 | – | 52 | – | 308 | 9 | | |
| 중국 | 236 | 3 | 63 | 7 | 117 | 8 | 36 | – | | |
| 대만 | 158 | 4 | 18 | 12 | – | – | – | – | 2,040 | |
| 홍콩 | 31 | – | 22 | 11 | – | – | – | – | (기타 아시아) | – |
| 호주 | 36 | – | 25 | 10 | 108 | 9 | 500 | 8 | | |
| 한국 | 628 | 1위 | 122 | 2위 | 78 | 15위 (추정) | 186 | 15위 (추정) | 805 | 10위 (추정) |

 이러한 게임업체의 해외진출과 가능성은 한국 게임산업의 빠른 성장을 보여주고 있다. 그럼에도 불구하고, 점차 경쟁이 가속화되는 산업환경 속에서 다음의 몇 가지 문제점은 게임산업이 해결해야 할 과제인 동시에 성장을 제한하는 위기요인으로 작용하고 있다.

 첫째, 게임의 역기능에 대한 부정적 사회인식과 소비계층의 한정성 요인이 작용하고 있다. 게임은 짧은 시간에 상당히 많이 성장한 대신, 너무 기술적인 면에 치우쳐 개발이 되었고, 게임 개발자들은 항상 빠르게 변화하는 기술력에 대응하기 위해 노력하였으며 심지어 그렇게 하는 것만이 더 좋은 게임을 만드는 것이라 여겼던 것이다. 이렇게 기술적인 발전에만 치중한 게임들이 많기 때문에 아직까지도 게임은 단순한 오락이라는 인식이 강하게 작용하고 있다.

 둘째, 과거의 게임산업은 아이디어만으로도 큰 성공을 거둔 사례가 많았지만, 지금은 많은 자본과 인력, 그리고 유능한 배급사를 필요로 한다. 게임의 대작화와 막대한 개발비용 때문에 개발 능력이 있는 중소 게임업체라 하더라도 게임을 제작하기 어려울 뿐만 아니라 성공가능성도 그만큼 줄어들게 된다. 예를 들어, 'WOW' '대항해시대' 등 외국산 대작 온라인게임의 출현으로 제작비 외에 마케팅비용 부담이 가중돼 전체적인 개발비용 상승이 불가피한 실정이다. 국내 온라인게임 역시 리니지2에 이은 대규모 자본과 인력이 투입된 대작게임이 개발되고 있는데, 아크로드의 경우 제작비 100억 원, 인력투입 70여 명, 초기 마케팅비용 30억 원 등 막대한 개발비용을 부담하고 있다. 이러한 게임의 대작화 경향은 국내 온라인게임에 국한된 것이 아니라 전 세계적으로 모든 플랫폼에 적용되는 추세이다. 이렇게 개발비용이 늘어나고 신규진입의 장벽 및 비용이 높아지는 현상은 중소 온라인게임 개발사들이 더 이상 버티지 못하고 도태될 위기요인으로 작용하고 있다.

 셋째, 국내 온라인게임 시장이 포화상태에 이르자 이를 해결하기 위해 리니지가 대만에 진출한 이후 수많은 게임들이 세계 곳곳으로 진출하고 있다.18) 그런데 기존 온라인게임들이 해외 게임시장에 진출할 때, 초기의 국내 게임시장에서와 마찬가지로 사용자의 선호와는 관계없이 수출하고 있는 경우가 대부분인 실정이다. 그러나 국내에서 성공한 게임이라 하더라도 해외 시장을 이해하고 현지화를 제대로 하지 않은 채 진출한다면 실패할 가능성이 크다.

따라서 게임수출 지역의 소비자 취향을 고려한 현지화 작업은 게임수출의 성공에 있어서 무엇보다 중요한 변수가 된다. 예를 들면, 대만의 온라인게임 사용자들은 그라비티의 '라그나로크', 그리곤엔터테인먼트의 '씰온라인' 등 귀여운 만화풍의 게임 등을 선호한다. 그러므로 현지 게임유저들의 속성과 하드웨어 환경을 사전에 충분히 파악하는 것이 해외시장에서 성공할 수 있는 지름길이다. 이를 위해 게임 개발단계부터 현지 서비스를 고려하여 사용자에 대한 분석과 준비를 바탕으로 게임스타일 등 서비스에 필요한 부분을 분석하고, 충분한 테스트를 통해서 사용자의 요구사항을 반영해야 한다. 또한 국내에서 주류를 이루는 고사양의 3D 게임을 해외에서 서비스하기 위해서는 PC 보급률, 사양 및 회선 등 외적 환경변수까지 고려하는 고도의 전략적인 접근이 뒷받침되어야 해당 시장에서 우위를 선점할 수 있다.

또한 게임은 인터넷을 기반으로 한다는 점에서 속도나 전파력이 매우 크기 때문에 향후 한류의 중심콘텐츠가 될 가능성이 매우 높다. 현재 중국·일본을 비롯한 대만 등 동남아 전역에서 서비스되고 있는 온라인게임의 80%~90%가 국산게임일 정도로 '게임의 한류[19]'가 나타나고 있다(디지털

---

18) 2003년 국내 게임의 세계시장 점유비율(단위: 억 불)

| 구 분 | 아케이드게임 | PC게임 | 온라인게임 | 비디오게임 | 모바일게임 | 기타 | 전체 |
|---|---|---|---|---|---|---|---|
| 세계시장 | 293.7 | 34 | 20 | 193.8 | 9.2 | 70 | 620.7 |
| 국내시장 | 8.05 | 0.78 | 6.28 | 1.86 | 1.22 | 14.63 | 104.42 |
| 점유율 | 2.7% | 2.3% | 31.4% | 1.0% | 13.3% | 20.9% | 5.3% |

19) 온라인게임 업체 CCR(대표 윤석호)의 경우 대작 MMORPG 하나로 1000만 달러가 넘는 수출계약금을 받았다. 온라인게임 업체 엔씨소프트는 북미 시장에서 국산 온라인게임 서비스를 시작했고, 유럽에서도 12개국에서 온라인게임 서비스를 시작했다. 또한 넥슨은 캐주얼 MMORPG '메이플스토리'(한·중·일 3개국에서 회원수 2500만 명, 최대 동지접속자수 50만 명)와 코믹 액션게임 '크

타임즈, 2005. 3. 2). 이상 게임수출지역을 다각화하고 현지화 해야 하는 것역시 현실적으로 게임업체들이 중점을 두어야 할 과제인 동시에 또 다른위기요인으로 작용하고 있다.


## 3. 한국 게임산업의 경쟁력


한국의 게임산업은 민간에 의해 자생적으로 형성되어 짧은 시간동안에빠른 속도로 성장하였다. 특히 온라인게임 분야는 세계적인 수준을 자랑하고 있다. 이렇게 온라인게임을 비롯한 게임산업의 발전에 긍정적으로 기여하는 배경이나 환경요인은 첫째, 정부가 주도적으로 초고속인터넷 통신망구축 및 확산정책을 추진했다는 것이다. 정보통신부는 고속 인터넷 회선도입에 소극적이었던 한국통신을 자극하기 위해 신규 사업자인 하나로 통신을 적극적으로 지원하는 경쟁시스템 전략을 사용하였다. 둘째, 1997년 외환위기 이후, 스타크래프트의 수입과 PC방의 급증은 인터넷 인프라를 보급하는 데 크게 기여하였다. 셋째, 전체 인구의 4분의 1 이상이 서울과 수도권에 거주하고 있다는 점도 초고속 인터넷 회선 보급에 기여한 원인으로작용하였다. 수도권에 밀집된 전화국 교환기의 보급망은 고속데이터 전송이 용이한 ADSL 회선의 보급에 적합한 기술환경 기반으로 작용하였다.이외에도 높은 교육열과 국민성이 인터넷보급에 긍정적으로 기여하였다.학교에서 교사가 인터넷 이용을 장려하거나 학교 숙제를 하기 위한 자료검색이 늘어나면서 학생들을(인터넷 이용률은 초등학생 88.4%, 중학생99.8%, 고등학생 99%) 중심으로 인터넷이 자연스럽게 확산되었다. 그리고

---

레이지아케이드 비엔비'(한국 최대 동지접속자수 35만 명, 중국 최대 동시접속자수 70만 명)를 중국과 일본에 수출하고 있다. 그리고 넥슨은 '메이플'과 '비엔비'에 이어 올해 '카트라이더'와 '마비노기'를 일본과 중국에서 각각 서비스할계획이며, 이를 기반으로 넥슨재팬(nexon.co.jp)에서만 300억 원~400억 원대매출을 올릴 계획이다.

저작권이나 초상권에 대한 규제가 다소 느슨하고 많은 동영상 컨텐츠가 인터넷상에 존재한다는 점 역시 IT라이프스타일 보급에 크게 기여했다고 할 수 있다.(일본 세계주보, 2002. 9. 14)

IMF 이후 새롭게 들어선 김대중 정부는 1998년부터 4년 동안 창조적 지식기반국가 건설을 위한 정보화 비전을 설정하고, 이를 범정부적으로 추진함으로써 세계 속의 IT강국으로 발돋움하는 데 기여하였다. 1995년에 '정보화촉진기본법'을 제정하여 정보화를 위한 법적·제도적 기틀을 마련하였으며, 1996년에는 이 법에 따라 정보화 재원조달을 위한 '정보화촉진기금'을 설치하였다. 1998년에는 대통령이 직접 주재하는 '정보화전략회의'를 구성하여 다수 부처가 관련된 정보화정책을 종합 조정하도록 하였다. 또한 1999년에는 창조적 지식기반 국가 건설을 위한 정보화 비전인 □□Cyber Korea 21□□프로젝트를 수립·추진함으로써 인터넷 등 IT기술의 발전과 확산을 위한 기반을 조성하는 데 비교적 성공적이었다는 평가를 받고 있다. 정보통신부를 중심으로 추진되었던 인터넷망 구축사업의 성과는 첫째, 세계 최초로 전국 144개 중·소도시를 잇는 초고속정보통신망(155Mbps∼2.5Gbps)을 2000년에 완성하였으며, 2001년 말에는 인터넷 이용자가 2,438만 명, 초고속 통신망 이용가구가 781만 가구에 달함으로써 세계 최고수준의 초고속인터넷 이용환경을 보유하게 되었다. 2001년 말 현재 국민의 51.5%가 인터넷을 이용하고, 총가구의 54.3%가 초고속인터넷에 가입함으로써 인터넷 이용률은 세계 5위, 보급률은 세계 1위를 기록하고 있다. 특히, 100가구당 초고속인터넷 보급률 면에서 한국은 54.3가구로 영국 0.8가구, 미국 13.1가구, 일본 6.3가구 등을 크게 압도하고 있어 정책의 성과를 짐작할 수 있다. 둘째, 2001년 모든 초·중·고교(1만 400개)에 무료 인터넷서비스를 제공하고, 주부·장애인·군장병 등 816만 명에 대한 정보화교육을 실시하는 등 다각적인 노력을 하였다.(정보통신부, 2002. 6)

다음의 〈표 41〉은 국내 게임산업의 시장규모와 성장률을 보여주는 것이다.

〈표 41〉 국내 게임산업 시장규모 및 전망(2002-2006)

(단위: 억 원)

| 구 분 | | 온라인 게임 | 모바일 게임 | 비디오 게임 | PC 게임 | 아케이드 게임 | PC방 | 게임장 | 복합 유통업소 | 합계 |
|---|---|---|---|---|---|---|---|---|---|---|
| 2002 | 규모 | 4,522 | 1,004 | 1,562 | 1,647 | 3,778 | 14,751 | 6,762 | - | 34,026 |
| 2003 | 규모 | 7,541 | 1,458 | 2,229 | 937 | 3,118 | 16,912 | 6,542 | 650 | 39,387 |
| | 성장률 | 66.8% | 45.2% | 42.7% | -43.1% | -17.5% | 14.6% | -3.3% | - | 15.8% |
| 2004 | 규모 | 10,935 | 2,187 | 2,897 | 750 | 2,962 | 18,265 | 6,477 | 878 | 45,351 |
| | 성장률 | 45% | 50% | 30% | -20% | -5% | 8% | -1% | 35% | 15% |
| 2005 | 규모 | 14,216 | 3,062 | 3,476 | 680 | 3,051 | 19,178 | 6,671 | 1,098 | 51,432 |
| | 성장률 | 30% | 40% | 20% | -9% | 3% | 5% | 3% | 25% | 13% |
| 2006 | 규모 | 17,058 | 4,138 | 3,997 | 660 | 3,204 | 19,753 | 7,001 | 1,318 | 0 |
| | 성장률 | 20% | 35% | 15% | -3% | 5% | 3% | 5% | 20% | 11% |

〈표 42〉 게임의 수출·입 현황 및 전망

(단위: 천 불)

| 연도 | 2001 | 2002 | 2003 | 2004 | 2005 |
|---|---|---|---|---|---|
| 수출 | 130,470 | 140,796 | 181,543 | 254,160 | 343,116 |
| 수입 | 65,340 | 160,962 | 166,454 | 199,745 | 229,707 |

　2002년 하반기 이후부터 계속된 수출드라이브로 게임물의 수출은 높은 성장률을 기록하며 성장하고 있다. 특히 온라인게임의 수출 및 매출액은 지속적으로 높은 성장세를 유지하면서 게임시장의 규모 확대를 주도하고 있다.

300

〈그림 8〉 2003년 플랫폼별 해외 수출액

(단위: 천 불)

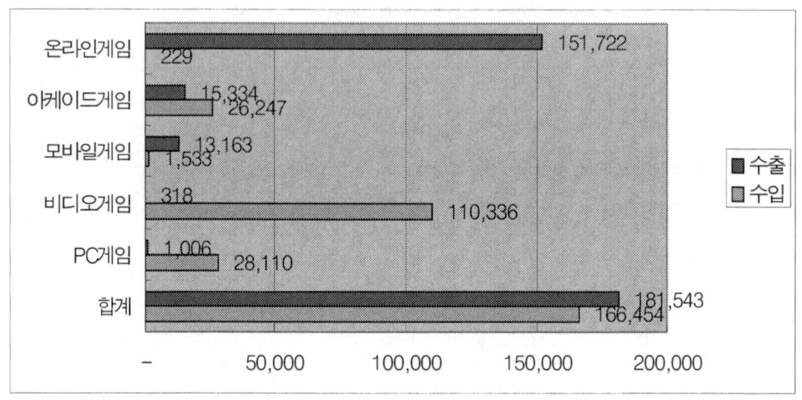


〈그림 9〉 2003년 해외수출 국가별 비중

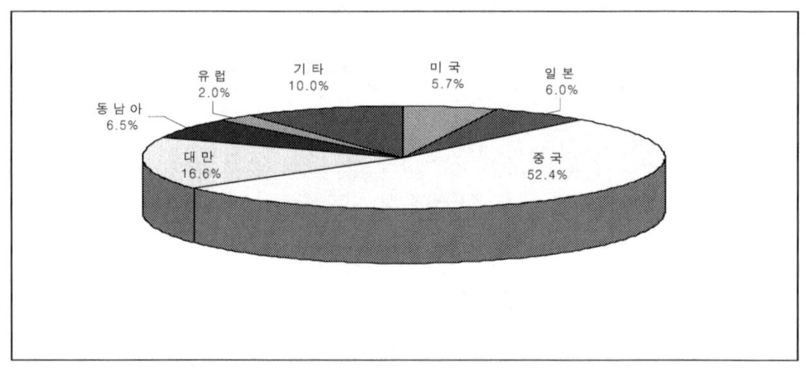


위의 〈그림 9〉에서 보는 바와 같이, 한국의 게임이 중국을 비롯한 아시아권에서 성공한 원인은 선점효과와 함께 유사한 문화 코드에 기반하고 있다는 것이다. 그런데 중국 시장의 산당 부분을 한국 온라인게임이 장악하고 있었으나, 점차 중국 게임업체들이 자체적으로 개발한 게임이 한국산 게임을 추격하고 있는 실정이다. 이러한 사실들은 철저한 시장분석을 통한 컨텐츠 제작 및 현지화 준비작업이 해외 게임수출에 있어서 중요한 변수임을 말해주고 있다. 이것은 곧 해외 시장진출을 위해서는 시장성이나 성장 가능성 못지않게 해당 국가와 지역의 사용자들에 대한 철저한 조사·분석 작업이 필요함을 말해 주는 것이다. 이를 위해서는 해외 진출 사업부서와 게임 개발부서 간의 시장에 대한 면밀한 커뮤니케이션이 요구된다. 그리고 개발단계에서부터 해외 각 지역의 문화에 대한 정보를 바탕으로 게임환경을 구축할 수 있는 설계 및 준비작업을 필요로 한다. 이것이 곧 치열한 게임시장 경쟁에서 한국 게임이 경쟁력을 확보할 수 있는 전략인 동시에 정부가 정책적으로 담당해야 할 역할이기도 할 것이다.

다음의 〈표 43 - 표 45〉는 국내 게임업체의 현황과 세계시장 점유비율, 그리고 게임업체의 규모와 생산구조에 관련된 인력 현황과 필요인력 확보 정도에 관한 자료이다. 이러한 통계자료를 통해 한국 게임산업의 현실을 파악할 수 있으며, 정부의 정책적 역할이 필요한 부분에 대한 정보를 얻을 수 있을 것이다.

〈표 43〉국내 게임업체 현황

| 구 분 | | 연도별 현황(누적) | | | | |
|---|---|---|---|---|---|---|
| | | 1999년 | 2000년 | 2001년 | 2002년 | 2003년 |
| 일반업체 | 개발업체 수 | 416 | 952 | 1,381 | 1,774 | 2,059 |
| | 배급업체 수 | 278 | 547 | 736 | 859 | 921 |
| 소 계(제작/배급) | | 694 | 1,499 | 2,117 | 2,633 | 2,980 |
| PC방 | | 15,150 | 21,460 | 22,548 | 21,123 | 20,846 |
| 게임장 | | 18,516 | 25,415 | 20,755 | 13,265 | 13,821 |
| 소 계(소비유통) | | 33,666 | 46,875 | 43,303 | 34,388 | 34,667 |
| 총 업체 수 | | 34,360 | 48,374 | 45,420 | 37,021 | 37,647 |

자료: 한국게임제작협회, 한국인터넷PC문화협회, 한국컴퓨터게임산업중앙회

〈표 44〉 평균인원 및 종사자 규모

| 구 분 | 년도 별 인력증가현황 | | | | |
|---|---|---|---|---|---|
| | 2000년 | 2001년 | 2002년 | 2003년 | 2004년 |
| 게임 업체수* | 900 | 1,400 | 1,860 | 2,220 | 2,470 |
| 업체당 평균인원 | 15 | 17 | 18.2 | 19 | 20 |
| 게임종사자 | 13,500 | 23,800 | 33,870 | 42,180 | 49,400 |

* 주: 개발-유통 중복사는 1개로 처리함.

〈표 45〉 업종별 종사자 현황(2003년)

(단위: 명)

| 구 분 | 게임 PD | 그래픽 디자이너 | 컴퓨터 프로그래머 | 시나리오 | 사운드 크리에이터 | H/W 개발 | 시스템 엔지니어 | 홍보/ 마케팅 | 일반 관리직 | 합계 |
|---|---|---|---|---|---|---|---|---|---|---|
| 총 직원수 | 3,931 | 8,897 | 9,724 | 1,241 | 621 | 1,035 | 1,862 | 4,345 | 7,448 | 39,104 |
| 업체당 평균 | 1.9 | 4.3 | 4.7 | 0.6 | 0.3 | 0.5 | 0.9 | 2.1 | 3.6 | 18.9 |
| 구성비 | 10.0% | 22.8% | 25.1% | 2.9% | 1.6% | 2.7% | 4.9% | 11.0% | 19.1% | 100.0% |

자료: 문화관광부(2003), 〈2003년 게임백서〉.

이상의 통계자료를 통해서 보는 바와 같이 게임산업은 급격한 성장을 기록하고 있으며, 성장가능성 또한 매우 높은 산업군이다. 그럼에도 불구하고 최근 들어 수출과 매출의 성장폭이 다소 줄어들고 있는 실정이다. 이것은 한편으로 게임산업의 급격한 팽창으로 인해 내수시장이 확대되는 데 한계가 있기 때문이며, 다른 한편으로 수출 기업들이 중국, 일본 등 아시아 시장에 한정되어 진출하는 수출 지역의 한정성 때문에 수출의 증가가 조금씩 둔화되는 현상을 보이고 있다.

## 4. 참여정부의 문화산업정책 비전과 추진체계

　게임산업은 민간 주도적 발전을 이룬 대표적 사례이지만, 최근에는 정부가 중요한 행위자로 게임산업에 대한 산업정책적 개입을 확대하고 있다. 정부의 개입 정도를 알 수 있는 지표로서 소극적 규제정책과 적극적 산업지원정책을 살펴보면, 게임산업 행위 주체로서 정부가 주변부에서 핵심영역(core)으로 서서히 진입하고 있는 모습을 그려볼 수 있다. 다시 말해서, 게임산업의 초기에는 민간에 의해 산발적이고 모험적으로 성장하였던 게임시장에서 정부는 게임의 부정적 파급효과를 통제하기 위한 규제 및 감시자 역할을 주로 담당하였다. 이것은 행위자를 중심으로 볼 때, 게임산업의 성장 및 경쟁력 확보를 위한 중심인자로서의 역할이라기보다는 주변부에 머물러 있는 소극적이고 방관자적인 역할에 더 가깝다고 할 수 있다.

　그동안 정부의 게임정책은 기본적으로 공익(public interests)의 개념, 공익에 관한 정책이 일차적으로 강조되어왔다. 여기서 공익개념이 강조되어왔다는 것은 게임이 사회적으로 미치는 부정적 파급효과를 사전에 예측하여 이를 제거하려는 규제적인 문제에 주로 관심을 가져왔음을 의미하는 것이다. 그렇다고 게임 사용자 중심의 정책적 노력이 있었던 것은 아니었다. 오히려 게임생산자와 유통망, 그리고 사업자를 대상으로 하는 통제정책에 더 중점을 두고 있었다.

　그러던 중에 경제위기에 직면하면서 국가경쟁력 확보를 위한 신산업을 발굴하는 것이 무엇보다 중요한 정부의 과제가 되었다. 그리고 쥬라기 공원과 포켓몬 등 문화산업의 성공적 사례가 발생하고 경제위기에 직면하면서 게임산업에 대한 정책적 관심이 고조되기 시작하였다. 이러한 상황적 계기는 지금까지 규제 중심적이던 정부를 협조 중심적인 모습으로 바뀌게 하였다. 결국 정부는 위험하지만 투자가치가 높은 벤처기업을 육성할 필요성을 절감하였고, 당시 성장유망산업이었던 게임산업에 관심을 가지기 시작하였다. 그러나 게임산업은 지금까지 정부가 적극적으로 개입해왔던 제조업과는 다른 혁신구조를 가지고 있었기 때문에 정부에 의한 제도적 접근은 많은 문제점을 내포할 수밖에 없었다. 그럼에도 불구하고 국가가 시장형성에 개입해서 짧은 시간에 성공적으로 정보통신기반을 조성하였다는 사실은 정보통신기술을 기반으로 하는 게임산업에 대한 정책적 개입을 정당화하고 있다.

참여정부의 12대 국정과제 중 "지식문화강국 실현"은 문화산업정책에 대한 비전으로서 '문화적 창의성을 기반으로 문화산업 육성'이라는 정책적 의지를 표현한 것이다. 이러한 비전은 문화콘텐츠 산업발전을 위한 기반구축, 창의적 전문인력 양성과 기술개발 확대, 문화산업유통 합리화 및 시장구조 개선 등의 세부 목표로 구체화되었다.

## 1) 은유로서의 정책 비전 제시

노무현 대통령은 2003년 8월 경주문화엑스포에서 향후 5년 내에 '세계5대 문화산업강국의 실현'을 선언한 바 있으며, 11월에는 광주아시아 문화중심도시 보고회에서 애니메이션 등 구체적인 사례까지 언급하며, 세계 문화시장을 선점하자는 의지를 보이기도 하였다. 한편, 정부는 8월 22일 차세대 성장동력 보고회에서 문화콘텐츠를 10대 국가적 미래전략산업으로 선정한 바 있으며, 10월 30일에는 노 대통령이 한국문화콘텐츠진흥원을 직접 방문하여, 문화산업계 인사와 현장대화를 나누기도 했다. 이러한 점에서 이번 행사는 노 대통령과 참여정부의 문화산업에 대한 강력한 육성의지를 재확인했다는 데 큰 의의가 있다고 하겠다.

〈표 46〉 언론보도에 나타난 참여정부의 문화산업 관련 언어적 상징 및
정책비전 분석

| 일시 | 정책비전과 주요내용 |
|---|---|
| 2003. 8. 13 | ■ 세계 문화산업 5대 강국 실현 선언<br>"문화산업을 세계적인 경쟁력을 갖추도록 할 것이며, 2만 달러 시대의 중요한 성장 동력으로 발전시켜 나가겠습니다."(대통령의 경주문화엑스포 연설문 일부) |
| 2003. 10. 30 | ■ 대통령, 한국문화콘텐츠진흥원 방문 |
| 2003. 12. 17 | ■ 문화산업비전 보고대회 개최<br>"정부는 문화산업 5대 강국 실현 때까지 집중 지원할 것이며, 인프라 지원에 노력할 것"<br>"청와대 내 문화산업정책기구 신설" 약속(인력양성, 대기업의 참여, 지적재산권 보호강화, 심의제도 검토 등 강조)(대통령 연설 내용 중 일부)<br><br>■ 문화전쟁, 21세기는 콘텐츠의 세기(이창동 전 문화관광부 장관) |
| 2004. 1. 30 | ■ 과학기술부 청와대 업무보고<br>"기존의 10대 성장 동력산업에 문화·관광산업 분야도 포함시켜 발전시켜 나갈 것"(대통령) |
| 2004. 5. 12 | ■ 문화산업 5대강국 세부실천계획 발표 |
| 2004. 10. 16 | ■ 창의한국 건설 |
| 2005. 2. 22 | ■ 문화정책의 새로운 비전마련 및 행정혁신 적극 추진 |

자료: 게임관련 신문자료 분석 및 정리.


2003년 12월 문화산업비전 보고대회는 문화관광부에서 주최한 행사지만, 청와대에서 문화산업의 미래에 대한 단일 주제로 대규모 보고회가 열리는 것은 처음 있는 일이어서, 문화산업에 대한 정부의 정책적 의지가 상당히 적극적으로 접근하고 있음을 보여주는 상징적 행사[20]라고 할 수 있다. 이날 보고회에서 대통령은 '정부는 세계문화산업 5대강국의 실현 때까지 인

---

[20] 일본은 2003년 초 지적재산전략본부를 총리직속으로 설치, 범정부적으로 문화콘텐츠육성에 힘을 쏟는 등 세계 각국의 경쟁이 치열해지는 상황이다.

재양성, 지방산업육성 등 집중 지원할 것이며, 이를 통해 참여정부는 확실한 업적을 남기겠다'고 정책지원 의지를 표명하였다. 그리고 '오늘의 자리가 대통령의 육성의지에 대한 믿음을 확인하는 자리로 이해하고, 열심히 노력해 달라'고 참여자들을 격려했다. 노 대통령은 특히 문화산업이 관계부처와의 협력이 중요하다는 점을 강조하고, 문화관광부의 문화산업정책 추진 시 범정부적인 정책효율성을 위해 '필요하다면 청와대에 문화산업육성 정책을 위한 정책조정기구 또는 특별위원회 형태의 기구를 만들겠다'고 약속했다. 대통령은 '제조업은 이제 투자한계에 왔다'면서 지식산업정책으로의 비중확대를 시사하기도 했다. 이와 함께 참여업체들의 성공사례와 건의사항을 청취하고 '지적재산권보호의 강화와 게임등급심의제도에 대한 심도 있는 재검토'를 지시했다.

이창동 전 문화부 장관은 참여정부의 문화산업을 위한 정책비전 보고에서, 21세기를 문화산업이 개인과 국가의 운명을 결정짓는 '콘텐츠의 세기'로 규정하고, 세계 5대 문화산업강국으로 진입하기 위한 정책비전을 제시하였다. 현재 1조 4천억 달러에 달하는 세계 문화산업시장의 선점을 위해, 선진국들 중심으로 이미 치열한 '문화전쟁'이 시작되었으며, 우리나라 문화산업은 초기단계를 벗어나 도약단계로 넘어가는 중요한 고비에 직면해 있다고 진단했다.

그리고 2004년 5월 12일 문화산업 5대강국 세부 실천계획을 발표하였다. 문화부는 중장기계획에서 3조 4천억 원('02 기준)의 시장을 형성한 게임산업이 온라인·모바일게임을 중심으로 본격적 성장단계에 들어섰으나, 해외 마케팅 역량 및 정보부족·고급 전문인력 부족·게임문화 정착노력 부재·게임콘텐츠의 편중화 등의 문제점도 상존하는 전환기라고 분석하였다. 그리고 세계 3대 게임강국 실현의 비전과 함께, 산·학·관 공동의 노력을 바탕으로 2007년까지 시장규모 10조 원(출하규모 6조 원), 고용인력 10만 명, 해외수출 10억 불을 달성하고, 세계시장 점유율을 5%까지 끌어올리겠다는 구상을 발표하고 있다. 이를 위해 5년간 총 1,500억 원(국고, 기금)의 재원이 투입될 계획이다.

## 2) 정책비전 실천계획 및 추진 체계

참여정부의 문화산업 정책비전 실천계획은 다음과 같다.

첫째, 양질의 문화콘텐츠 창작을 위한 투입인프라 기반을 강화한다. 향후 문화상품의 창작능력을 향상시키기 위한 인력양성, 기술개발, 투자환경개선 등 간접적 지원사업에 역점을 두고 있다.

둘째, CRC(Culture Research Center) 중심의 콘텐츠 창작기반을 구축한다. CRC는 산 학, 산 산, 예술 산업, 중앙 지방 간 연계 시너지를 위해 인문과학 및 예술, 기술공학 등이 함께 문화콘텐츠의 개발 및 창작을 수행하는 연구센터이다.

셋째, 문화콘텐츠진흥원의 기능을 재정립한다. 문화관광부는 문화콘텐츠진흥원의 기능을 인력양성, 기술개발, 정책평가 등을 중심으로 문화산업 전 분야의 기반인프라를 지원하는 간접 지원기능 중심으로 개편할 계획이다.

넷째, 창의적 인력양성 시스템을 구축한다. 문화산업인력개발센터를 설치하여 인력양성교육과정을 개발하고 문화콘텐츠 인력수급 네트워크를 구축한다. 그리고 CT전략연구소를 설립하여 미래의 CT기술 및 콘텐츠 디자인 개발사업도 적극 지원할 계획이다.

다섯째, 문화산업대학원 설립 지원 및 통합형 아카데미 운영 등 전문인력 양성기관을 지원한다. 문화산업대학원 대학교는 2006년 개교를 목표로 금년도에 설립방안에 대한 전문가 용역 등 기본계획을 수립한다. 현재 장르별로 별도로 운영되고 있는 공공아카데미도 통합적으로 연계 운영함으로써 문화산업 분야의 현장인력이 신기술, 시장변화 등 새로운 환경변화에 능동적으로 대응할 수 있도록 지원한다.

여섯째, 문화산업 분야 투자인프라 및 금융지원제도를 개선한다. 문화상품의 완성보증제도를 통해 민간투자를 활성화하기 위해 선진국의 성공사례를 조사하고 설립추진위원회를 구성, 연말까지 관계부처 협의를 완료하여 2005년 중 완성보증보험 제도를 도입한다.

일곱째, 문화원형의 디지털화 등 다양한 창작소스 공급체계를 구축한다. 우리 문화원형의 디지털화를 통해 콘텐츠 창작소스를 지속적으로 개발하고 "문화콘텐츠닷컴"을 개통하여 직접 콘텐츠의 창작소스로 활용될 수 있도록 추진한다. 이와 함께 독립게임 공모전, 우수 게임 및 에듀테인먼트 체험관 운영 등 게임 및 에듀테인먼트 분야의 다양한 소재발굴을 지원하여 콘텐츠 창작역량을 강화한다.

여덟째, DVD 공동물류센터 및 유무선 통합콘텐츠 유통활성화를 지원한다. 문화관광부는 콘텐츠의 온라인 및 모바일 유통이 활성화되는 추세를 반영하여 DVD 유통관리시스템 및 디지털 문화콘텐츠 유통시스템을 구축한다. DVD 공동물류센터는 2004년 말까지 기본계획을 수립하고 시범운영을 거쳐 2005년부터 정식운영에 들어간다.

아홉째, 문화산업에 대한 국내 수요기반 확대[21] 및 해외진출 역량을 강화한다(문화관광부 문화산업국, 참여정부의 문화산업정책비전 실천계획, 2004. 5. 12.).

그리고 세계 3대 게임강국을 실현하기 위한 정책 추진체계는 다음의 〈그림 10〉과 같다.

---

[21] 문화관광부는 국내 게임수요기반 구축을 위해 "건전게임문화조성", "e-스포츠 종주국", "가족과 함께하는 e-스포츠", "문화환경 가꾸기" 등의 정책비전 및 은유적 상징들을 제시하였다.

〈그림 10〉 정책 비전 및 추진체계도

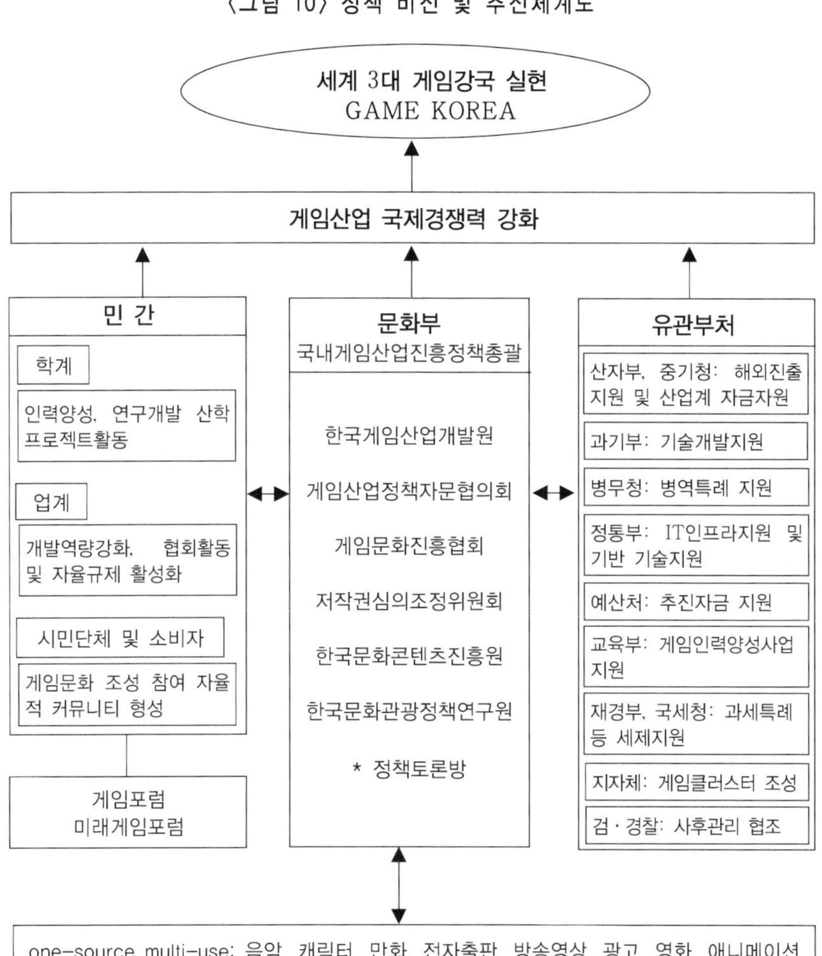


위의 〈그림 10〉에서 보는 바와 같이, 참여정부의 게임산업 혁신시스템의 주요 특징을 정리한다면, 첫째, 수요자 중심으로 정책수립, 평가체제를 구축하는 민간 참여 중심이라는 것이다. 문화부는 민간 수요중심의 정책수립·평가체제를 강화한다는 방침 아래, 업계·학계 중심의 게임산업 정책자문협의회 구성·운영하고, 사이버 정책토론방, 직접 Mailing 서비스 등 정부와의 상설 Hot-Line 강화하는 한편, 민간 평가시스템 구축 및 설문조

사·모니터링 등을 추진한다. 또한 이와 병행하여, 기존의 단순 지원사업을 축소하고 주요현안에 대한 적실성 있는 정책연구와 시장동향, 수요분석, 기술동향, 현안 분석, 법률정보, 해외시장정보 등의 정보제공시스템 등 정책·정보기능에 중점을 두고 있다.

둘째, 풍부한 게임콘텐츠 개발환경 조성하여 게임콘텐츠의 다변화를 추진한다. 다양한 문화·예술 소재를 게임개발의 창작소재로 활용함으로써, 국산게임의 기획창작력을 높인다는 구상이다. 교육게임(Edutainment), 예술게임, 치료게임, 헬스게임, 상담게임, 음악게임 등 다양한 장르와의 연계환경도 적극 조성한다. 우수 게임시나리오 창작분위기 조성, 쌍방향 방송활용 게임콘텐츠·체감형 아케이드게임 등 차세대 첨단 게임콘텐츠 개발에도 중점을 둔다. 이를 위해 문화·예술·인문·사회·공학 등 다양한 분야 단체·전문가와의 네트워크를 강화하는 한편, 각종 지원사업도 게임콘텐츠 다변화에 중점이 두어진다.

셋째, 세계적 수준의 게임전시회 개최한다. 문화부는 국산 온라인·모바일게임이 세계적인 경쟁력을 가지고 있는 시점에서, 우리나라를 세계 게임산업의 Hub로 발전시키기 위해 세계적 수준의 게임전시회를 개최한다. 세계 게임관계자들이 참여하는 국제 Conference도 병행된다. 이를 위해 다양한 단체·협회, 업계가 참여하는 범국가적인 조직체계도 구성할 계획이다.[22] 이와 함께 해외진출을 위한 Marketing&Consulting 기능 강화, KOTRA·관광공사 해외지사·문화원 등 유관기관과 연계한 국내·외 지원 거점 구축, 투자설명회 및 비즈니스상담회 활성화, 각국과의 정부·민간 차원의 교류활동 확대 등 전략적인 해외진출을 위한 지원[23]사업도 적극

---

22) 현재 세계적 게임전시회는 E3이 대표적이나, 온라인·모바일게임에 특화된 국제게임전시회는 전무한 실정이다. 우리나라가 주최하는 세계 최대 규모의 게임대회인 WCG(World Cyber Games)가 세계적인 게임올림픽으로 발전할 수 있도록 공신력 있는 조직위원회 구성 등의 국가 간 협력도 강화된다.
23) 수출역량 강화를 위한 세부전략은 다음과 같다.
( i ) 체험형 영상교육 및 "문화산업저널" 발간을 통한 문화산업 인식전환: 문화관광부는 2005년부터 문화상품의 소비기반과 창작기반을 확대함으로써 문화상품의 소비자인 다수의 국민을 문화창작자로 유도할 수 있도록 하는 지역별

강화된다.

넷째, 게임문화진흥협회를 설립하여 게임업계의 자율적 지원체제를 구축한다. 문화부는 게임문화의 인식제고와 저변확대를 위한 게임문화진흥협회의 설립, 운영을 지원할 계획이다. 협회·단체의 자율역량 강화를 위해 다양한 지원사업들이 협회·단체로 이관되며, 정책대안 개발을 통한 정부정책 반영시스템도 강화될 예정이다. 또한 업계와 공동으로 게임문화진흥기금도 조성할 계획이며, 이와 함께 청소년·가족이 참여하는 다양한 참여프로그램도 대폭 확충한다. 또한 최근 게임중독, 온라인게임 아이템 및 사이버머니 현금거래 등 게임의 역기능 예방을 위해 다양한 정책대안을 마련한다. 온라인게임의 역기능에 대한 실태조사와 대처방안 마련을 위한 연구사업을 진행하며, 게임업계의 자율규제 환경 조성을 위한 정책협의도 다각적으로 전개할 계획이다. 게임중독 예방·치료프로그램 및 상담프로그램, 게임중독 상담클리닉, 찾아가는 학부모 게임교실 등도 신설된다. 또한 가족과 함께하는 e-Sports 활성화를 위해 청소년, 가족, 학교가 함께하는 e-Sports

---

영상미디어센터 설립을 지원한다. 영상미디어센터는 영상물의 제작, 교육, 상영의 복합목적을 지닌 체험형 영상물 교육시설이다.

(ⅱ) 건전한 게임문화의 정착을 위해 e-sports를 활성화하고 가족단위의 게임캠프, 게임문화주간 및 게임의 날 등을 통해 게임에 대한 대국민 이미지 전환도 함께 시도할 계획이다.(2004. 12. 15, 이-스포츠종주국실현을 위한 정책비전 발표, 문화관광부)

(ⅲ) 해외진출 지원 및 협력 네트워크 구축: 금년부터 문화상품의 효율적 수출지원 및 글로벌 경쟁력 증진을 위해 가칭 "문화산업수출종합지원센터"를 설립하여 문화산업관련 국내외 시장정보 등을 제공한다. 이와 함께 KOTRA, 해외문화원, 관광공사 해외지사 등과 전략적 협력체제를 마련하여 문화상품 해외진출 지원네트워크를 구축한다.

(ⅳ) 저작권 보호, 법 제도 개선 등 문화산업 환경인프라 개선: 음반 비디오물 게임물에 관한 법률에서 게임 분야를 분리하여 독자 입법하고 게임물 등급분류제도를 글로벌 수준으로 개선하여 게임산업의 글로벌 경쟁력 향상을 지원할 계획이다.

(ⅴ) 지역문화산업 클러스터 활성화: 지역문화산업클러스터를 기존의 생산중심의 클러스터에서 수요중심의 클러스터로 정책적 컨텍스트를 전환하고 클러스터별 차별화된 육성을 도모하기 위하여 5월 중 전문기관에 의한 클러스터별 진단을 실시한다.

대회 개최, 게임 동아리활동 지원 등을 활성화 해 나갈 계획이다.

다섯째, 게임 교수전문요원 해외 연수프로그램, 업계 전문가 단기 교류프로그램 등이 신설됨으로써, 게임산업의 전문인력 양성시스템이 강화된다. 이와 함께 게임산업의 인력수급분석, 산·학 공동프로젝트, 인력DB 및 Hunting Pool(온라인 인력시장), 게임인력 채용·교류박람회, 학계 연구사업 지원, 산·학 인턴쉽 프로그램 지원 등이 강화되며, 전략·마케팅과정, 기획과정, 중간관리자 재교육, 콘솔게임 개발자과정 등의 특수교육과정도 대폭 확대된다.

여섯째, 게임산업 30년사 발간 및 게임문화주간을 신설한다. 게임산업의 역사를 되돌아보고 게임산업의 자긍심과 사회적 위상을 높이기 위한 「게임산업 30년사 발간」이 추진된다. 게임산업 30년사는 도입기와 발전기의 약사, 해외개척사, 문화경제적 위상, 세계게임산업 약사, 게임산업 뒷이야기 등이 포함될 예정이다. 그리고 게임문화에 대한 범국민적 동참을 위해 「게임문화주간」과 「게임의 날」이 신설되며, 대한민국 게임대상 등을 통해 게임산업 공로자에 대한 포상도 확대된다.

일곱째, 게임산업진흥법(가칭)을 제정하여 자율등급제도를 도입한다. 기존 '음비게법(음반·비디오물및게임물에관한법률)'을 개정하고, 게임산업 환경변화에 맞는 「게임산업진흥법」제정을 추진할 계획이다.


## 5. 게임관련 정책의 변화와 제도적 기제


게임의 문화적 파급효과와 미래산업으로서의 인식이 확산되면서, 1996년 이후부터 문화체육부(현 문화관광부) 내의 문화산업국이 주관이 되어 게임과 관련된 법령 및 제도개선, 게임산업에 대한 민간투자촉진, 전문인력양성 들을 중심으로 하는 진흥시책이 수립되었다. 게임에 관한 본격적인 지원정책의 실시는 1999년 게임종합지원센터(현 한국게임산업개발원)의 설립을 기점으로 나누어 살펴볼 수 있을 것이다. 다음의 〈표 47〉은 게임관련 정책의 변화를 설명한 것이다.

〈표 47〉 게임관련 정책의 변화

| 시기 구분 | | 정책 유형 및 내용 | |
|---|---|---|---|
| 1998년 이전 | 산업적 환경 | · 게임개발업체의 수적 부족, 영세성 · 게임전문인력 양성기관 부재<br>· 재원확보의 어려움, 유통시설 미비 · 기술자립화를 위한 지원기금부족<br>· 게임심의제도에 대한 불만 증가 · 불법복제 만연<br>· 국산게임의 열세 · 게임에 대한 부정적 인식 만연 | |
| | 주요 정책 방향 | 포괄적인 문화정책: 청소년 문화정책, 여가문화정책, 전통문화정책, 영상 및 만화예술 진흥정책 | |
| | | 청소년보호를 위한 규제 위주의 정책<br>· 게임관심증가로 정부 각 부처의 게임관련정책 수립 시작<br>· 각 부처 간 업무범위 모호, 중복심의 등의 실질적인 역할분담의 부재 | |
| | 정부정책 | 문화체육부 | 게임제작양성기관설립, 우수학원인증제도도입, 초중고교생 대상 방학 중 게임스쿨설치, s/w시나리오 아마추어공모전, 국제게임쇼개최, 게임업체지원금 관련재정 확보 |
| | | 통상산업부 | 프로그래머 육성교육실시 |
| | | 정보통신부 | IBM_PC용 부문개발지원금 마련 |
| 1998년 이후 | 주요 정책방향 | · 본격적인 게임산업진흥정책 추진<br>· 게임산업주무부처가 1998년8월부터 보건복지부에서 문화관광부로 이전<br>· 1999년(재)한국게임산업개발원 설립 | |
| | 정부정책 | 문화관광부 | · 게임관련 법령 제도개편 · 게임산업에의 투자<br>· 영상물등급위원회의 게임심의 · 게임산업개발원추진사업 |
| | | 정보통신부 | · 정보화촉진기금(소프트웨어진흥원, 첨단게임산업협회)<br>· 망고도화사업 및 유무선통신기술지원 |
| | | 산업자원부 | · 게임산업단지 조성<br>· 게임관련하드웨어및부품등기반기술지원분야 |
| | | 재정경제부 | · 게임기특별소비세관련세율인하정책 |

자료: 문화관광부(2003), 〈2003년 게임백서〉: 1009.

위의 〈표 47〉에서 볼 수 있는바와 같이, 1998년 이전의 게임산업은 소규모 벤처기업을 중심으로 형성되었고, 정부의 정책도 포괄적인 문화정책으로서 규제지향적인 성격이 강했다. 특히 1996년 음반및비디오물에관한법률 개정안이 시행되면서 컴퓨터프로그램에 의한 것에 게임이 추가되었고, 본격적으로 게임에 대한 등급별 심의제도가 적용되기 시작하였다. 처음에는 (사)한국컴퓨터산업중앙회에서 심의를 하다가 1997년부터 공연예술진흥협의회에서 담당하였으나, 1999년부터 현재까지 영상물등급위원회에서 게임에 대한 심의가 이루어지고 있다.

그런데 심의제도가 영상물등급위원회와 정보통신윤리위원회로 이원화되어 운영됨에 따라 중복심의로 인한 문제가 지적되고 있다. 영등위는 음반비디오물및게임물에관한법률에 근거하여 18세를 청소년 기준으로 하고 있는 데 비해, 전통윤은 전기통신사업법과 청소년보호법에 근거하여 19세를 청소년 기준으로 정하고 있다. 이에 따라 정통윤이 청소년에 유해하다고 판정한 심의물은 바로 청소년보호위원회가 지정하는 청소년 유해매체물로 지정된다. 그러나 영등위의 청소년 기준은 18세로 청소년보호법의 기준과 다르기 때문에 18세 이용가 등급을 받더라도 청소년 유해매체로 지정되지 않는다.

다음의 〈표 48〉은 영등위와 정통윤의 청소년 연령 기준의 차이에서 야기되는 정부제재의 차이를 나타낸 것이다.

〈표 48〉 청소년 유해매체물 지정에 따른 제재의 유형

| 제재 유형 | 18세 이용가 등급 결정시 | 청소년 유해매체 결정시 |
|---|---|---|
| 표기 | 등급표시 및 청소년보호를 위한 경고문 게재 | 유해문구와 유해로고를 게재 |
| 광고 | 광고물 심의 | 청소년에의 광고금지 |
| 연령확인 | 유통업자의 청소년 접근배제 책임 | 청소년 접근배제를 위한 연령확인 |

이러한 중복심의의 문제는 2003년 리니지2의 선정성, 폭력성 기준 논란에 이어 지속적인 심의기준 및 심의일원화에 대한 요구를 증가시키고 있다. 리니지2가 2003년 1월 30일 15세 이용가 등급을 받았다가 2003년 10월 9일 18세 이용가로 조정되었고, 이후 2004년 5월 24일 정통윤에 의해 청소

년유해매체로 결정됨에 따라 심의제도개선에 대한 적극적인 업계의 요구가 증가하였다. 이외에도 갯앰프트는 2002년 10월 16일 전체 이용가에서 2004년 2월 13일 18세 이용가로, 2004년 1월 19일 다시 전체이용가로 바뀌었다. 이러한 심의결과의 번복내지 혼란 상황은 심의기준의 모호성 문제와 더불어 등급분류기구와 심의기준제정기구의 분리 혹은 민간자율제 도입 등의 대안모색의 필요성을 정당화하고 있다.

다음의 〈표 49〉는 게임산업 주무부처로서 문화관광부의 정책을 정책기제별로 살펴본 것이다.

〈표 49〉 문화관광부의 게임산업정책과 다양한 정책 기제들

| 정책기제별<br>추진사업 | 내 용 |
|---|---|
| **법적기제:**<br>게임관련법령<br>및 제도 | ・문화산업진흥기본법제정<br>・음반및비디오및게임물에관한법률 개정<br>사전규제중심에서 적극적인 지원과 사후관리중심으로 재정비<br>심의등급의 이원화(전체등급가, 18세이용가): 2001년 5월 음비게법 개정 및 시행 |
| **재정적 기제:**<br>게임산업민간투자<br>촉진및자금지원 | ・멀티게임장(PC방)육성 및 지원계획수립(1999.10): 모범업소인증제실시 및 문화산업진흥기금지원, Net-Clean21 캠페인 및 관련업계 정화운동<br>・게임전문투자조합결성(2001-2003, 350억 규모)<br>・문화산업진흥기금의조성및 융자사업: 게임제작, 게임전문인력 양성 등에 대한 자금지원 |
| **조직적 기제:**<br>한국게임산업<br>개발원 운영 | ・게임산업 지원을 위한 전진기지로 게임종합지원센터 설립(1999)<br>- 게임개발업체 집적화 기능<br>- 기술개발및정보지원 기능<br>- 인력양성 기능<br>- 우수게임해외진출지원 기능 |
| **기 타** | ・영상물등급위에 의한 심의제도 운영 및 간소화: 음비게법 개정으로 1999년 출범, 게임물에 대한 등급분류 실시<br>・개정음비게법에 따라 전체 이용가와 18세 이용가(개정 음비게법 제20조 2항), 이용불가(20조3항)로 등급분류 |
| | ・지방문화산업성장거점확보사업: 지역별 게임관련특화단지 조성(광주, 대전): 게임의 기획, 창작, 생산, 장비, 전시홍보, 물류유통 및 관광 등 종합기능담당 |

자료: 문화관광부(2003), 〈2003년 게임백서〉: 1010.

이외에도 게임관련 정책으로는 첫째, 벤처기업평가제도가 있다. 게임업체로서 연구개발기업은 업체의 성격에 따라 차이가 있겠지만, 아케이드게임제도의 경우 연구개발투자비율이 5%, 기타 온라인게임 등의 경우 산업서비스업으로서 10%의 요건을 충족시켜야 한다. 게임업체는 게임관련 기술개발과 콘텐츠개발 등 전분야가 벤처기업 자격요건에 해당된다. 현재 이러한 게임관련 벤처기업평가는 한국게임산업개발원의 산업 지원팀이 담당하고 있다. 둘째, 산업기능요원제도(병역지정업체추천제도)가 있다. 게임관련 업종은 2000년부터 문화관광부에서 추천하고 있는데, 대상업종은 영상게임기제조업과 게임소프트웨어 제작업[24] 등 2개 분야이다. 또한 종업원 수가 30인 이상인 법인기업에 한해 신청자격이 주어지며, 병무청 예규에 의거 게임업체 중 제조 및 매출실적이 없는 업체나 게임 분야의 매출이 전체의 50% 미만인 경우는 제외하게 된다.

이상의 분석을 통해, 전반적으로 게임에 대한 정책이 청소년 보호를 목적으로 하는 주변정책에서 지원 및 육성을 목적으로 하는 중심정책으로 변화되었음을 알 수 있다. 그러나 여전히 규제적인 성격을 유지하고 있어, 창작성과 재미를 특징으로 하는 게임의 자유로운 개발을 제한하고 있다. 이것은 참여정부가 적극적으로 게임산업 지원정책을 추진함에도 불구하고 여전히 제도적 경직성 혹은 경로의존성으로 인한 지체현상의 원인으로 작용하고 있다. 이러한 정부의 규제적인 역할은 게임산업의 변화과정과 속도를 같이 하거나 안정적으로 제도가 변화하는 것을 어렵게 할 뿐만 아니라 정책과 산업의 공진화를 방해하는 요인이 될 것이다. 따라서 일방적이고 과거 지향적인 접근방식에서 벗어나 새로운 규제 혹은 사용자 중심의 미래지향적인 접근으로의 정책변화를 모색해야 할 것이다. 예를 들면, 게임환경 구축설계 준비작업을 위한 수출지역의 문화에 대한 사전정보 수집 작업은 정부가 적극적으로 해야 할 부분이라고 할 수 있다.

---

24) 영상게임기 제조업은 비디오게임기, 포켓게임기 등 가정용게임기와 업소용 게임기 제조업체를 모두 통칭하며, 게임소프트웨어 제작업은 pc게임, 온라인게임 등 개발업체를 모두 포함한다.

　이제 게임은 무시하지 못할 하나의 주류 컨텐츠로 성장하고 있다. 하지만 게임은 여전히 문화를 형성함에 있어서 주도적인 역할을 하기보다는 정보통신사회가 발전하는 과정에서 발생하는 작은 사회 현상의 하나로 인식되고 있다. 이러한 인식의 원인은 게임 하나 하나의 작품성, 컨텐츠의 다양성, 대중의 이해와 참여 정도, 수익의 구조, 컨텐츠의 사회의 참여 및 기여도 등의 질적 측면에서 비롯된다고 말할 수 있다. 다시 말해서 기술적이거나 양적인 측면에서 게임은 엄청나게 빠른 속도로 성장하고 있지만, 게임의 질적 측면에서는 여전히 저급 문화 혹은 규제해야 할 대상으로 여겨지고 있다. 이러한 역기능은 곧 게임의 주요 소비계층인 청소년과 관련된 사회적 문제로 이어질 뿐만 아니라, 게임소비계층의 한정성, 유사게임의 양산 등의 한계와 연결된다. 정부와 산업은 이러한 문제를 해결하는 데 협력적 연대를 강화해야 하며, 정부는 다양한 정책들의 성공을 위해 보다 안정적이고 속도감 있는 정책을 개발하고 추진해야 할 것이다.

# 제13장 한국 게임산업의 위기와 도전

## 1. 게임산업의 위기와 도전

온라인게임 '미르의 전설'로 유명한 액토즈소프트가 2005년 2월 중국의 샨다에 매각되었다. 이후 9월에 온라인게임업체로서 미국 나스닥 상장사인 그라비티[25]가 일본의 소프트뱅크에 매각되었다. 이러한 온라인게임업체의 잇단 해외 매각은 국내 영업 부진과 해외사업의 수익성 악화 등 우리 게임 사업의 구조적 요인으로 인한 것이라는 점에서 우려하지 않을 수 없다.

특히 미국, 일본 등에 비해 앞서 있는 온라인게임 분야에서 대표적인 기업들이 계속 매각되고 있어 더욱 그러하다. 실제로 우리나라는 모바일게임 등에서는 미국이나 일본을 앞서왔으며, '미르의 전설'과 '라그나로크'의 경우 각각 중국과 일본 온라인게임 시장에서 점유율 1위를 달리고 있다. 그럼에도 불구하고 게임업체의 잇단 해외매각으로 그동안 애써 축적해 온 온라인게임 개발 노하우등이 고스란히 외국으로 넘어가게 되는 위기에 직면하고 있다.

이러한 경향은 근래 들어 게임시장의 광역화와 대형화로 게임 개발 및 마케팅비용이 급증하면서, 해외 거대 자본들이 직접 게임을 개발하는 등 더욱 뚜렷하게 나타나고 있다. 게임산업은 아이디어와 기술만 있으면 엄청난 부가가치를 창출할 수 있을 뿐 아니라 세계시장은 연간 10% 이상 급속히 확대되고 있다. 세계 각국이 게임산업 육성 경쟁을 벌이고 있으며, 우리

---

25) 2005년 2월 미국 나스닥에 주식을 상장한 그라비티가 동남아국가에 게임을 수출하는 등 해외 시장을 적극 공략하고 있다. '로즈 온라인'과 '라그나로크 배틀'을 수출하면서 수익원도 다양해지고 있다. 인도네시아, 대만, 홍콩, 마카오, 일본, 태국에 수출계약을 체결하였고, 그라비티는 현재 23개국에 '라그나로크'를 서비스하고 있다.

정부 또한 2007년 국내 게임시장 규모를 10조 원으로 늘리고, 수출 10억 달러를 달성함으로써 세계 3대 게임강국으로 발돋움한다는 청사진을 마련 해두고 있는 것도 이러한 맥락에서 이해할 수 있을 것이다.

온라인 RPG(Role Playing Game)가 미국 헐리우드의 블록버스터 영화 처럼 제작비 100억 원, 제작기간 2-3년이 걸려 개발되고 있다. 또한 기발한 아이디어보다는 기획, 자금, 마케팅 능력이 게임의 승패를 좌우하기 시작하 였다. 최근 서비스가 시작된 NHN '아크로드'를 통해서 게임산업의 현황과 미래를 살펴보도록 한다.

---

### [NHN '아크로드'를 통해서 본 게임세계]

N은 2001년 말 제작기간 2년, 제작비 50억 원을 예상하고 게임개발에 착 수했다. 첫 번째 작업은 기획, 다음으로 등장인물과 스토리를 구상하고 시 나리오 작업을 하였고, 이에 따라 컴퓨터 그래픽 작업이 시작되었다.

그런데 2003년 말 블리자드를 비롯한 외국의 대형 게임사들이 한국 온라 인게임 시장에 진출하면서, 게임 개발 계획이 일부 수정되었다. 외국 대형 게임개발사들과 경쟁하기 위해 게임의 스케일을 조정할 필요가 있었기 때 문이었다. 제작 기간은 1년 연장되었고, 제작비도 100억 원으로 늘어났다. 2004년부터 전제적인 기획 및 그래픽에 대한 재작업이 이루어졌고, 2005년 상반기에 출시되었다.

마케팅비용을 포함해 아크로드의 총 제작비는 115억 원, 인건비가 전체 비용의 50-60%를 차지한다. NHN은 게임의 웅장함과 극적 효과를 높이기 위해 배경음악 연주를 런던 심포니 오케스트라에 2억 원을 주고 아웃소싱 하였다. 이외에 3분짜리 오픈 동영상 2개 제작에 5억 원, 게임방송, 대중교 통, 게임 잡지, 온라인 광고 등에 35억 원이 들어갔다.

> **[아크로드' 제작과정]**
>
> 2001년 말: RPG 개발을 위한 태스크포스팀 구성(10명) 초기 게임 기획 시작
> 2002년: 본격적인 게임개발 착수(20명)
>      게임시나리오 개발, 게임 이름 및 인터넷 주소 선점
> 2003년: 시나리오 구체화 작업
>      개발, 그래픽, 기획작업의 세분화, 게임 동영상 및 OST 작업
> 2003년 11월: 외국 대형 게임회사의 한국 시장진출로 인한 대규모 인력
>      확보(70명으로 증원) 및 재작업
> 2004년: 분야별 개별 작업 및 비공개 시범 서비스 실시
> 2005년: 공개 서비스 진행, 마케팅 조직 대폭 강화(총인원 80명으로 증원)

　　대작 게임의 경우 수명이 5-10년으로 비교적 긴 편이며, RPG의 경우 사용자의 충성도가 높기 때문에 유료화하더라도 큰 무리는 없을 것이라는 예상이다. 또한 2차 수익은 일본, 중국, 대만 등 해외 시장에 진출하여 판매 권리(라이센스) 수입으로 얻을 수 있다. NHN 게임즈 대표는 "수익률을 계산해보면 누구나 RPG에 뛰어들게 된다. 다만 잘 만드냐 못 만드냐의 차이가 있을 뿐"이라고 말하고 있다(동아일보, 2005년 5월 11일).

　　또한 한국에서 성공한 온라인게임을 해외 현지에 적합한 게임을 만들어 보급하기 위해 현지법인체제를 갖추는 사례가 늘어나고 있다. 1997년 말부터 해외 현지화 작업이 선두업체를 중심으로 형성되었고, 그 추세는 점차 증가하고 있다. 현지인의 취향에 맞는 게임을 개발하기 위해 현지인을 고용하고, 현지법인을 설립하는 경향은 가까운 일본 게임시장에서의 현지화 현황 〈표 50〉을 보더라도 충분히 짐작할 수 있다.

<표 50> 게임업체들의 일본 현지법인 현황

| 게임업체 | 일본 법인명 | 설립 연도 | 법인 성격 |
|---|---|---|---|
| NHN | NHN재팬 | 2000년 | 100% NHN 자회사 |
| 엔씨소프트 | 엔씨재팬 | 2002년 | 일본 소프트뱅크와 합작 |
| | 엔씨소프트재팬 | 2006년 | 100% 엔씨소프트 자회사 |
| 넥슨 | 넥슨재팬 | 1999년 | 100% 넥슨 자회사 |
| 네오위즈 | 네오위즈재팬 | 2002년 | 100% 네오위즈 자회사 |
| CJ인터넷 | CJ인터넷재팬 | 2004년 | 일본 소프트뱅크와 합작 |
| 한빛소프트 | HUE | 2005년 | 일본 히타치제작소와 합작 |

2000년 설립된 한게임재팬은 2003년 네이버재팬과 합병한 뒤 일본화된 게임들을 제작, 개발, 서비스하고 있다. 2004년 소프트뱅크와 50대 50 지분으로 설립한 CJ인터넷재팬은 마작, 파칭코, 대부호, 리버시, 바둑 등 일본 게이머들이 선호하는 웹보드게임을 개발하여 서비스하고 있다. 이렇게 한국 온라인게임업체들이 일본에서 본격적으로 게임을 개발하기 시작한 것은 일본 시장의 성장성이 한국 못지않은 데다 중국과 달리 현지 온라인게임업체들이 초기단계에 있어 성공가능성이 높다고 보기 때문이다. 일본의 경제 산업성은 브로드밴드 초고속인터넷 이용률이 2001년 7.4%에서 2004년 48.1%, 2005년 65.2%로 급등하고 있으므로 향후 온라인게임 시장의 확대 가능성이 있음을 강조하고 있다.

한국 온라인게임이 위기에도 불구하고 세계시장으로의 진입을 위한 도전을 계속하고 있는 또 다른 예로는 e 스포츠의 확산이 있다. 최근 대규모 통신사업자들이 게임시장에 참여하면서, e 스포츠에 대한 관심과 홍보가 급증하고 있다. e 스포츠 협회는 게임 전용 경기장을 만들어 e 스포츠 종주국으로서의 입지를 굳건히 할 계획을 밝히고 있다. 그럼에도 불구하고 현재 한국 온라인게임은 여러 가지 위기에 직면해 있으며, 주요 개발업체들의 해외 매각이 늘어나고 있다. 이러한 문제를 해결하는 데 정부는 정책적인 노력을 아끼지 말아야 할 것이며, 무엇보다 허약한 혁신시스템을 개선하여야 할 것이다.

한국은 스피디한 국민성, 우수한 통신 인프라, 신제품에 대한 높은 수용도 등으로 테스트 베드(Test Bed)의 역할을 하는 등 게임산업이 발전할 수 있는 최적의 조건을 가지고 있다. 한국은 초고속정보통신망(Broadband) 보급률 세계 최고, 통신망 보급률 95%, 인터넷 접속률 100%, 중소기업 웹사이트 보유율 97%, 온라인 구매율 34% 등으로 인프라 측면에서는 선진국을 압도하고 있다. 또한 기술발전에 의한 다양한 매체(DMB, VOIP, ITV, Wibro 등)의 등장은 게임콘텐츠 산업을 지속적으로 성장하게 하는 또 다른 요인으로 작용하고 있다.

신제품에 대한 소비자의 빠른 수용도는 게임산업의 수요를 확대시키는 요인이 된다. 빠른 기간 내에 트렌드를 만들어내고 이에 따른 게임상품의 수요도 역동적으로 변화한다. 역동성과 다양성은 공급 차원에서 트렌드에 적합한 작품을 제작하는 데 필요한 원천자산이 된다. 특히 인터넷과 함께 등장한 참여 세대(P 세대, Participation)는 게임의 소비자인 동시에 생산자로서의 역할을 한다. 따라서 산업 간, 서비스 간 융복합, 하드웨어와 문화의 융합(fusion)을 통해 기존의 게임산업을 고부가가치화 혹은 고도화가 시급한 실정이다.

## 2. 한국 게임산업정책의 제도적 한계와 과제

게임산업은 게임수입 및 유통업체를 중심으로 국내시장이 확산되는 민간 주도적 성장산업의 특징을 뚜렷하게 보이고 있다. 그러나 게임산업의 고부가가치에 대한 국제적 인식이 확산되면서, 한국 정부의 게임정책이 시장확대 억제 및 규제정책에서 점차 육성산업정책과 하부인프라 구축작업을 추진하는 것으로 변화하고 있다. 게임산업에 정부가 개입하는 방식이나 성격이

1980년대 게임에 대한 규제 및 확산 억제 중심 정책에서 1990년대 후반부터 게임의 산업경쟁력을 강화하고 산업 지원 중심의 정책으로 변화하였다.

그럼에도 불구하고 정부의 게임산업 육성정책의 틀이 급변하는 게임산업의 기업환경과 게임업체의 영세성, 게임의 대작화 추세로 인한 개발자금 동원의 문제 등 게임산업의 시장 및 기술혁신 환경의 변화를 적시에 반영하지 못한 것이 사실이다. 정보통신부를 중심으로 하는 적극적인 인터넷기반 구축프로그램은 일단 게임환경을 조성하는 데 지대한 역할을 한 것으로 평가할 수 있다. 하지만 세계적인 경쟁밀도가 높은 게임 분야에 대한 정책이 국내외 게임시장의 특징을 반영하지 못하거나 과거의 정책의 틀에서 벗어나지 못하고 단기적이고 비일관적인 정책을 유지하여 왔던 것이다.

1998년 경제위기(IMF) 이후, 미국 블리자드사의 '스타크래프트'가 국내에 소개되면서 게임에 대한 인식이 상당히 많이 변하기는 하였으나, 여전히 온라인게임 이용상의 부정적 파급효과인 게임중독 등의 사회적 문제들을 방지하고 해결하는 데 있어서는 소극적이고 규제적인 정책을 유지하고 있다. 이러한 정책적 한계를 극복하기 위해 참여정부에서는 문화관광부를 중심으로 다양한 정책비전과 추진체계를 계획하여 발표하고 있다. 게임산업의 경쟁력을 강화하기 위한 혁신시스템의 틀을 구축하여 게임산업의 미래상을 제시하고 있다는 점은 상당히 고무적이라고 할 수 있으나, 일관성 있고 시의적절하게 세부적인 역할들이 협조적으로 추진될 수 있을 것인지는 여전히 의문스럽다.

한국 게임산업의 성장과 도약을 위해서 정부 차원의 각종 지원 및 육성 정책을 생산하는 것도 중요하지만, 산업발전에 저해가 되는 비현실적인 기존의 제도를 수정 혹은 개선하는 제도의 재생산 역시 정부가 해야 할 중요한 역할이다.[26] 점점 치열해져만 가는 경쟁 상황 속에서 1등 게임 강국의

---

[26] 영국의 콘텐츠산업은 약 500억 파운드 규모를 형성하며 영국 최고의 산업이라 일컫는 금융산업을 뛰어넘을 만큼 급성장하고 있다. 영국 정부도 '통상산업부(DTI)'와 '문화미디어&스포츠부(DCMS)' 등 여러 부처를 통해 디지털콘텐츠산업을 지원하고 있으며, 99년에는 관련업계 정보 교류를 위해 디지털콘텐츠포럼(www.dcf.org.uk)을 구성하기도 했다. 또한 최근엔 영국의 지방정부들도 디

위상을 지키기 위해서는 게임업계와 소비자, 정부를 중심으로 하는 협력네트워크 구축이 필요하다. 게임업계 또한 그동안 지나치게 비즈니스 모델로만 성장해 오면서, 즐거움과 재미를 제공해야 하는 게임의 질적인 경쟁력과 독창성이 다소 떨어지는 문제점을 극복해야 한다. 치밀한 기획력과 구성력을 바탕으로 게임 기업들은 다양성과 수익구조의 다변화를 통해 경쟁력을 확보해야 한다. 그래야만 현재 정부가 제시하고 있는 게임산업 혁신시스템의 큰 틀이 제대로 작동할 수 있을 것이다.

본 연구를 통해 게임시장과 정책 간의 관계가 점차 협력관계로 변화하고 있고, 두 변수 간의 상호 적응적 변화의 시간 간격이 점차 짧아지고 있음을 발견할 수 있었다. 즉, 게임시장을 대상으로 하는 게임산업 정책 및 제도의 변화속도가 점차 빨라지고 있어 제도와 산업 간의 공진화의 가능성을 발견할 수 있었다. 그러나 이러한 가능성이 실현되려면 대량생산 제조업을 육성하는 접근방식에서 벗어나야 한다. 제조업이 기술과 지식을 빌려와 열심히 하기만 하면 가능한 산업이었다면, 지식기반산업으로서 게임콘텐츠산업은 사람을 중심으로 협력을 통해 장기적으로 사회운영의 원리를 재편해야 한다. 지금까지의 경제성장이 빠른 속도로 압축적으로 이루어졌고 그렇게 때문에 기본과 기초가 부실한 것을 생각할 때, 정부는 새로운 산업육성에 필요한 새로운 패러다임의 정책 접근방식을 마련해야만 성공할 수 있다는 점을 명심해야 할 것이다.

한국의 게임산업은 한편으로 첫째, 게임산업을 21세기 전략육성산업으로 선정하고 한국게임산업개발원 설립, 게임제작 기술개발 지원 등 게임산업의 조기 선진화를 강력히 추진하고 있다. 둘째, 국내 게임소프트웨어 산업은 비교적 잠재 기술인력을 다수 확보하고 있어 여타 문화산업에 비해 비

---

지털콘텐츠산업 육성에 적극 나서고 있는 추세다. 요크셔 지방정부는 '게임즈 리퍼블릭'이라는 단체를 만들어 게임산업을 적극 지원하고 있으며, 스콧틀랜드 지방정부는 게임과 영화산업을 집중 지원하고 있다. "영국은 창조적인 기획력을 가지고 있는 반면 한국은 기술적인 측면에서 뛰어나기 때문에 양국이 가진 강점을 적극적으로 결합해 다양한 협력방안을 마련한다면 엄청난 시너지 효과를 창출할 수 있을 것"이라고 기대했다(디지털 타임즈, 2004. 4. 22).

교적 빠른 성장이 기대된다. 국내 게임산업의 기술수준은 일부 게임콘텐츠에서 선진국의 기술력과 상당히 근접해 있는 것으로 평가받고 있다. 또한 PC보급 확대 및 온라인 PC 통신사용 급증, 광통신망을 비롯한 하부인프라 구축 등은 게임콘텐츠의 산업화에 큰 보탬이 되고 있다. 셋째, 게임산업에 대한 인식이 호전되면서 게임제작사들이 방송사 및 정보제공업, 출판업 등과의 공동기획사업이 늘고 있다. 국내 게임업체들의 적극적인 해외시장 공략으로 일본, 미국 등 선진국 게임사들과의 공동제작 기회도 증가하고 있다는 점에서 미래 성장가능성을 충분히 확보하고 있다.

그런데 다른 한편으로 한국 게임산업의 국제경쟁력을 확보하는 데 장애가 되는 요소로, 첫째, 게임개발자본의 영세성은 국내 게임산업의 가장 큰 취약점으로 지적되고 있다. 한국첨단게임산업협회의 조사(1998년)에 따르면 국내 PC게임 개발사의 경우 자본금 1억 원 이하인 개발사가 전체의 43.4%를 차지한 반면, 5억 원 이상인 업체는 13.2%에 불과하다. 또한 업체당 개발인력은 10명 이하가 전체의 30%에 달한 반면, 30명 이상 보유한 개발사는 16%에 지나지 않는 것으로 나타나고 있다. 둘째, 세계 각국은 게임기술개발을 둘러싸고 매우 치열한 경쟁을 벌이고 있으나, 국내 업계의 게임소프트웨어에 관한 정보수집 및 마케팅 능력은 매우 부족하여 기술의 선진화 및 수출산업화를 앞당기는 데 장애가 되고 있다. 게임산업의 특성상 기술혁신이 빠르고 제품의 수명기간이 매우 짧기 때문에 그 개발속도를 따르지 못할 경우 국내 게임산업의 성장도 크게 기대할 수 없을 것이다. 셋째, 국내 게임산업의 성장을 가로막는 요인으로 무엇보다 불법복제 행위가 근절되지 않고 있다는 점을 꼽을 수 있다.

이상의 연구를 통해 국가의 게임산업 지원에 대한 다음의 정책적 함의를 도출할 수 있다. 첫째, 게임업체 사례에서 볼 수 있듯이 국산게임의 기획력과 연출력이 떨어지는 것은 게임업체의 영세성이 요인으로 작용하고 있음을 알 수 있다. 따라서 영세한 게임개발사들 간의 협력 관계 또는 공동작업을 위한 컨넥션이 가능하도록 정부의 Connect & Development 차원의 노력이 요구된다. 게임개발자-유통담당자-수요자 간의 공식 또는 비공식적 협력 네트워크를 구축하여 게임기술 및 시장 정보 제공을 통한 게임업체 간 공동연구개발을 활성화하여야 할 것이다.

둘째, 온라인게임개발사의 사례에서 소규모의 창의성을 특징으로 하는 게임벤처기업의 경우 내부적인 문제점이 발생하더라도 이를 자체적으로 해결하려는 성향이 강한 점을 특징으로 한다. 이러한 조직 운영 및 경영상의 폐쇄성이나 외부개입에 대한 불신관계로 인해 발생하는 거래비용을 낮추는데 정부의 적극적인 정책적 접근이 이루어져야 할 것이다.

셋째, 게임시장과 게임업체에 대한 통계를 비롯한 기업 사례에서 한국의 게임업체는 시장의 규모와 상반되게 PC게임과 온라인게임 분야에 편중되어 지나친 과당경쟁을 초래하고 있다. 더구나 요즘 들어 대규모 테마파크 형태의 아케이드게임장이 활성화되고 잇는 추세는 아케이드 및 가정용 게임기 분야의 기술개발 및 기술혁신활동을 포기해서는 안 된다는 점을 알 수 있게 한다.

넷째, 게임개발 관련 프로그램 소프트웨어 지원정책이 전무한 점과 더불어 수출품과 국내물의 이중제작의 문제점을 게임경쟁력 확보의 저해요인으로 지적할 수 있다. 게임물에 대한 정부 차원의 심의제도는 자금력이 없는 개발업체로 하여금 이중의 비용부담을 지게 하여 독창 적이고 차별화되는 게임개발을 어렵게 한다. 따라서 시장에서 자율적으로 심의할 수 있는 제도의 도입이 요구된다. 게임산업의 부가가치에 대한 관심이 집중되고 있지만 기술력이나 해외경쟁력, 자금력 면에서 많은 어려움을 안고 있으며 장기적인 계획수립이 어렵고 기술의 축적이 시장성이나 이윤의 확보로 연결되는 데 한계가 있다. 그리고 게임산업이 성공하기 위해서는 무엇보다 기획력이 바탕이 되어야 함에도 불구하고 국내에는 게임제작 을 총 지휘하는 전문기획자가 절대 부족하여 상품화에 실패하거나 상품화하였다 하더라도 시장확보에 실패하게 된다. 또한 게임프로그램은 그 특성상 제품의 수명이 짧고 수요의 다변화를 특성으로 하기에 지속적인 제품혁신 및 연구개발이 필요하다. 최근 게임이 소규모의 영화(interactive movie) 또는 대작화의 수준으로까지 발전되는 상황을 고려하면, 영세한 중소기업 단독으로는 대작을 만들기가 점점 더 어려워진다. 따라서 중소기 업체 간의 컨소시엄 구축, 대기업과의 전략적 제휴 등 다각적인 전략의 필요성이 강조되고 있다.

다섯째, 게임산업에 대한 연구에서 먼저 우리 사회전체에서 컨텐트의 생산자가 어디에 있는가를 찬찬히 밝히는 작업이 필요하다. 복잡하고 비공식적으로 얽혀있는 게임산업의 기술혁신 네트워크를 발견해야 하는 것이다. 그런 다음 이러한 네트워크 관계가 한 번의 거래나 계약관계로 그치지 않고 지속적으로 유지되도록 하는 것이 중요하다. 따라서 중요한 지식과 창조적 혁신이 하나의 조직 안에서 일어난다기보다는 협력적 상호작용을 통해 일어난다는 사실은 혁신시스템의 중요성과 직결된다. 그리고 어디에 누가 어떤 기술과 혁신을 가지고 있으며, 이를 중요한 첨단지식을 소유한 활동 주체들 간의 협력을 유지하는가가 더욱 중요할 수 있다. 이는 게임컨텐트의 창조가 개인적 수준에서보다는 집합적 수준에서 일어나도록 정부가 혁신시스템을 통해 게임산업에 지원을 해야 할 필요성을 말해준다.

여섯째, 문화산업이 자신의 핵심기술을 제외한 노하우를 내부에서 발전시키는 것이 높은 비용과 불확실성, 위험성이 크기 때문에 외부와의 협력관계를 유지하는 것이 기업의 성장에 필수적임을 발견할 수 있다. 이러한 연구는 우리나라의 상황에 적합한 문화산업의 유형을 추론할 수 있게 하고 기술자 중심의 신규 창업보다는 기존의 기업이나 전문경영자와 기술보유자가 결합한 형태의 창업이 기업의 생존가능성을 높음을 보여 준다. 이러한 연구결과는 곧 정부의 정책이 기술창업자 중심에서 협력관계 중심의 창업으로 전환되어야 함을 지적하는 데 기여할 것이다.

그리고 문화산업의 경우 외부 협력관계를 구축하는 데 있어서 기업의 규모가 큰 대기업에 비해 상당한 어려움을 겪는다. 왜냐하면 기업의 규모가 작은 문화산업의 경우 자신의 능력을 외부 관련자에게 확신시키기 어렵고 대학 및 연구소와 접촉하는 데 있어서도 대기업에 비해 매력적인 협력자로 대접받지 못하기 때문이다. 이러한 경향은 새롭게 창업한 기업의 경우 더욱 심하게 나타난다. 그러므로 정부는 벤처정책을 마련함에 있어 이러한 사실을 인식하고 문화산업의 협력네트워크에 대한 종합적인 틀에 대한 정보를 정확히 갖고 있어야 한다. 그래야만 적실성 있는 정책대안을 제시할 수 있고 정부의 역할에 대한 분명한 인지가 이루어질 수 있다. 이상의 사실을 확인하고 정책적 지원의 방향을 설정하는 데 본 연구는 정책적 함의를 가진다.

이러한 분석결과는 문화벤처산업에 대한 몇 가지 정책적 함의를 가능하게 한다. 즉, 문화산업의 경제적 성공을 위해 최선의 정책은 먼저, 문화산업의 산업 자체가 갖는 특성-특히 기존의 제조업과는 차별되는 특성들-에 대한 정확한 이해를 바탕으로 정부의 정책이 이루어져야 하며 무엇보다도 우선 규제가 완화되어야 한다는 것이다. 두 번째는 게임산업이 발전하고 성공하려면, 반도체산업의 발전을 위해 금융시장의 성격이 수정되고 연구개발을 위한 민관협력체제가 구체적이고 지속적으로 시도되었던 것처럼, 게임산업이 움직이고 활동하는 시스템이 보다 통합적이고 상호 관련성을 가지는 방향으로 수정되어야 시너지효과를 거둘 수 있다는 것이다. 미국의 경우와는 달리 게임산업과 관련된 분야 간의 상호 연계성 내지는 관련 산업 간의 연쇄효과가 적거나 거의 없어 이러한 부문에 대한 정부의 개입 노력이 필요하다. 즉, 정부의 개입이 더 이상 정도의 문제가 아닌 개입의 성격 내지는 방향의 문제에서 분석되어져야 할 것이며, 정부는 시장실패의 조정자 역할보다는 산업이 움직이는 시스템의 실패를 조정하는 조정자로서의 역할을 분명히 하여야 할 것이다. 더 이상 법적, 경제적 지원을 바탕으로 하는 형식적이고 계획단계에 머무는 지원으로 문화산업의 성공을 기대하기는 어렵다. 개별 제도들이 상호 영향을 주고받으며 움직일 수 있도록 웹(web) 망을 연결하는 작업에 정부의 적극적인 역할이 요구된다. 인프라를 구축해야 하고 보다 거시적이고 총체적인 시각에서의 혁신시스템에 대한 수정 및 구축이 필요한 것이다.

한국의 혁신체제에 대한 연구의 필요성은 다음과 같다. 첫째, 미시적인 기술혁신의 속성과 거시적인 측면의 기술혁신의 속성은 상당한 차이가 있으므로 이를 분리하여 연구할 필요가 있다. 그동안 국가혁신체제의 하부체제에 관해서는 종종 연구되어 왔으나 시스템 전체를 조망하고 미시적인 부분을 상호 엮는 거시적인 연구는 이루어지지 않았다. 둘째, 우리 경제의 성장이 정체되고 국제경쟁력이 약화되고 있는 데 대한 원인의 분석과 대안의 도출은 시스템적인 접근이 필요하다. 경제성장의 근원이 기술혁신이라고 가정한다면 국민경제가 정체되는 원인은 시스템적인 틀을 갖는 국가혁신체제의 개념을 활용하여 연구하고 파악하는 것이 효과적이다. 국민경제를 구성하는 각 요소는 밀접한 상호작용과 연관관계를 통해서 경제활동을 하기 때문에 부분적인 분석은 그 효과가 감소한다. 셋째, 선진국에서 생성된 국가혁신체제의 이론이나 개념들의 상당 부분이 현실을 이해하는 데 새로운 통찰력을 줄 뿐 아니라 기술혁신정책의 구상에 많은 시사점을 제공하고 있다는 점이다.

# 참고 문헌

## 1. 국내문헌

### (1) 단행본

강경석(2004. 2. 21), 〈게임산업의 중장기 계획: 2003-2007년〉, 문화관광부.

강명구(1998), 〈사회변동과 지식 이전〉, 나남 출판.

구문모(1998. 11), 게임컨텐트산업의 현황과 발전전략, 산업연구원.

국제경쟁력강화 및 경제제도개혁에 관한 특별위원회(1997), 〈21세기를 대비한 중소기업육성정책방향〉.

국회정보통신포럼(1998), 〈소프트웨어 산업 진흥 및 수출 촉진을 위한 우선순위 과제 추진방안〉.

국회 문화관광부 상임위원회, 정보통신부 상임위원회, 산업자원부 상임위원회의 〈국정감사 요구자료〉, 〈예산 결산 자료〉를 1997년-1998년 검토.

김광현 외 2인(1995), 〈멀티미디어〉, GM 비즈니스.

김도환 외(1997), 〈정보통신산업동향〉, 정보통신정책연구원.

김문환(1996), 〈미래를 사는 문화정책〉, 나남 출판.

______(1997), 〈문화경제론〉, 서울대학교 출판부.

김문환 외(1997), 〈정보통신 산업 동향〉, 정보통신정책 연구원.

김문환·양건열(1998), 〈한국 문화정책연구의 동향〉, 한국문화정책개발원.

김승택(1998. 8), 〈신산업의 발전 비젼 및 육성 방안〉, 산업연구원.

김인수·이진주(1982), 〈기술혁신의 과정과 정책〉, 한국개발연구원.

김택환(1998), 〈영상 커뮤니케이션의 자유와 윤리〉.

김환석 외 2인 공저(1992), 〈세계경제의 장기파동과 신기술의 국제확산〉, 한국과학기술연구원 정책기획본부.

노나카, 나상억 역(1998), 〈지식경영〉, 21세기 북스.

마이클 마쿼드·앵거스 레널드, 송경근 역(1994), 〈글로벌 학습조직〉, 한국 언론자료간행회.

마키오노보루, 유세준 역(1996), 〈대기업을 이기는 벤처비즈니스〉, 한국경제신문사.

강동우 역(1996. 4), 〈벤처, 제3의 파도〉, 삼성경제연구소.

매일경제신문사, 〈자주기술의 승리 - IR52 장영실상 수상집〉, *1991*-1992.

매일경제경영연구소(1999), 〈문화관광부 경영진단 별책〉.

문화관광부(1989), 〈문화발전 10개년 계획〉.

__________(1992), 〈우리나라의 문화 행정〉.

__________(1993), 〈문화 창달 5개년 계획〉.

__________(1996), 〈문화정책 논총〉, 제9집.

__________(1996), 〈문화산업으로 여는 21세기〉.

__________(1997), 〈통계로 보는 문화산업〉.

__________(1998), 〈국민의 정부 새 문화관광정책〉.

__________(2000-2003), 〈문화산업 백서〉.

__________(2000), 〈문화산업비전 21〉.

문화관광부 문화산업국(2004. 5. 12), 참여정부의 문화산업정책비전 실천계획.

문성기 외(1998), 〈한국 애니메이션은 없다〉, 예솔.

박창헌·송민정(1998), 〈미국의 정보 콘텐츠 산업〉, 한국 통신 경영연구소.

박태견(1997), 〈저패니메이션이 세상을 지배하는 이유〉.

벤처기업협회(1997), 〈한·미비교를 통한 벤처산업발전전략〉, '97 한·미
　　　벤처포럼 자료집.

산업기술정책연구소(1996. 3), 〈산업기술정책연구의 동향과 과제〉.

　　　　　　　　　(1997. 12), 〈산업기술정책의 주요 이슈와 발전방안〉.

　　　　　　　　　(1997. 10), 〈중소기업의 업종별, 형태별 지원정책의 방
　　　향에 관한 연구〉.

산업연구원(1998), 〈새 정부의 산업정책 방향〉.

　　　　　(1998), 〈지방자치별 지식기반산업 방향〉.

산업연구원 일본 연구센터 편(1996), 〈일본의 정책 변화와 장래〉.

삼성경제연구소(1993), 〈영상 소프트 산업 현황 분석〉.

　　　　　　　(1997. 11), 〈벤처기업지원을 위한 입지지원방안〉.

　　　　　　　(1998), 〈일본 대중문화 개방의 경제적 효과 분석〉.

상공회의소 편(1998), 〈서울 경제 활성화를 위한 정책 제언〉.

소프트웨어수출진흥위원회(1997), 〈소프트웨어수출진흥정책수립을위한기반
　　　연구〉.

손상일(1996), 〈만화로 여는 세상〉, 고려원 미디어.

정보통신부(1996), 〈소프트웨어 산업 육성 실천 계획〉.

　　　　　(1998), 〈소프트웨어 산업 발전 정책 연구〉.

　　　　　(1998), 〈소프트웨어 산업 현황 분석 및 정책 연구〉.

　　　　　(1998), 〈정보 통신산업 통계조사 연구〉.

　　　　　(1998), 〈첨단게임산업 육성정책 연구〉.

정보통신정책연구원(1997), 〈정보통신 산업 발전 종합 계획: 1998-2002년〉.

중소기업청(1999), 〈1999년도 중소기업 육성 시책〉.

중소기업진흥공단(1998), 〈벤처기업 실태조사 보고서〉.

안병직 편(1995), 〈한국경제: 쟁점과 전망〉, 지식산업사.

안영도(1999), 〈국가경쟁력 향상의 길〉, 비봉출판사.

에릭스 무딘, 노광우 역(1998), 〈헐리우드 만화영화〉, 열화당.

오석홍 편(1991), 〈조직학의 주요이론〉, 경세원.

__________(1995), 〈정책학의 주요이론〉, 경세원.

윤재근(1996), 〈문화 전쟁〉, 도서출판 둥지.

윤창호(1998), 〈정보통신산업의 경쟁력강화를 위한 관련제도 및 정책개발〉, 대한상공회의소.

이갑수(1995), 〈신산업 정책〉, 무역경영사.

이강수(1998), 〈대중문화와 문화산업론〉, 나남.

이경태(1996), 〈산업정책의 이론과 현실〉, 산업연구원.

이연정(1998), 〈국내 애니메이션 산업 육성 방안〉, 한국문화정책개발원.

이장우(1997. 5), 〈벤처경영〉, 매일경제신문사.

이형구(1993), 〈21세기 경제성장의 대전환〉, 고려원.

임은모(1997), 〈정보통신을 알면 21세기가 보인다〉, 한국광고 연구원.

______(1998), 〈콘텐츠 비즈니스의 세계〉, 진한도서.

______(1998), 〈정보통신, 콘텐츠를 알면 21세기가 보인다〉, 진한도서.

______(1998), 〈정보통신, 콘텐츠는 돈이 보인다〉, 진한도서.

재정경제부, 〈각 연도 예산 개요 참고자료〉.

______(1999), 〈중기 재정 계획〉.

______(1999), 〈경제 재도약과 21세기 준비를 위한 경제〉.

정보통신정책 연구원 편(1997), 〈정보통신 산업 발전 종합 계획(1998-2002)〉.

정용덕 외(1999), 〈합리적 선택과 신제도주의〉, 대영문화사.

조동성(1997), 〈한일 산업정책 비교연구〉, IBS 출판사.

조병옥(1998), 〈프랑스 문화와 문화정책〉, 공주대학교 출판부.

종합기술금융편(1995), 〈벤처기업 성공 이야기〉, 21세기 북스.

중소기업청(1998. 9), 〈1999년도 중소기업 육성시책〉.

피터 셍게 편, 박광량·손태원 역(1996), 〈학습조직의 5가지 수련〉, 21세기
        북스.

한국기술개발주식회사(1989), 〈벤처산업의 이론과 실제〉.

한국과학기술원(1986), 〈자동화 기술응용에 관한 조사연구〉, 제2권.

한국문화예술진흥원(1998), 〈문화 정책 논총〉 제9호.

한국문화정책개발원(1995), 〈문화산업 지원정책 수단 연구〉.

___________________(1996), 〈전자오락 게임의 문화 정책적 접근방안〉.

___________________(1997), 〈문화정책 연구의 새로운 전망〉.

___________________(1998), 〈컨텐츠 산업 육성전략 연구〉.

___________________(1998), 〈통계로 보는 우리 문화〉.

___________________(1998), 〈정보 산업 연람〉.

___________________(1998), 〈경제위기와 문화정책의 방향〉.

___________________(1998), 〈외국의 문화행정연구영역과 행정조직에 관한
        연구〉.

___________________(1999), 〈지식기반 확충과 문화교육〉.

한국방송개발원(1997), 〈애니메이션 산업 육성 정책〉.

___________(1997), 〈영상산업에 대한 국가 지원제도 연구〉.

한국산업은행 기술부(1988), 〈공장자동화 실태 및 육성방안〉.

한국산업은행(1994), 〈한국의 산업〉.

한국영상오락물제작자협회(1994. 12. 4), 〈한국전자게임산업의 발전방안에
　　관한 세미나〉.

한국은행, 〈경제 통계 연보〉, 〈산업연관 분석〉.

한국전자통신연구원(1998. 12), 〈정보통신시장 및 산업정책동향 분석〉.

한국첨단게임협회(1998), 〈첨단 게임산업 육성을 위한 정책 연구〉.

한국컴퓨터게임산업중앙회(1998. 6. 30), 〈소프트웨어 종합 육성 계획〉.

한국게임산업개발원 산업정책팀(2004), 〈게임산업 트렌드〉 제1호, 한국게임
　　산업개발원.

한창완(1996), 〈한국 만화산업 연구〉, 글논 그림밭.

＿＿＿＿(1998), 〈애니메이션 경제학〉, 커뮤니케이션 북스.

황선길(1996), 〈애니메이션의 이해〉, 디자인 하우스.

＿＿＿＿(1998), 〈애니메이션 영화사〉, 범우사.

황철증(1999), 〈한국의 통신법과 정책의 이해〉, 교보문고.

황현탁(1996), 〈한국 영상 산업론〉, 나남.

### (2) 논　문

곽대원(1995. 9), "일본 만화산업의 발전과정과 타 부문 산업에의 파급효
　　과", 〈순국〉, pp.86-101.

권기창(1996), "지방화시대에 있어서 과학기술정책의 과제", 국회 입법조사
　　분석실.

김문조(1987), "사회망분석의 기본원리 및 절차", 사회구조와 사회사상,
　　pp.501-518.

김선홍(1997. 5), "국내 벤처기업의 현황과 전망", 기업경제.

김여수(1988), "문화정책의 이념과 방향", 〈문화예술 논총〉 제1집, pp.19-32.

김용학(1987), "사회연결망 분석의 이론틀: 구조와 행위의 연결을 중심으로", 〈한국사회학〉, 제21호, pp.31-68.

김원식(1994), "문화산업의 육성을 위한 지원 및 재원 확충 방안", 〈국회보〉.

김인환(1996. 4), "지역기술정책 어디까지 왔나", 지방자치.

김정수(1999), "스크린 쿼터와 딴따라: 한국 대중문화의 시장경쟁력과 문화산업정책", 〈한국행정학회보〉, 한국행정연구원.

김희주(1998), "애니메이션 산업의 수출전략 산업화 방안", 산업연구원.

남인기(1998), "새정부의 문화정책구도", 〈문화예술〉 4월호, 한국문화예술진흥원.

남장근(1998), "일본 애니메이션 산업의 성공 요인과 시사점", 산업연구원.

노성호 외(1992), "일본의 지역산업혁신정책", 산업연구원.

노화준(1992), "기술혁신과 지역발전의 연계정책", 행정논총.

노화준·안해균(1991), "정부의 과학기술혁신 정책이 중소기업의 연구개발 활동에 미친 영향", 〈행정논총〉.

문호권(1996), "한국 연상 소프트웨어 산업에 관한 연구", 중앙대학교 박사논문.

문화관광부(1998), "제2의 건국을 위한 한국의 문화정책".

박용규·강신겸(1997. 11), "벤처기업육성을위한 입지지원방안", 삼성경제연구소.

박정진(1996), "문화산업과 문화상품", 〈문화예술〉, 통권 128호, 한국문화예술진흥원.

박창헌(1997), "선진국의 정보콘텐츠산업 육성현황", 〈데이터베이스월드〉 6월호.

338

배수현(1997. 6), "벤처기업의 마케팅 전략", 기업경제, pp.114-119.

상공부 중소기업협동조합중앙회(1993), "중소기업실태 조사보고".

설성수(1995), "지방정부의 산업혁신정책", 〈지방화시대에 대비한 지역기술
　　혁신 체제의 구축방안〉, 과학기술정책관리연구소·조선일보.

송위진(1998. 1), "벤처기업의 기술혁신", 과학기술정책동향, pp.12-29.

신언무(1997. 5), "벤처기업 금융지원 및 기보의 지원제도", 기술보증월보
　　제71호.

신영균(1997), "21세기 문화정책 수립을 위한 제언", 〈국회보〉 통권 208호.

양희승(1991. 9), "지역균형발전과 과학 및 기술의 바람직한 결합을 위한제
　　언", 〈생산기술〉.

염재호(1990a), "첨단기술개발 정책결정에 있어서 경제적 동기와 정치적
　　결과: 통산성의 초LSI 연구조합 설립 정책결정과정 사례분석 연구",
　　〈한국행정학보〉, 제24권 1호.

＿＿＿(1994), "국가정책과 신제도주의", 〈사회비평〉, 제11호.

＿＿＿(1996), "첨단기술산업의 한일비교: 기술개발전략의 신제도주의적 분
　　석", 제11회 한일경제경영 국제학술회의 발표논문, "정보화시대와 한
　　일경제협력".

오지철(1998. 3), "문화상품 정책과 제도", 〈문화 예술〉, 한국문화예술진흥원.

이미란(1998. 3), "정보산업시대의 문화산업", 〈문화 예술〉, 한국문화예술진
　　흥원.

이인규(1996), "벤처기업의 성장과 자본시장", 기술혁신.

이재열(1996), "시장구조와 기업의 조직적 과정에 대한 경제사회학적 연구:
　　시장과 기업의 수익률을 중심으로", 한국사회학, 제30호, pp.493-518.

이중한(1998), "문화와 경제 생산성을 실현할 정책과 부서의 설치를", 〈문
　　화 예술〉, 한국문화예술진흥원.

이진주(1995), "벤처기업의 지원방안", 기술혁신.

임학순(1996), "문화정책 연구의 영역과 연구경향분석", 〈문화정책논총〉, 제8집.

정보통신부(2002. 6), "고품질 인터넷망 구축 및 서비스 제공 계획".

정재완(1986), "한국의 문화정책", 〈문화 운동론〉, 도서출판 공동체, pp.288-309.

"주요국의 벤처기업지원제도"(1997. 6-7), 중소기업은행, 〈기은조사월보〉.

중소기업진흥공단(1998. 1), "벤처기업 확인 편람".

________________(1997), "벤처기업육성에관한특별조치법령".

중소기업의 위기: 원인진단과 처방, 중소기업 살리기 대토론회 자료, 1997. 12. 12.

"중소기업의 외부연결망과 네트워크 - 그 역할과 특징", 〈기술혁신〉, 1996년 봄호, pp.50-58.

최인규(1997.5), "주요국의 벤처기업 지원제도", 기은조사월보.

최신묵(1997), "한국애니메이션산업의 현황과 발전과제", 차세대미디어연구 회발표문.

최종철(1998), "IMF 체제하의 문화산업 진흥을 위한 문화정책적 대안", 〈문화정책 논총〉, 제9집, pp.37-56.

한국게임산업개발원, 「2002 대한민국 게임백서」, 2002-2002년 자료.

통상산업부 중소기업청, "1998년도 중소기업육성시책".

한국문화정책개발원(1995), "문화산업 지원정책수단연구 - 영화, 만화영화, 비디오 부문 등 영상산업을 중심으로".

한국컴퓨터게임산업중앙회(1997), "컴퓨터 게임산업 육성 발전을 세미나".

한영환(1995), "과학기술혁신을 위한 지방정부의 역할", 〈지방화시대에 대비한 지역기술혁신체제의 구축방안〉, 과학기술정책관리연구소·조선일보.

홍성범(1998), “기술혁신체제의 유형변화에 관한 연구”, 고려대학교 박사논문.

홍영기(1997. 12), “우리나라의 금융위기와 IMF 구제금융”, 국회도서관 입법조사 분석실, *Info-Brief*, 제120호.

황선길(1994), “만화영화 산업의 어제와 오늘”, 〈신문 연구〉 겨울호, pp.74-81.


## (3) 정기 간행물

〈과학기술정책동향〉, 과학기술정책관리연구소, 1995~1998. 5.

〈기업 경제〉, 1995. 11.

〈기은조사월보〉, 1995. 2.

기술혁신협회, 〈기술혁신〉, 1995~1998. 4.

〈나라의 길〉, 1995. 5~1998. 12.

〈뉴 미디어 저널〉, 1998. 11.

〈뉴스 메이커〉, 1998. 3. 26, 1999. 5. 20.

〈방송과 시청자〉, 1998. 8월~12월호.

삼성경제연구소, 〈삼성경제〉, 1997. 4.

〈소프트웨어 기술동향〉, 1998. 3월호.

〈씨네 21〉, 한겨레 신문사, 1998. 5. 19.

〈스크린 다이제스트〉

신용보증기금, 〈보증월보〉, 1997. 7.

〈실물경제〉, 1997. 4.

〈애니메이툰〉, 1996. 1~4월호, 8~9월호,

〈월간경리〉, 1997. 7.

〈WIN〉, 1998. 5월~6월.

〈영상문화정보〉

〈인사관리〉, 1997. 8.

〈재정〉, 1997. 12월.

〈정보 과학회지〉, 1997. 8월~1999. 2월.

〈주간상의〉, 대한상공회의소, 1998. 5. 25, 제1365호.

〈한국경제 비즈니스〉, 1996~1998. 6. 25.

〈월간무역〉, 한국무역협회, 1998. 5.

국회사무처, 제185회 국회 본회의 회의록.

〈한겨레 21〉, 제167호, 1997. 7. 24, pp.90-99.

통신개발연구원, 〈정보통신 정책〉, 1997. 1~9월호.


## 2. 인터넷 자료


http://ad.sw.or.kr/policy/pp0409.htm

http://htvc.kaist.ac.kr/doc/checklist

http://www.etnews.co.kr/etnews/market_etnews_conte

http://www.chosun.com

http://www.ulic.com/maghtm/02-21.htm

http://www.mbc.co.kr/sisa-docu/pd-book/script/9903

http://www.game21.chonbuk.kr/sanup/sanup2.html

http://www2.dongailbo.co.kr

http://www2.dongailbo.co.kr/fbin/news__plus

http://www2.dongailbo.co.kr/fbin/science__donga

http://magagine.joongang.co.kr

http://econdb.seri-samsung.org

http://maeilbiznews.co.kr

http://203.249.157.66/magazine/econo

http://www.smipc.or

http://www.smba.go.kr

http://itep.kaitech.re

http://zoi.co.kr/news

http://www.hitech.co.kr

http://gameinfinity.or.kr

http://www.gametime.co.kr(검색일: 2005. 5. 3-5. 4)

http://www.digitaltimes.co.kr(검색일: 2005. 5. 5-5. 7)

## 3. 외국문헌

Clark, Peter and Neil Staunton(1989), *Innovation in Technology and Organization*, Routledge, London.

Chabbal, Robert, 조석곤 역(1996), "중소기업을 위한 혁신정책의 특징", 〈기술혁신〉, pp.32-49.

Cohen, Wesley M. & Daniel A.Levinthal(1990), "Absorptive Capacity: A New Perspective on Learning & Innovation," ASQ 35.

Dosi, G.(1982), "Technological Paradigms and Technological Trajectories," *Research Policy*, Vol.11.

Dunning, John. "The consequences of international transfer of technology by MNES: A home country perspective," Dunning *Multinationals, Technology and Competitiveness*.

Ergas, Henry(1987), "Does Technology Policy Matter?" in Bruce Guile and Harvey Brooks(eds). *Technology and Global Industry* Washington, DC National Academy Press.

Easton, David(1981), "The Political System Besieged by the State", *Political Theory*, Vol.9, No.3, August 1981, pp.303-326.

Fahrni, Peterm & Martin Spatig(1990), "An Application-Oriented Guide to R&D Project Selection and Evaluation Methods," R&D Management, Vol.20, No.2.

Freeman, C.(1987a), *Technology Policy and Economic Performance: Lesson from Japan*, Pinter Publishers, London.

__________(1992), "Formal Scientific and Technical Institutions in the National System of Innovation", in Lundvall, B.(ed.), *National System of Innovation*, Pinter Pub.

Galbraith, Jay R.(1982), "Designing the Innovating Organization," *Organization Dynamics*.

Kim, Linsu & Carl J. Dahlman(1991), "Technology Policy for Industrialization An Integrative Framework and Korea's Experience", Seoul: Research Paper, Busienss Management Research Center, Korea University.

Kim, Linsu(1988), "Enterpreneurship and Innovation in a Rapidly Developing Country," *Journal of Development Planning*, No.18.

Laumann, Edward O., Peter Marsden & David Prensky(1993), "The boundary specification problem in network analysis", in R. Burt & M. Minor(eds.), *Applied Network Analysis*, Beverly Hills: Sage.

Lee, Jinjoo, Zongtae Bae & Dongkyu Choi(1986), "Technology development process: A model for a developing country with a global perspective", *R&D Management*, vol.18., no.3., pp.235-250.

Lundvall, Bent-Ake(1992), *National Systems of Innovation – Toward a Theory of Innovation and Interactive Learning*, London: Pinter Pub.

Mackenzie, Donald and Judy Wajcman(1985), "Introductory Essay: The Social Shappng of Technology", in Donald Mackenzie and Judy Wajcman, eds., *The Social Shapping of Technology*, Philadelphia, PA: Open University Press, pp.2-25.

Maidique, M. A.(1985), B. J. Zirger, "The New Product Learning Cycle," *Research Policy 14*.

Nonaka, Ikujiro(1994), "A Dynamic Theory of Organizational Knowledge Creation," *Organization Science*, Vol.5, No.1, February.

Nelson, R. R.(1982), "The Role of Knowledge in R&D Efficiency," *The Quarterly Journal of Economics*.

Nelson, R. R. & Nathan Rosenberg(1993), "Technical Innovation and National Systems," *National Innovation Systems*(ed.) by R.R.Nelson, New York Oxford: Oxford University Press.

O'Doherty, Dermot P. ed.(1995), *Globalization, Networking and Small Firm Innovation*, ch.5.Utterback, J. M. and W. J. Abernathy(1975), "A Dynamic Model of Process and Product Innovation," *Omega*

*3*(6).

OECD(1992), TEP: *The Technology and The Economy*, Paris.

______(1995), STI Review, No.16, pp.103-135.

Perez, Carlota & Luc Soete(1988), "Catching up in technology: entry barriers and Windows of opportunity" in Giovanni Dosi et al(eds). *Technical Change and Economic Theory*.

Pavitt, K. and Patel, P.(1988), "The International Distribution and Determinants of Technological Activities", *Oxford Review of Economic Policy*, Vol.4, no.4, pp.35-55.

Reddy, N. M. & Liming Zaho(1990) "International Technology Transfer: A Review," *Research Policy 19*.

Rosenberg, Nathan(1982), *Inside the Black Box*, Cambrige  University Press.

Rothwell Roy & Zegveld Walter(1988), "An Assessment of Government Innovation Policies", in Roessner, David J. ed., *Government Innovation Policy*, Hampshire: The Macmillan Press.

Simon, H.(1976), "From Substantive to Procedural Rationality", in Latis, S.(ed.), *Method and Appraisal in Economics*, Cambridge: Cambridge University Press.

Tyson, Laura(1992), *Who is Bashing Whom? Trade Conflict in High-Technology Industries*, Washington D.C.: Institute for International Economics.

Utterback, J. M. "Innovation and industrial evolution in manufacturing industries", in Bruce R. Guile and Harvey Brooks(eds.) *Technology and Gloval Industry*, Washington, DC: National Academy Press.

Utterback, J. & Linsu Kim(1985), "Invasion of Stable Business by

Radical Innovations" in Paul Kleindorfer(ed.), *Management of Productivity and Technology in Manufacturing.*

Zysman, John(1977), *Political Strategies for Industrial Order: State, Market, and Industry in France,* Berkeley: University of Califonia Press, Part. 1, "Culture Competition and Organization: Two Hypotheses", pp.3-99.

• 저자 •

김미나    • 약  력 •
　　　　고려대학교 행정학 박사
　　　　고려대학교 정부학연구소 연구교수 역임
　　　　고려대학교 공공행정학부 초빙교수 역임
　　　　KAIST 인문사회학부 대우교수 역임
　　　　고려대학교 정보기술사업단 연구원 역임
　　　　경기도 지역협력연구사업 평가위원 역임
　　　　한국의회발전연구회 연구원 역임
　　　　현 중앙대학교 행정대학원 강사
　　　　현 행정자치부 지방혁신인력개발원

　　　　• 주요논저 •
　　　　「지역혁신시스템과 제도의 정합성: 경기도 사례를 중심으로」
　　　　「제도의 형성과 선택, 그리고 소멸: 지방고시제도의 동태적 변화과정」
　　　　「과학기술행정의 시스템 전환 및 컨텍스트의 변화」
　　　　「지방정부 주도적 연구개발지원사업의 구조와 성과」
　　　　「제도도입 및 변화의 과정과 속도, 그리고 안정성」
　　　　『국가와 산업 경쟁력: 정보통신발전의 정치경제학』(공저)
　　　　『한국 관료제 인사행정체제의 이해』(공저)
　　　　외 다수




# 정책과 제도의 구조적 경쟁력
### －게임산업, 정책 그리고 국가혁신시스템－

| • 초판 인쇄 | 2006년 7월 30일 |
| • 초판 발행 | 2006년 7월 30일 |
| • 지 은 이 | 김미나 |
| • 펴 낸 이 | 채종준 |
| • 펴 낸 곳 | 한국학술정보㈜ |
| | 경기도 파주시 교하읍 문발리 526-2 |
| | 파주출판문화정보산업단지 |
| | 전화　031) 908-3181(대표)·팩스　031) 908-3189 |
| | 홈페이지　http://www.kstudy.com |
| | e-mail(출판사업부)　publish@kstudy.com |
| • 등　　록 | 제일산-115호(2000. 6. 19) |
| • 가　　격 | 23,000원 |

ISBN　89-534-5442-5 93350 (Paper Book)
　　　　89-534-5443-3 98350 (e-Book)